Dieter G. Kaiser

Der Lebenszyklus von Hedgefonds

GABLER EDITION WISSENSCHAFT

Dieter G. Kaiser

Der Lebenszyklus von Hedgefonds

Grundlagen, Modellierung und empirische Evidenz

Mit einem Geleitwort von Prof. Dr. Friedrich Thießen

Deutscher Universitäts-Verlag

Bibliografische Information Der Deutschen Nationalbibliothek
Die Deutsche Nationalbibliothek verzeichnet diese Publikation in der Deutschen Nationalbibliografie; detaillierte bibliografische Daten sind im Internet über <http://dnb.d-nb.de> abrufbar.

Dissertation Techn. Universität Chemnitz, 2007

1. Auflage September 2007

Lektorat: Frauke Schindler / Stefanie Brich

Der Deutsche Universitäts-Verlag ist ein Unternehmen von Springer Science+Business Media.
www.duv.de

Umschlaggestaltung: Regine Zimmer, Dipl.-Designerin, Frankfurt/Main
Gedruckt auf säurefreiem und chlorfrei gebleichtem Papier
Printed in Germany

ISBN 978-3-8350-0753-6

Geleitwort

Die Bedeutung von Hedgefonds auf den internationalen Finanzmärkten ist seit der Auflegung des ersten Fonds im Jahr 1949 stark gestiegen. Hedgefonds stellen aus der Sicht der Kapitalgeber aufgrund ihrer spezifischen Eigenschaften ein interessantes Instrument zur Portfoliooptimierung dar. Es wird ihnen eine niedrige Ertragskorrelation zu den traditionellen Anlageklassen, das Verfolgen absoluter Ertragsziele und der Zugang zu alternativen Marktrisikoprämien („alternatives Beta"), nachgesagt. Dieses Buch stellt die Anlageklasse „Hedgefonds" in ihren Grundzügen empirisch gestützt dar. Es werden die einzelnen Investmentstrategien genauso wie die Hedgefondsindizes behandelt.

Im Zentrum stehen die Modellierung und der empirische Nachweis eines „Hedgefondslebenszyklus". Herr Kaiser hat beobachtet, dass die einzelnen Hedgefonds im Zeitablauf systematisch unterschiedliche Renditen ganz unabhängig von der Marktentwicklung erwirtschaften. Um diesen Zusammenhang nachzuweisen, entwickelt Herr Kaiser aus der Literatur eine „Lebenszyklustheorie" von Hedgefonds. Diese wird dann in einer aufwändigen empirischen Untersuchung getestet. Tatsächlich gibt es hoch signifikante Indizien für die Existenz eines Lebenszyklus.

Die Implikationen, die sich aus dem empirischen Nachweis des Hedgefondslebenszyklus ergeben, sind weitreichend. Sie betreffen insbesondere die vorherrschende Portfoliomanagement-Praxis im Bereich der Alternative Investments. Investments in Einzelhedgefonds oder in Indizes sind im Lichte der Ergebnisse von Herrn Kaiser neu zu bewerten. Den traditionell beachteten Entscheidungskriterien im Asset Management wird in Zukunft auch der Stand eines Fonds im Lebenszyklus hinzuzufügen sein.

Prof. Dr. Friedrich Thießen
Professor für Finanzwirtschaft und Bankbetriebslehre
Technische Universität Chemnitz

Vorwort

Das vorliegende Buch basiert auf meiner Doktorarbeit. Zur Zeit der Themenfindung war gerade das Investmentmodernisierungsgesetz in Kraft getreten, welches ab dem 01. Januar 2004 einen Rechtsrahmen für Hedgefonds in Deutschland schaffte. Gleichzeitig befand sich der weltweite Aktienmarkt am Beginn einer neuen Hausse und die Nachfrage insbesondere institutioneller Investoren in Europa nach Hedgefonds begann an Fahrt zu verlieren. Ein Blick in die Vergangenheit offenbart, dass Alternative Investments und hiervon vor allem Hedgefonds, welche den Gegenstand dieses Buches darstellen, zwar nicht als Produkte für Baisse-Zeiten konzipiert werden, sich aber wohl zu solchen einer erhöhten Nachfrage erfreuen, bzw. die Nachfrage nach Absolute Return-Produkten in diesen Phasen am effektivsten stimuliert werden kann.

In solch einem Umfeld, in welchem sich die akademische Forschung zum Themengebiet der Alternativen Investments noch in einem Anfangsstadium befand, ist es für einen Praktiker mit einem vordefinierten Forschungsgebiet nicht einfach, einen Betreuer zu finden, der an die Thematik sowie an das akademische Potenzial eines Bewerbers für eine externe Doktorandenstelle glaubt. An erster Stelle gilt deswegen mein Dank meinem Doktorvater Professor Dr. Friedrich Thießen von der Technischen Universität Chemnitz. Seine stete Gesprächsbereitschaft und die Vielzahl spannender Diskussionen haben wesentlich zum Gelingen dieser Dissertation beigetragen. Den Professoren Dr. Bernd Luderer (TU Chemnitz) sowie Dr. Thomas Heidorn (Frankfurt School of Finance and Management) sei herzlich für die Übernahme des Zweit- und Drittgutachtens und für ihre Diskussionsbereitschaft während der Fertigstellung dieser Dissertation gedankt.

Für die inhaltliche und materielle Unterstützung bin ich meinem ehemaligen Arbeitgeber Benchmark Capital Management GmbH zu großem Dank verpflichtet. Viele Gespräche und Diskussionen mit den dortigen Kollegen haben zur Entwicklung dieses Buches beigetragen. Besonders danken möchte ich Oliver Engelen, Florian Haberfelner, Karin Kisling, Michael Loderer und Roland Schulz. Für die Diskussionsbereitschaft auch zu unmöglichen Zeiten und für die unerschrockene Durchsicht des Manuskripts danke ich ganz recht herzlich Dr. Roland Füss, Sandra Hattendorf, Christian Hoppe, Christian Kempe, Sylvie Le Groignec, Rainer Lauterbach und Denis Schweizer.

Den entscheidenden Beitrag dazu, dass dieses Buch entstehen konnte, hat meine Frau Silvia geleistet. Ihre liebevolle Unterstützung, ihre Hilfsbereitschaft sowie ihr Verständnis gaben mir die Kraft, die Herausforderungen auf der professionellen, akademischen und familiären Seite anzunehmen und zu meistern. Danke!

Dieter Kaiser

Inhaltsverzeichnis

Tabellenverzeichnis

Abbildungsverzeichnis

Abkürzungsverzeichnis

#	Anzahl
abs	absolut
AC	Autokorrelation
AIMA	Alternative Investment Management Association
ARM	Arithmetisches Mittel
ann	annualisiert
APT	Arbitrage Pricing Theory
AUD	Australische Dollar
AV	Altvest
BC	Barclay
BRC	Brasillianische Cruzado
CA	Convertible Arbitrage
CAD	Kanadische Dollar
CAPM	Capital Asset Pricing Model
CHF	Schweizer Franken
CISDM	Center for International Securities and Derivatives Markets
CS	Credit Suisse/Tremont Hedge Fund Index
CZK	Tschechische Krone
DAX	Deutscher Aktienindex
Dez	Dezil
DI	Direktionale Strategien
Dif	Differenz
DKK	Dänische Krone
DS	Distressed Securities
EACM	Evaluation Associates Capital Markets
EC	Edhec
ED	Event Driven
EH	EurekaHedge
EM	Emerging Markets
EMH	Effizienzmarkthypothese
EUR	Euro
Euribor	European Interbank Offered Rate
$\varepsilon\Omega$	Excess-Omega
FI	Fixed Income Arbitrage

FRM	Financial Risk Management
GBP	Englische Pfund Sterling
GEM	Geometrisches Mittel
GG	Gewinner-Gewinner
GM	Global Macro
GS	Gesamte Strategien
GV	Gewinner-Verlierer
HE	Hennessee
HFI	Hedge Fund Intelligence
HFN	Hedgefund.net
HFR	Hedge Fund Research
IH	InvestHedge
J	Jährlich
JPM GGBI	JP Morgan Global Government Bond Index
JPY	Japanische Yen
Korr	Korrelation
kum	kummuliert
Libor	London Interbank Offered Rate
LI	Linksschiefe Renditeverteilung
LK	Leptokurtisch
LS	Long/Short Equity
LTCM	Long-Term Capital Management
MAR	Managed Account Reports
Max	Maximum
MD	Maximum Drawdown
Med	Median
MN	Equity Market Neutral
MR	Mortality Rate
Min	Minimum
Mio.	Million
MSCI	Morgan Stanley Capital International
MW	Mittelwert
ND	Nicht-direktionale Strategien
NOK	Norwegische Kronen
NV	Normalverteilung
P	Phase

PCA	Principal Component Analysis
PGP	Polynomial Goal Programming
PK	Platykurtisch
Q	Quartalsweise
Q1	1. Quartil
Q2	2. Quartil
Q3	3. Quartil
Q4	4. Quartil
RE	Rechtsschiefe Renditeverteilung
REX	Deutscher Rentenindex
RoR	Rate of Return
S&P	Standard & Poor's
SEC	Securities and Exchange Commission (US-Börsenaufsicht)
SEK	Schwedische Kronen
SR	Sharpe Ratio
Stdv	Standardabweichung
T	Täglich
To	Total
TASS	Lipper TASS Hedge Fund Database
TUSD	Tausend US-Dollar
USD	US-Dollar
ÜW	Überschusswölbung
VaR	Value at Risk
VG	Verlierer-Gewinner
VH	VanHedge
VV	Verlierer-Verlierer
W	Wöchentlich
ZAR	Südafrikanischer Rand
ZCM	Zurich Capital Markets

1 Einführung

1.1 Einleitung

Die Hedgefondswelt gilt als die Königsklasse der Investments.[1] Hedgefonds versuchen unter Anwendung verschiedenster Investmentstrategien, entweder Fehlbewertungen einzelner Wertpapiere zu identifizieren und gewinnbringend auszunutzen oder alternative, d.h. nicht-herkömmliche Risikoprämien zu vereinnahmen. Für den Begriff Hedgefonds gibt es eine Vielzahl verschiedener Definitionen.[2] Im Folgenden werden unter Hedgefonds wenig regulierte, kollektive Investmentprodukte verstanden, welche zu einem gewissen Anteil fremdfinanziert in Cash-, Aktien-, Renten-, Rohstoff- und Derivatemärkte investieren, um für die Investoren einen Mehrwert zu liefern. Die aktiven Investmentstrategien sind hierbei überwiegend an den speziellen Fähigkeiten der Fondsmanager ausgerichtet und verfolgen unter Verwendung von Leerverkäufen ein absolutes Ertragsziel. Nichtsdestotrotz ist die Bandbreite der Risiko- und Ertragsziele bei Hedgefonds sehr heterogen.

Hedgefondsmanager proklamieren von sich selbst, dass sie vorwiegend Investmentstrategien anwenden, welche ihre Renditen aus am Markt falsch bewerteten Instrumenten generieren („Arbitrage[3]“). Hierbei werden häufig temporäre Preisabweichungen von dem jeweiligen fundamentalen Wert ausgenutzt. Bei der praktischen Durchführung der Arbitrage werden die billigeren Instrumente an der einen Börse gekauft und simultan an einem anderen Börsenplatz zu einem höheren Kurs wieder veräußert. Im Sinne der Effizienzmarkttheorie von Fama (1970) nutzen Hedgefonds so gesehen Marktpreisanomalien aus und dienen damit der Steigerung der Markteffizienz. Bei insbesondere auf Arbitrage ausgerichteten Strategien ist es demnach durchaus denkbar, dass insbesondere in den ersten Jahren der Hedgefonds solange überdurchschnittliche risikoadjustierte Erträge erzielt werden, bis die gehandelten Ineffizienzen, die verwendeten Modelle sowie die Investmenttechniken am Markt hinreichend bekannt sind. Durch den Erfolg dieser Investmentstrategien ist es nachvollziehbar, dass andere Investmentmanager auch versuchen werden dieselben Ineffizienzen zu handeln, wodurch die zu erzielenden Risikoprämien nach dem Gesetz des einheitlichen Preises von Jevons (1871) sinken werden. Im Kontext der Produktlebenszyklustheorie von Vernon (1966) könnte dies bedeuten, dass Hedgefonds mit entsprechenden Investmentstrategien sowie innerhalb der jeweiligen Arten der gehandelten Ineffizienzen auch einem Zyklus unterliegen.

Sollte es tatsächlich möglich sein, einen Lebenszyklus bei Hedgefonds empirisch nachzuweisen, so hätte dies Implikationen insbesondere auf das Hedgefondsportfoliomanagement.

---

1 Vgl. Friedrich und Bahr (2002) sowie Bessler, Drobetz und Henn (2005).

2 Vgl. Pichl (2001), S. 7-15, Cottier (1997), S. 17-19, Blum (2000), S. 248-249, Weber (1999), S. 20-22, Signer (2003), S. 1, Sievers (2006), S. 15, Kaiser (2004), S. 19 sowie Viebig und Poddig (2006), S. 281.

3 Arbitrage, vom lateinischen Arbitratus (freies Ermessen) abgeleitet, bezeichnet den Handel von Preisunterschieden für gleiche Marktgegenstände in verschiedenen Märkten zum Zwecke einer risikofreien Gewinnerzielung.

Bisher wird in der Praxis häufig von einer hohen Performancepersistenz bei Hedgefonds ausgegangen und so wird bei der Hedgefondsselektion neben qualitativen Aspekten insbesondere quantitativen Performancekennzahlen ein hoher Stellenwert beigemessen. Ein Hedgefondslebenszyklus hätte hierbei zur Folge, dass die Fokussierung auf die historischen Performancezeitreihen oder die Verwendung von passiven Hedgefondsindizes zu Benchmarkingzwecken, zu verzerrten Ergebnissen führen könnten, da diese die Phase in der sich die analysierten Einzelhedgefonds befinden nicht berücksichtigen.

1.2 Zielsetzung und Aufbau der Arbeit

Das Ziel dieser empirischen Arbeit ist die Modellierung und der empirische Nachweis eines Lebenszyklus bei Hedgefonds. Hierbei wird erstmals anhand einer Datenbank mit Datenreihen zu über 1.433 Hedgefonds im Zeitraum von Januar 1996 bis Mai 2006 auf Fonds- wie Strategieebene untersucht, ob Hedgefonds tatsächlich einem Lebenszyklus unterliegen. Hierzu werden verschiedene statistische Kennzahlen für die einzelnen Fonds berechnet und mit der jeweiligen Peer Group verglichen. In einem nächsten Schritt wird die statistische Signifikanz der Variablen Fondsalter, Performancegebühren, Liquidität und Fondsgröße hinsichtlich ihres Einflusses auf den Lebenszyklus analysiert.

Im zweiten Kapitel werden die wesentlichen Grundlagen von Hedgefonds thematisiert. Neben der detaillierten Erläuterung der verschiedenen Investmentstrategien wird hier auch auf die Qualität und die Verzerrungen verschiedener im Hedgefondsbereich üblicher Indizes eingegangen. Das dritte Kapitel stellt die wesentlichen statistischen Kennzahlen zur Ex-Post-Performanceanalyse von Hedgefonds vor und hebt insbesondere die Notwendigkeit zur Verwendung von Kennzahlen, welche höhere Momente der Renditeverteilung berücksichtigen, hervor. Im vierten Kapitel werden die allgemeinen theoretischen Grundlagen der Lebenszyklustheorie diskutiert und ein Hedgefondslebenszyklusmodell entwickelt. Auf Basis der relevanten Hedgefondsliteratur werden sieben Hypothesen formuliert und das theoretische Modell, welches auf dem von Keating und Shadwick (2002) eingeführten Omega-Maß aufbaut, vorgestellt. Im fünften Kapitel wird die Datenbasis sowohl auf Gesamtdatenbank- sowie Strategieebene vorgestellt und die Repräsentativität der verwendeten Datenbasis für das Hedgefondsuniversum untersucht. Im sechsten Kapitel werden die Hypothesen anhand der in Kapitel vier vorgestellten Datenbasis auf Richtigkeit überprüft und die empirischen Ergebnisse vorgestellt. Das Kapitel schließt mit der Überprüfung auf statistische Signifikanz der Ergebnisse anhand des Student'schen *t*-Tests sowie auf den funktionalen Zusammenhang anhand des Spearman Rho. Im siebten Kapitel werden die Untersuchungsergebnisse zusammengefasst und einige Schlussfolgerungen gezogen.

2 Grundlagen

2.1 Evolution und Bedeutung der Hedgefondsindustrie

Obwohl die meisten Investoren Hedgefonds als eine Investmentproduktinnovation der 1990er Jahre betrachten, existieren diese bereits seit mehr als 50 Jahren. Die Einführung des ersten Hedgefonds im Jahre 1949 wird nach Brown, Goetzmann und Ibbotson (1999) häufig Alfred Winslow Jones[4], einem Journalisten und Soziologen, der später Fondsmanager wurde, zugeschrieben.[5] Neben einer normalen Long-Aktienstrategie wendete Jones in seinem mit vier weiteren Partnern gegründeten Fonds A.W. Jones & Co zur Absicherung des Marktrisikos auch eine Shortstrategie an. So nahm er eine Longposition bei unterbewerteten Wertpapieren und verwendete das Instrumentarium des Leerverkaufs[6] bei überbewerteten Wertpapieren. Nach Ineichen (2003) wurde der zweite Hedgefonds, City Associates, von Carl Jones, einem ehemaligen Mitarbeiter von Alfred Jones und der dritte Hedgefonds, Fairfield Partners, von David Radcliffe und Barton Biggs im Jahr 1965 gegründet.[7]

Nachdem diesen ersten Fonds anfangs nicht viel Aufmerksamkeit zuteil wurde, steigerte der Artikel „The Jones Nobody Keeps Up With“ von Carol Loomis, welcher im Jahre 1966 im Fortune-Magazin erschien und die Erfolgsbilanz von Alfred Jones thematisierte, die Investorennachfrage nach Hedgefonds. Nach Kaiser (2004) wuchs daraufhin die Hedgefondsbranche in den USA in den folgenden zwei Jahren auf ungefähr 200 Fonds an. Während der Hausse der späten 1960er Jahre empfanden viele der neuen Hedgefondsmanager, dass die Absicherungsstrategien eine höhere absolute Performance konterkarierten, während der Einsatz von Fremdkapital das Ertragspotenzial erhöhte. Caldwell (1995) argumentiert, dass die darauf folgende Vernachlässigung der Anwendung von Hedgingtechniken und die häufige Verwen-

---

4 Alfred Jones erhielt seinen ersten Abschluss von der Harvard University im Jahr 1923. Später arbeitet er als Diplomat der USA in Deutschland zur Zeit des aufstrebenden Nazi-Regimes in den 1930er Jahren und als Journalist während des spanischen Bürgerkrieges. Im Jahr 1942 erhielt er seinen Doktortitel der Soziologie von der Columbia University und wurde Reporter für das Fortune Magazine. Als er einen Artikel über den Status Quo bei Vorhersagemodellen für Investments schrieb, kam ihm die Idee eines überlegenen Systems der Vermögensverwaltung. Im Jahr 1949 brachte er 100.000 USD (davon waren 40.000 USD sein eigenes Geld) auf und begann, seine Theorie in die Praxis umzusetzen. Vgl. Lhabitant (2002), S. 7.

5 Vgl. Brown, Goetzmann und Ibbotson (1999), S. 94.

6 Ein Leerverkauf ist eine Investmenttechnik, bei der (vermeintlich überbewertete) Aktien verkauft werden, ohne dass sich diese im Eigentum des Verkäufers befinden. Ziel dieser Strategie ist es, die leerverkauften Wertpapiere oder Waren zu einem günstigeren Preis in der Zukunft zurückzukaufen. Dabei wird der Ausdruck „Zukunft“ meist durch einen vorab definierten Zeitpunkt näher bestimmt. Weitere Synonyme für den Leerverkauf sind Short Selling, Blankoverkauf, Verkauf à découvert oder „short gehen“. Short Selling als Anlageinstrument wird meist von Investmentbanken, Brokern und Hedgefonds benutzt. Rechtlich besteht ein Leerverkauf aus vier verschiedenen Rechtsgeschäften. Zuerst werden von den Leerverkäufern Wertpapiere oder Waren von beispielsweise Banken oder Investmentfonds für eine bestimmte Zeitperiode geliehen. Diese verlangen im Gegenzug eine Sicherheit (Collateral) für die geliehenen Wertpapiere und erhalten zusätzlich eine Prämie. Die geliehenen Wertpapiere werden anschließend von den Leerverkäufern über den Markt verkauft. Dieselbe Anzahl an Wertpapieren wird von den Leerverkäufern zu einem späteren Zeitpunkt über den Markt zurückgekauft. Anschließend werden die gekauften Wertpapiere an den Verleiher zurückgegeben. Vgl. Kaiser (2004), S. 28-29, Fabozzi (2004), S. 17-19 oder Kauter (2006), S. 94-99.

7 Vgl. Ineichen (2003), S. 7.

dung von Fremdkapital die Hauptgründe dafür sind, dass viele der ersten Hedgefonds die in den frühen 1970er Jahren einsetzende Baisse nicht überstanden.[8] Als im Jahr 1984 Sandra Manske Tremont Partners gründete und mit der systematischen Analyse der Hedgefondsbranche begann, war es ihr lediglich möglich, 68 Hedgefonds zu identifizieren.[9]

Nach Ineichen (2003) wurden während der 1980er Jahre in den USA nur eine geringe Anzahl an neuen Hedgefonds aufgelegt, die ihr Anlagevolumen vorwiegend auf Basis von Mund-zu-Mund-Propaganda von wohlhabenden Privatpersonen generierten. Hierzu zählen unter anderem der Jaguar Fund von Julian Robertson[10], der Quantum Fund von George Soros[11] sowie Steinhardt Partners von Michael Steinhardt[12], welche alle mit durchschnittlichen annualisierten Wertentwicklungen oberhalb von 30 Prozent aufwarten konnten. Hierbei erzielten diese Manager eine Outperformance gegenüber den entsprechenden traditionellen Marktindizes sowohl in Hausse- als auch in Baisse-Phasen.[13] Kaiser (2004) zu Folge war es erneut ein Artikel, der die zweite Wachstumsphase der Hedgefondsindustrie einläutete, die bis heute an-

---

8 Vgl. Caldwell (1995), S. 10 sowie Hockmann (2002), S. 268.

9 Vgl. Gabelli (2003), S. 2.

10 Julian Robertson wurde 1933 in Salisbury (North Carolina) in den USA geboren. Er studierte Betriebswirtschaft an der University of North Carolina in Chapel Hill. Nach seinem Militärdienst arbeitete er 22 Jahre lang bei Kidder Peabody & Co., zu Beginn als Aktienbroker und zum Ende als Leiter der Asset Management-Division. Über die Frau eines seiner Aktienanalysten lernte Roberston im Jahr 1970 Alfred Jones und dessen Hedgefondsmodell kennen. Im Mai 1980 gründeten Julian Roberston und Thorpe McKenzie Tiger Management mit einem Anlagevolumen von 8 Millionen USD. McKenzie verließ allerdings aufgrund persönlicher Aspekte Tiger Management bereits 1982. Der Tiger Fund (US Onshore) sowie der Jaguar Fund (Offshore-Variante) wurden im Jahr 1980 mit einer Mindestinvestitionssumme von 5 Mio. USD aufgelegt. In der Zeit von 1980 bis 1999 erzielte Robertson vorwiegend auf Basis seiner Stock-Picking-Fähigkeiten eine durchschnittliche jährliche Wertentwicklung von 32 Prozent. In den späten 1990er Jahren verwaltete Julian Robertson über 22 Mrd. USD. Aufgrund der für ihn unverständlichen Irrationalität der Märkte während der Technologie-Hausse der 1990er Jahre erlitt er Verluste und stellte darauf hin das Management seiner Fonds ein. Vgl. Strachman (2004), S. 17-71.

11 Der im Jahr 1930 in Budapest als Dzjcgdzhe Shorash geborene George Soros ist eine Ikone der Wall Street. Bereits im Jahr 1981 wurde er von dem Magazin Institutional Investor als „the world's greatest money manager" bezeichnet. Dabei war Soros dafür bekannt, sehr kurzfristige und große Spekulationen auf ausgesuchte erwartete Trendänderungen der Finanzmärkte zu tätigen. Soros Anlagephilosophie basiert auf der Annahme, dass die internationalen Finanzmärkte nicht effizient, sondern chaotisch sind. Er geht davon aus, dass die Kurse von Aktien, Renten und Währungen nicht von Fundamentaldaten, sondern vorwiegend von den Personen abhängen, die diese Wertpapiere handeln. Er investiert deswegen nicht nach besonderen Spielregeln, sondern er sucht nach Ereignissen, die die Spielregeln ändern. Vgl. Soros (1994), S. 13-15.

12 Der 1941 geborene Michael Steinhardt gründete mit zwei Partnern im Jahr 1967 eine eigene Hedgefondsmanagementgesellschaft mit einem Anfangsvolumen von 7,7 Mio USD unter dem Namen Steinhardt, Fine, Berkowitz & Co.. Bereits im Jahr 1970 wurde eine Offshore-Variante des ereignisorientierten Multi-Strategie-Hedgefonds angeboten. Nachdem Jerold Fine im Jahr 1976 die Firma verließ, um Oak Partners zu gründen, und im Jahr 1979 Howard Berkowitz seine eigene Gesellschaft HPB Accociates gründete, wurde die Ursprungsgesellschaft in Steinhardt Partners umbenannt. Zu diesem Zeitpunkt hatte Steinhardt Partners ein Anlagevermögen von 60 Mio. USD. Im Jahr 1991 wurde von der amerikanischen Börsenaufsicht eine Untersuchung gegen Salomon Brothers, Caxton und Steinhardt Partners eingeleitet. Sie standen unter dem Verdacht, den Markt für kurz laufende US-Staatsanleihen nachhaltig manipuliert zu haben. Im März 1994 wurde das Verfahren gegen die Zahlung eines Bußgelds von 70 Mio. USD eingestellt. Michael Steinhardt zog seine Konsequenzen und bereitete die Liquidierung seiner Fonds vor, welche schließlich im Frühjahr 1996 abgeschlossen war. Investoren, die Steinhardt 1967 einen USD zu Investitionszwecken zur Verfügung gestellt hatten, erhielten bei der Schließung des Fonds im Jahr 1996 462 USD, was einem jährlichen, durchschnittlichen Wachstum von 33,5 Prozent entspricht. Vgl. Steinhardt (2001), S. 91-233.

13 Vgl. Ineichen (2003), S. 15.

hält.[14] Dieser von Julie Rohrer geschriebene und im Mai 1986 im Institutional Investor veröffentliche Artikel verglich die Erfolgsbilanz von Robertson mit der des Standard & Poor's (S&P) 500 Index.[15]

Selbst stark medial verbreitete Ereignisse, wie das Ausscheiden des Englischen Pfund aus dem europäischen Währungssystem aufgrund der Spekulation des Quantum Fund im Jahr 1992[16] oder der Beinahe-Konkurs von Long-Term Capital Management (LTCM)[17] im Jahr 1998, konnten das Wachstum der Hedgefondsindustrie nicht eindämmen. Diese Ereignisse sorgten allerdings für eine noch heute anhaltende Diskussion, ob Hedgefonds die finanzielle Stabilität von Weltmärkten bedrohen könnten.[18]

Die Größe der Hedgefondsbranche ist schwierig einzuschätzen, da die Werbung und Berichterstattung über die Performance von US-Hedgefonds durch die Securities and Exchange Commission (SEC, US-Börsenaufsichtsbehörde) eingeschränkt ist. Nach einer Schätzung von Van Hedge Fund Advisors International hat sich die Zahl der Hedgefonds (ausgenommen Dachfonds) weltweit von etwa 1.400 im Jahre 1988 auf mehr als 8.700 (sowohl inländische als auch Offshore-Fonds) bis 2004 erhöht. Während desselben Zeitraums ist das verwaltete Anlagevolumen um das 22,62-fache von 42 Mrd. USD auf etwa 950 Mrd. USD angewachsen.[19] Hedge Fund Research (HFR), eine weitere Hedgefondsanalysegesellschaft, schätzt,

---

[14] Vgl. Kaiser (2004), S. 60-61.

[15] Vgl. Rohrer (1986), S. 86-92.

[16] Seinen größten Profit erzielte George Soros im September 1992, als er 10 Mrd. USD auf eine Abwertung des englischen Pfund setzte. Innerhalb kürzester Zeit erzielte Soros für seinen Quantum Fund einen Gewinn von 1 Mrd. USD, der bis zum Ende der Transaktion sich noch auf fast 2 Mrd. USD steigerte. Spätestens ab diesem Zeitpunkt war George Soros als Zauberer der Finanzmärkte bekannt. In 1992 erzielte Soros ein Einkommen in Höhe von 650 Mio. USD.

[17] Dunbar (2001) beschreibt LTCM als „den Hedgefonds, der zu groß war, um zu fallen", als „den Stern, der am Himmel der Wallstreet am hellsten leuchtete". LTCM war ein Projekt, hinter dem vier Persönlichkeiten der Finanzwirtschaft standen. Angeführt von dem Rentenhändler John Meriwether waren auch Robert Merton und Myron Scholes, die im Jahr 1993 für ihre Optionspreistheorie den Nobelpreis erhalten hatten, sowie David Mullins, ehemaliger Vize-Präsident der amerikanischen Notenbank, unter den Gründern von LTCM. Der Fonds hatte eine Mindestinvestitionssumme von 10 Mio. USD und eine Kapitalbindungsfrist von drei Jahren. In den Jahren 1994, 1995 und 1996 konnte der Hedgefonds Jahresrenditen von jeweils 35 Prozent vorweisen. Während der Asienkrise im Jahr 1997 erreichte LTCM ein Jahresergebnis von 17 Prozent. Im September des Jahres 1998 büßte der Fonds allerdings über 90 Prozent seines Wertes seit Jahresbeginn ein. Das meiste Geld wurde durch Geschäfte mit Swaps und Aktienpositionen, die auf starke Schwankungsbreiten setzten, vernichtet. LTCM wurde in diesen Märkten so groß, dass sie die Effizienz dieser Märkte, auf die sie sich verließen, selbst beeinflussten. In diesen Kategorien hebelte LTCM außerdem ihre Positionen mit einem 30-fachen Fremdkapitaleinsatz. Ausschlaggebend für die Verluste waren die auf die Russland-Krise (Moratorium auf deren Rubel-Schulden) folgenden Panikreaktionen an den Wertpapiermärkten. Der Konkurs von LTCM wurde durch das Einschießen von 3,5 Milliarden US-Dollar durch ein Konsortium von 14 Gläubigerbanken verhindert. Durch diese Kapitaleinlage war es möglich, die Positionen von LTCM zu halten und zu einem späteren Zeitpunkt bei sich normalisierenden Bewertungsniveaus aufzulösen. Die New Yorker FED hatte sich für diese Rettungsaktion stark gemacht, um eine Katastrophe bei den involvierten Gegenparteien des Fonds zu vermeiden, die durch dessen Auflösung hätte eintreten können. Dieses Kapital wurde bereits ein Jahr später vollständig an die Gläubiger zurückgezahlt und LTCM wurde im Dezember 1999 liquidiert. Vgl. Dunbar (2000), S. 143-175, Jorion (2006), S. 437-448, Kaiser (2004), S. 63-64, Lowenstein (2001), S. 143-160 sowie Temple (2001), S. 89-111.

[18] Eine Diskussion dieser Thematik befindet sich in Ramesh und Yago (1999), Fung und Hsieh (2000a), Lähn (2004) oder Kaiser (2003).

[19] Vgl. Van (2005), S. 50.

dass das verwaltete Vermögen von 39 Mrd. USD in 1990 auf 1.427 Mrd. USD in 2006 angewachsen ist. Im gleichen Zeitraum stieg außerdem die Anzahl an Einzelhedgefonds von 530 auf 7.241 und die Anzahl an Dachhedgefonds[20] von 80 auf 2.221 per Ende 2006 an.[21] Tabelle 1 stellt das Wachstum des Hedgefondsmarktes in diesem Zeitraum anhand der Daten von HFR nach den einzelnen Jahresergebnissen sortiert dar. Diese Zahlen stellen hierbei nur die Kapitalbilanzen von Investoren und nicht die auf den Märkten eingesetzten Beträge dar.

	Anlagevermögen (in Mio. USD)				**Anzahl an Hedgefonds**	
	Total	*Zu-/Abflüsse*	*Offshore*	*Onshore*	*Total*	*ohne Dachfonds*
1990	38.910	~	29.350	9.560	610	530
1991	58.370	8.463	53.091	5.279	821	694
1992	95.720	27.861	88.168	7.552	1.105	937
1993	167.790	36.918	151.132	16.658	1.514	1.277
1994	167.360	-1.141	142.632	24.728	1.945	1.654
1995	185.750	14.698	151.515	34.235	2.383	2.006
1996	256.720	57.407	178.955	77.765	2.781	2.392
1997	367.560	91.431	251.676	115.884	2.990	2.564
1998	374.770	4.406	239.388	135.382	3.325	2.848
1999	456.430	55.340	318.384	138.046	3.617	3.102
2000	490.580	23.336	332.926	157.654	3.873	3.335
2001	539.060	46.545	335.236	203.824	4.454	3.904
2002	625.554	99.436	430.768	194.786	5.379	4.598
2003	820.009	70.635	584.163	235.846	6.297	5.065
2004	972.608	73.585	671.986	300.622	7.436	5.782
2005	1.105.385	46.907	756.991	348.394	8.661	6.665
2006	1.426.710	126.474	976.111	450.599	9.462	7.241

Daten: HFR (2007).

Tab. 1: Wachstum des weltweiten Hedgefondsmarktes

Nach einer Studie von RR Capital Management Corporation und KPMG Peat Marwick LLP aus dem Jahre 1998 kommen 80 Prozent des in Hedgefonds veranlagten Volumens von wohlhabenden Privatanlegern (High Net Worth Individuals/Family Offices), wobei der Rest durch institutionelle Anleger wie zum Beispiel Stiftungen, Pensionsfonds und Versicherungsgesellschaften eingebracht wird.[22] Nach Gradante und Hennessee (2003) kommen zu Beginn des Jahres 2003 nur noch 42 Prozent der weltweiten in Hedgefonds verwalteten Gelder von High Net Worth Individuals, 27 Prozent von Dachhedgefonds, 15 Prozent von Unternehmen, 9

20 Dachhedgefonds (Funds of Hedge Funds) investieren in mehrere Einzelhedgefonds. Dabei sind Dachfonds meistens so konzipiert, dass das resultierende Portfolio das Ziel hat, die Volatilität im Vergleich zur Investition in einen einzigen individuellen Fonds zu reduzieren. Zu den Aufgaben des Dachhedgefondsmanagers zählen die Vorauswahl, Selektion, Administration und Risikokontrolle von Einzelhedgefonds. Es wird generell zwischen strategiespezifischen (Single-Strategy-Dachhedgefonds) und strategietechnisch diversifizierten Dachhedgefonds (Multi-Strategy-Dachhedgefonds) unterschieden. Vgl. Kaiser (2004), S. 245.

21 Vgl. Hedge Fund Research (2007), S. 6-17.

22 Vgl. Rao und Szilagyi (1998), S. 13.

Prozent von Pensionsfonds und 7 Prozent von Stiftungen. Diese Ergebnisse stimmen weitgehend überein mit denen von Cerend (1998), Blum (2000) und Rahl (2003).

Im Laufe der Zeit hat sich der ursprüngliche Anlagestil nach dem Jones-Modell bedeutend verändert und viele Hedgefonds sichern nicht im strengen Sinne des Begriffes ab. Der Begriff "hedge"[23] („Absicherung") ist daher nicht bei jedem Hedgefonds tatsächlich ein Charakteristikum desselben. In der Literatur gibt es keine allgemein gültige Definition für Hedgefonds. Sie können als private Anlageformen, bei denen der Manager einen bedeutenden persönlichen Kapitalanteil an dem Fonds hält und sich eines hohen Grades an Flexibilität zur Anwendung eines breiten Strategiespektrums erfreut, beschrieben werden. Die Nutzung von Derivaten, Leerverkäufen und Leverage ist hierbei zur Steigerung der Renditen und zum besseren Management der Risiken möglich.

Je nach der geographischen Jurisdiktion lassen sich Onshore- und Offshore-Hedgefonds unterscheiden. Für gewöhnlich sind Onshore-Hedgefonds Kommanditgesellschaften mit Sitz in den Vereinigten Staaten, wobei der Manager der Komplementär ist und die Anleger die Kommanditisten sind. Die Zahl der Anleger in Hedgefonds, die als private Anlagegesellschaften gelten, wurde lange Zeit von der SEC auf 99 – von denen mindestens 65 "zugelassen (accredited)" sein mussten – begrenzt. Im Jahr 1966 wurde jedoch dieses Gesetz geändert und bis zu 500 Anleger (einschließlich des Komplementärs) – ohne jede Registrierungs- und Offenlegungsvorschriften – zugelassen. Heute existieren nach McCrary (2005) keine Beschränkungen hinsichtlich der Anzahl zugelassener Investoren durch die SEC mehr. Als zugelassene Investoren gelten Privatpersonen, deren Einkommen höher als 200.000 USD ist oder die über ein Vermögen von mehr als eine Million USD verfügen.[24] Offshore-Fonds werden dagegen in steuerneutralen Jurisdiktionen, wie zum Beispiel den Britischen Jungferninseln, den Bahamas, Bermuda, den Cayman-Inseln, Dublin und Luxemburg gegründet. Diese erlauben es den Anlegern ihre Steuerlast zu minimieren.[25]

Von den herkömmlichen Anlageinstrumenten wie offenen Investmentfonds unterscheiden sich Hedgefonds hinsichtlich der Art ihrer Strategien, ihrer Ertragsziele, Korrelation von Erträgen, Anlagemöglichkeiten, Kostenstrukturen, Liquidität und Transparenz. Dagegen haben

---

23 Unter Hedging versteht man das Absichern einer finanziellen Position durch den Abschluss von zusätzlichen, meist derivativen Geschäften. In der Regel beziehen sich Hedgingmaßnahmen auf Marktpreisrisiken, also Risiken aus der möglichen Änderung von Aktienkursen, Zinssätzen, Währungen oder Rohstoffpreisen. Beim Hedging wird der unveränderten Grundposition ein kompensatorisches Geschäft beigefügt. Für die Bestimmung eines geeigneten Hedges muss geklärt sein, welche Risikokomponenten abgesichert werden sollen und mit welchem Risikomaß diese erfasst werden. Vgl. Thießen und Walther (2006), S. 75-76.

24 Vgl. McCrary (2005), S. 36.

25 Wenn es sowohl den Offshoreinvestoren als auch den Inlandsinvestoren erlaubt ist, sich in derselben Anlageform zusammenzuschließen, dann spricht man von einer passiven Auslandsanlagegesellschaft. Bei einer passiven Auslandsanlagegesellschaft muss der Offshore-Fonds sicherstellen, dass mindestens die Hälfte der Anlagen von Offshoreinvestoren stammen. Dieses erlaubt dem Offshore-Fonds-Manager, ein Einzelportfolio zu halten und ohne sich mit der Aufteilung von Abschlüssen zwischen Offshore- und Inlandskonten befassen zu müssen.

Hedgefonds im Gegensatz zu den meisten traditionellen Investmentfonds, die in ihren Anlageoptionen eingeschränkt sind, mehr Flexibilität, worin und wie sie anlegen können. Hedgefonds können Fremdkapital[26] aufnehmen, Wertpapiere leer verkaufen und in unterschiedliche Anlageklassen investieren. Ein Nachteil der Anlageflexibilität ist es, dass sie die Fähigkeit von Anlegern herabsetzen kann, den Hedgefondsmanager zu kontrollieren. Denn einige Manager haben eine so hohe Handelsfrequenz, dass eine direkte Überwachung sehr kompliziert ist und letztlich ineffektiv sein kann. Darüber hinaus ist es nur schwer feststellbar, ob ein Manager von seiner festgelegten Strategie abweicht, unangebracht Derivate oder Leverage nutzt oder sich anderweitig auf inakzeptables Anlageverhalten einlässt, welches zu potenziellen Geldverlusten führt oder sogar den Konkurs des Fonds verursachen kann. Da sich Hedgefonds über private Platzierungen bei Einzelpersonen und Institutionen bemühen, sind sie, im Gegensatz zu den in den USA z.B. durch die SEC regulierten offenen Investmentfonds, größtenteils von Offenlegung und Regulierung befreit.[27]

Des Weiteren ist die Mindestinvestitionssumme, um den Zugang zu individuellen Hedgefonds zu erlangen, in der Regel relativ hoch und reicht von 100.000 USD bis 20 Mio. USD. Nach Angaben von HFR (2007) liegt die Mindestinvestitionssumme bei 3,26 Prozent unter 10.000 USD, bei 8,32 Prozent zwischen 10.000 und 50.000 USD, bei 16,79 Prozent zwischen 50.001 und 100.000 USD, bei 16,38 Prozent zwischen 100.001 und 250.000 USD, bei 17,73 Prozent

---

26 Der Fremdkapitalaufbau kann nach Horwitz (2004) entweder explizit oder implizit erfolgen. Während explizites Leverage aus der Bilanz ersichtlich ist und sich auf das Verhältnis ihrer Anlagen zum Eigenkapital bezieht, bezieht sich implizites Leverage auf das Leverage, das Hedgefonds durch Kauf von Wertpapieren gegen Kredit über die Nutzung von Shortpositionen und Derivaten und/oder die Nutzung von besicherten Krediten im Rahmen von Wertpapierpensionsgeschäften erzielen. Hedgefonds können mit der Flexibilität des Leverage ihre Erträge (und Risiken) bei Arbitragemöglichkeiten auf dem Markt potenziell vervielfachen. Gregoriou (2002) fand in diesem Kontext heraus, dass Hedgefonds mit einem moderaten Fremdkapitaleinsatz eine längere Überlebensdauer aufweisen als Hedgefonds mit einem hohen Fremdkapitaleinsatz. Agarwal und Naik (2004) zeigen, dass weder die Alphas noch die Information Ratios von Hedgefonds mit einem hohen Fremkapitaleinsatz signifikant höher ausfallen als die von Hedgefonds, welche mit geringerem Leverage arbeiten. Vgl. Horwitz (2004), S. 37-42, Gregoriou (2002), S. 252 sowie Agarwal und Naik (2004), S. 72.

27 In Deutschland ist zum 1. Januar 2004 das vom Bundesrat am 28. November 2003 und zuvor vom Bundestag am 7. November 2003 verabschiedete Investmentmodernisierungsgesetz (InvestmModG) in Kraft getreten. Dieses besteht im Wesentlichen aus dem Investmentgesetz (InvestmG) und dem Investmentsteuergesetz (InvestmStG) sowie vereinzelten Änderungen weiterer Gesetze, wodurch zum ersten Mal rechtliche Rahmenbedingungen für Hedgefonds in Deutschland geschaffen wurden. So sieht das neue Investmentgesetz mit den Vorschriften seines vierten Kapitels (§§ 112-120 InvestmG) die Auflegung deutscher Hedgefonds als „(Dach-)Sondervermögen mit zusätzlichen Risiken“ vor. Dabei sind deutsche Einzelhedgefonds allerdings auch weitgehend von Anlagerestriktionen befreit und müssen lediglich den Grundsatz der Risikomischung beachten. Für die im Gegensatz zu Einzelhedgefonds öffentlich vertriebsfähigen Dachhedgefonds existieren in § 113 allerdings weit reichende Anlagerestriktionen. Deutsche Dachhedgefonds dürfen demnach nur in Zielfonds allokieren sowie liquide Anlagen in Form von Bankguthaben und Geldmarktinstrumente tätigen. So dürfen deutsche Dachhedgefonds auch nicht zur Finanzierung von Rücklösungen Fremdkapital aufnehmen und nur in Einzelhedgefonds investieren, bei denen die Vermögensgegenwerte von einer Depotbank verwahrt oder die Funktionen einer Depotbank von einer vergleichbaren Institution wahrgenommen werden. Vgl. Pütz und Schmies (2004), S. 51-55, Berger und Steck (2003), S. 178-185 sowie Kaune und Oulds (2004), S. 106. Trotz der Möglichkeit des Auflegens von inländischen „Sondervermögen“ durch das Investmentmodernisierungsgesetz dominieren in Deutschland nach wie vor Strukturierte Produkte den Markt. Vgl. Heidorn, Hoppe und Kaiser (2006a), S. 89 sowie Schmollgruber (2004), S. 88-89.

zwischen 250.001 und 500.000 USD, bei 29,97 Prozent zwischen 500.001 und 1.000.000 USD sowie bei 7,54 Prozent über 1.000.000 USD.[28] Im Vergleich dazu liegen nach Fothergill und Coke (2001) bei 73,4 Prozent der Dachhedgefonds die Mindestinvestitionsgrenzen unter 100.000 USD.[29]

Hedgefonds unterliegen im Gegensatz zu den meisten offenen Investmentfonds Beschränkungen hinsichtlich der Entnahme von Einlagen durch die Investoren. Für gewöhnlich wird eine Kapitalbindungsfrist (Lock-Up-Periode) von 12 Monaten oder mehr gefordert.[30] Dies bedeutet für den Hedgefondsmanager eine erhöhte Flexibilität, da er so in der Lage ist, für eine längere Zeitdauer auch in illiquide Wertpapiere investiert zu sein. Die Manager von traditionellen Investmentfonds werden nach ihrer Performance in Relation zu ihrer Benchmark bewertet. Gleichzeitig basieren deren Verwaltungshonorare größtenteils auf dem unter Verwaltung befindlichen Kapitalanlagevolumen. Da Managerhonorare bei Hedgefonds zu einem großen Teil auf der Performance der Fonds basieren, bergen Hedgefonds für die Manager stärkere Anreize. In der Regel bewegt sich das Erfolgshonorar zwischen 20 und 25 Prozent der jährlichen Gewinne, d.h. zusätzlich zu der jährlichen Verwaltungsgebühr, die normalerweise zwischen 1 und 2 Prozent liegt.[31] Um eine weitgehende Interessenskongruenz zwischen dem Management und den Investoren von Hedgefonds herzustellen, ist die Zahlung der Performancegebühr häufig an die High-Watermark- und Hurdle Rate-Bedingungen geknüpft. Beim High-Watermark-Prinzip wird nur dann eine Performancegebühr fällig, wenn zum Stichtag ein neuer historischer Höchststand des Nettoinventarwertes des Fonds erreicht worden ist.[32] Bei Hedgefonds, die dem Hurdle Rate-Prinzip folgen, muss zuerst eine Schwellenrendite (Hurdle Rate) übertroffen werden, damit eine Performancegebühr zu entrichten ist.[33]

---

28 Vgl. HFR (2007), S. 25.

29 Vgl. Fothergill und Coke (2001), S. 19.

30 Vgl. Anson (2006), S. 124.

31 Ackermann, McEnally und Ravenscraft geben als Extremwerte der Performancegebühr von Hedgefonds als Minimum 0 und als Maximum 50 Prozent an. Im Durchschnitt beträgt die Performancegebühr weiterhin 13,87 Prozent und im Median 20 Prozent. Hinsichtlich der Managementgebühr liegt das beobachtete Minimum bei 0 Prozent, das Maximum bei 6 Prozent, der Durchschnitt bei 1,25 Prozent sowie der Median bei 1 Prozent. Vgl. Ackermann, McEnally und Ravenscraft (1999), S. 844.

32 Die High-Watermark im Jahr *t* wird mit dem Wert des Nettoinventarwertes am Stichtag im Jahr *t*-1 verglichen. Wird keine kumulierte positive Wertsteigerung erwirtschaftet, so ist vom Investor auch keine Performancegebühr zu leisten. Der Sinn dieses Instrumentariums ist es, den Hedgefondsmanager dazu zu veranlassen, nicht zu risikoreich zu investieren. Nach Anson (2001) ist die Performancegebühr eine Call-Option für den Hedgefondsmanager, dessen Wert er durch die Steuerung der Volatilität des Hedgefonds selbst beeinflussen kann. Nach Weber (1999) verringert die High-Watermark allerdings auch die Wahrscheinlichkeit eines zu beobachtenden Performance-Gamblings. Performance-Gambling bedeutet, dass ein Hedgefondsmanager nach einem Jahr mit Gewinn möglichst einen Verlust einfährt, um sicherzustellen, dass im Folgejahr wieder ein möglichst hoher Gewinn erzielt werden kann. Vgl. Anson (2001), S. 47 sowie Weber (1999), S. 175.

33 In der Praxis wird zwischen zwei Arten der Hurdle Rate – Soft Hurdle und Hard Hurdle – unterschieden. Soft Hurdle bedeutet, dass die Performancegebühr von den gesamten Erträgen berechnet wird, sobald die Mindestvorgabe der jährlichen Wertentwicklung überschritten wird, während Hard Hurdle bedeutet, dass lediglich für den Ertrag über dem Mindestlimit eine Performancegebühr anfällt. Die Hurdle Rate wird meistens anhand variabler Marktsätze bestimmt und weniger als eine fixe Größe definiert. Als Hurdle Rate dienen meist Interbankensätze wie der Euribor oder der Libor. Vgl. Fano-Leszczynski (2002), S. 42.

Aufgrund ihrer alternativen Handelsstrategien weisen die historischen Wertentwicklungen von Hedgefonds geringe Abhängigkeiten mit traditionellen Anlageklassen, wie zum Beispiel Aktien, Renten, Währungen und Rohstoffe auf. So kann nach der Portfoliotheorie von Markowitz (1952) durch die Einbeziehung von Hedgefonds die Standardabweichung des Gesamtporfolios reduziert und somit das Risiko-Ertragsverhältnis optimiert werden. Da Hedgefondsrenditen allerdings optionsähnliche Merkmale aufweisen, ist es nicht eindeutig geklärt, ob die geringe lineare Korrelation generell als geringes systematisches Marktrisiko ausgelegt werden kann.[34] Die Studie von Chan, Getmansky, Haas und Lo (2005) kommt zu dem Schluss, dass aufgrund der Tatsache, dass die Hedgefondsindustrie weiter wächst und immer mehr Eigenhandelstische in den großen Investmentbanken wie Hedgefonds organisiert sind, das in Hedgefonds inhärente systematische Risiko zunimmt und gleichzeitig die zu erwartenden Renditen hierdurch in Zukunft niedriger ausfallen dürften.[35]

Die akademische Forschung hat sich in der Vergangenheit insbesondere auf Stilanalysen verlassen, um die Risikofaktoren und Ertragsquellen von Hedgefonds zu bestimmen.[36] Unter der Berücksichtigung der Tatsache, dass Wertentwicklungsdaten für den überwiegenden Teil der Hedgefondsindustrie nur monatlich verfügbar sind, ist die Durchführung einer validen Performanceattribution erschwert. Um die dynamische Natur der von Hedgefonds angewendeten Handelsstrategien zu erfassen, sind deshalb zu wenig Informationen verfügbar.

So ist auch die Anwendbarkeit von traditionellen Performancezurechnungsmethoden[37] und Stilanalysetechniken, welche die Aufteilung der Erträge eines Managers in den Teil, der dem

---

[34] Aufgrund der Nutzung von Derivaten oder der Handelssystematik können die Erträge von Hedgefonds bezogen auf S&P 500 nicht linear sein. Die normale Varianzanalyse verlässt sich außerdem auf die Normalverteilung von Anlageerträgen und setzt voraus, dass der Anleger sich nur für den Erwartungswert der Erträge und deren Standardabweichung interessiert. Hedgefonds generieren, öfter als durch eine Normalverteilung prognostiziert wurde, sehr hohe oder sehr niedrige Erträge und die Anwendung von Optimierungstechniken, die auf einem gewöhnlichen portfoliotheoretischen Ansatz beruhen, können den wirklichen Risikograd von Hedgefonds unterschätzen. Es verändert sich die Korrelation zwischen Hedgefonds und Aktien während Marktrückgängen und erhöht, reduziert oder eliminiert somit den Diversifikationsvorteil. Alle auf der modernen Portfoliotheorie basierenden Resultate sind daher mit Vorsicht zu interpretieren. Vgl. Mitchel und Pulvino (2001), Fung und Hsieh (2002), Kat und Lu (2005) oder Jaeger und Wagner (2005).

[35] Vgl. Chan, Getmansky, Haas und Lo (2005), S. 81-83.

[36] Vgl. Fung und Hsieh (1997), Agarwal und Naik (2000a, 2000b), Brealey und Kaplanis (2001), Fung und Hsieh (2002), Amenc, Bied und Martellini (2003) oder Goodworth und Jones (2004).

[37] Ein Performance Attributions-Modell teilt die Rendite eines Portfolios durch Vergleich mit einer Benchmark auf verschiedene Ebenen des Investitionsprozesses auf und ermöglicht dadurch eine differenziertere Leistungsbeurteilung. In der Literatur findet sich eine Vielzahl unterschiedlicher Attributionsmodelle (z.B. Brinson und Faechler (1985), Allen (1991) oder Sharpe (1992)). Sie alle sind im Prinzip Abwandlungen des Modells von Brinson, Hood and Beebower (1986). Es zählt zu der Gruppe der arithmetischen Modelle, da die Kalkulationen auf der Annahme arithmetischer Zusammenhänge beruhen. Bei der Analyse einzelner Perioden sind arithmetische Modelle intuitiv und einfach in der Berechnung. Bei der Analyse mehrerer Perioden ist ihr Einsatz in Folge des Verzinsungseffekts aber mit umfangreichen Korrekturrechnungen verbunden. Der Kern des Modells ist eine Aufteilung der Fondsrendite in einen aktiven und einen passiven Teil. Der passive Teil wird durch die neutrale Position in Form der Benchmark abgebildet und entspricht dem Beitrag der strategischen Asset Allocation. Der aktive Teil ist die Überschussrendite des untersuchten Fonds über die Benchmark. Die Überschussrendite wird durch aktives Portfoliomanagement erreicht. Eben dieser Überschuss wird im Attributionsmodell aufgeteilt. Einerseits in den Teil, der durch die taktische As-

Markt oder systematischen Faktoren zurechenbar ist, und den Teil, welcher dem Können des Managers zugeschrieben wird, schwierig.

Im Vergleich zu offenen Investmentfonds hat das Können des Hedgefondsmanagers einen bedeutenden Anteil an den Gesamterträgen und das Managerrisiko, das dadurch mit Hedgefonds einhergeht, ist inhärent. Demnach spielen bei der Beurteilung von Hedgefondsinvestments nicht nur Investitionsrisiken[38], sondern insbesondere auch operationelle Risiken[39], eine entscheidende Rolle.

set Allocation, also dem temporären Abweichen von den Normalgewichten der Benchmark, erreicht wird (Allokationsbeitrag), andererseits in den aus der Fondsselektion (Selektionsbeitrag). Eine Erweiterung dieses Modells auf Hedgefondsstrategien bieten Dachine (2001) oder Lhabitant (2006a) sowie auf Dachhedgefonds Schwindler und Oehler (2006).

38 Das Fremdkapitalrisiko ist hierbei eines der bedeutendsten Risiken. Markt-, Kredit-, Währungs- und Liquiditätsrisiken verstärken sich zusätzlich bei einem hohen Fremdfinanzierungsgrad der Hedgefonds. Ein sich dem Fremdkapitalrisiko anschließender Risikofaktor ist das Marktrisiko. Die einen hohen Leverage einsetzenden Hedgefondsstrategien sind von den Schwankungen der Märkte stärker betroffen als traditionelle Investmentfonds, wenn der allgemeine Markttrend der Strategie zuwiderläuft. Auch das Liquiditätsrisiko ist nicht zu unterschätzen. Da einige Hedgefonds in teilweise sehr illiquide Positionen und Märkte investieren, so dass ihre Engagements verglichen mit dem zugrunde liegenden Umsatz am jeweiligen Markt meist äußerst hoch sind, kann es im Fall eines starken Liquiditätsabflusses seitens der Investoren zur Notwendigkeit der Hedgefonds kommen, ihre Positionen aufzulösen. Dies ist jedoch unter Umständen nicht möglich, ohne den Marktpreis nachhaltig zu beeinflussen. Das Margin Call-Risiko, eine Sonderform des Liquiditätsrisikos, entsteht aus dem Aufbau von Positionen mit Fremdkapital. Im Fall von nicht in die erwartete Richtung laufenden Märkten, können Nachschusspflichten entstehen und illiquide Positionen müssen eventuell unter Inkaufnahme hoher Verluste verkauft werden. Das Strategierisiko ist auch bei Hedgefonds zu beachten. Zahlreiche Hedgefonds sind hoch spezialisiert und beschränken sich auf Märkte und Strategien, in denen ihre Manager über besondere Expertise und Kontakte verfügen. Es wird aber häufig auch innerhalb eines Hedgefonds die Strategie gewechselt (Stilverschiebungen oder Style Drift). Wenn der Manager sein Spezialgebiet verlässt, weil das gegebene Marktumfeld nicht seiner Strategie zuträglich ist und er anderweitige Anlagemöglichkeiten sieht, entsteht ein Risiko aus diesem Vorgehen. Dann ist die Konsistenz des Investmentansatzes nicht mehr gegeben und drückt sich neben einem möglichen fachlichen Versagen des Managers in einem veränderten Risiko-/Ertrags-Profil aus, wodurch ein Performancevergleich unmöglich und die bisherige Portfolioeffizienz in Frage gestellt wird. Ausführliche Informationen zur Stilverschiebungsproblematik befinden sich in Moix (2004, 2006) und Lhabitant (2001).

39 Aus den für Hedgefonds typischen Charakteristika, wie der Intransparenz, Illiquidität und fehlenden Regulierung, ergibt sich das operationale Risiko, was in letzter Instanz zum Kollaps eines Hedgefonds führen kann. Von der Capital Markets Company wurde im Jahr 2002 eine Studie durchgeführt, bei der über 100 Hedgefondsausfälle innerhalb der letzten 20 Jahre untersucht wurden. Hiernach wurden 50 Prozent der Ausfälle durch interne Aspekte wie Betrug, Dateneingabefehler, Systemausfälle und Bewertungsprobleme ausgelöst, die nichts mit dem Investmentrisiko zu tun haben. In dieser Untersuchung haben sich zwei operationale Risiken besonders hervorgehoben. Die Hauptrisikoquellen sind mit 41 Prozent die Fehlbewertung der Portfoliopositionen und mit 30 Prozent der Missbrauch von Fondsmitteln zur persönlichen Bereicherung oder zur Vertuschung erwirtschafteter Verluste zuzuordnen. Vgl. Kundro und Feffer (2004), S. 42-44, Cruz und Davies (2005), S. 327-334 sowie Giraud (2005), S. 275-281.

2.2 Investmentstrategien

Die Handelsstrategien von Hedgefonds decken nach heutiger Definition eine Vielzahl von unterschiedlichen Strategien ab.[40] In Theorie und Praxis existieren nach Busack und Kaiser (2006) ausreichend dokumentierte Möglichkeiten der Klassifikation der einzelnen Hedgefondsstrategien: z.B. nach Direktionalität, Volatilität, Investmentprozess, Anlageklassen, geografischer Ausrichtung oder Branchenfokus.[41] Allerdings hat sich die Industrie sowie die akademische Forschung bisher noch nicht auf ein gemeinsames standardisiertes Klassifizierungssystem einigen können.[42] So gibt es weltweit eine Reihe von Hedgefondsindizes, die von verschiedenen Consultingunternehmen konzipiert wurden und jeweils unterschiedliche Methoden zur Klassifikation der Hedgefondsstrategien verwenden. Nach Ansicht der Alternative Investment Management Association (AIMA) sind die Hedgefondsstrategien nach den angewandten Investmentprozessen zu klassifizieren. Entsprechend der Korrelation zu den publizierten Renten- und Aktienindizes lassen sich Hedgefondsstrategien in die Kategorien marktrichtungsorientiert (direktional) und nicht-marktrichtungsorientiert (nicht-direktional) einteilen. Strategien mit einer niedrigen Korrelation zu den klassischen marktbezogenen Benchmarks, also nicht-direktionale Strategien, werden auch als marktneutrale Strategien bezeichnet. Nicht-direktionale Strategien sind allerdings nur gegenüber dem ersten Moment der Verteilung, das heißt gegenüber den erwarteten Erträgen, neutral und verhalten sich nicht neutral gegenüber dem zweiten Moment, der Standardabweichung. Die Konvergenz (also die Rückkehr der Anlagepreise auf Gleichgewichtsniveau) wird nicht immer erreicht und "auf Arbitrage basierende" Strategien können Verluste erleiden, da in unstetigen Perioden die Liquidität austrocknet. Für gewöhnlich werden nicht-direktionale Strategien entworfen, um kurzfristige Marktineffizienzen und Preisunterschiede zwischen verbundenen Wertpapieren auszunutzen, während gleichzeitig soviel Marktrisiko wie möglich abgesichert wird. Die Definition von Direktionalität kann nun verwendet werden, um ein detailliertes Klassifikationssystem der Hedgefondsstrategien zu erstellen. Hierbei kann die Aufstellung der einzelnen Investmentrichtungen beliebig verfeinert werden. In der Abbildung 1 sind die, nach den Ergebnissen von Agarwal und Naik (2000a) sowie Kaiser und Schulz (2004), acht bekanntesten Hedgefondsstrategien den beiden Hauptstilrichtungen zugeordnet worden.[43]

---

40 Vgl. Agarwal und Naik (2000a), S. 6.

41 Vgl. Busack und Kaiser (2006), S. 5-6.

42 Vgl. Hilpold und Kaiser (2005), S. 13.

43 Hierbei ist allerdings anzumerken, dass nach Gregoriou, Rouah und Sedzro (2002a) die Klassifizierung in direktionale und nicht-direktionale Bestandteile Tendenzaussagen darstellen und jeweils für den überwiegenden Teil einer Hedgefondsstrategie gelten. So können beispielsweise nicht-direktionale Strategien wie Convertible Arbitrage durch den Aufbau eines starken Credit Exposure sehr direktional ausgestaltet sein. Vgl. Gregoriou, Rouah und Sedzro (2002a), S. 28, Agarwal und Naik (2000a), S. 6 sowie Kaiser und Schulz (2004), S. 22.

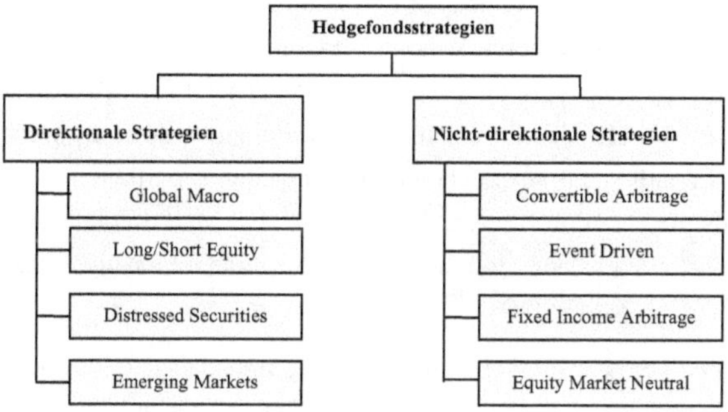

Quelle: Eigene Darstellung nach Busack und Kaiser (2006), S. 6.

Abb. 1: Klassifikation der Hedgefondsstrategien nach dem Investmentprozess

Im folgenden Abschnitt werden die Charakteristika und Funktionsweisen der einzelnen Hedgefondsstrategien beschrieben.

2.2.1 Direktionale Strategien

2.2.1.1 Global Macro

Bei der Hedgefondsstrategie Global Macro halten Händler ausgehend von makroökonomischen Analysen und den hieraus resultierenden Prognosen Kaufpositionen (Longpositionen) und Leerverkaufspositionen (Shortpositionen), um Veränderungen an Devisen-, Kapital- und Rohstoffmärkten vorwegzunehmen.[44] Hierbei sind das möglichst frühzeitige Erkennen von sich abzeichnenden Trends auf den internationalen Finanz- und Devisenmärkten und der effiziente Aufbau entsprechender Positionen entscheidend für den Erfolg.[45] Global Macro-Manager implementieren entsprechend der makroökonomischen Ausgangslage unterschiedliche Strategien (Direktional, Arbitrage oder Relative Value), wobei allerdings die Global Macro-Hedgefonds mehrheitlich einen Schwerpunkt auf der Kaufseite (Long Bias) haben. Hierbei wird in der Regel ein Top-Down-Investmentansatz verfolgt, der um eine Bottom-Up-Titelselektion erweitert wird.[46] Global Macro-Hedgefonds stellen die Strategie mit der wohl größten Vielfalt von eingesetzten Instrumenten dar.[47] Die gehandelten Anlageinstrumente erstrecken sich von Anleihen, Derivaten, Rohstoffen und Aktienindizes bis hin zu Währun-

---

44 Vgl. Gregoriou, Rouah und Sedzro (2003), S. 39.

45 Vgl. Nicholas (1999), S. 170.

46 Ein Top-Down-Investmentansatz bedeutet, dass ausgehend von der Gesamtentwicklung einer Volkswirtschaft sowie der jeweiligen Branche versucht wird, auf die Entwicklung von Einzeltiteln zu schließen. Das Gegenteil des Top-Down-Ansatzes stellt der Bottom-Up-Ansatz dar. Hier wird durch die Analyse der wesentlichen Kennzahlen und Entwicklungen der einzelnen Unternehmen versucht, die Entwicklung von Einzeltiteln zu antizipieren.

47 Vgl. Pichl (2001), S. 30 oder Ineichen (2007), S. 227.

gen.[48] Nach Ineichen (2003) agieren Global Macro-Fonds vorwiegend auf liquiden und effizienten Märkten. Die hieraus resultierende hohe Flexibilität und ihre dynamischen Portfolioumschichtungen sind hierbei typische Charakteristika von Global Macro-Fonds.[49] Diese ermöglicht ihnen, relativ kurzfristig von einem Trend auf einen anderen zu wechseln. Global Macro-Fonds setzen Fremdkapital als Leverage ein, um überproportional von direktionalen Bewegungen ihrer Positionen zu profitieren.[50] Obwohl Global Macro-Fonds häufig gleichzeitig Long- und Shortpositionen halten, sind diese selten ausgerichtet um sich gegenseitig abzusichern.

Seit Jahrzehnten werden von den Banken bzw. deren Eigenhandelsabteilungen auf volkswirtschaftlichen Analysen beruhende, länderübergreifende Transaktionen getätigt. Einhergehend mit der Entwicklung derivativer Finanzinstrumente, die einen Großteil der Handelsstrategien erst möglich gemacht haben, etablierten sich auch die Global Macro-Hedgefonds.[51] Das Umfeld für Global Macro hat sich in den letzten 10 Jahren stark gewandelt. Obwohl die Effizienz aufgrund von besseren Bewertungsinstrumenten, Informationssystemen sowie schnelleren Computersystemen gesteigert werden konnte, hat die Bedeutung der Global Macro-Hedgefonds, auch da es weniger globale Währungen und einige liquiditätsarme Märkte (wie beispielsweise die Rentenmärkte) gibt, abgenommen. So ist der Anteil von Global Macro innerhalb des Hedgefondsuniversums von 71,07 Prozent im Jahr 1990 auf 10,98 Prozent im Jahr 2005 gefallen.[52] Allerdings muss ergänzt werden, dass auf einer Durchschnittsbetrachtung basierend die Global Macro-Fonds ein höheres Fondsvermögen als Hedgefonds anderer Disziplinen aufweisen.[53] Nach Hirst (2003) sind die Größe sowie der spekulative Charakter von Global Macro-Fonds die Ursache des hohen Bekanntheitsgrades von einzelnen Hedgefonds dieser Strategie.[54] Darüber hinaus weisen sie mitunter die höchsten historischen Renditen und Volatilitäten aller Hedgefondsstrategien aus.[55]

---

48 Vgl. Jaeger (2003), S. 209.

49 Die Portfolioumschlagsfrequenz bei Global Macro-Fonds ist sehr hoch. In Global Macro-Fonds wird das Portfolio 50 bis 100 mal pro Jahr umgeschichtet. Vgl. Kao (2002), S. 22.

50 Aufgrund des Fremdkapitaleinsatzes (Leverage), welcher sich typischerweise zwischen 6:1 und 10:1 bewegt, sowie des damit einhergehenden Verlustpotenzials ist ein adäquates Risikomanagement ein Schlüsselelement der Global Macro-Strategie. So verwenden viele Fonds Value-at-Risk, RiskMetrics oder intern entwickelte Risikomanagementmodelle. Durch die ständige Ausweitung des Angebots an derivativen Produkten und immer komplexer werdenden Eigenschaften der Derivate erfassen diese Modelle allerdings nicht alle Risiken.

51 Vgl. Hilpold und Kaiser (2005), S. 242.

52 Vgl. HFR (2007), S. 9-10.

53 Vgl. Lhabitant (2002), S. 115.

54 Vgl. Hirst (2003), S. 82.

55 Vgl. Burstein (1999), S. 7.

2.2.1.2 Long/Short Equity

Als aktuell bedeutendste Hedgefondsstrategie, mit einem Anteil von 34,53 Prozent[56] am gesamten in Hedgefonds verwalteten Investitionsvolumen, gilt die Strategie Long/Short Equity. Bei dieser häufig auch als Equity Hedge bezeichneten Strategie werden der Kauf und Leerverkauf von Aktien (Equity) kombiniert, um auf Basis von relativen Bewertungsunterschieden und nicht von absoluten Richtungsbewegungen einzelner Titel nachhaltige Erträge zu generieren. Hierbei werden als unterbewertet eingestufte Aktien gekauft (Longposition) und gleichzeitig Aktien, die als überbewertet eingeschätzt werden, leer verkauft (Shortposition).[57] Dem entsprechend konnten Fung und Hsieh (2004a) feststellen, dass die meisten Long/Short Equity Manager ein Exposure gegenüber dem breiten Aktienmarkt, insbesondere gegenüber Aktien mit einer geringen Marktkapitalisierung, vorweisen. Ein solches Long/Short-Portfolio kann somit im Gegensatz zu den traditionellen Investmentfonds, deren Fondsmanager aufgrund des Leerverkaufverbots nur einen eingeschränkten Handelsspielraum haben, sowohl von steigenden als auch von fallenden Aktienkursen profitieren. Gleichzeitig besteht bei Hedgefonds auch die Möglichkeit, den Anteil an liquiden Mitteln im Portfolio über 50 Prozent hinaus auszuweiten.[58] Generell gilt es jedoch als einfacher, Investitionsmöglichkeiten während steigender Aktienmarktphasen zu identifizieren. Hinzu kommt, dass der Leerverkauf von Aktien mit einer hohen Marktkapitalisierung sich einfacher gestaltet als bei unterbewerteten Wertpapieren.[59] Hedgefondsmanager im Long/Short Equity-Bereich kommen vor allem aus dem traditionellen „Long-Only"-Asset Management, während die Manager der anderen Hedgefondsstrategien meistens ihre ersten Erfahrungen im Eigenhandelsbereich von Banken (Proprietary Trading) sammelten. Eine Analyse der entsprechenden Indizes lässt die Schlussfolgerung zu, dass Long/Short Equity-Fonds in einem negativen Marktumfeld bessere Wertentwicklungen als der Aktienmarkt erzielen. In positiven Aktienmarktphasen (Hausse) erschweren allerdings die eingegangenen Shortpositionen eine Outperformance gegenüber traditionellen Aktienmandaten. Bei der Betrachtung eines einen kompletten Konjunkturzyklus, stellt sich jedoch aufgrund des häufig zu beobachtenden und weitgehenden Kapitalerhalts während negativer Aktienmarktphasen (Baisse) eine Outperformance der Long/Short Equity-Fonds gegenüber den indexgebundenen Aktienportfolios ein.

Black (2004) kommt zu dem Schluss, dass sich aufgrund der teilweise sehr hohen Volatilität von individuellen Long/Short Equity-Hedgefonds sich diese nicht für Investoren eignen, wel-

---

56 Vgl. HFR (2007), S. 10.

57 In der Praxis können zwei Ausprägungsformen der Long/Short Equity-Strategie unterschieden werden, nämlich das Equity Hedge-Portfolio und das Equity Non-Hedge-Portfolio. Ein Equity Hedge-Portfolio beinhaltet sowohl Long- als auch Shortpositionen und kann je nach Marktlage von netto long bis netto short ausgerichtet werden. Die vorwiegend auf Kaufpositionen ausgerichteten Equity Non-Hedge-Portfolios unterscheiden sich von traditionellen Investmentfonds nur hinsichtlich Möglichkeit Fremdkapital einzusetzen.Vgl. Ineichen (2003), S. 294-295.

58 Vgl. Borla und Masetti (2003), S. 31.

59 Vgl. Fung und Hsieh (2004a), S. 9-10.

che in ihrem Gesamtportfolio einen Absolute Return-Ansatz verfolgen.[60] Nach Jaeger und Wagner (2005) weisen Exposures von Long/Short Equity-Hedgefonds ein starkes nicht-lineares Profil auf und kommen daher zu dem Ergebnis, dass die beste Variable zur Erklärung der Renditen von Long/Short Equity-Fonds ein Wandelanleiheindex ist. Somit lässt sich ziemlich genau die niedrigere Wertenwicklung in Haussemärkten und ein gewisser Schutz vor Wertverlusten in Baissemärkten – dies allerdings nur bis zu einem gewissen Punkt – modellieren.[61] Der Aufbau von sektor- bzw. firmenspezifischen Exposures ist ein weiteres Charakteristikum der Long/Short Equity-Strategie.[62] Hierbei fokussieren sich einige Fonds auf das Kaufen und Verkaufen von Einzeltiteln oder ganzer Sektoren, während andere mehr auf die Gesamtmarktrichtung achten, um ihr Portfolio je nach Marktlage dynamisch zwischen netto long und netto short umzuschichten. Nach Ineichen (2002a) setzt sich das Risiko von Long/Short Equity-Hedgefonds vorwiegend aus aktien- und timingspezifischen Faktoren zusammen.[63]

2.2.1.3 Distressed Securities

Fonds der Distressed Securities-Strategie investieren in Wertpapiere jener Unternehmen, die sich in einer wirtschaftlichen, finanziellen oder organisatorischen Notlage befinden. Diese Strategie wird daher auch häufig als eine ereignisorientierte Handelsstrategie referenziert.[64] Eine „Distressed-Situation" entsteht, (1) wenn sich die Finanzsituation einer Firma signifikant verschlechtert, (2) wenn ein Unternehmen nicht in der Lage ist, seine Schulden zu bedienen, oder (3) wenn aufgrund sonstiger Einflüsse eine drohende Insolvenz angemeldet werden muss.[65] Distressed Securities oder Not leidende Wertpapiere werden normalerweise mit hohen Abschlägen zu deren Nennwerten oder zu früheren Preisniveaus gehandelt. Das Ziel ist es hierbei, diese Wertpapiere mit einem deutlichen Preisabschlag zu ihrem intrinsischen Wert zu kaufen und die Papiere so lange zu halten, bis die jeweiligen Unternehmen ihre operativen Schwierigkeiten überwunden haben. Nach Angaben von HFR (2007) sind 4,70 Prozent des weltweit in Hedgefonds investierten Anlagevolumens in Distressed Securities-Hedgefonds investiert.[66] Ausgehend von ihren Analysen und Erfahrungen investieren die Manager von Distressed Securities in Wertpapiere der Unternehmen, von denen sie eine Werterholung erwarten und somit das Ertragspotenzial die augenscheinlichen Risiken neutralisiert. Die

---

60 Vgl. Black (2004), S. 143.

61 Vgl. Jaeger und Wagner (2005), S. 13.

62 Vgl. Aigner (2002), S. 342.

63 Vgl. Ineichen (2002a), S. 65.

64 Die Distressed Securities-Strategie kann je nach der Art der Einflussnahme durch die jeweiligen Investoren in aktive und passive Teilbereiche unterteilt werden. Bei der aktiven Strategieklasse versuchen die Investoren, die Kontrolle über das Unternehmen, in das investiert wird, zu übernehmen, während bei der passiven Rolle eine nicht kontrollorientierte Handelsposition aufgebaut wird. Verfolgt ein Hedgefonds eine aktive Strategie, so ist eine gewisse Nähe zum Private Equity-Bereich nicht mehr zu leugnen. Gerade bei ereignisorientierten Strategien ist ein Zusammenwachsen des Hedgefonds- mit dem Private Equity-Bereich zu beobachten. Vgl. Liebler, Schiereck und Schmid (2004), S. 651, Cottier (1997), S. 135 sowie Achleitner und Kaserer (2005), S. 11.

65 Vgl. Kirschner, Mayer und Lessler (2006), S. 117.

66 Vgl. HFR (2007), S. 10.

Distressed Securities-Manager richten ihren Fokus insbesondere auf Unternehmen, welche vorübergehend finanzielle Probleme haben und aufgrund ihres Tätigkeitsfeldes gute Zukunftsaussichten versprechen. Die Manager von Distressed Securities sind der Überzeugung, dass die aktuell noch als Not leidend eingestuften Unternehmen sich z.B. aufgrund von Umstrukturierungen, neuer Finanzierungspartner oder einem neuen Management aus ihrer problematischen Lage wieder heraus manövrieren und das historische Ertragsniveau wieder erreichen können. Inhaber von Not leidend gewordenen Wertpapieren sind häufig bereit, diese Positionen auch unter Inkaufnahme von hohen Abschlägen glattzustellen. Die hohen Preisabschläge resultieren aus einer Fehleinschätzung des jeweiligen Werts der Not leidend gewordenen Wertpapiere durch den überwiegenden Teil der Marktteilnehmer. Der Verkaufsdruck beruht auch darauf, dass einige Investorengruppen (z.B. Versicherungen) nicht in Not leidende Wertpapiere investieren können.[67] Ein Hedgefonds hingegen unterliegt keiner Beschränkung seiner Investments in Unternehmen, weder bei Insolvenz (z.B. Chapter 11 des US-Insolvenzrechts), Liquidation (z.B. Chapter 7 des US-Insolvenzrechts) noch bei Ratingherabstufungen.[68]

Die Unsicherheit bzgl. des Ausgangs einer Firmenumstrukturierung stellt einen bedeutenden Nachteil dar. Es gilt, dieses Risiko möglichst exakt zu bewerten. Hierbei ist es unumgänglich, dass die Hedgefondsmanager über hervorragende Branchenkenntnisse verfügen und sehr gute Kontakte zum Management der betreffenden Firmen unterhalten. Distressed Securities-Investments sind in der Regel langfristig orientiert und dauern oft mehrere Jahre. Deswegen ist diese Strategie auch sehr empfindlich gegenüber Liquiditätsdruck und es werden daher von Investoren häufig längere Kapitalbindungsfristen gefordert. Jaeger und Wagner (2005) zeigen, dass mit Werten zwischen 3 und 4 Prozent p.a. Distressed Securities das höchste Alpha innerhalb der Hedgefondsindustrie erzielen.[69]

---

67 Das Ausfallrisiko (Default Risk), dem die Distressed Securities-Hedgefonds besonders ausgesetzt sind, kann effizient nur über Credit Default Swaps (CDS) abgesichert werden. Allerdings ist es sehr schwierig bei CDS auf Distressed Securities einen Counterpart zu finden der eine preiswerte Absicherung bietet. Daher entwickeln sich diese Fonds besonders gut, wenn sich die Credit Spreads einengen, und vice versa. Vgl. Stefanini (2006), S. 193.

68 Vgl. Hoppe (2005), S. 56.

69 Vgl. Jaeger und Wagner (2005), S. 15.

2.2.1.4 Emerging Markets

Die Strategie Emerging Markets investiert in Aktien oder Schuldtitel in den unterschiedlichen Schwellen- und Entwicklungsländern[70], also Länder mit geringerer Effizienz und Liquidität.[71] Emerging Markets-Hedgefonds setzen auf fundamentale Richtungsänderungen von Finanzmarktpreisen in Schwellenländern und stützen sich hierbei auf die Auswahl interessanter Titel in bestimmten Regionen der Welt. Emerging Markets-Hedgefonds fokussieren sich entweder auf einzelne Länder (wie z.B. Brasilien, Indien, Russland, usw.) bzw. Kontinente (Südamerika, Asien, usw.) oder haben einen länder- und kontinentübergreifenden Investmenthorizont.[72] Nach HFR (2007) sind 4,03 Prozent des weltweit in Hedgefonds investierten Anlagevolumens durch Hedgefonds in Emerging Markets investiert.[73] Die Strategien, die hierbei verfolgt werden, sind sehr vielfältig und reichen von reinen Arbitragestrategien bis zu Momentum getriebenen Macro-Transaktionen.[74] Emerging Markets-Hedgefondsmanager investieren in die Entwicklungsländer und die Sektoren, von denen sie eine positive wirtschaftliche Entwicklung oder eine Aufwertung insgesamt erwarten. Die Fondsmanager von Emerging Markets-Hedgefonds versuchen vor allem, bestehende Marktineffizienzen zu nutzen, indem sie unterbewertete Aktien und Schuldtitel identifizieren und kaufen, bevor diese Ineffizienz durch Marktkräfte bereinigt wird. Gleichzeitig sind die Eintrittsbarrieren für weitere Marktteilnehmer, die dieselben Marktpreisineffizienzen in dem jeweiligen Emerging Market ausnutzen wollen, gering, woraus sich ein nicht zu unterschätzendes Persistenzpotenzial zur Alphagenerierung in diesem Strategiesegment ergibt. Hedgefondsmanager verfügen meist über spezielles Know-how in Bezug auf die Emerging Markets und/oder unterhalten sehr gute Verbindungen zu Organisationen oder Institutionen in diesen Ländern. Beides geht im Nor-

---

70 Die Weltbank definiert Staaten als Schwellenländer, deren Pro-Kopf-Bruttoinlandsprodukt niedriger als 7.620 US-Dollar ist.

71 Im Zusammenhang mit Emerging Markets wird häufig auch die Möglichkeit von Hedgefonds diskutiert, ob diese die Wertentwicklung dieser Märkte beeinflussen können. Fung und Hsieh (2000a) kommen bei ihrer empirischen Analyse von Hedgefonds mit einem hohen Anlagevolumen zu der Schlussfolgerung, dass es einige Episoden gab, bei denen Hedgefonds involviert waren und wahrscheinlich marktbeeinflussend agierten (Krise des europäischen Währungssystems in 1992, Aufstieg des europäischen Anleihemarktes in 1993 und dessen Niedergang in 1994). Gleichzeitig gab es Ereignisse, bei denen Hedgefonds sehr unwahrscheinlich einen signifikanten Einfluss auf die Märkte ausgeübten (Aktienmarktcrash in 1987, Mexikokrise 1994, asiatische Währungskrise in 1997). In all diesen Episoden agierten Hedgefonds allerdings nicht als einzige Investorengruppe isoliert, sondern auch die Eigenhandelabteilungen der Investmentbanken, große institutionelle Investoren und Investmentfonds waren zu diesen Zeiten in diesen Märkten aktiv. Außerdem fanden die Autoren keine Anzeichen für ein Herdenverhalten der Hedgefonds. Vgl. Fung und Hsieh (2000a), S. 34-35.

72 Der regionale Schwerpunkt von Hedgefonds in Schwellen- und Entwicklungsländern liegt in den asiatischen, lateinamerikanischen und in jüngster Vergangenheit vermehrt auch in osteuropäischen Ländern. Vgl. Rutkis (2002), S. 35.

73 Vgl. HFR (2007), S. 10.

74 Generell ist allerdings davon auszugehen, dass der Anteil an nicht-direktionalen Strategien im Bereich Schwellenländer-Hedgefonds geringer ist als der von direktionalen. Denn insgesamt weist die Strategie Emerging Markets bei der Betrachtung der entsprechenden Indizes eine eindeutige marktabhängige Eigenschaft aus.

malfall einher mit speziellen Vor-Ort-Kapazitäten.[75] Emerging Markets-Investitionen führen in der Regel zu hohen Erträgen, beinhalten allerdings gleichzeitig hohe Risiken, da die Emerging Markets sich häufig durch sehr volatile Wachstumsraten, hohe Inflationsraten auszeichnen und in starkem Maße von der Qualität und Funktionsfähigkeit des jeweiligen politischen Systems abhängig sind. So wird häufig aufgrund des Fehlens von geschäftsorientierten Rechtsstrukturen und anderen aufsichtsrechtlichen Restriktionen die Etablierung eines effizienten Risikomanagements erschwert. In Schwellenländern werden Marktteilnehmer häufig mit politischer Instabilität, Korruption, Skandalen und anderen schwer vorhersehbaren und bewertbaren Ereignissen konfrontiert.[76] Emerging Markets-Hedgefonds verfolgen meist eine Buy-and-Hold-Strategie, da eine Absicherung der Investments aufgrund des Fehlens von entsprechenden Derivaten oder aufgrund von Leerverkaufsrestriktionen selten möglich ist.[77] Auch kann es je nach Jurisdiktion vorkommen, dass zusätzlich zu einer allgemein sehr geringen Marktliquidität bestimmte Kapitalverkehrsrestriktionen für ausländische Investoren bestehen.[78] Orhan und Tekten (2006) kommen bei ihrer Analyse von 313 Emerging Markets-Hedgefonds zu dem Ergebnis, dass in Schwellenländer allokierende Hedgefonds im Vergleich zu global investierenden Hedgefonds doppelt so hohe durchschnittliche Monatsrenditen bei einer fast doppelt so hohen Standardabweichung erzielen.[79]

2.2.2 Nicht-direktionale Strategien

2.2.2.1 Convertible Arbitrage

Das Ziel der Convertible Arbitrage-Strategie ist es, Fehlbewertungen in Wandelanleihen[80] (Convertible Bonds) zu identifizieren und Gewinn bringend auszunutzen. Im Rahmen der Analyse der am Markt erhältlichen Wandelanleihen und potenzieller Marktpreisineffizienzen werden unter Verwendung spezieller Computerprogramme die Wandelanleihen finanzmathematisch in ihre Bestandteile zerlegt und anschließend einzeln bewertet. Wandelanleihen, die sich in der Regel aus einer Unternehmensanleihe und einem Optionsrecht zusammensetzen, ermöglichen dem Inhaber, den Nominalwert der Anleihe zu vorher fest definierten Bedingungen in Aktien des emittierenden Unternehmens zu wandeln.[81] Aufgrund der rechtlichen Komplexität der in den Vertragsbedingungen enthaltenen optionalen Komponenten, kommt es vor, dass die Summe der einzeln bewerteten Bausteine nicht dem Preis der Wandelanleihe am Markt entspricht. Insbesondere Zinsänderungs- und Kreditrisiko stellen die Preis beeinflus-

---

[75] Vgl. Nicholas (2004), S. 30.
[76] Vgl. Rahl (2003), S. 247.
[77] Vgl. Kaiser (2004), S. 151.
[78] Vgl. Brouwer (2001), S. 216.
[79] Vgl. Orhan und Tekten (2006), S. 274.
[80] Wandelanleihen sind festverzinsliche Wertpapiere mit einer Aktienkomponente. Wenn die zu Grunde liegende Aktie an Wert zunimmt, steigt auch der Wert der Wandelanleihe, da der Investor die Wandelanleihe in die gestiegenen Aktien des Unternehmens wandeln kann. Im Gegensatz dazu fällt der Wert der Wandelanleihe mit sinkenden Aktienkursen wieder auf das Niveau einer „normalen“ Anleihe gleicher Bonität.
[81] Vgl. Calamos (2003), S. 15.

senden Größen dar, denen die Unternehmensanleihe unterworfen ist. Das Kreditrisiko beruht auf der Entwicklung des Spreads, welcher die Differenz zwischen der Verzinsung der Unternehmensanleihe und der Verzinsung einer „risikolosen" Staatsanleihe beschreibt. Die Ausgestaltung des Spreads unterliegt maßgeblich dem konjunkturellen Umfeld und der bonitätsmäßigen Einstufung des Unternehmens. Das Zinsänderungsrisiko ist durch die Entwicklung der Kapitalmarktzinsen oder durch eine Änderung der Zinsstrukturkurve definiert. Nach Agarwal, Fung, Loon und Naik (2004) lassen sich Aktien-, Volatilitäts-, Bonitäts- und Zinsrisiken als wesentliche Risikofaktoren von Convertible Arbitrage-Strategien identifizieren.[82] Werden die Wandelanleihen hinsichtlich ihrer Risikofaktoren analysiert, können die verschiedenen implizierten Risiken einzeln abgesichert bzw. bewusste Positionen eingegangen werden. In erster Linie definieren die Vertragsbedingungen, wie beispielsweise Ausübungspreis (Strike) oder Laufzeit, das Optionsrecht und können dabei auch durch weitere rechtliche Kriterien von einer gewöhnlichen Option abweichen. Hierbei wird das Optionsrecht hauptsächlich durch den Preis der zugrunde liegenden Aktie und deren Volatilität beeinflusst, wobei die Einschätzung der letzteren Größe zur Initiierung einer Convertible Arbitrage-Position führen kann. Wenn nämlich die in der Wandelanleihe implizierte Volatilität von der am Markt gehandelten Volatilität bzw. begründeten Volatilitätseinschätzung des Hedgefondsmanagers abweicht, ergeben sich Renditepotenziale.[83] Nach Tran (2006) gibt es zwei Methoden der Alphagenerierung bei Convertible Arbitrage. So können Fehlbewertungen zum einen auf der Bonitätsseite und zum anderen durch falsch eingepreiste Wandlungsverhältnisse entstehen.[84]

Bei der Convertible Arbitrage-Strategie versuchen Fondsmanager solche Wandelanleihen aufzuspüren, die ihrer Auffassung nach bei negativen Kursentwicklungen langsamer fallen werden als die zugrunde liegenden Aktien und die umgekehrt bei positiven Kursentwicklungen den Kurs der Aktie genauer widerspiegeln werden. Hierzu baut der Hedgefondsmanager Longpositionen in Wandelanleihen auf und sichert diese durch Leerverkäufe von Aktien derselben Gesellschaft ab.[85] Die Arbitrage mit Wandelanleihen war vor ungefähr fünfzehn Jahren noch eine Nischenstrategie, die von Eigenhandelabteilungen, Brokeragegesellschaften und Hedgefonds angewandt wurde. Nach Angaben von HFR (2007) gehört Convertible Arbitrage heute mit einem Anteil von 3,32 Prozent am gesamten in Hedgefonds investierten Volumen zu einer der etablierten und bedeutenden Handelsstrategien.[86] Convertible Arbitrage-Transaktionen bestimmen hierbei mehrheitlich Sekundärmärkte von Wandelanleihen.[87] Nach

---

82 Vgl. Agarwal, Fung, Loon und Naik (2004), S. 23-34.

83 Vgl. Hilpold und Kaiser (2005), S. 23-25.

84 Vgl. Tran (2006), S. 57.

85 Vgl. Nicholas (2000), S. 57 sowie Tomlinson (1998), S. 48-49.

86 Vgl. HFR (2007), S. 10.

87 Diese Konzentration von Investoren führte in den vergangenen Jahren zu einem stetigen Rückgang der in diesem Bereich zu erzielenden Erträge, was wiederum zu starken Kapitalabflüssen führte. Im Bereich der Wandelanleihen kam es zu Beginn des Jahres 2005 wegen der Entwicklungen bei General Motors, dessen Wandelanleihen in sehr vielen Convertible Arbitrage-Portfolios vertreten waren, zu einem Verkaufsdruck. Anleihen und Aktien des Konzerns reagierten nach einer Gewinnwarnung von General Motors Mitte März

Capocci (2003) können Investoren durch die Hinzufügung von Convertible Arbitrage-Hedgefonds ihr Gesamtportfolio hinsichtlich der Rendite optimieren, müssen dafür aber einen negativen Einfluss auf die Schiefe der Renditeverteilung des Gesamtportfolios in Kauf nehmen.[88]

2.2.2.2 Event Driven

Bei der Merger Arbitrage-Strategie, die die bedeutendste ereignisorientierte Strategie darstellt, wird auf die finanziellen Auswirkungen spezifischer Ereignisse im Unternehmenszyklus – insbesondere Firmenübernahmen (Acquisitions) und -zusammenschlüsse (Mergers) – spekuliert.[89] Merger Arbitrage Hedgefondsmanager, in der Fachliteratur häufig auch als Risk Arbitrage Manager bezeichnet, kaufen normalerweise nach der Ankündigung einer Firmenübernahme die Aktien des Übernahmekandidaten und verkaufen die Aktien des übernehmenden Unternehmens leer.[90] Denn das Angebot des übernehmenden Unternehmens enthält häufig einen Aufschlag zum aktuell gehandelten Marktpreis, da bei einem Übernahmeangebot die bisherigen Aktionäre dazu zu bewegen sind, sich von ihren Anteilen zu trennen.[91] Die Vereinnahmung dieser Übernahmeprämie ist das Ziel der Hedgefonds. Der Leerverkauf dient primär der Absicherung der Gesamtposition und der marktneutralen Ausrichtung der eigenen Position. Allerdings ist es hierbei durchaus möglich, dass Hedgefonds durch beide Positionen einen zusätzlichen Ertrag erzielen. Denn wenn nach der erfolgten Übernahme und dem Tausch der Aktien der übernommenen Firma in die der übernehmenden Firma sich bisherige Aktionäre im großen Stil von diesen Papieren trennen, führt dies zu einem Preisdruck und dadurch zu einem Kursverfall, wodurch die Leerverkaufsposition an Wert gewinnt.[92] Nach der Übernahme kommt es zum Tausch der Aktien zwischen übernommener und übernehmender Firma. Wenn der Kurs der Aktien bereits einen Großteil des antizipierten Renditepotenzials wi-

2005 mit Kursverlusten. Viele Marktteilnehmer gingen davon aus, dass die Märkte überreagiert hätten und dass General Motors nun zu einer Restrukturierung gezwungen sein würde, was wiederum zu Kurssteigerungen bei den langfristigen General Motors-Anleihen geführt hätte. Daher positionierten sich viele Hedgefonds mit Kaufpositionen in den langfristigen General Motors-Anleihen, welche Sie durch Leerverkaufspositionen in General Motors-Aktien absicherten, da Aktienkurse in der Regel stärker fallen als Anleihenkurse. Erst die Ankündigung des Erwerbs eines großen Aktienpakets an General Motors durch den US-Milliardär Kirk Kerkorian, was den Aktienkurs um 18 Prozent ansteigen lies und einen Tag später die Bonität von General Motors von S&P zu einem unerwarteten Zeitpunkt auf Junk Bond-Status herabsetzte, traf viele Hedgefonds auf beiden Seiten.

88 Vgl. Capocci (2003), S. 96.

89 Vgl. Favre und Galeano (2001), S. 459.

90 Diese Strategie wurde erstmalig von Gustave Levy, einem Partner bei Goldman Sachs, Mitte der 1940er Jahre durchgeführt. Sie stellte sich schnell als sehr profitable Strategie dar, wobei ihre Bedeutung insbesondere während der Übernahmewelle in den 1960er Jahren zugenommen hat. Vgl. Lhabitant (2002), S. 105.

91 Nach Moore (1999) analysieren Merger Arbitrageure vor dem Aufbau einer entsprechenden Position nicht nur Aktien sondern auch Wandelanleihen oder Optionen des Zielinvestments. Vgl. Moore (1999), S. 9.

92 Häufig nähern sich die Aktienkurse des zu übernehmenden Unternehmens mit zunehmender Sicherheit einer funktionierenden Übernahme dem Preis des Übernahmeangebots an und die Aktien des übernehmenden Unternehmens fallen im Laufe der Übernahmeverhandlungen. Gründe hierfür können in einem zu hoch eingeschätzten und gezahlten Übernahmepreis oder in dem Nichterreichen von Synergieeffekten liegen.

derspiegelt, kann es auch vor dem Vollzug einer Übernahme zu einer Auflösung der von den Hedgefonds gehaltenen Positionen kommen.

Die erfolgreiche Ausführung der angekündigten Firmenübernahme sowie die Fähigkeit, den Investitionszeitpunkt optimal zu bestimmen, sind die wesentlichen Erfolgsfaktoren einer solchen Position.[93] Das hieraus entstehende unsystematische Risiko wird als Transaktionsrisiko (Deal Risk) bezeichnet und ist nur sehr schwer abzusichern.[94] Nach Moore, Lai und Oppenheimer (2006) scheint ein wesentliches Instrument zur Risikokontrolle bei Merger Arbitrage-Fonds die Definition einer maximalen Positionsgröße von 10 Prozent des Gesamtportfolios zu sein.[95] Während einige Manager sich auf wenige Transaktionen fokussieren und Leverage meiden, diversifizieren andere beispielsweise in eine große Anzahl an verschiedenen Übernahmen und nehmen zusätzlich Fremdmittel auf, um eine Hebelwirkung zu erzielen. Die Merger Arbitrage-Strategie ist zusätzlich zum Transaktionsrisiko in hohem Maße von einem stetigen Fluss an Unternehmensfusionen und -übernahmen abhängig. Der Fondsmanager hat somit auch keine Investitionsmöglichkeiten, wenn es in diesem Bereich keinerlei Aktivitäten gibt. Übernahmeaktivitäten waren in der Vergangenheit an den internationalen Finanzmärkten sehr zyklisch und die Strategie Merger Arbitrage in Phasen des Aufschwungs an den Aktienmärkten überdurchschnittlich erfolgreich. Merger Arbitrage-Fonds wiesen hierbei eine geringe Korrelation zu den Wertentwicklungen von Aktien- und Rentenindizes und eine hohe Korrelation zu Hedgefonds der Strategie Event Driven auf.[96] Wie Mitchell und Pulvino (2001) in ihren Analysen herausgefunden haben, korrelieren die Merger Arbitrage-Renditen positiv mit den Wertentwicklungen von stark fallenden Märkten und weisen in flachen und ansteigenden Märkten nur eine statistisch insignifikante Korrelation auf. Das Ergebnis suggeriert dabei, dass die Wertentwicklungen, die mit Merger Arbitrage erzielt werden können, identisch mit den Renditen sind, welche durch den Verkauf von ungedeckten Index-Put-Optionen erzielt werden können.[97]

2.2.2.3 Fixed Income Arbitrage

Bei der Fixed Income Arbitrage-Strategie versuchen Fondsmanager die relativen Bewertungsineffizienzen zwischen Zinstiteln mit ähnlicher Zahlungscharakteristik oder ähnlicher Kreditwürdigkeit zu nutzen und es wird darauf spekuliert, dass sich diese Bewertungsunterschiede im Zeitablauf verringern oder ganz auflösen. Fixed Income Arbitrage-Manager gehen Long- und Shortpositionen in zinssatzsensitiven Wertpapieren ein, um das Zinssatzänderungsrisiko

[93] Vgl. Grünbichler, Graf und Wilde (2003), S. 576.

[94] Transaktionen der Merger Arbitrage-Strategie haben wenig mit Arbitrage zu tun. Merger Arbitrage Hedgefondsmanager müssen vielmehr die Wahrscheinlichkeit eines erfolgreichen Vollzugs einer angekündigten Übernahme beurteilen und in das Verhältnis der potenziellen Risiken bei einem Nichtzustandekommen setzen. Da Hedgefondsmanager mit diesem Risiko auf unterschiedliche Weisen umgehen, bestehen innerhalb dieser Strategie Inkonsistenzen. Vgl. Ineichen (2003), S. 253.

[95] Vgl. Moore, Lai und Oppenheimer, S. 26.

[96] Vgl. McCrary (2003), S. 37.

[97] Vgl. Mitchell und Pulvino (2001), S. 33.

weitgehend zu eliminieren.[98] Idealtypische Fixed Income Arbitrage-Portfolios setzen sich aus sich gegenseitig neutralisierenden Long- und Shortpositionen in verwandten oder ähnlichen Zinstiteln und deren Derivaten zusammen, so dass Verschiebungen der Zinskurve nach oben oder unten das Portfolio nicht betreffen.[99] Entscheidungen im Rahmen der Fixed Income Arbitrage-Strategien beruhen meist auf mathematischen und statistischen Bewertungsmodellen. Hierbei versuchen Fixed Income Arbitrage-Manager Bewertungsanomalien, die aufgrund von Änderungen der Zinskurven, Bonitätsratings oder auch Volatilitätskurven entstehen, auszunutzen.[100] Das Ziel der Manager ist dabei, diejenigen Zinstitel zu identifizieren, die eine hohe mathematische, fundamentale oder historische Korrelation aufweisen und die ihrer Einschätzung nach einer momentanen oder zukünftigen Preisungleichheit unterliegen.[101] Hierbei liegen die Ursachen für Marktpreisineffizienzen bei Zinstiteln z.B. in Strukturänderungen des Zinsmarktes, Verschiebungen von Investorpräferenzen oder exogenen Schocks, die auf Angebot und Nachfrage wirken.[102] Wenn sich das gegenwärtige Preisverhältnis einem historischen „Standardverhältnis" der Zinstitel annähert, erzielen die Fondsmanager einen Gewinn. Im Bereich der Zinsarbitrage ist, aufgrund der sehr gering zu nutzenden Preisdifferenzen zwischen Zinstiteln, ein hoher Leverage von über zehn dominierend.[103] Im Rahmen der Fixed Income Arbitrage stellt die Nutzung von Zinsänderungen zwischen Staatsanleihen und Anleihen privater Emittenten höchster Bonität, Anleihen unterschiedlicher Bonitätsklassen, Anleihen eines Schuldners mit unterschiedlichen Garantiegebern oder Anleihen desselben Emittenten mit unterschiedlichen Laufzeiten eine typische Strategie dar.

Der Vorteil der Fixed Income Arbitrage-Strategie für Investoren liegt in niedrigen Schwankungsbreiten, konstanten und von Zinssatzänderungen relativ unabhängigen Wertentwicklungen. Nach Duarte, Longstaff und Yu (2006) stehen fast die gesamten durch Fixed Income Arbitrage erzielten Überschussrenditen in Verbindung zum Zinsänderungs- bzw. Marktrisiko und die durch diese Strategie auf einer risikoadjustierten Basis erzielten Alphas sind signifikant, auch nach Abzug im Hedgefondsbereich üblicher Gebührensätze.[104] Nach den Untersuchungen von Fung und Hsieh (2002) sowie Jaeger und Wagner (2005) kommt es zu starken Verlusten mit Fixed Income Arbitrage, wenn die Investoren verstärkt auf Titel mit hoher Bo-

---

98 Vgl. Jaeger (2002), S. 50.

99 Vgl. Wachberger (2000), S. 54.

100 Vgl. Lhabitant (2002), S. 92.

101 Allerdings ist die Identifizierung von Preisanomalien zwischen ähnlichen Zinswertpapieren in der Praxis aufwendig und kompliziert. Fixed Income-Arbitrageure greifen daher zumeist auf hoch entwickelte, analytische Computermodelle, die in der Lage sind, potenzielle Preisanomalien zu erkennen.

102 Vgl. Hilpold und Kaiser (2005), S. 105.

103 Aufgrund des hohen Fremdkapitaleinsatzes ist die Risikokontrolle bei dieser Strategie von hoher Bedeutung. Wenn sich die Zinsdifferenzen anders als prognostiziert entwickeln sollten, muss am Markt genügend Liquidität vorhanden sein, um die Position auflösen zu können, was einen permanenten Abgleich der Positionsgrößen mit den durchschnittlich historischen und aktuellen Handelsvolumina bedingt. Vgl. Hornberg (2006), S. 106, Peker (2005), S. 19 oder Friedrich und Bahr (2003), S. 94.

104 Zusätzlich konnten Duarte, Longstaff und Yu (2006) nachweisen, dass die Renditeverteilungen einiger Fixed Income-Strategien im Unterschied zu den anderen Hedgefondsstrategien eine positive Schiefe aufweisen. Vgl. Duarte, Longstaff und Yu (2006), S. 23.

nität setzen, wenn sich die Credit Spreads sich plötzlich ausweiten, die Liquidität stark zurückgeht und Titel der Emerging Markets stark fallen.[105] Noch heute erinnern die Ereignisse des Sommers 1998 daran, dass Fixed Income Arbitage Charakteristiken aufweist, die denen einer Short Option gleichen, bei der ein Risiko von signifikanten Wertverlusten bei ansonsten stetigen Wertzuwächsen besteht.[106]

2.2.2.4 Equity Market Neutral

Bei der Strategie Equity Market Neutral (aktienmarktneutral) – in der Fachliteratur auch als Statistical Arbitrage bezeichnet – werden Portfolios mit weitgehend identischen Long- und Shortexposures konstruiert und somit der Einfluss von Marktrichtungsbewegungen auf das Gesamtportfolio minimiert.[107] Das Ziel ist es, ein Portfoliobeta von Null zu erzielen.[108] Nach der Identifikation von unter- und überbewerteten Aktien mittels komplexer quantitativer und qualitativer Modelle, werden vermeintlich unterbewertete Aktien gekauft und als überbewertet eingestufte Aktien leerverkauft.[109] Die Ertragsquellen von Equity Market Neutral-Fonds und traditionellen Investmentfonds sind unterschiedliche, obwohl beide in Aktien investieren. Ertragsquellen bei Equity Market Neutral-Fonds sind Erträge auf die Kauf- und Leerverkaufspositionen sowie Zinserträge auf die aufgrund des Leerverkaufs getätigen Sicherheitseinlagen.[110] Vereinfacht dargestellt ist das Risiko eines Equity Market Neutral-Fonds die relative Aktienselektion im Unterschied zur absoluten Aktienselektion.[111] Die marktneutrale Strategie ist lediglich darauf ausgelegt, dass die Entwicklung der Longpositionen die Shortpositionen in ihrem Wert übersteigen (oder vice versa) und nicht darauf, dass alle Positionen funktionieren.[112] Equity Market Neutral-Hedgefondsmanager bedienen sich hierbei häufig computergestützter Modelle, die auf dem Mean-Reverting-Ansatz aufbauen und damit auf der Annahme beruhen, dass sich kurzfristig auftretende Preisungleichgewichte wieder ihrem langfristigen Mittelwert annähern. Hierfür bilden die Manager auf Basis historischer Daten zwei

---

105 Vgl. Fung und Hsieh (2002), S. 28-30.

106 Vgl. Jaeger und Wagner (2005), S. 16.

107 Der marktneutrale Charakter beruht hierbei entweder auf Dollarneutralität, auf Betaneutralität oder auf beidem. Als dollarneutral gilt eine Strategie dann, wenn der Nettoinvestitionsgrad des Portfolios Null beträgt, d.h. gleiche Dollarsummen sind in Long- und Shortpositionen investiert. Eine Strategie wird hingegen als betaneutral bezeichnet, wenn das Beta des Gesamtportfolios Null beträgt und das Beta der Kaufpositionen genauso hoch ist wie das Beta der Leerverkaufspositionen. Indem die Long- und Shortpositionen in den jeweiligen Sektoren ausgeglichen werden, können in der Praxis aktienmarktneutrale Portfolios auch sektorneutral aufgesetzt werden. Durch die Sektorneutralität wird das Risiko von Marktbewegungen, die nur einzelne Industriebereiche betreffen, minimiert.

108 Vgl. Achleitner (2002), S. 668.

109 Obwohl diese Strategie als aktienmarktneutral bezeichnet wird, besteht doch eine Abhängigkeit der Erträge hinsichtlich der allgemeinen Marktvolatilität. In anderen Worten ist das Ertragspotenzial bei einer hohen Volatilität (z.B. gemessen am Chicago Board Options Exchange Volatility Index, VIX Index) höher als bei einer geringen. Vgl. Hedges (2005), S. 133-137.

110 Vgl. Owen (2000), S. 104.

111 Gregoriou, Rouah und Sedzro (2002b) haben in diesem Kontext herausgefunden, dass Hedgefonds generell über sehr gute Titelselektionsfähigkeiten verfügen, aber im Allgemeinen keine besonderen Timing-Fähigkeiten besitzen. Vgl. Gregoriou, Rouah und Sedzro (2002b), S. 156.

112 Vgl. Fung und Hsieh (1999), S. 319.

Portfolios, die im Idealfall denselben Markt mit unterschiedlichen Wertpapieren abbilden. Im Fall, dass sich die Wertentwicklungen der Portfolios auseinander bewegen, kauft der Manager die Bestandteile des billiger gewordenen Portfolios und verkauft die Einzeltitel des teurer gewordenen Portfolios leer. Hierbei liegt der Schlüssel zur Gewinnerzielung in der Annäherung der Preisungleichgewichte an ihren langfristigen Durchschnitt.[113]

In seiner Analyse bezüglich der Evidenz der Marktneutralität von Equity Market Neutral-Hedgefonds kommt Capocci (2006b) zu dem Ergebnis, dass die Fonds mit den besten und respektive schlechtesten Wertentwicklungen in besonders hohem Maße den Marktrisiken ausgesetzt waren. Zusätzlich konnte er empirisch nachweisen, dass auf der Einzelfondsebene ungefähr ein Drittel der 634 untersuchten Fonds ein signifikantes Marktexposure und zwei Drittel signifikantes Alpha vorzuweisen hatten. Darüber hinaus konnte festgestellt werden, dass Fonds mit einem negativen und solche mit einem besonders hohen Marktexposure überdurchschnittliche Volatilitäten aufweisen. Während einige Equity Market Neutral-Hedgefonds signifikante positive und negative Marktexposure vorweisen, ist der überwiegende Teil tatsächlich marktneutral. Somit sind der Großteil der Equity Market Neutral-Hedgefonds nicht signifikant gegenüber den Aktienmärkten exponiert und das Marktexposure steigt in Baissephasen, aber nicht in Haussephasen, an, ohne hierbei einen negativen Einfluss auf die Wertentwicklung zu haben.[114]

2.3 Aussagekraft von Hedgefondsindizes

Mit dem stetig gestiegenen Interesse sowohl auf Seiten der institutionellen Investoren als auch bei den Privatanlegern an alternativen Investments insbesondere Hedgefonds, nimmt auch die Bedeutung von Hedgefondsindizes zu. Als Hauptgrund kann die Nachfrage nach transparenten Preisen und repräsentativen Benchmarks[115] in dem als unreguliert geltenden Segment der Hedgefonds angeführt werden.[116] Die Zahl der Hedgefondsindizes ist in den 90er Jahren bis

113 Die hohe Umschlaghäufigkeit von Equity Market Neutral hat dazu geführt, dass Fonds dieser Strategie zwischen fünf und zehn Prozent des Handelsvolumens der New York Stock Exchange ausmachen. Vgl. Kaiser (2004), S. 141.

114 Vgl. Capocci (2006b), S. 323-326.

115 Indizes werden von Investoren vor allem als Referenzgröße (Benchmark) verwendet. Der Anlageerfolg eines Fondsmanagers wird im Rahmen des Benchmarking mit einer durch Passivität geprägten Vergleichsgröße verglichen. Diesbezüglich, also um eine sinnvolle Beurteilung der Fähigkeiten des Vermögensverwalters zu gewährleisten, ist eine sorgfältige Selektion der Vergleichsgröße notwendig. Nach Bailey, Richard und Tierney (1990) sowie Bailey (1992) stellen die Eindeutigkeit, Investierbarkeit, Messbarkeit und Adäquanz die Charakteristika einer Benchmark dar. Sharpe (1992) intensiviert den Punkt der Investierbarkeit noch dahingehend, dass eine Benchmark eine real erwerbbare Anlagealternative darstellen sollte, die unter Aufbringung von niedrigen Kosten erworben werden kann. Darüber hinaus sollte sie vor der Anlageentscheidung bekannt und gut diversifiziert sein. Somit sollte die Vergleichsgröße den spezifischen Anlagestilen, Investmentfokussierungen und den hierdurch entstehenden Risikoausprägungen der zu beurteilenden Fondsmanager zugerechnet werden können. Die Effizienz einer Benchmark wird durch den Anspruch bestimmt, das beste Investment ihrer Klasse zu sein.

116 Ein weiterer Grund für die Popularität von Hedgefondsindizes kann auch in der gestiegenen Nachfrage nach Strukturierten Produkten mit einem Alternative Investment-Basiswert darstellen. Vgl. Heidorn, Hoppe und Kaiser (2006a), S. 88, Mattoo (2004), S. 211, Adler (2004), S. 252, Johansen (2005), S. 605 sowie Heidorn, Hoppe, Kaiser (2006e), S. 575.

auf 21 Ende 2006 angestiegen.[117] Damit einhergehend hat die Transparenz der Indexkonstruktionen deutlich zugenommen.[118] Allerdings sind im Jahr 2006 mit dem BlueX sowie dem S&P-Hedgefondsindex auch zwei Benchmarks eingestellt worden.[119] Einen Überblick über die wichtigsten Hedgefondsindizes stellt Tabelle 2 dar. In der Praxis werden die Datenbanken der Indexfamilien von Credit Suisse/Tremont (CS) und HFR am häufigsten verwendet und haben sich so als branchenübliche Standards etablieren können.[120] Eling (2006b) kommt bei seiner Auswertung von 125 wissenschaftlichen Artikeln und Büchern, welche im Zeitraum von 1999 bis 2004 veröffentlicht wurden, zu dem Schluss, dass die Strategieindizes von CS bei 28 Prozent, die von HFR bei 18 Prozent und die von CISDM bei 17 Prozent Anwendung fanden.[121] Hierbei ist interessant, dass 85,7 Prozent der Indexanbieter zwar einen Gesamtindex (Composite Index) über die betrachteten Substrategien erstellen, aber lediglich 38,9 Prozent von ihnen einen Dachfondsindex anbieten.

2.3.1 Konstruktionsmethodologien

Damit die Investoren oder Nutzer erkennen können, was die Charakteristika (wie z.B. Berechnungsverfahren oder Verwaltungsprinzipien) des jeweiligen Index sind, ist eine transparente Ausgestaltung dieses Index notwendig. In diesem Zusammenhang ist die Wichtigkeit der Unabhängigkeit eines Indexkomitees entscheidend, da nur so mögliche Interessenskonflikte zwischen Indexanbietern und Anlegern minimiert werden können. Im Jahr 2000 konnte zwar noch kein Anbieter diesem Anspruch gerecht werden, jedoch konnte Vaissié (2003) feststellen, dass drei Jahre später bereits 47,6 Prozent der Indexanbieter über ein unabhängiges Komitee verfügten. Ende 2006 ist der Anteil, wie aus Tabelle 2 hervorgeht, allerdings wieder auf 42,9 Prozent gesunken. Gleichzeitig publizieren immer mehr Anbieter die Einzelfonds, aus denen sich die Indizes zusammensetzen. Bei der Betrachtung von Hedgefondsindizes sind die zeitlichen Verzögerungen hinsichtlich Publikation der Endergebnisse als ein weiterer Faktor zu berücksichtigen. So ist davon auszugehen, dass es bei Einzelhedgefonds zu zeitlichen Verzögerungen zwischen 30 und 60 Tagen kommt, bevor die Finalwerte der Indexbestandteile vorliegen und in die Indizes eingefügt werden können. Darüber hinaus ist es bei Einzelhedgefonds üblich, pro Monat nur einen aktualisierten Nettoinventarwert zu kalkulieren. Bei der Aktualisierungsfrequenz von Hedgefondsindizes ist zu beobachten, dass 81,0

---

117 Durch den Eintritt von renommierten Finanzorganisationen, wie Credit Suisse, Dow Jones, Standard & Poor's, Morgan Stanley Capital International, wurden die spezialisierten Unternehmen der Hedgefondsindustrie (wie z.B. Hennessee, Van Hedge, HFR) einem erhöhten Wettbewerb ausgesetzt. Dies kann außerdem als Indiz für eine voranschreitende Institutionalisierung der Hedgefondsindustrie gewertet werden. Vgl. Hookway und Schoenfeld (2004), S. 190 oder Busack und Sohl (2006), S. 19.

118 Allerdings verfügen die meisten Indizes, wegen der erst späten Etablierung, nicht über Datenreihen, die über das Jahr 1990 hinaus in die Vergangenheit reichen. Einen Zugang zu den Daten dieser Indizes erhält man in der Regel nach einer unentgeltlichen Registrierung.

119 Die Indexfamilie von ZCM hingegen wurde bereits im Jahre 2004 in die Datenbank des CISDM integriert.

120 Vgl. Indjic und Heen (2003), S. 4.

121 Vgl. Eling (2006b), S. 544.

Prozent der Hedgefondsindizes eine monatliche, 14,3 Prozent eine tägliche und 4,8 Prozent eine wöchentliche Veröffentlichung aktualisierter Indexdaten vornehmen.[122]

Diese Daten gelten zu den jeweiligen Veröffentlichungsterminen als aktualisiert, aufgrund der angesprochenen Zeitspanne bis zum Vorliegen von Monatsendwerten der Einzelfonds jedoch nicht als aktuell.[123] Seit dem Jahr 2002 existieren Indizes, die täglich aktualisierte Indexstände veröffentlichen. Diese Indizes basieren auf Managed Accounts und haben eine zeitliche Verzögerung von maximal zwei Tagen.[124] Um der Verzögerungsproblematik entgegenzuwirken, publizieren 81,0 Prozent der Indexanbieter zusätzlich zu den finalen Endwerten in unregelmäßigen Abständen Interimswerte. Nach Vaissié (2003) lag der Prozentsatz im Jahr 2003 lediglich bei 76,2 Prozent.[125]

Die Berechnung der Hedgefondsindizes erfolgt in der Regel entweder über das Konzept der Gleich- oder der Größengewichtung. Bei dem Konzept der Gleichgewichtung, welches die dominierende Methode darstellt, wird die Summe der Wertentwicklungen der Indexbestandteile gebildet und anschließend durch die Anzahl der im Index enthaltenen Hedgefonds dividiert. Hierdurch wird eine valide Indikation der durchschnittlichen Wertentwicklung der im Index enthaltenen Zielfonds geliefert.[126] Indizes, welche dem Konzept der Größengewichtung

---

122 In der Praxis ist oft zu beobachten, dass die Schätzwerte die finalen Endwerte bei Hedgefondsindizes betragsmäßig übersteigen. In ihrer Untersuchung haben Schneeweis, Spurgin und Waksman herausgefunden, dass Hedgefonds, die später ihre Wertentwicklung an die Datenbanken berichten, häufig niedrigere Performances ausweisen als diejenigen, die dies früher tun. Bei Managed Futures ist dieser Effekt geringer ausgeprägt. Vgl. Schneeweis, Spurgin und Walsman (2006), S. 37.

123 So erfolgt beispielsweise bei HFR die Aktualisierung jeweils zum ersten Bankarbeitstag eines Monats mit einer Verzögerung von zwei Monaten relativ zum jeweiligen Bewertungstag. Bei der Indexfamilie von CS werden aktualisierte Monatsendstände jeweils zum 15. Kalendertag des auf den Bewertungstag folgenden Monats publiziert.

124 Managed Accounts sind Konten, die von den Indexsponsoren eröffnet wurden, damit Hedgefondsmanager ihre Strategie nicht in der bisherigen Fondsstruktur, sondern auf dem Konto des Indexsponsors umsetzen. Die auf Managed Accounts basierenden Indizes weisen wegen ihres kurzen Bestehens im Vergleich zu den monatlichen Indizes deutlich kürzere Kurshistorien auf. Haberfelner, Kaiser und Kisling (2006, 2007) können über verschiedene Zeiträume nachweisen, dass die Renditen sowie die Sharpe Ratios von Managed Accounts im Vergleich zu den Medianwerten auf Strategieebene einer kommerziellen Hedgefondsdatenbank ungefähr halb so groß ausfallen.

125 Die Differenz zwischen publizierten Interims- und Finalwerten in den Indizes stellt den so genannten Estimation Bias dar. Dieser wurde von Hoppe (2005) anhand einer Untersuchung des BlueX-Index als irrelevant quantifiziert. Heidorn, Hoppe und Kaiser (2006c) ermitteln eine maximale monatliche Überbewertung von 0,58 Prozent, eine maximale monatliche Unterbewertung von -0,70 Prozent und eine durchschnittliche Abweichung von 0,02 Prozent für den Zeitraum von Juli 2002 bis einschließlich April 2005, ebenfalls für den BlueX. Der Estimation Bias korrigiert sich allerdings durch das Ersetzen der Interimswerte mit den Finalwerten. Vgl. Hoppe (2005), S. 111 und Heidorn, Hoppe und Kaiser (2006c), S. 713.

126 Die Ergebnisse dieser Methode sind allerdings hinsichtlich neuer, kleinerer Hedgefonds verzerrt und lassen das im Hedgefondsbereich beobachtete Phänomen unberücksichtigt, dass ein Großteil des verwalteten Vermögens von einer Minderheit an Managern verwaltet wird. Die größengewichteten Indizes werden von großvolumigen Fonds dominiert. Hierbei unterstellt der größengewichtete Ansatz allerdings, dass die jeweiligen Strategien, die durch diese Indizes abgebildet werden, unendlich skalierbar sind, wodurch eine Überbewertung der Wertentwicklung direktionaler Strategien gegeben ist. Der größengewichtete Ansatz ist allerdings konsistenter mit den marktkapitalisierungsgewichteten Ansätzen der bedeutenden Aktien- und Rentenindizes. Insgesamt werden die tatsächlichen Unterschiede dieser beiden Gewichtungsansätze abgeschwächt, da die Gleichgewichtung eigentlich auch eine gewisse Größengewichtung dahingehend impliziert, dass diejenigen Strategien „überrepräsentiert" werden, die eine höhere Fondsanzahl aufweisen.

folgen, gewichten die einzelnen Bestandteile nach dem Volumen, welches die jeweiligen Fonds verwalten. In einigen wenigen Fällen stellen die angegebenen Indizes lediglich den Median[127] der beobachteten Stichprobe dar oder es wird die Principal Component Analyse (PCA)[128] angewandt. Nach Fung und Hsieh (2004b) sowie Heidorn, Hoppe und Kaiser (2006d) kann es je nach Gewichtungsansatz auf Gesamtindexebene in Jahren besonders hoher Kursausschläge zu Differenzen der jährlichen Wertentwicklungen von bis zu 9,1 Prozent kommen. Hingegen liegen die Wertentwicklungen der Gesamtmarktindizes in Jahren mit durchschnittlich hohen Wertentwicklungen relativ nahe beieinander.[129] Diese Dispersion der Renditen macht deutlich, dass der Median im Hedgefondsbereich statistisch betrachtet, ein besserer Indikator als das arithmetische Mittel ist, da die Verteilungsfunktion nicht symmetrisch ist.

Ein Rebalancing der Indizes wird bei 23,8 Prozent der Anbieter quartalsweise, bei 47,6 Prozent monatlich, bei 19,0 Prozent jährlich und bei 4,8 Prozent kontinuierlich durchgeführt. In diesem Kontext ist davon auszugehen, dass sich das Risiko-Ertrags-Profil der Indizes in demselben Rhythmus ändert, in welchem Neugewichtungen vollzogen werden. Darüber hinaus wird durch die Neuaufnahme von Einzelfonds ein Teil oder die gesamte Kurshistorie der Fonds nachträglich in den Index integriert. Allerdings stellt sich dieses auch als „Backfilling" genannte Problem heute nur noch bei den Indexfamilien von Hedgefund.net und MSCI. Die nachträgliche Löschung von vergangenen Wertentwicklungen „gescheiterter Fonds" findet nur noch bei den Indizes von Hedgefund.net statt. Des Weiteren ist davon auszugehen, dass bedingt durch die fehlende Aufsicht nicht alle Fonds die geforderten Nettorenditen berichten, sondern nur teilweise die anfallenden Management-, Performance- und Administrationskosten berücksichtigen. Aufgrund der Dominanz des US-Dollars als Basiswährung der Hedgefonds werden Hedgefondsindizes vorwiegend in der US-amerikanischen Landeswährung berechnet. Zudem existieren aber auch länder- bzw. regionenspezifische Indizes, die über abweichende Basiswährungen verfügen. Zur Erstellung eines sinnvollen Benchmarking sind die Kosten der Währungssicherung für Investoren berücksichtigt worden.

---

127 Der Median einer Beobachtungsreihe ist dadurch charakterisiert, dass 50 Prozent der Beobachtungen größer oder gleich diesem Wert sind und mindestens 50 Prozent der Beobachtungen kleiner oder gleich diesem Wert sind. Bei einer ungeraden Anzahl von Beobachtungen ist der Median also der Wert in der Mitte der geordneten Reihe. Der Median wird im Bereich der Hedgefonds häufig deshalb als Maß für den Durchschnitt dem geometrischen und arithmetischen Mittel vorgezogen, da er weniger empfindlich gegenüber Ausreißern in der Beobachtungsreihe ist. Vgl. Pflaumer, Heine und Hartung (1999), S. 34.

128 Die Hauptkomponentenanalyse stellt ein mathematisches Verfahren zur Datenreduzierung dar. Ausgehend von der Annahme, dass die Ursprungsvariablen hochkorreliert sind und im Wesentlichen dasselbe aussagen, werden die ursprünglichen Variablen in eine neue Menge unkorrelierter Variablen, die sog. Principal Components transformiert. Diese lassen sich dann nacheinander in absteigender Bedeutung gliedern, wobei die ersten Principal Components den größten Teil der Daten erklären.

129 Vgl. Fung und Hsieh (2004b), S. 40 sowie Heidorn, Hoppe und Kaiser (2006d), S. 579-580.

Indexanbieter	Gründung	Start der Datensätze	Fondsanzahl in Datenbank	Fondsanzahl im Index	Anzahl der Indizes	Gesamtindex	Dachfonds -index	Methode	Aktualisierung	Interimswerte	Transparent	Rebalancing	Kommittee	Homepage
Barclays	2003	1997	4.811	2.455	18	X	X	ARM	M	X	X	M	-	barclaygrp.com
Bernheim	1995	1999	+900	18	1	X	-	ARM	M	-	-	n/a	-	hedgefundnews.com
BlueX	2002	2002	+400	+40	1	X	-	ARM	W	X	X	Q	X	eingestellt
CISDM	1994	1990	2.300	1.500	19	-	X	Med	M	X	-	M	-	cisdm.org
CS	1999	1994	3.300	900	14	X	-	GEM	M	-	X	Q	X	hedgeindex.com
Dow Jones	2003	2002	300	39	6	X	-	ARM	T	X	X	Qe	X	dj.com
Edhec	2003	1997	n/a	n/a	13	-	X	PCA	M	X	X	Q	X	edhec-risk.com
EACM	1996	1996	100	100	18	X	-	ARM	W	-	-	J	-	eacm.com
Eurekahedge	2002	2000	6.000	6.585	200	X	X	ARM	M	X	X	M	-	eurekahedge.com
Feri	2002	2002	5.000	30	7	X	-	ARM/ GEM	M	X	-	Q	-	feri-alta.de
FTSE	2004	1998	6.000	40	12	X	-	GEM	M	X	X	J	X	ftse.co.uk
IH	2001	1998	3.200	3.378	43	X	X	Med	M	X	-	J	X	investhedge.com
HFR	1994	1990	2.300	1.600	37	X	X	ARM	M	X	-	M	-	hfr.com
HFN	1998	1976	2.300	4.200	38	X	X	ARM	T	X	X	M	-	hedgefund.net
Hennessee	1992	1987	3.500	450	23	X	-	ARM	M	X	-	J	X	hennesseegroup.com
Altvest	2000	1993	2.600	2.304	14	X	X	ARM	M	X	-	M	-	Investorforce.com
LJH	1992	1989	+800	800	16	X	-	ARM	T	-	-	M	-	ljh.com
MondoHedge	2003	2002	720	48	7	-	X	ARM/ GEM	M	X	X	M	X	Mondohedge.com
MSCI	2002	2002	1.800	2.050	190	X	-	ARM/ GEM	M	X	-	Q	X	msci.com
RBC	2005	2005	3.500	254	1	X	-	ARM	M	X	-	M	X	rbchedge250.com
S&P	2002	1998	3.500	41	13	X	-	ARM	T	X	X	J	X	eingestellt
TalentHedge	2003	2003	n/a	20	2	X	-	ARM	M	X	X	M	n/a	talenthedge.com
VH	1995	1988	5.400	750	14	X	X	ARM	M	X	-	M	-	vanhedge.com
ZCM	2001	1998	900	60	5	-	-	ARM	M	-	X	Q	X	eingestellt

Quelle: Erweiterte, aktualisierte Darstellung nach Vaissié (2003), S. 3-13 und Kaiser (2005), S. 35.

Tab. 2: Übersicht Hedgefondsindizes

Große Unterschiede zwischen den einzelnen Hedgefondsindizes bestehen auch hinsichtlich der spezifischen Anforderungen der Datenbankanbieter an die individuellen Hedgefonds, um sich für eine Aufnahme in deren Indexfamilie zu qualifizieren. Einen detaillierten Überblick über die verschiedenen Selektionskriterien der Indexanbieter gibt Tabelle 3. So fordern 47,6 Prozent der Hedgefondsindizes ein Mindestfondsvolumen von durchschnittlich 26,0 Mio. US-Dollar von den Einzelfonds. Die Datenbankanbieter, die Mindestanforderungen an das Fondsvolumen stellen, haben in 80,0 Prozent der beobachteten Fälle gleichzeitig eine Mindestforderung an die nachzuweisende Kurshistorie der Einzelfonds. Ein Mindest-Track Record von 1,3 Jahren wird bei 38,1 Prozent der Indexanbieter verlangt. Es gibt lediglich drei Anbieter, die Mindestanforderungen an das Fondsvolumen sowie die Kurshistorie stellen und gleichzeitig auch geschlossene Fonds, d.h. Fonds, die ihre Kapazitätsgrenze erreicht und deswegen keine neuen Investorengelder akzeptieren, bei der Indexkalkulation berücksichtigen.[130] Bei der Indexberechnung werden bei 61,9 Prozent der untersuchten Benchmarks auch geschlossene Fonds berücksichtigt.[131] Die Hedgefondsindizes verlangen ausnahmslos spezifische Selektionskriterien. Unterschiedliche Ansätze bestehen bei der Zuordnung der Einzelfonds zu den jeweiligen Strategieindizes. So bestimmen bei der Hälfte der Indizes die Einzelfonds den Index selbst, welchem sie angehören wollen. Bei der anderen Hälfte wird die Strategiezugehörigkeit von dem jeweiligen Datenbankanbieter festgelegt. Das Ausmaß der von den Datenbanken geforderten Selektionskriterien ist negativ korreliert mit der Reinheit von Hedgefondsindizes. Somit wirkt ein ausgeprägter Selektionskriterienkatalog kontraproduktiv auf die Repräsentativität von Hedgefondsindizes.

Aufgrund eines fehlenden Konsens hinsichtlich einer generellen Definition und Klassifikation der Hedgefondsstrategien bleibt die Repräsentativität der einzelnen Datenbankanbieter weiterhin beschränkt.[132] Während einige Anbieter wie Bernheim und RBC nur einen Index publizieren, unterscheiden CS 14, HFR 37 und Eurekahedge über 200 Hedgefondsindizes. Wegen der nicht vorhandenen Pflicht der Einzelhedgefonds, ihre Wertentwicklung an die Indexanbieter zu berichten, basieren die Indizes auf unterschiedlichen Datensätzen. Hierbei werden einzelne Fonds von mehreren Indizes gleichzeitig betrachtet. Liang (2000) beziffert beispielsweise die Überschneidungen der Datenbanken von TASS und HFR bei bestehenden Fonds mit 41 Prozent und bei liquidierten Fonds mit 32 Prozent.[133] Agarwal, Daniel und Naik (2004) kommen zu dem Ergebnis, dass die Überschneidungen zwischen den Datenbanken von CISDM, TASS und HFR lediglich in Höhe von 30 Prozent existieren und dass HFR mit 54 Prozent der untersuchten Einzelhedgefonds die größte Abdeckung der untersuchten Datenbanken bietet.[134] Lhabitant (2006b) zeigt, dass bei der Untersuchung von vier der größten Hedgefondsdatenbanken (HFR, CS/TASS, CISDM und MSCI) nur 3 Prozent der individuellen Hedgefonds allen vier Datenbanken ihre Wertentwicklung berichten und nur 10 Prozent an drei Datenbanken berichten.[135] Dies bedeutet im Umkehrschluss, dass es eine hohe Anzahl an Einzelfonds gibt, die lediglich in einer Datenbank vertreten sind. Als Folge der unterschiedlichen Kon-

---

130 Kaiser und Kisling (2006) können empirisch nachweisen, dass geschlossene Fonds offene hinsichtlich ihrer risikoadjustierten Wertentwicklung deutlich outperformen. Rahl und Rodriguez (2003) hingegen kommen in ihrer Untersuchung zu dem Schluss, dass auf einer absoluten Basis offene Fonds geringfügig höhere durchschnittliche Jahresrenditen aufweisen als geschlossene Fonds. Allerdings wurden bei der Untersuchung von Rahl und Rodriguez Datenreihen zu Managed Futures berücksichtigt, die bei Kaiser und Kisling ausgeklammert wurden.

131 Der Anteil von geschlossenen Fonds fällt allerdings in den jeweiligen Datenbanken relativ gering aus. Während nach Garbaravicius und Dierick (2005) der Anteil der geschlossenen Fonds bei TASS im Jahr 1994 bei 19 Prozent lag, sind heute nur noch neun Prozent der in der TASS Datenbank enthaltenen und noch aktiven Hedgefonds geschlossen.

132 Vgl. Hilpold und Kaiser (2005), S. 13.

133 Vgl. Liang (2000), S. 319.

134 Vgl. Agarwal, Daniel und Naik (2004), S. 8-9.

135 Vgl. Lhabitant (2006b), S. 36.

struktionsmethoden, der voneinander abweichenden Selektionskriterien und der differenten Datenbasis, stellt die Welt der Hedgefondsindizes ein äußerst heterogenes Universum dar.[136]

	Mindestanforderungen an				
Indexanbieter	**Fondsvolumen** (in Mio. USD)	**Kurshistorie** (in Jahren)	**Geschlossene Fonds**	**Managed Account-Basis**	**Strategie-klassifizierung**
Barclays	-	-	X	-	Indexanbieter
Bernheim	n/a	n/a	n/a	n/a	n/a
BlueX	20	1	-	-	Indexanbieter
CISDM / MAR	-	-	X	-	Manager
CS/Tremont LLC	10	1	X	-	Manager
Dow Jones HF Indexes	50	2	-	X	Indexanbieter
Edhec Alternative Indizes	-	-	-	-	n.a.
EACM	20	2	-	-	Indexanbieter
Eurekahedge	40	-	X		Indexanbieter
Feri Alternative Assets	50	1	-	-	Indexanbieter
FTSE International Ltd.	50	2	-	X	Indexanbieter
Hedge Fund Intelligence	-	-	X	-	Manager
Hedge Fund Research, Inc.	-	-	X	-	Manager
Hedgefund.net / Tuna Indizes	-	-	X	-	Manager
Hennessee Group	10	1	X	-	Manager
Investorforce / Altvest	-	-	X	-	Manager
LJH	n/a	n/a	n/a	-	Indexanbieter
MondoHedge	-	-	X		Manager
MSCI Hedge Fund Indizes	15	-	X	-/X	Manager
RBC	10	0.5	X	n/a	n/a
Standard & Poor's	75	3	-	X	Indexanbieter
TalentHedge	5	1	-		Indexanbieter
Van Hedge Fund Advisors	-	-	X	-	Indexanbieter
Zurich Capital Markets	25-75	2	x		Indexanbieter

Quelle: Eigene, erweiterte, aktualisierte Darstellung nach Heidorn, Hoppe und Kaiser (2006c), S. 713.

Tab. 3: Selektionskriterien der Datenbankanbieter

Das Ausmaß der Heterogenität von Hedgefondsindizes ist Gegenstand verschiedener akademischer Studien. Amenc und Martellini (2002) untersuchen die Datenreihen verschiedener Anbieter[137] jeweils vom initialisierenden Aufzeichnungsdatum bis einschließlich Dezember 2000. Sie finden heraus, dass die Unterschiede bei den monatlichen Wertentwicklungen in der Spitze über 20 Prozent betragen können.[138] Heidorn, Hoppe und Kaiser (2006b) untersuchen die Zeitreihen von sechs verschiedenen Indexanbietern[139] für den Zeitraum von Januar 1998

136 Die Heterogenität von Hedgefondsstrategieindizes wurde erstmals von McCarthy und Spurgin (1999) erwähnt. Vgl. McCarthy und Spurgin (1999), S. 167.

137 Altvest, CISDM, CS, EACM, Hennessee, Hedgefund.net, HFR, LJH, Magnum, Van Hedge sowie ZCM.

138 Vgl. Amenc und Martellini (2002), S. 11.

139 Altvest, CISDM, CS, HFR, InvestHedge und Van Hedge.

bis einschließlich April 2005. Sie beobachten Differenzen zwischen den einzelnen Indexfamilien von bis zu 18,06 Prozent bei der jährlichen Wertentwicklung, bis zu 12,14 Prozent bei der Volatilität und bis zu 0,85 bei der Korrelation der Indizes untereinander.[140] Die Verzerrung von Hedgefondsindexzeitreihen aufgrund der spezifischen Selektionskriterien der Datenbankanbieter wird als Selection Bias bezeichnet.

2.3.2 Verzerrungen

Ein Index muss, um als valide im Sinne der Repräsentativität des abzubildenden Hedgefondsuniversums zu gelten, auch eine realistische Annäherung der Wertentwicklung an einen strategiespezifischen Dachhedgefonds wiedergeben. Daher sollten die entsprechenden Indizes durch Fehler in der Stichprobenkonditionierung (Biases) nicht übermäßig verzerrt sein. Da die einzelnen Indizes nicht nur in ihrer Zusammensetzung, sondern auch hinsichtlich ihrer Qualität differieren, und somit nicht über deckungsgleiche Datenbestände verfügen, sind diese auf verschiedene Arten von den Renditeverzerrungen betroffen.[141]

Autoren	Datenbank	Untersuchungszeitraum	Attrition Rate (%)		
			Min	*Dur*	*Max*
Amin und Kat (2003a)	TASS	1994-2001	2,2	-	12,3
Baquero, Horst, Verbeek (2002)	TASS	1994-2000	-	8,6	-
Barès, Gibson, Gyger (2001)	FRM	1992-2000	-	5,0	-
Barry (2002)	TASS	1994-2000	8,0	-	10,0
Brown, Goetzmann, Ibbotson (1999)	Offshore Directory	1987-1996	-	14,0	-
Brown, Goetzmann, Ibbotson (1999)	Offshore Directory	1989-1995	-	20,0	-
Brown, Goetzmann, Park (2001)	TASS	1994-1998	-	15,0	-
Fung, Hsieh (1997)	TASS	1989-1995	-	19,0	-
Getmansky, Lo, Mei (2004)	TASS	1993-2004	1,1 *	8,8	30,7 *
Jenkins (2003)	EuroHedge	2001-2002	8,0	9,0	10,0
Liang (2000)	HFR	1993-1997	-	2,2	-
Liang (2000)	TASS	1994-1998	4,7	8,3	13,4
Liang (2000)	HFR	1994-1997	1,4	2,7	6,2
Liang (2001)	TASS	1994-1999	4,1	-	13,0

* strategiespezifische Extrema.

Quelle: Eigene, erweiterte, aktualisierte Darstellung nach Heidorn, Hoppe und Kaiser (2006c), S. 714.

Tab. 4: Untersuchungen zur Attrition Rate

Einen Eindruck der potenziellen Intensität von Veränderungen des Datenbestandes eines Hedgefondsindexes bietet die Betrachtung der Fondszu- und -abgänge der TASS sowie der

140 Gleichzeitig konnte in dieser Studie zum ersten Mal nachgewiesen werden, dass die von den Produktanbietern bevorzugten Indexfamilien von CS und HFR sich als diejenigen herauskristallisiert haben, welche bei einem Benchmarking mit Konkurrenzprodukten am einfachsten zu übertreffen sind. Vgl. Heidorn, Hoppe und Kaiser (2006b), S. 571.

141 Vgl. Liang (2000), S. 313.

HFR Datenbank von 1994 bis 2004. Diese Indizes haben als erste die Bedeutung der Verzerrungen durch die Herausnahme von Fonds aus der laufenden Indexkalkulation erkannt und deshalb die herausfallenden Fonds in einer separaten Datenbank, sog. „Graveyard", weiter publiziert.[142] Losgelöst vom Grund der Überführung in den Graveyard wird die Attrition Rate[143] als eine Art Fondssterberate mit jährlichem Betrachtungshorizont ermittelt.[144] Für den Zeitraum von 1994 bis 2004 berechnen Getmansky, Lo und Mei (2004) eine durchschnittliche Attrition Rate auf Basis der gesamten TASS-Datenbank von 8,8 Prozent und beobachten außerdem signifikante Unterschiede auf der Strategieebene. So ermittelten sie die niedrigste durchschnittliche Attrition Rate für Convertible Arbitrage (5,2 Prozent) und die höchste für Global Macro (14,4 Prozent). Diese Differenzen verstärken sich bei dem Vergleich auf Jahresbasis, denn da steht dem Minimum von 1,1 Prozent (Event Driven) aus 1995 ein Maximum von 30,7 Prozent (Short Selling) aus 2001 gegenüber. Ähnliches gilt auch für die vollständige Datenbank, deren Attrition Rate sich zwischen 3,0 Prozent (1994) und 11,4 Prozent (2001) bewegt. Ein Vergleich der durchschnittlichen Attrition Rate (siehe Tabelle 4) in den unterschiedlichen Datenbanken verdeutlicht einmal mehr die Heterogenität innerhalb des Hedgefondsuniversums.[145] Letztere Aufteilung macht deutlich, dass eine ausschließliche Betrachtung der Attrition Rate nur ein verzerrtes Bild der Hedgefondsindustrie zeichnet. Vielmehr ist es notwendig, die Gründe für den Indexausschluss genauer zu betrachten.

2.3.2.1 Survivorship Bias

Eine Survivorship Bias entsteht grundsätzlich immer dann, wenn in einem Index oder einer Datenbank am Ende des Betrachtungszeitraumes ausschließlich operativ tätige („lebende") Fonds enthalten sind.[146] Dahingegen werden die Fonds, die ihr operatives Geschäft während der ausschlaggebenden Periode eingestellt haben, nicht berücksichtigt („gescheiterte Fonds").

---

142 Für eine Einstellung des Wertentwicklungsreportings von Hedgefonds kann es diverse Gründe geben: Beendigung des Fondsbetriebes, Bankrott, Liquidierung, Namensänderung, Zusammenlegung (Merger) oder als Ergebnis fondsspezifischer Entscheidungen.

143 Sie ist der Quotient aus den innerhalb eines Jahres aufgelösten Fonds und den zu Beginn des entsprechenden Jahres existierenden Fonds.

144 Demgegenüber betrachtet die Mortality Rate (MR) als eine weitere Sterberate jeweils die Veränderung einer Periode von mehreren Jahren, z.B. von ursprünglich 100 Fonds in 1989 haben bis 1995 15 überlebt (100-85)/100=15% MR.

145 Liang (2000) kommt zu dem Ergebnis, dass die Attrition Rate der TASS-Datenbank mit 8,3 Prozent (1994-1998) deutlich höher ist als die der HFR mit 2,7 Prozent (1994-1997). In einer Untersuchung von Elton, Gruber und Blake (1996), die mit einem kleineren Zeitfenster und geringerem Stichprobenumfang für Investmentfonds konstruiert wurde, wurde eine durchschnittliche Attrition Rate von nur 2,3 Prozent gemessen. Carhart, Carpenter, Lynch und Musto (2002), die mit einem Beobachtungsfokus von 1962-1993 die wohl umfassendste Studie auf diesem Gebiet durchgeführt haben, konnten eine durchschnittliche Attrition Rate von 3,6 Prozent ermitteln. Davon entfallen 2,2 Prozent auf Fondszusammenlegungen und 1,4 Prozent auf tatsächliche Fondsliquidationen.

146 Fung und Hsieh (2000b) untersuchen 602 aus der TASS Datenbank ausgeschiedene Hedgefonds nach der Ursache für die Einstellung des Reportings. Sie kommen zu dem Ergebnis, dass 60 Prozent der Fonds geschlossen, 4 Prozent in andere Fonds übertragen wurden, und 28 Prozent aus der Datenbank fielen, weil das Management keine Daten mehr zur Verfügung stellt. Für die restlichen acht Prozent der Fonds gibt es keine Erklärung.

Autoren	Datenbank	Fonds-anzahl	Betrachtungs-zeitraum	Survivorship Bias
Vergleich von allen Fonds zu den überlebenden Fonds am Ende der Untersuchungsperiode				
Ackermann/McEnally/Ravenscraft (1999)	MAR/HFR	547	1988-1995	0,16%
Ammann/Moerth (2005)	TASS	4.014	1994-2005	3,54%
Anjilvel/Boudreau/Perkins/Urias (2000)	FRM	1.130	1990-2000	2,20%
Baquero/Horst/Verbeek (2004)	TASS	1.797	1994-2000	2,10%
Bares/Gibson/Gyger (2002)	FRM	2.308	1996-1999	1,30%
Barry (2003)	TASS	1.683	1994-2001	3,70%
Capocci (2004) - CTAs	Barclay	1.899	1985-2003	5,4%
Capocci/Corhay/Hübner (2005)	MAR	2.796	1994-2002	1,51%
Das (2003)	ZCM	2.467	1989-2000	2,16%
Edwards/Caglayan (2001a)	MAR	1.665	1990-1998	1,85%
Edwards/Liew (1998)	MAR	1.456	1982-1996	1,91%
Fung/Hsieh (1997)	TASS	901	1989-1995	3,42%
Fung/Hsieh (2000b)	TASS	1.722	1994-1998	3,00%
Ibbotson/Chen (2005)	TASS	4.437	1995-2004	2,74%
Liang (2000)	TASS	1.627	1994-1998	2,24%
Liang (2000)	HFR	1.162	1994-1997	0,60%
Liang (2001)	TASS	1.921	1994-1999	2,43%
Liang (2001)	TASS	2.016	1990-1999	1,69%
Liang (2002) - CTAs	CISDM	1.510	1985-2001	6,22%
Liang (2002) - Dachhedgefonds	CISDM	597	1985-2001	0,70%
Liang (2002) - Hedgefonds	CISDM	2.357	1985-2001	1,52%
Liang (2004)	ZCM	2.357	1994-2001	2,32%
Moerth (2005)	TASS	2.328	1994-2003	2,96%
Schneeweis/Kazemi/Martin (2001)	TASS	1.722	1998-2000	2,17%
Schneeweis/Spurgin/McCarthy (1996)	TASS	56	1988-1991	1,20%
Vergleich von allen Fonds zu den überlebenden Fonds bis zum Ende einer Untersuchungsperiode				
Amin/Kat (2003a)	TASS	1.721	1994-2001	1,89%
Brown/Goetzmann/Ibbotson (1999)	Offshore Directory	395	1989-1995	0,75%
Das (2003)	ZCM	2.467	1989-2000	1,32%
Malkiel/Saha (2005)	TASS	2.700	1996-2003	3,74%
Vergleich von überlebenden Fonds zu gescheiterten Fonds				
Darst (2000)	MAR	2.202	1995-2000	1,15%
Malkiel/Saha (2005)	TASS	2.700	1996-2003	6,06%

Quelle: Eigene, erweiterte, aktualisierte Darstellung nach Heidorn, Hoppe und Kaiser (2006c), S. 714.

Tab. 5: Untersuchung zur Survivorshipproblematik

Als Ursache für die Einstellung der Ergebnispublizierung kann in vielen Fällen eine unterdurchschnittliche Wertentwicklung angeführt werden. Das Herausfallen dieser Fonds aus der

Stichprobe der Indizes führt zu einer positiven Verzerrung der Wertentwicklungen der Indizes im Vergleich zum tatsächlichen Fondsuniversum (Survivorship Bias).[147] Gleichzeitig entstehen signifikant negative Verzerrungen der Standardabweichung der Rendite sowie eine positiv verzerrte Schätzung der Schiefe und eine negativ verzerrte Wölbungsschätzung der Indexrenditen.[148] Durch die von Brown, Goetzmann und Ross (1995) entdeckte positive Korrelation zwischen der Volatilität von Hedgefonds und deren Survivorship Bias wird die Unterschätzung der Varianz untermauert.[149] Eine Bereinigung der Indexrendite erfolgt durch subtraktive Berücksichtigung der Survivorship Bias, d.h. eine Bestimmung des Verzerrungseffektes ergibt sich durch die Subtraktion der Durchschnittsrenditen der „überlebenden Fonds" von der des gesamten, relevanten Fondsuniversums. Das Ausmaß der Survivorship Bias im Bereich traditioneller Aktienfonds ist bereits umfassend untersucht und dokumentiert worden.[150]

Im Bereich der Hedgefonds stellt dieses Verfahren eine Herausforderung dar. Denn im Gegensatz zu traditionellen Investments ist aufgrund des nicht in Gänze erfassten und zu erfassenden Hedgefondsuniversums eine direkte Berechnung der Survivorship Bias nicht möglich. Die Schätzung basierend auf den Informationen etablierter Hedgefondsdatenbanken bietet einen Ausweg. Die akademische Literatur beziffert die Survivorship Bias von Hedgefondsindizes in Abhängigkeit von der Untersuchungsperiode, der Datenbank sowie der Berechnungsmethode wie in Tabelle 5 dargestellt zwischen 0,16 und 6,22 Prozent p.a.. Gleichzeitig variiert die Wirkung der Survivorship Bias auch stark innerhalb der einzelnen Strategiegruppen. Nach Malkiel und Saha (2005) bewegt sich die Survivorship Bias auf Einzelstrategieebene zwischen 15,24 Prozent p.a. für Emerging Markets und 2,55 Prozent p.a. für Dachhedgefonds.[151] Insgesamt lässt sich eine durchschnittliche Verzerrung anhand des arithmetischen Mittels von 2,26 Prozent p.a. für die in Tabelle 5 dargestellten empirischen Untersuchungen berechnen.[152] Anson (2002a) geht daher von einer Survivorship Bias-Verzerrung von ca. 2 bis 3 Prozent p.a. aus.[153]

---

147 Ackermann, McEnally und Ravenscraft (1999) sehen Termination Bias und Self-Selection Bias als Bestandteile des Survivorship Bias. Allerdings hat sich die Self-Selection Bias als eigenständige Verzerrung durchgesetzt. Die Survivorship Bias hat den Begriff der Termination Bias oftmals verdrängt. Termination Bias beinhaltet heutzutage nur noch performancebedingte Ausfälle aus den Datenbanken. Vgl. Fung und Hsieh (2000b), S. 295.

148 Vgl. Amin und Kat (2003a), S. 62.

149 Vgl. Brown, Goetzmann und Ibbotson (1999), S. 103.

150 Vgl. Carhart, Carpenter, Lynch und Musto (2002), Grinblatt und Titman (1989), Brown, Goetzmann, Ibbotson und Ross (1992), Brown und Goetzmann (1995), Malkiel (1995), Elton, Gruber und Blake (1996).

151 Obwohl diese Zahlen jeweils für die Gesamtdatenbanken und nicht ausschließlich für diejenigen Fonds berechnet wurden, die die jeweiligen Hedgefondsindizes bilden, ist zu vermuten, dass Hedgefondsindizes in einem gewissen Ausmaß unter der Survivorship Bias leiden.

152 Hierbei wird vernachlässigt, dass die Approximation an das Hedgefondsuniversum mit der Stichprobenanzahl und der Länge der Stichprobenperiode positiv korreliert. Berücksichtigt man diesen Umstand, ergibt sich ein hinsichtlich des Zeitraums und der Fondsanzahl gewichteter Survivorship Bias von 2,69 Prozent. Wenn ausschließlich mittels Fondsanzahl gewichtet wird, liegt der Wert bei 2,46 Prozent.

153 Vgl. Anson (2002a), S. 24.

2.3.2.2 Self-Selection Bias

Neben der Survivorship Bias kann es durch das Fernbleiben von einer Datenbank oder der Einstellung des Reportings zu negativen Verzerrungen (Downward Bias) der Renditeergebnisse kommen. Diese Art der Verzerrung, die als Self-Selection Bias bezeichnet wird, beruht vor allem auf dem freiwilligen Charakter der Datenbereitstellung.[154] Es wird hierbei angenommen, dass einerseits wegen des Werbeverbotes und der teilweisen unregulierten Aufnahme verstärkt unbekannte (bedingt erfolgreiche) Hedgefonds aus Publizitäts- und Marketinggründen an die Datenbanken berichten. Anderseits bedürfen erfolgreiche und somit bekannte Hedgefonds nicht dieses Publizitätsinstruments und stellen aufgrund der Erreichung des Maximalanlagevolumens (Schließung des Fonds) ihr Reporting ein. Beides führt zu einer negativen Verzerrung der Indexrendite.[155] Da etliche Hedgefonds keine Daten preisgeben, kann dieser Teil des Hedgefondsuniversums nicht in die Indexberechnungen eingehen, wodurch der Gesamtmarkt nicht vollständig repräsentiert wird. Daher wird die Self-Selection Bias auch als Representation Bias bezeichnet.

Nach Asness, Krail und Liew (2001) kommt es durch die Self-Selection Bias zu keinen Performanceverzerrungen. Sie argumentieren, dass vor allem die besonders gut und schlecht performenden Hedgefonds den Datenbanken aus unterschiedlichen Gründen fern bleiben und der Nettoeffekt daher als sehr gering anzusehen ist.[156] Nach Ackermann, McEnally und Ravenscraft (1999) eliminieren sich Survivorship- und Self-Selection Bias nahezu.[157] Ein Vergleich der Survivorship Bias traditioneller Indizes mit einer verzerrten Rendite von ca. 0,5 bis 1,4 Prozent p. a. ohne der Möglichkeit, eine Self-Selection Bias entgegenzusetzen, ergibt bei pessimistischeren Annahmen für die Hedgefonds (4,4 Prozent p. a. Survivorship Bias minus 1,4 Prozent p. a. Self-Selection Bias[158] gleich max. 3,00 Prozent p. a. Upward Bias)[159] einen unrechtmäßig ausgewiesenen Ergebnisvorteil von 1,6 Prozent bis 2,5 Prozent p. a.. Dieses Bild ändert sich, wenn man der These von Ackermann, McEnally und Ravenscraft folgt. Hiernach sind die Renditen der traditionellen Indizes gegenüber Hedgefondsindizes um ca. 0,3 bis 1,2 Prozent p. a. geschönt.

---

154 Vgl. Füss, Rehkugler und Disch (2005b), S. 251.

155 In der Literatur wird dies auch als Self-Reporting Bias bezeichnet, wobei sich die Beschreibung leicht unterscheiden kann. Da das Fondsmanagement frei entscheiden kann, an welche Indexanbieter es seine Daten übermittelt und ob es diese generell preisgeben möchte, entstehen innerhalb der verschiedenen Datenbanken Unterschiede und das gewünschte Abbild vom Hedgefondsuniversum wird ebenfalls verzerrt. Auch das Vertrauen auf die richtige Angabe des Investmentstils seitens der Hedgefondsmanager und der Gefahr von Verzerrungen durch nicht veröffentlichte Wechsel beim Investmentstil werden in der Literatur teilweise als Self-Reporting Bias bezeichnet. In diesem Text findet sich dieser in abgewandelter Form im Classification Bias wieder. Vgl. Ruckstuhl, Meier, Lodeiro und Kündig (2003), S. 8.

156 Vgl. Asness, Krail und Liew (2001), S. 10.

157 Vgl. Ackermann, McEnally und Ravenscraft (1999), S. 867.

158 Vgl. Fung und Hsieh (2000b), S. 303.

159 Diese Zahl entspricht dem Wert für Hedgefonds. Werden die Ergebnisse aus Tabelle 5 für Managed Futures verwendet, so erhöht sich die maximale positive Verzerrung auf durchschnittlich 4,8 Prozent pro Jahr.

Somit können Survivorship und Self-Selection Bias Gründe für eine abweichende Entwicklung einzelner Indizes sein. Die Einstellung des Reportings an die Datenbanken wird hierbei von den Hedgefondsindexanbietern auf unterschiedliche Weise berücksichtigt. Während ein Anbieter (Hedgefund.net) alle vergangenen Daten löscht, führen andere (z.B. CS, HFR, Van Hedge) ihre Indexberechnungen ohne die betroffenen Hedgefonds, aber mit deren vergangenen Daten, fort.

2.3.2.3 Sonstige Verzerrungen

Neben den zuvor beschriebenen Verzerrungen existieren nach Heidorn, Hoppe und Kaiser (2006b) noch weitere Einflüsse auf die tatsächliche Entwicklung von Indizes, die versuchen, eine Benchmark für das Hedgefondsuniversum darzustellen. Diese lassen sich nach der Ebene ihrer Entstehung bzw. der Herkunft ihrer Verursachung differenzieren. Modifikationen der ursprünglichen Performancedaten können demnach auf Ebene der Hedgefondsmanager (Selection Bias, Backdelete Bias, Liquidation Bias, Stop-Reporting Bias, Calculation Method Bias, Creation Bias und Correlation Bias) selbst, der Datenbankanbieter (Survivorship Bias, Time-Period Bias, Geographical Bias, Size Bias, Stale Price Bias, Minimum-History Bias, Backfilling Bias und Construction Bias) oder der Wissenschaftler (Survivorship Bias, Time-Period Bias, Multi-Period Sampling Bias und Size Bias) erfolgen. Eng verbunden mit dem schon beschriebenen Self-Selection Bias sind die Backdelete Bias oder die Stop-Reporting Bias. Beide Verzerrungsarten beruhen auf dem jederzeitigen Recht eines Hedgefondsmanagers, seine Daten zu liefern bzw. seine Lieferung einzustellen (Stop-Reporting) sowie Teile oder die vollständige historische Renditeaufzeichnung seines Fonds aus der Datenbank entfernen zu lassen (Backdelete Bias). Sinnvolle Aussagen über die Richtung und Höhe der Wertentwicklungsveränderungen zu machen ist schwierig, da die Gründe für ein solches Verhalten sehr unterschiedlich sein können. Durch die Veränderung der Datenbankhistorie kommt es zu Veränderungen der Volatilitätsaussage, da diese durch die Standardabweichung der Vergangenheitsdaten bestimmt wird. Als weitere Verzerrungsarten auf Ebene der Hedgefonds können die Calculation Method Bias und die Creation Bias angeführt werden. Eine Calculation Method Bias beruht auf der Möglichkeit der Fondsmanager, diverse oder eigene Bewertungsmodelle insbesondere zur Preisermittlung von illiquiden Wertpapieren zu verwenden. Die Creation Bias beschreibt die Verzerrungen, die sich durch die Möglichkeit eines Hedgefondsanbieters ergeben, gut und schlecht performende Fonds zusammenzulegen und so die Renditen zu schönen. Die Verzerrung, die durch die teilweise oder komplette Fondsvermögensliquidation sowie die Einstellung des Reportings noch vor Beendigung der Liquidation entsteht, wird als Liquidation Bias bezeichnet.[160] Hierbei kann es insbesondere bei einer zu kurzfristigen Liquidation von illiquiden Wertpapieranlagen zu hohen Negativabschlägen

---

160 In der Literatur wird dieses Verhalten unter dem Self-Selection Bias subsummiert, wodurch aber die unterschiedlichen Auswirkungen (Upward und Downward Bias) vermischt werden. Vgl. Géhin und Vassié (2004), S. 6.

bzgl. des Nettoinventarwertes des vorangegangenen Reportings kommen, die so nicht berücksichtigt werden und somit zu einem Upward Bias führen würden.[161]

Bei der Verwendung der letzten verfügbaren Kurse bei illiquiden Werten, die nicht aktiv gehandelt werden, ergibt sich eine sog. Stale Price Bias.[162] Darüber hinaus kommt es nach Asness, Krail und Liew (2001) sowie Signer (2003) aufgrund der täglichen Kursänderungen bei traditionellen Investments im Vergleich zu Hedgefonds, bei denen häufig nur Monatsdaten vorliegen, zu einer Correlation Bias. Wie Tabelle 6 zeigt, nimmt die Korrelation bei der Verwendung von Quartalsdaten tendenziell zu. Besonders hoch fällt die Korrelationsdifferenz bei der Strategie Distressed Securities aus.

	Korrelation mit S&P 500			
	monatlich	*quartalsweise*	*Differenz*	*Datenbanken*[163]
Composite	0,70	0,82	0,12	1 - 9
Convertible Arbitrage	0,14	0,05	-0,08	1 - 10
Distressed Securities	0,45	0,71	0,26	2 - 7, 9 - 10
Event Driven	0,66	0,82	0,16	2 - 10
Emerging Markets	0,68	0,80	0,12	1 - 7, 9 - 10
Fixed Income	0,18	0,23	0,05	1 - 5, 7 - 10
Fund-of-Funds	0,54	0,70	0,16	1, 4 - 8, 10
Global Macro	0,23	0,40	0,17	1 - 10
Long/Short Equity	0,74	0,85	0,11	1 - 10
Merger Arbitrage	0,55	0,75	0,20	2 - 7, 9 - 10
Market Neutral	0,17	0,13	-0,04	2 - 10
Multi Strategy	0,53	0,57	0,04	1 - 3, 7 - 8
Short Selling	-0,74	-0,77	-0,03	2 - 4, 6 - 7, 9 - 10

Beobachtungszeitraum: Januar 2001 bis Dezember 2005.
Quelle: Eigene Darstellung in Anlehnung an Asness, Krail und Liew (2001), S. 11.

Tab. 6: Correlation Bias

Auf der Ebene der Datenbanken kann es zu einer Instant History Bias oder Backfilling Bias kommen. Diese beruht auf der kurzen Existenz vieler Hedgefonds und der fehlenden Aufzeichnung von zurückliegenden Wertentwicklungen. Um die Aussagekraft zu steigern, wird bei einer Neuaufnahme in den Index teilweise gemeinsam mit dem Fondsmanagement die

161 Als ein Beispiel hierfür ist die Krise um den Hedgefonds LTCM anzuführen. Hier wurde nach Malkiel und Saha (2005) das Reporting eingestellt und erst im Anschluss fiel der Wert um 92 Prozent, wobei die Liquidation Bias mit End-of-Life Reporting Bias betitelt wurde. Allerdings muss in diesem Kontext erwähnt werden, dass LTCM bereits in frühen Jahren die Berichterstattung an alle Datenbanken einstellte, so dass die Hedgefondsindizes sowohl von dem fulminanten Aufstieg, wie auch von dem Niedergang relativ unberührt verliefen. Sollte LTCM allerdings in den Indizes vertreten gewesen sein, so dürften deren Auswirkungen aufgrund des dominierenden Gleichgewichtungsansatzes insgesamt eher gering gewesen sein. Vgl. Malkiel und Saha (2005), S. 83.

162 Vgl. Schneeweis, Kazemi und Martin (2001), S. 21.

163 1 = InvestHedge, 2 = VanHedge, 3 = CS, 4 = HFR, 5 = CISDM, 6 = Altvest, 7 = Barclay, 8 = Eurekahedge, 9 = Hennessee, 10 = Edhec.

historische Wertentwicklung - falls nicht bereits vorhanden - geschätzt und rückwirkend in die Datenbank integriert (Backfilling).[164] Nach Ibbotson und Chen (2005) ergeben sich hierbei große Unterschiede zwischen einer Betrachtung von gleichgewichteten und wertgewichteten Datensätzen. Während die gleichgewichteten Indizes eine Backfilling Bias von 4,58 Prozent p.a. beinhalten, weisen die wertgewichteten eine Backfilling Bias von lediglich 1,29 Prozent p.a. auf.[165] Posthuma und Sluis (2004) geben den addierten Wert von Liquidation und Backfilling Bias in der TASS Datenbank zwischen 1996 und 2002 mit 7,24 Prozent p.a. an. In Tabelle 7 werden die verschiedenen akademischen Untersuchungen zur Backfilling Bias aufgeführt.

Autoren	**Datenbank**	**Periode**	**Fonds-anzahl**	**Gelöschte Monate***	**Backfilling Bias** (in % p.a.)
Ackermann et. al. (1999)	MAR/HFR	1988-1995	547	24	0,05
Capocci/Corhay/Hübner (2005)	MAR	1994-2002	2796	12	1,32
Capocci (2006a)	MAR/Barclay	1994-2002	3963	12	0,17
Capocci (2006a)	MAR/Barclay	1994-2002	3963	24	1,43
Capocci (2006a)	MAR/Barclay	1994-2002	3963	36	2,91
Capocci (2006a)	MAR/Barclay	1994-2002	3963	48	4,53
Capocci (2006a)	MAR/Barclay	1994-2002	3963	60	3,91
Fung/Hsieh (2000b)	TASS	1994-1998	1722	12	1,40
Edwards/Caglayan (2001a)	MAR	1990-1998	1665	12	1,17
Ibbotson/Chen (2005)	TASS	1995-2004	4437	indiv.**	4,84
Malkiel/Saha (2005)	TASS	1994-2003	2065	12	5,74
Posthuma/Sluis (2004)	TASS	1996-2002	3580	34	4,35

* Die durchschnittliche Anzahl an rückwirkend eingefüllten Daten (Monate) wurde berechnet und in der Datenbank von allen Hedgefonds gelöscht, um den Effekt des Backfilling herauszurechnen (indirekte Berechnung).

** In der Datenbank wurden bei den betoffenen Fonds die nachträglich eingefügten Monate direkt herausgerechnet.

Quelle: Eigene, erweiterte, aktualisierte Darstellung nach Heidorn, Hoppe und Kaiser (2006d), S. 592.

Tab. 7: Untersuchungen zum Backfilling Bias

Werden von einer Datenbank Hedgefonds vor allem aus bestimmten Regionen erfasst, nennt man diesen ortsgebundenen Repräsentationsüberhang auch Geographical Bias. Die Wahl des zeitlichen Beginns der Datenbeschaffung eines Datenbankanbieters führt ebenfalls zu Verzerrungen, der sog. Time-Period Bias, hinsichtlich der berechneten Wertentwicklung sowie Volatilität. Die Time-Period Bias ist für den Übertrag einer Schwankungsaussage von nicht äquidistanten Indizes bzgl. der Derivateberechnung bedeutend. Werden in einer Datenbank sowohl Hedgefonds als auch Dachhegdefonds geführt, kommt es zu der sog. Double-Coun-

164 Hierbei kann es zu einer Selbstüberschätzung des Fondsmanagers kommen. Darüber hinaus ist nicht garantiert, dass der Manager in der Vergangenheit ohne das aktuelle Wissen ein ähnlich wirkungsvolles Strategiekonzept angewandt hätte.

165 Vgl. Ibbotson und Chen (2005), S. 9.

ting Bias.[166] Da Hedgefonds erst seit einem relativ kurzen Zeitraum, vorwiegend seit dem Anfang der 90er Jahre, intensiver betrachtet und indexiert werden, kommt es zur sog. Short-History Bias. Diese besagt, dass bei einer langfristigen Betrachtung Hedgefonds weniger attraktiv erscheinen (geringere Rendite, höhere Standardabweichung). Verzerrungen, die durch die unterschiedliche Einordnung von Investmentstilen durch Fondsmanager entstehen, werden als sog. Classification Bias bezeichnet. Werden verschiedene Konstruktionsmethoden bei der Erstellung der Indizes verwendet, kommt es zur sog. Construction Bias. Durch die volumenbezogenen Mindestanforderungen an die Einzelhedgefonds durch die Datenbankanbieter ergibt sich die sog. Size Bias. Wenn Datenbankanbieter ein Minimum an vorzuweisender Kurshistorie von den Einzelhedgefonds verlangen, bevor sie in ihre Datenbanken aufgenommen werden, kann es zu positiven Verzerrungen, der sog. Minimum-History Bias auf der Ebene der Datenbank oder Multi-Period Sampling Bias auf der Ebene der Wissenschaft kommen, da einige kurzlebige, nicht erfolgreiche Fonds nicht in diesen Datenbanken berücksichtigt werden.[167] Ein Grund für diese Mindestanforderung ist, dass potenzielle Investoren für ihre Investitionsentscheidung eine gewisse Beobachtungszeit benötigen, da sie sich von zufällig hohen Renditen neuer Hedgefonds nicht beirren lassen wollen. Wenn sich dieser Effekt auch im Indexbestand widerspiegeln soll, müssen diese ersten Daten aus dem Bestand entfernt werden, was zu Verzerrungen mit der Realität führt. Minimum-History Bias und Size Bias sind Unterformen der Selection Bias.

2.3.2.4 Kritik an Hedgefondsindizes

Die Beurteilung der Qualität von Hedgefondsindizes hinsichtlich ihrer Repräsentativität gegenüber dem gesamten Hedgefondsuniversum ist somit nicht einfach. Es hat sich gezeigt, dass wegen der teilweise deutlichen Unterschiede in den Indexkonstruktionen sowie -methodologien und den sich hieraus ergebenden Datenverzerrungen ein hoher Grad an Heterogenität bei Hedgefondsindizes existiert.[168] Aus der Gruppe der unterschiedlichen und sich teilweise nivellierenden Verzerrungen sind die Survivorship Bias und die ihr entgegenwirkende Self-Selection Bias hervorzuheben. Gleichzeitig führt die Verwendung von Indexdaten bei der Berechnung von statistischen Eigenschaften nach Haberfelner, Kaiser und Kisling (2006) zu einer Glättung, da diese auf Basis einer aggregierten Zeitreihe und nicht auf Basis der Durchschnittswerte der Einzelfonds, die den Index bilden, berechnet werden.[169] Deswegen werden in der in Kapitel 6 folgenden empirischen Analyse nicht Hedgefondsindizes verwendet, sondern es wird auf eine umfangreiche Datenbank mit Informationen zu Einzelhedgefonds zurückgegriffen.

---

166 Vgl. Ruckstuhl, Meier, Lodeiro und Kündig (2003), S. 9.

167 Bei Investmentfonds wird dieser Effekt als Look-Ahead Bias bezeichnet. Vgl. Carhart, Carpenter, Lynch und Musto (1997), S. 4.

168 Detaillierte Analysen der Heterogenität von Hedgefondsindizes stellen die Artikel von Amenc und Martellini (2002) sowie Heidorn, Hoppe und Kaiser (2006b) dar.

169 Vgl. Haberfelner, Kaiser und Kisling (2006), S. 244.

3 Performancekennzahlen

In diesem Abschnitt werden die wesentlichen Kennzahlen zur quantitativen Analyse von Hedgefondsrenditezeitreihen in ihrer ex-post Form aufgeführt und hinsichtlich ihrer Eigenschaften beschrieben. Hierbei werden diese Kennzahlen für die Indexfamilien von Invest Hedge, Van Hedge, CS, HFR, CISDM, Altvest, Barclay, Eurekahedge, Hennessee und Edhec jeweils auf Gesamt- sowie Strategieebene berechnet und zu jeder Kennzahl der Mittelwert (MW), der Median (Med), das Minimum (Min), Maximum (Max) sowie die Differenz (Dif, Dif = Max – Min) angegeben. Die hier betrachteten Indizes verfügen über Daten des Zeitraums von Januar 2001 bis einschließlich Dezember 2005. Die Berechnungen basieren jeweils auf diskreten Einmonatsrenditen der Indizes.

3.1 Renditeentwicklung

Den Ausgangspunkt einer quantitativen Investmentbeurteilung bildet grundsätzlich die in der Vergangenheit erzielte Rendite.[170] Eines der gängigsten Instrumente der Performancemessung ist das arithmetische Mittel R_{arit} der publizierten Monatsrenditen R_t, wobei von konstanten Kapitaleinsätzen ausgegangen wird. Es wird wie folgt berechnet:

$$R_{arit} = \frac{1}{T}\sum_{t=1}^{T} R_t \tag{1}$$

mit

R_t: Rendite im Monat t ($t = 1, ..., T$).

Der diskrete Charakter der Performancebetrachtung zeigt sich in der Tatsache, dass Hedgefonds und dadurch auch Hedgefondsindizes hauptsächlich nur zum Monatsende ihren Vermögensstand kalkulieren und veröffentlichen. Eine Beurteilung von längeren Beobachtungszeiträumen erfolgt über das geometrische Mittel, welches eine Gewinnthesaurierung also eine kontinuierliche Wiederanlage der erwirtschafteten Erträge voraussetzt. Das geometrische Mittel R_{geo} wird wie folgt berechnet:

---

[170] Im Segment der Hedgefonds bestimmt insbesondere die Betrachtung der im Zeitverlauf generierten Monatsrenditen die Qualität einer Anlage. Denn diese liefern einen ersten Aufschluss über die Erfüllung des Anspruches über die Erzielung absoluter Renditen unabhängig von der Entwicklung der Kapital- und Rentenmärkte, welches wiederum als das wichtigste Verkaufsargument gilt. In diesem Kontext konnte Anson (2002b) nachweisen, dass die Wertentwicklungen von Hedgefonds allerdings insbesondere bei Marktverwerfungen genauso negativ beeinflusst werden wie die von vergleichbaren Aktien- und簡Renteninvestments. Vgl. Anson (2002b), S. 86.

$$R_{geo} = \sqrt[n]{\prod_{t=1}^{T}(1+R_t)} - 1 \qquad (2)$$

mit

R_t: Rendite im Monat t (t = 1, ..., T).

Bei dem folgenden Vergleich der Renditen der Substrategieindizes wird das arithmetische Mittel der Renditen betrachtet, da eine dauerhafte Bindung des ursprünglich allokierten Vermögens für den Investor nicht anzunehmen ist. Wie Tabelle 8 zeigt, bestehen gravierende Strategie- und Indexanbieterübergreifende Divergenzen der jährlichen Renditen, welche hier als annualisierte Rate of Return (RoR) dargestellt sind. Besonders hoch ist der maximale jährliche Renditeunterschied bei dem Subindex Short Selling. Hier reichen die Mittelwerte (MW) der annualisierten RoR von -3,68 Prozent (HFR) bis 9,68 Prozent (Altvest), was einer Differenz von 13,36 entspricht. Ebenfalls hoch ist die Differenz bei den Subindizes Global Macro (9,09) und Market Neutral (9,43). Die kleinste Abweichung der Subindizes (Convertible Arbitrage) beträgt annualisiert 1,93. Innerhalb dieser zehn Datenbanken wurden die höchsten durchschnittlichen jährlichen RoRs in den Subindizes Distressed (14,18 Prozent) und Emerging Markets (15,20 Prozent) erreicht. Bei der Short Selling Strategie (2,15 Prozent) wurde die schlechteste RoR ermittelt.

Amenc und Martellini (2002) gelangen zu ähnlich signifikanten Ergebnissen. Allerdings betrachten sie die maximale Abweichung der Wertentwicklung einzelner Monate innerhalb von Subindizes, wo zum Teil Differenzen von über 20 Prozent beschrieben werden, die auch durch einzelne Ereignisse, wie der Russlandkrise und der LTCM-Krise, entstehen konnten.[171] Diese Einzeleffekte werden durch die Verwendung der durchschnittlichen Renditen geglättet und gleichzeitig wird versucht, die systematische, langfristige Heterogenität darzustellen. Brooks und Kat (2002) ermittelten erhebliche Unterschiede zwischen den durchschnittlichen monatlichen Wertzuwächsen der Subindizes einzelner Datenbankanbieter und führen dies neben der Fondsauswahl (Selection Bias) auf die unterschiedlichen Gewichtungsmethoden (Construction Bias bzw. daraus resultierend Survivorship Bias) zurück. In Tabelle 8 stammen 12 der 13 maximalen jährlichen Renditen von gleichgewichteten Subindizes.

In engem Zusammenhang mit der Betrachtung der Monatsrenditen sind auch die Schwankungsbreiten in Form der Standardabweichung (σ) als Risikomaß zu betrachten. Diese beschreibt das Ausmaß der durchschnittlichen Streuung der Monatsrenditen um die entspre-

[171] Vgl. Géhin und Vaissié (2004), S. 12 oder Amenc und Martellini (2002), S. 10.

chende durchschnittliche Monatsrendite. Die Standardabweichung ergibt sich aus der Wurzel der Varianz der Monatsrenditen[172]:

$$\sigma = \sqrt{\frac{1}{T-1} * \sum_{t=1}^{T} (R_t - \overline{R})^2} \qquad (3)$$

mit

σ : Standardabweichung der Monatsrenditen,

R_t : Rendite im Monat t ($t = 1, ..., T$),

$\overline{R}$: Durchschnittliche Monatsrendite.

	Min	Max	Med	MW	Dif
Composite	5,97%	11,31%	8,00%	8,34%	5,34
Convertible Arbitrage	5,68%	7,62%	6,40%	6,54%	1,93
Distressed Securities	12,77%	14,89%	14,65%	14,18%	2,11
Event Driven	8,65%	12,30%	10,08%	10,11%	3,64
Emerging Markets	12,17%	18,15%	15,19%	15,20%	5,98
Fixed Income	5,15%	11,32%	7,01%	7,46%	6,16
Fund-of-Funds	5,76%	8,22%	5,97%	6,38%	2,46
Global Macro	4,59%	13,68%	8,16%	8,27%	9,09
Long/Short Equity	3,79%	10,86%	6,46%	6,91%	7,07
Merger Arbitrage	3,45%	4,91%	3,94%	4,08%	1,46
Market Neutral	3,67%	13,10%	6,08%	6,67%	9,43
Multi Strategy	6,12%	13,45%	8,20%	8,63%	7,33
Short Selling	-3,68%	9,68%	1,86%	2,15%	13,36

Beobachtungszeitraum: Januar 2001 bis Dezember 2005.

Tab. 8: Analyse der annualisierten Wertentwicklungen von Hedgefondsindizes

In die Kalkulation von Varianz bzw. Standardabweichung fließen sowohl negative als auch positive Monatsveränderungen ein. Dementsprechend werden in dem Risikomaß Standardabweichung auch positive Abweichungen als Risiko interpretiert. Die Semivarianz berücksichtigt im Gegensatz dazu ausschließlich die negativen Abweichungen von $\overline{R}$. Die Semistandardabweichung berechnet sich wie folgt:

172 Im weiteren Verlauf der Untersuchung findet eine zusätzliche Differenzierung zwischen Volatilität und Standardabweichung statt. Dabei wird die Standardabweichung als Wurzel der Varianz der Renditen seit Beginn der Beobachtungsperiode (z.B. seit 1990) kalkuliert, wohingegen die Volatilität der annualisierten Standardabweichung der Renditen entspricht.

$$\sigma_{\text{Semi}} = \sqrt{\frac{1}{T} * \sum_{i=1}^{T} (R_i - \overline{R})^2} \tag{4}$$

mit

σ_{Semi} : Semistandardabweichung der Monatsrenditen,

R_i : Negative Rendite im Monat t ($t = 1, ..., T$),

$\overline{R}$: Durchschnittliche Monatsrendite.

Hierbei werden im Gegensatz zur Varianz nicht alle Beobachtungen der Renditezeitreihe, sondern nur die Kriterien erfüllenden Renditen in der Berechnung berücksichtigt.[173] Die Betrachtung der Semivolatilitäten zeigt, dass sich die Ergebnisse im Vergleich zur Standardabweichung in Richtung kleinerer relativer Schwankungsbreiten, also geringerem Risiko, verschoben haben. Genauere Untersuchungen der Semivolatilität, Schiefe und Wölbung sind notwendig, da Hedgefondsrenditen nicht normalverteilt sind.[174]

Auf Grund der Heterogenität innerhalb der Indizes lassen sich keine grundsätzlichen Aussagen machen. Durch die Betrachtung der (Semi-)Volatilität ist, ähnlich wie bei der Rendite, die Heterogenität der verschiedenen Indexanbieter klar erkennbar. Deutliche Unterschiede existieren hinsichtlich der jährlichen (Semi-)Volatilität zwischen den Subindizes der einzelnen Strategien. So beträgt die jährliche Volatilität bei der Substrategie Short Selling im Index von Altvest 5,63 Prozent und im Index von HFR 10,54 Prozent, was einer Differenz von 6,22 entspricht (siehe Tabelle 9). Brooks und Kat (2002)[175] sowie Jaeger (2004)[176] gelangen ebenfalls zu großen, von der betrachteten Periode unabhängigen Unterschieden. Auch Amenc und Martellini (2002), Amin und Kat (2003b) sowie Fung und Hsieh (1999) gelangen zu der Schlussfolgerung, dass die Volatilitäten der verschiedenen Datenanbieter stark differieren.[177]

---

173 Je höher die beiden Risikomaße ausfallen, desto höher sind auch die Schwankungen um das arithmetische Mittel der Renditen.

174 Vgl. hierzu auch Kapitel 3.4.

175 Differenz der jährlichen Standardabweichung von 8,9 Prozent zwischen Global Macro-Indizes (1995-2001) von ZCM (jetzt CISDM) und CS. Vgl. Brooks und Kat (2002), S. 30.

176 Monatliche Differenzen der Volatilität zwischen den Short Selling Indizes (1994-2004) von HFR und CS von 5,06 Prozent. Vgl. Jaeger (2004), S. 42.

177 Als ein weiteres Instrument zur Darstellung der Risikostruktur eines zu beurteilenden Investments, wird neben der reinen Rendite- sowie Volatilitätsbetrachtung die Drawdown-Analyse verwendet. Die Drawdown-Analyse gibt Aufschluss über den maximal am Stück erlittenen Wertverlust einer Anlage in einem bestimmten Zeitraum. Um diesen Anforderungen gerecht zu werden, benötigen insbesondere institutionelle Investoren wie beispielsweise Versicherungen mit verschärften Stabilitäts- und Liquidierbarkeitsauflagen Investments mit niedrigen Drawdowns. Hierbei sollte auch bei dieser Analyse auf die Heterogenität zwischen den Indexanbietern geachtet werden. So gibt es einen Unterschied von 16,09 Prozent zwischen den Indizes von CS und HFR innerhalb eines Monats bei der Strategie Global Macro. Vgl. Jaeger (2004), S. 43.

	Volatilität					Semivolatilität				
	Min	*Max*	*Med*	*MW*	*Dif*	*Min*	*Max*	*Med*	*MW*	*Dif*
Composite	2,59%	5,20%	1,02%	4,32%	2,61	1,91%	3,92%	3,54%	3,23%	2,01
Convertible Arbitrage	2,02%	4,23%	0,81%	3,43%	2,21	1,43%	3,29%	2,80%	2,57%	1,86
Distressed Securities	3,92%	4,77%	0,88%	4,40%	0,85	2,67%	3,81%	3,05%	3,10%	1,14
Event Driven	3,84%	6,01%	1,03%	4,80%	2,17	2,97%	4,61%	3,58%	3,68%	1,65
Emerging Markets	5,71%	11,38%	1,74%	8,37%	5,66	4,21%	8,58%	6,01%	6,36%	4,37
Fixed Income	0,96%	2,73%	0,40%	1,97%	1,77	0,64%	2,19%	1,38%	1,42%	1,55
Fund-of-Funds	2,75%	5,05%	0,69%	3,48%	2,29	2,04%	3,32%	2,40%	2,51%	1,28
Global Macro	3,39%	5,54%	0,90%	4,41%	2,15	2,29%	3,92%	3,11%	3,01%	1,63
Long/Short Equity	3,38%	7,04%	1,19%	5,62%	3,66	2,43%	5,23%	4,11%	4,16%	2,81
Merger Arbitrage	2,11%	3,39%	0,71%	2,93%	1,28	1,60%	2,68%	2,45%	2,32%	1,08
Market Neutral	1,42%	4,79%	0,46%	2,35%	3,37	1,05%	3,47%	1,59%	1,70%	2,43
Multi Strategy	2,59%	6,55%	0,58%	3,55%	3,97	1,80%	4,81%	2,01%	2,56%	3,02
Short Selling	5,63%	15,24%	2,83%	13,13%	9,61	4,23%	10,45%	9,80%	9,06%	6,22

Beobachtungszeitraum: Januar 2001 bis Dezember 2005.

Tab. 9: Analyse der Volatilität und Semivolatilität von Hedgefondsindizes

3.2 Korrelation

Korrelationsanalysen werden verwendet, um lineare Beziehungen zwischen zwei oder mehreren quantitativen statistischen Variablen bzw. deren diskreten Zeitreihen zu beschreiben. Der Pearsonsche Korrelationskoeffizient, als dimensionsloses Maß für den Grad des linearen Zusammenhangs der mindestens intervallskalierten Beobachtungsmerkmale, nimmt Werte zwischen -1 und +1 an. Ein Wert von -1 definiert dabei eine perfekt negativ korrelierte Beziehung, d.h. die Rendite einer Anlage A würde sich im Fall einer signifikanten Korrelation von -1 exakt gegensätzlich zu der einer Anlage B entwickeln.[178] Der Korrelationskoeffizient nach Pearson ρ zweier quadratisch integrierbaren Variablen X und Y berechnet sich wie folgt:

$$\rho_{X,Y} = \frac{\mathrm{cov}_{X,Y}}{\sqrt{\sigma_X^2} * \sqrt{\sigma_Y^2}} \tag{5}$$

mit

$\rho_{x,y}$: Korrelationskoeffizient nach Pearson,

σ^2 : Varianz der Monatsrenditen,

$cov_{X,Y}$: Kovarianz zweier quadratisch integrierbaren Variablen X und Y.

Als Vergleichsindex für die vorliegende Arbeit wurden der S&P 500 sowie die Edhec Hedgefondsindizes[179] gewählt und die Korrelationen der Hedgefondsindizes zu diesen Benchmarks sowie die Korrelationen der einzelnen Substrategien untereinander berechnet. Es werden so-

---

178 Die Korrelation der Renditen von Hedgefonds mit den Indizes traditioneller Investmentklassen (wie z.B. DAX oder REX) ist von zentraler Bedeutung zur Prüfung der Unabhängigkeit der Hedgefondsrenditen von den Entwicklungen an den Aktien- und Rentenmärkten.

179 Da die Hedgefondsindizes von Edhec nicht über Indizes zu Multi-Strategy und Dachhedgefonds verfügen, können die entsprechenden Korrelationen im Folgenden nicht berechnet werden.

wohl die minimalen als auch die maximalen Korrelationen kalkuliert, um potenziell verzerrte Aussagen durch die reine Verwendung von Durchschnittskorrelationen zu vermeiden. Darüber hinaus wurden über die einzelnen Korrelationen Mittelwerte gebildet. Die stark differierenden Korrelationskoeffizienten in Tabelle 10 bestätigen eine hohe Heterogenität zwischen den Datenbankanbietern. Der höchste Unterschied bei der Korrelation zwischen den einzelnen Indizes und dem S&P 500 liegt bei Market Neutral (1,20). Diese Strategie weist sowohl positive als auch negative Korrelationen mit dem S&P 500 auf, wobei die Market Neutral-Renditen der Barclay-Datenbank deutlich negativ (–0,44) und die Renditezeitreihen des Indexanbieters Eurekahedge deutlich positiv (0,76) mit dem S&P 500 korreliert sind. So zeigen die nicht-direktionalen Strategien Market Neutral (0,23), Fixed Income Arbitrage (0,38) und Convertible Arbitrage (0,37) eine sehr geringe Korrelation zum S&P 500 auf. Beim Short Selling ist diese erwartungsgemäß negativ (-0,87). Die direktionalen Strategien Emerging Markets (0,68) und Long/Short Equity (0,74) weisen eine höhere Korrelation zu den Aktienmärkten auf. Auch bei der Betrachtung der Korrelationen der Strategieindizes der Datenbankanbieter untereinander lassen sich Unterschiede erkennen. Mit einem Unterschiedsbetrag von 0,43 weist der Strategieindex Equity Market Neutral die größte Differenz hinsichtlich der Korrelationen zwischen den Indizes auf. Die höchste durchschnittliche Korrelation zwischen den einzelnen Subindizes besteht bei der Strategie Event Driven (0,95), die geringste bei der Strategie Equity Market Neutral (0,55).

Die Untersuchungen von Bekier (2000), McCrary (2002), Amin und Kat (2003b), Agarwal und Naik (2000a), Feiger und Botteron (2004), Rupprechter (2002) sowie Heidorn, Hoppe und Kaiser (2006b) kommen zu vergleichbaren Ergebnissen hinsichtlich der Korrelationseigenschaften der verschiedenen Hedgefondsstrategien. Brooks und Kat (2002) konnten weiterhin feststellen, dass vor allem die Long/Short Equity-Indizes eine hohe Korrelation zu Russell 2000 und NASDAQ aufweisen und somit vorwiegend in kleine Technologiewerte investieren dürften.[180] Um das Zinsrisiko zu berechnen, betrachteten Amenc und Martellini (2002) die Korrelationen zwischen Fixed Income Arbitrage Index und dreimonatigen T-Bill Rates. Diese sind allerdings mit Korrelationen zwischen 0,09 und 0,25 nur gering korreliert. Die empirischen Untersuchungen von Banz und de Planta (2002) sowie Füss, Rehkugler und Disch (2005b) belegen zudem, dass die Korrelationen zwischen Aktien- und Hedgefonds zeitvariabel sind und in turbulenten Marktphasen, also Perioden mit hoher Volatilität, ansteigen.

Nach Lhabitant (2004) sind allerdings die Ergebnisse von Korrelationsanalysen mit Vorsicht zu genießen, da eine Korrelation auf zwei Variablen limitiert ist, lediglich lineare Beziehungen messen kann, nicht resistent gegenüber Ausreißern ist und schlussendlich auch keine

---

180 In ihrer Untersuchung fanden Brooks und Kat (2002) hohe Korrelationen vor allem bei den Strategien Fund-of-Funds, Long/Short Equity, Emerging Markets und Distressed Securities und geringere Korrelationen bei Convertible Arbitrage (0,51), Global Macro (0,45) und Equity Market Neutral (0,27). Vgl. Brooks und Kat (2002), S. 38-40.

Kausalität bedeutet.[181] Füss und Kaiser (2007) können auf Basis der Kointegrationsmethode nachweisen, dass die Vorteile der verschiedenen Hedgefondsstrategien bei der Portfoliooptimierung allerdings geringer ausfallen als die Ergebnisse einer Korrelationsanalyse suggerieren.[182]

	Korrelation S&P 500				**Korrelation Edhec**				**Korrelation (Indizes)**			
	Min	*Max*	*MW*	*Dif*	*Min*	*Max*	*MW*	*Dif*	*Min*	*Max*	*MW*	*Dif*
Composite	0,42	0,82	0,70	0,40	~	~	~	~	0,83	0,94	0,91	0,11
Convertible Arbitrage	0,36	0,38	0,37	0,02	0,74	0,99	0,93	0,24	0,74	0,93	0,89	0,18
Distressed Securities	0,41	0,51	0,45	0,11	0,83	0,98	0,93	0,16	0,81	0,93	0,88	0,12
Event Driven	0,52	0,72	0,66	0,19	0,95	0,98	0,97	0,03	0,93	0,97	0,95	0,04
Emerging Markets	0,60	0,72	0,68	0,12	0,94	0,99	0,97	0,05	0,90	0,97	0,94	0,06
Fixed Income	0,34	0,45	0,38	0,11	0,48	0,82	0,67	0,34	0,48	0,67	0,58	0,19
Fund-of-Funds	0,46	0,62	0,54	0,16	0,69	0,99	0,92	0,30	0,67	0,92	0,87	0,25
Global Macro	0,23	0,49	0,34	0,27	0,62	0,91	0,84	0,29	0,55	0,84	0,72	0,29
Long/Short Equity	0,47	0,85	0,74	0,38	0,81	0,98	0,92	0,17	0,80	0,92	0,88	0,12
Merger Arbitrage	0,47	0,59	0,55	0,12	0,84	0,97	0,94	0,13	0,83	0,93	0,89	0,09
Market Neutral	-0,44	0,76	0,23	1,20	0,28	0,75	0,61	0,47	0,33	0,75	0,55	0,43
Multi Strategy	0,40	0,86	0,53	0,46	~	~	~	~	0,58	0,79	0,73	0,20
Short Selling	-0,92	-0,79	-0,87	0,13	0,07	0,98	0,80	0,91	0,88	0,95	0,92	0,07

Es wurden nur Korrelationskoeffizienten betrachtet, die auf dem Niveau von 0,01 oder 0,05 (2-seitig) signifikant sind.
Beobachtungszeitraum: Januar 2001 bis Dezember 2005.

Tab. 10: Analyse der Korrelationseigenschaften von Hedgefondsindizes

3.3 Persistenz

In der Persistenzanalyse werden, entsprechend der terminologischen Bedeutung, die Ausdauer, Konstanz und Stetigkeit betrachtet. In Bezug auf die Beurteilung von Renditen spezifischer Hedgefonds bzw. Hedgefondsindizes gibt die Persistenzanalyse Aufschluss über die Nachhaltigkeit der von den Fondsmanagern bzw. Indexanbietern in der Vergangenheit generierten Erträge. Aus einer ex-post Betrachtung soll festgestellt werden, ob die zurückliegende Wertentwicklung zufällig oder vom jeweiligen Fondsmanagement abhängig ist. Auf Basis der so erzielten Erkenntnisse wird versucht, mittels Extrapolation, auf die Wahrscheinlichkeit einer anhaltenden Mehrwerterzielung durch die Vermögensverwalter und somit dessen Qualität zu schließen. Die von dem Management ausgehenden Risiken bei einem Investment sind von zentraler Bedeutung, da sie im Gegensatz zu Marktrisiken nicht durch eine Risikoprämie in Form höherer Renditen abgegolten werden. So ist es wichtig, vor allem bei Anlagen in Hedgefonds oder Hedgefonds basierten Produkten, die sich durch den gemeinsamen Anspruch einer Alphagenerierung, hohe Performancegebühren und zum Teil lange

181 Vgl. Lhabitant (2004), S. 135-140.

182 Allerdings bergen bestimmte Strategien kombiniert mit spezifischen Aktienmarktsegmenten insbesondere im Bereich der taktischen Asset Allocation ein adäquates Diversifikationspotenzial. Vgl. Füss und Kaiser (2007).

Lock-Up-Fristen[183] charakterisieren, anhaltende und zufallsunabhängige Renditen erwarten zu können. Wie die durch Haltefristen erzeugte restriktive Reaktionsfähigkeit des Investors auf einen signifikanten Performancebruch zeigt, muss das Ausmaß einer prognostizierten Persistenz mit steigender einer Rückgabebeschränkung sogar überproportional zunehmen. Die Persistenz kann anhand der zwei nachfolgenden Methoden quantifiziert werden. Bei der ersten Methode, der Zwei-Perioden-Analyse, wird die Grundgesamtheit in zwei Teilstichproben bzw. in zwei symmetrische Teilperioden untergliedert. Die betrachteten Basiswerte lassen sich anhand der jeweiligen Periodenrenditen den folgenden vier Kategorien zuordnen: Gewinner-Gewinner (GG), Gewinner-Verlierer (GV), Verlierer-Verlierer (VV) und Verlierer-Gewinner (VG). Die Anzahl der Fonds eines Fondsmanagements ist im Falle einer Nichtexistenz von Persistenz in den vier Gruppen nahezu identisch.

		Monatsrenditen					**Quartalsrenditen**				
		Min	*Max*	*Med*	*MW*	*Dif*	*Min*	*Max*	*Med*	*MW*	*Dif*
Composite	GG	45,76%	64,41%	55,93%	54,61%	18,64	57,89%	78,95%	63,16%	64,91%	21,05
	GV	15,25%	20,34%	18,64%	17,89%	5,08	10,53%	15,79%	15,79%	15,20%	5,26
	VG	15,25%	20,34%	18,64%	18,08%	5,08	10,53%	21,05%	15,79%	16,37%	10,53
	VV	5,08%	13,56%	10,17%	9,42%	8,47	0,00%	5,26%	5,26%	3,51%	5,26
Convertible Arbitrage	GG	55,93%	72,88%	63,56%	63,73%	16,95	63,16%	78,95%	73,68%	70,53%	15,79
	GV	10,17%	15,25%	11,86%	11,69%	5,08	10,53%	15,79%	10,53%	12,63%	5,26
	VG	10,17%	13,56%	11,86%	11,36%	3,39	10,53%	15,79%	10,53%	12,63%	5,26
	VV	5,08%	20,34%	13,56%	13,22%	15,25	0,00%	5,26%	5,26%	4,21%	5,26
Distressed Securities	GG	64,41%	76,27%	70,34%	70,34%	11,86	78,95%	89,47%	89,47%	87,50%	10,53
	GV	10,17%	15,25%	11,86%	12,08%	5,08	5,26%	10,53%	5,26%	5,92%	5,26
	VG	10,17%	15,25%	11,86%	12,08%	5,08	5,26%	10,53%	5,26%	5,92%	5,26
	VV	3,39%	8,47%	4,24%	5,51%	5,08	0,00%	5,26%	0,00%	0,66%	5,26
Event Driven	GG	50,00%	72,88%	59,32%	60,55%	22,88	63,16%	84,21%	73,68%	74,85%	21,05
	GV	11,86%	18,64%	16,95%	16,60%	6,78	5,26%	15,79%	10,53%	9,94%	10,53
	VG	11,86%	18,64%	16,95%	16,42%	6,78	5,26%	15,79%	10,53%	9,94%	10,53
	VV	1,69%	17,24%	5,08%	6,44%	15,55	5,26%	5,26%	5,26%	5,26%	0,00
Emerging Markets	GG	52,54%	66,10%	55,93%	57,82%	13,56	47,37%	68,42%	63,16%	60,82%	21,05
	GV	13,56%	20,34%	16,95%	16,38%	6,78	15,79%	21,05%	15,79%	16,96%	5,26
	VG	13,56%	18,64%	15,25%	15,63%	5,08	15,79%	26,32%	15,79%	17,54%	10,53
	VV	6,78%	18,64%	8,47%	10,17%	11,86	0,00%	5,26%	5,26%	4,68%	5,26
Fixed Income Arbitrage	GG	44,07%	100,00%	79,66%	74,95%	55,93	47,37%	100,00%	89,47%	84,21%	52,63
	GV	0,00%	18,64%	8,47%	8,66%	18,64	0,00%	15,79%	5,26%	5,26%	15,79
	VG	0,00%	18,64%	8,47%	8,85%	18,64	0,00%	15,79%	5,26%	5,85%	15,79
	VV	0,00%	40,68%	3,39%	7,53%	40,68	0,00%	36,84%	0,00%	4,68%	36,84
Fund-of-Funds	GG	47,46%	61,02%	52,54%	54,00%	13,56	47,37%	68,42%	63,16%	62,41%	21,05
	GV	15,25%	20,34%	16,95%	17,43%	5,08	15,79%	21,05%	15,79%	16,54%	5,26
	VG	15,25%	20,34%	16,95%	17,43%	5,08	15,79%	21,05%	15,79%	18,05%	5,26
	VV	6,78%	20,34%	10,17%	11,14%	13,56	0,00%	15,79%	0,00%	3,01%	15,79
Global Macro	GG	37,29%	74,58%	50,00%	50,43%	37,29	47,37%	89,47%	68,42%	71,05%	42,11
	GV	11,86%	22,03%	19,49%	18,84%	10,17	5,26%	21,05%	10,53%	11,05%	15,79
	VG	11,86%	22,03%	18,80%	18,85%	10,17	5,26%	21,05%	13,16%	12,11%	15,79
	VV	1,69%	20,34%	11,02%	11,88%	18,64	0,00%	26,32%	5,26%	5,79%	26,32

183 Eine ausführliche Diskussion der Lock-Up-Thematik bei Hedgefonds findet sich bei Kaiser und Kisling (2005), S. 27-30 sowie Kaiser und Kisling (2006), S. 303-306.

Long/Short Equity	GG	40,68%	54,24%	45,28%	46,51%	13,56	42,11%	63,16%	50,00%	49,47%	21,05
	GV	16,95%	20,34%	18,64%	18,68%	3,39	15,79%	21,05%	21,05%	19,47%	5,26
	VG	16,95%	20,34%	18,64%	18,67%	3,39	15,79%	26,32%	26,32%	23,16%	10,53
	VV	10,17%	22,03%	15,25%	16,14%	11,86	0,00%	15,79%	7,89%	7,89%	15,79
Merger Arbitrage	GG	50,85%	67,80%	56,78%	57,63%	16,95	52,63%	63,16%	57,89%	58,55%	10,53
	GV	15,25%	20,34%	17,80%	18,22%	5,08	15,79%	21,05%	15,79%	16,45%	5,26
	VG	15,25%	20,34%	17,80%	18,22%	5,08	15,79%	21,05%	15,79%	16,45%	5,26
	VV	1,69%	13,56%	4,24%	5,93%	11,86	5,26%	10,53%	10,53%	8,55%	5,26
Market Neutral	GG	52,54%	79,66%	67,80%	66,74%	27,12	63,16%	89,47%	78,95%	76,61%	26,32
	GV	8,47%	22,03%	13,56%	14,19%	13,56	5,26%	15,79%	10,53%	11,11%	10,53
	VG	8,47%	20,34%	13,56%	14,19%	11,86	5,26%	15,79%	10,53%	11,11%	10,53
	VV	0,00%	11,86%	4,24%	4,87%	11,86	0,00%	5,26%	0,00%	1,17%	5,26
Multi Strategy	GG	44,07%	76,27%	64,41%	63,05%	32,20	47,37%	89,47%	78,95%	76,84%	42,11
	GV	10,17%	16,95%	15,25%	14,24%	6,78	5,26%	21,05%	10,53%	10,53%	15,79
	VG	10,17%	16,95%	15,25%	14,24%	6,78	5,26%	26,32%	10,53%	11,58%	21,05
	VV	3,39%	22,03%	5,08%	8,47%	18,64	0,00%	5,26%	0,00%	1,05%	5,26
Short Selling	GG	23,73%	49,15%	30,51%	31,72%	25,42	10,53%	47,37%	15,79%	22,56%	36,84
	GV	18,64%	20,34%	18,64%	19,37%	1,69	26,32%	36,84%	31,58%	32,33%	10,53
	VG	18,64%	20,34%	18,64%	19,37%	1,69	26,32%	31,58%	26,32%	27,82%	5,26
	VV	13,56%	35,59%	32,20%	29,54%	22,03	0,00%	31,58%	15,79%	17,29%	31,58

Beobachtungszeitraum: Januar 2001 bis Dezember 2005.

Tab. 11: Analyse der Renditepersistenz von Hedgefondsindizes

Für die Untersuchung der Performancepersistenz auf der Indexebene in Tabelle 11 wurde ein Mehrperiodenansatz verfolgt, wobei alle Monatsrenditen als eigenständige Teilperioden klassifiziert wurden. Hierbei wurden die Monats- und Quartalsrenditen den bereits erwähnten vier Kategorien zugeordnet und die relative Anteilsverteilung der spezifischen Gruppen berechnet. Auf der jeweiligen Strategieindexebene ist anhand der hohen Mittwelwerte durchweg eine hohe Performancepersistenz zwischen vergangenen und zukünftigen Gewinnern zu beobachten. Eine Persistenzzunahme ist zu erkennen, wenn der Betrachtungszeitraum von monatlich zu quartalsweise geändert wird. Hierbei stellt die Strategie Short Selling allerdings eine Ausnahme dar. Differenzen bei der Performancepersistenz bestehen bei der Betrachtung der Monatsrenditen besonders zwischen den Indizes der Strategien Market Neutral (27,12), Fixed Income Arbitrage (55,93), Global Macro (37,29) und Multi Strategy (32,20). Auf Basis der Quartalsrenditen lassen sich insbesondere zwischen den Indizes der Strategien Fixed Income Arbitrage (52,63), Global Macro (42,11), Multi Strategy (42,11) und Short Selling (36,84) Unterschiede hinsichtlich der Performancepersistenz beobachten. Vor dem Hintergrund der viel zitierten Survivorship Bias ist die Verwendung der Persistenz als Qualitäts¬maßstab für Strategieindizes nur bedingt sinnvoll, da die Aussagen zur Nachhaltigkeit durch die Extrahierung schlecht performender oder insolventer Zielfonds positiv verzerrt werden. Auf der Ebene der Einzelhedgefonds existiert dieser Nachteil nicht.

3.4 Schiefe und Kurtosis

Da Hedgefonds im Vergleich zu traditionellen Investmentprodukten (z.B. Aktienfonds) kaum Restriktionen in Bezug auf den von ihnen eingesetzten Finanzinstrumenten unterliegen, beeinflusst die nicht-lineare Auszahlungsstruktur der verwendeten derivativen Hebelprodukte teilweise auch die Renditeverteilung der Hedgefonds und sorgt dafür, dass die Verteilung der Monatsrenditen von der einer Normalverteilung abweicht.[184] Wegen der Eigenschaft einer nicht normalverteilten Renditeverteilung ist es notwendig, genauere Untersuchungen der Schiefe und Wölbung durchzuführen.[185]

Das normierte dritte zentrale Verteilungsmoment Schiefe (Skewness) zeichnet sich durch eine asymmetrische, unimodale Häufigkeitsverteilung aus, wobei die drei Lageparameter arithmetisches Mittel x_{arit}, Modus x_M und der Median x_{Med} auf unterschiedlichen Punkten liegen. Entsprechend der Fechnerschen Lageregel kann zwischen rechtsschiefen ($x_M < x_{Med} < x_{arit}$) bzw. linkssteilen und linksschiefen ($x_M > x_{Med} > x_{arit}$) bzw. rechtssteilen Verteilungen unterschieden werden. Bei einer Normalverteilung gleichen sich die Lageparameter ($x_M = x_{Med} = x_{arit}$). Hierbei deutet eine positive (negative) Schiefe eine Verteilungskurve an, welche durch ein asymmetrisches Ende mit besonders starken Ausschlägen im positiven (negativen) Bereich gekennzeichnet ist.[186] Das dritte zentrale Moment wird als absoluter Schiefeparameter S_a und das dritte Standardmoment als relativer Schiefeparameter S_r bezeichnet und wie folgt berechnet:[187]

$$S_a = \frac{1}{T}\sum_{t=1}^{T}(R_t - \overline{R})^3 \text{ bzw. } S_r = \frac{1}{T}\sum_{t=1}^{T}\frac{(R_t - \overline{R})^3}{\sigma^3} \qquad (6)$$

mit

S_a : Absoluter Schiefeparameter,

S_r : Relativer Schiefeparameter,

R_t : Rendite im Monat t ($t = 1, ..., T$),

$\overline{R}$: Durchschnittliche Monatsrendite,

σ : Standardabweichung der Monatsrenditen.

In Tabelle 12 werden ausschließlich die relativen Schiefeparameter ermittelt und miteinander verglichen. Eine rechtsschiefe Verteilung (RE), also ein Erwartungswert größer Null, deutet auf eine im Vergleich zur Normalverteilung höhere Wahrscheinlichkeit extremer positiver Monatsrenditen hin. Zwischen den einzelnen Datenbanken lassen sich, wie Tabelle 12 zeigt, gravierende Unterschiede bei den einzelnen Strategieindizes erkennen. Die Abweichungen zwischen den einzelnen Schiefewerten liegen mit Ausnahme von Emerging Markets und

184 Vgl. Gregoriou und Zhu (2005), S. 4, Ineichen (2002b), S. 255, Moix und Schmidhuber (2003), S. 14 sowie Kat (2004), S. 98. Zahlenbeispiele, wie bei ausgewählten Hedgefondsstrategien asymmetrische Renditeverteilungen zustande kommen, können Banz und de Planta (2002) entnommen werden. Vgl. Banz und de Planta (2002), S. 320.

185 Vgl. Geman und Kharoubi (2003), S. 58.

186 Vgl. Lavinio (1999), S. 170.

187 Vgl. Heidorn, Hoppe und Kaiser (2006b), S. 562-563.

Long/Short Equity bei allen Strategien über 0,5. Bei den Subindizes Distressed Securities (2,09) und Fixed Income Arbitrage (1,94) bestehen die größten Unterschiede. Mit Ausnahme der Strategien Distressed Securities, Global Macro und Short Selling ist die geschätzte Schiefe negativ. Das Risiko einer Hedgefondsstrategie kann somit umso höher eingeschätzt werden, je höher die Linksschiefe (LI) ihrer Renditeverteilung ist.

Brooks und Kat (2002) sowie Heidorn, Hoppe und Kaiser (2006d) weisen einen Zusammenhang zwischen niedriger Schiefe und hohen Sharpe Ratios (und großer Wölbung) nach. Hohe Sharpe Ratios können demnach unter dem Zugeständnis einer niedrigeren Schiefe und größerer Wölbung erzielt werden. Jaeger (2004), Ranaldo und Favre (2005), Kat (2004), Amin und Kat (2003b) sowie Pérez (2004) gelangen zu sehr ähnlichen Ergebnissen wie diese Untersuchung.[188]

	Min	**Max**	**Med**	**MW**	**Dif**	**RE**	**LI**
Composite	-0,51	0,23	-0,40	-0,30	0,74	1	7
Convertible Arbitrage	-0,86	0,00	-0,43	-0,43	0,86	1	9
Distressed Securities	-1,55	0,53	0,10	-0,10	2,09	5	3
Event Driven	-1,22	-0,53	-0,73	-0,75	0,69	0	9
Emerging Markets	-0,69	-0,20	-0,52	-0,50	0,49	0	9
Fixed Income	-1,26	0,68	-0,01	-0,18	1,94	3	6
Fund-of-Funds	-0,42	0,46	-0,33	-0,22	0,89	1	6
Global Macro	-0,05	0,57	0,26	0,25	0,62	8	2
Long/Short Equity	-0,50	-0,16	-0,37	-0,36	0,34	0	10
Merger Arbitrage	-1,46	-0,41	-1,10	-1,03	1,05	0	8
Market Neutral	-0,87	0,79	-0,42	-0,29	1,65	1	8
Multi Strategy	-0,38	0,18	-0,22	-0,17	0,55	1	4
Short Selling	-0,55	0,28	0,11	0,02	0,83	5	2

Beobachtungszeitraum: Januar 2001 bis Dezember 2005.

Tab. 12: Analyse der Schiefe von Hedgefondsindizes

Die Wölbung, also das Ausmaß der Konzentration einer Distribution um einen Mittelwert, wird auch als Steilheit, Kurtosis oder Exzess genannt. Das vierte zentrale Moment berechnet sich als absoluter Wölbungsparameter K_a und mittels vierten Standardmoments als relativer Wölbungsparameter K_r wie folgt:[189]

$$K_a = \frac{1}{T}\sum_{t=1}^{T}(R_t - \overline{R})^4 \text{ bzw. } K_r = \frac{1}{T}\sum_{t=1}^{T}\frac{(R_t - \overline{R})^4}{\sigma^4} \qquad (7)$$

mit

188 Beim Vergleich von Hedgefondsindizes mit traditionellen Anlageklassen, wie Aktien und Renten, sollte nicht vergessen werden, dass auch diese eine Schiefe besitzen, die zumindest bei Aktien meist negativ ist. Vgl. Brooks und Kat (2002), S. 41 oder Brooks und Persand (2003), S. 36.

189 Vgl. Hoppe (2005), S. 42.

K_a: Absoluter Wölbungsparameter,

K_r: Relativer Wölbungsparameter,

R_t: Rendite im Monat t ($t = 1, ..., T$),

$\overline{R}$: Durchschnittliche Monatsrendite,

σ: Standardabweichung der Monatsrenditen.

Hierbei gilt die betrachtete Zeitreihe als normalverteilt, wenn ein Wert von drei der relativen Wölbung oder ein Wert von Null der Überschusswölbung (ÜW), welche sich aus $K_r - 3$ ermittelt, besteht. Ein Überschreiten von $K_r = 3$ wird als sog. "dicke Enden" oder auch "Fat Tails" (Leptokurtosis) bezeichnet, womit größere Abweichungen vom Mittelwert $\overline{R}$ mit einer höheren Wahrscheinlichkeit als im Fall einer mesokurtischen Normalverteilung auftreten.[190]

	Min	Max	Med	MW	Dif	LK	PK
Composite	-0,47	0,88	-0,25	-0,12	1,35	2	7
Convertible Arbitrage	0,03	2,10	1,22	1,20	2,06	10	0
Distressed Securities	-0,46	5,16	0,06	0,80	5,62	5	3
Event Driven	0,70	2,84	1,26	1,24	2,14	9	0
Emerging Markets	-0,36	0,70	-0,26	-0,11	1,06	1	8
Fixed Income	-0,67	5,23	1,43	1,52	5,90	6	3
Fund-of-Funds	-0,40	1,43	-0,12	0,14	1,82	3	4
Global Macro	-0,29	1,53	0,18	0,27	1,83	7	3
Long/Short Equity	-0,71	0,01	-0,45	-0,36	0,72	1	9
Merger Arbitrage	1,20	2,95	1,94	1,96	1,75	8	0
Market Neutral	0,31	2,06	0,67	0,84	1,75	9	0
Multi Strategy	-0,49	1,12	0,08	0,23	1,62	3	2
Short Selling	-0,65	1,97	-0,33	0,16	2,62	3	4

Beobachtungszeitraum: Januar 2001 bis Dezember 2005.

Tab. 13: Analyse der Überschusswölbung von Hedgefondsindizes

Eine platykurtische Häufigkeitsverteilung mit einem Wölbungsparameter kleiner als drei impliziert eine geringere Volatilität und somit ein geringeres Risiko der entsprechenden Kapitalanlage. Damit lässt sich konstatieren, dass risikoaverse Investoren positive Schiefe und negative Überschusswölbung präferieren. Bei der Analyse der Wölbung in Tabelle 13 können ähnlich wie auch bei der Untersuchung der Schiefe nicht immer klare Aussagen innerhalb der einzelnen Strategien getroffen werden. Die Auswertung der Häufigkeit von lepto- (LK) und platykurtischen (PK) Wölbungsparameter zeigt, dass alle Strategien überwiegend leptokurtisch sind. Die Differenzen der Überschusswölbung zwischen den Datenbanken eines Subindexes können enorm sein. Die größten Unterschiede bestehen bei den Strategien Distressed

---

190 Vgl. Lo (2001), S. 24.

Securities (5,62) und Fixed Income Arbitrage (5,90). Jaeger (2004), Brooks und Kat (2002) sowie Ranaldo und Favre (2005) kommen bei ihren Untersuchungen auf vergleichbare Wölbungswerte. Im Gegensatz hierzu weichen die Ergebnisse von Favre und Galeano (2002) leicht ab. Sie berechneten die Kurtosis verschiedener Strategien in der HFR-Datenbank im Zeitraum von 1990 bis 1999, die in der Mehrzahl größer waren als die vergleichbaren relativen Wölbungen dieser Arbeit.

Zur Überprüfung der Existenz einer Normalverteilung kann der Jarque-Bera-Test, eine mathematische Kombination von Schiefe und Wölbung angeführt werden. Dieser wird wie folgt berechnet:[191]

$$JB = \frac{T}{6} * [S_r^{\ 2} + \frac{1}{4} * (K_r - 3)^2] \tag{8}$$

mit

T: Stichprobenumfang,

S_r: Schiefe der Renditeverteilung des untersuchten Fonds,

K_r: Kurtosis des untersuchten Fonds.

Hierbei folgt der kritische Wert des Tests einer Chi-Quadrat-Verteilung und liegt bei 5,991 bei einer 95 Prozent Signifikanz. Die Nullhypothese, d. h. die Existenz einer Normalverteilung muss zu Gunsten der Alternativhypothese „keine Normalverteilung" abgelehnt werden, wenn dieser kritische Wert überschritten wird. Wie die Ergebnisse in Tabelle 14 zeigen, sind die Renditezeitreihen für den gewählten Beobachtungszeitraum der Hedgefondsstrategien überweigend normalverteilt (NV). Es existieren allerdings in jeder Strategie erhebliche Unterschiede innerhalb der einzelnen Datenanbieter. Die größten Differenzen treten bei den Strategien Fixed Income Arbitrage (83,85) und Distressed Securities (90,62) auf.

Brooks und Kat (2002) sowie Hedges (2004) gelangen zu dem Ergebnis, dass vor allem Market Neutral und Global Macro die größten Tendenzen zur Normalverteilung aufweisen und es große Unterschiede bei den jeweiligen Strategien gibt. Ranaldo und Favre (2005) finden in ihrer Untersuchung der HFR-Subindizes keine Hinweise auf eine Normalverteilung (bei gleichem Signifikanzniveau). Hingegen findet Benedetti (2004) in seiner Analyse normalverteilte Renditen bei einem Konfidenzintervall von 99 Prozent im Global Macro Index von HFR. Bei den Subindizes von CS kann Pérez (2004) nachweisen, dass bis auf den Equity Market Neutral Index die These von einer Normalverteilung (bei 95-Prozent-Konfidenzintervall) abzulehnen ist.

191 Vgl. Jarque und Bera (1987), S. 168.

	Min	Max	Med	MW	Dif	# NV
Composite	0,37	2,69	2,36	1,87	2,33	9
Convertible Arbitrage	1,33	13,35	6,15	6,69	12,02	10
Distressed Securities	0,13	90,75	0,67	12,89	90,62	8
Event Driven	4,21	35,01	7,37	10,93	30,80	9
Emerging Markets	0,60	4,84	3,44	3,07	4,23	9
Fixed Income	0,34	84,20	6,00	18,75	83,85	9
Fund-of-Funds	1,01	6,14	1,41	2,20	5,12	7
Global Macro	0,17	7,20	1,29	1,82	7,03	10
Long/Short Equity	0,39	2,98	2,01	1,89	2,59	10
Merger Arbitrage	5,31	43,08	20,76	22,02	37,77	8
Market Neutral	0,52	17,44	3,28	5,46	16,92	9
Multi Strategy	0,35	3,48	1,07	1,72	3,14	5
Short Selling	0,37	10,47	1,15	2,67	10,10	7

Beobachtungszeitraum: Januar 2001 bis Dezember 2005.

Tab. 14: Analyse des Jarque-Bera-Test auf Hedgefondsindizes

Das Fehlen einer Normalverteilung bei den Renditen von Hedgefonds hat einen direkten Einfluss auf traditionelle Portfoliooptimierungstechniken im Mittelwert-Varianz-Rahmen. Wie Krokhmal, Uryasev und Zrazhevsky (2002) sowie Signer und Favre (2002) zeigen, führt die Annahme über eine Normalverteilung von Hedgefondsrenditen zu Portfolios mit einem erhöhten Risikoniveau. In Folge dessen ergeben sich nach Fung und Hsieh (1997) sowie Cvitanic, Lazrak, Martellini und Zapatero (2003) durch Optimierungen auf Basis des Mean-Variance-Ansatzes überhöhte „optimale" Hedgefondsquoten. Abhilfe können hier Portfoliooptimierungstechniken unter Berücksichtigung von höheren Momenten der Renditeverteilung schaffen. In diesem Kontext können Heidorn, Kaiser und Muschiol (2007) nachweisen, dass die Verwendung des Mittelwert-Varianz-Ansatzes bei Hedgefonds auch zu falschen Allokationen auf der Strategieebene führt.[192]

[192] Eine Berücksichtigung der vier verschiedenen Verteilungsmomente in einem dynamischen Rahmen mit einer Taylorreihenerweiterung wird von Jondeau und Rockinger (2005) eingeführt. Berényi (2002) verwendet eine Taylorreihenerweiterung einer Nutzenfunktion, wobei er den verschiedenen Verteilungsmomenten erwartete Nutzen zuordnet. Auch Jurczenko, Maille und Merlin (2005) verwenden eine Taylorreihen-Erweiterung der Investorenzielfunktion zur Optimierung eines Hedgefondsportfolios, merken aber an, dass mit ansteigender Dimensionalität eine Interpretation und eine optimale Portfolioselektion schwieriger werden. Kritik an der Verwendung dieses Verfahrens kommt ebenfalls von Cvitanic, Lazrak, Martellini und Zapatero (2003) hinsichtlich der Näherungswerteigenschaft. Sie kritisieren, dass die Qualität der Schätzung mit der Anzahl betrachteter Momente sinkt. Um die Investorenpräferenzen zu berücksichtigen, verwenden Jurczenko, Maille und Merlin (2005) eine Abstandfunktion. Wie Bacmann und Bosshard (2006) betonen, sind Nutzenfunktionen nicht praxisnah, da es schwierig ist, die Nutzenfunktionen der einzelnen Investoren zu bestimmen. Nach Davies, Kat und Lu (2004) würden negative exponentielle Nutzenfunktionen auf eine konstante absolute Risikoaversion hinweisen, die nicht realistisch sei. Gleichzeitig stellen Hedgefondsinvestoren hauptsächlich „High Net Worth"-Investoren und institutionelle Investoren dar, deren Präferenzprofile sehr heterogen sind und nur schwer in einer einzelnen Nutzenfunktion abgebildet werden können. Lamm (2006) hingegen argumentiert, dass die Optimierung auf Basis von Nutzenfunktionen transparent und intuitiv ist. Tayi und Leonard (1988) führen das Polynomial Goal Programming (PGP) als weitere Methode zur Portfoliooptimierung ein. Lai (1991) verwendet ein Multi-Objective-Portfolio-Modell, um

3.5 Sharpe Ratio

3.5.1 Basis Sharpe Ratio

Die Sharpe Ratio wird auch als „Return-to-Variability-Ratio" bezeichnet. Sie bildet das Verhältnis zwischen der Risikoprämie des untersuchten Titels und dessen Gesamtrisiko, dargestellt als Standardabweichung, ab:[193]

$$S_p = \frac{\overline{R_p} - R_f}{\sigma_p} \tag{9}$$

mit

S_p : Sharpe Ratio des untersuchten Portfolios p,

$\overline{R_p}$: Mittelwert der Rendite des Portfolios p,

R_f : Rendite einer risikolosen Anlage,

σ_p : Standardabweichung der Rendite des Portfolios p.

Da die Sharpe Ratio ein relatives Risikomaß ist, kann mit ihr ein Ranking unterschiedlicher Anlageoptionen vorgenommen werden.[194] Grafisch entspricht sie der Steigung der Kapitalmarktlinie. Zur Berechnung der Sharpe Ratios der einzelnen Hedgefondsstrategieindizes wurde ein konstanter risikoloser Zinssatz von 2 Prozent verwendet (siehe Tabelle 15). Die durchschnittlich attraktivsten risikoadjustierten Renditeergebnisse besitzen die Strategien Distressed Securities (2,78) und Fixed Income Arbitrage (3,00). Bei den Strategien Short Selling (0,13) und Merger Arbitrage (0,72) fallen die Sharpe Ratios am geringsten aus. Große Differenzen lassen sich innerhalb der verschiedenen Strategien zwischen den einzelnen Datenbanken feststellen. Besonders hoch sind die Differenzen bei den Strategien Fixed Income Arbitrage (4,16), Global Macro (2,92), Market Neutral (1,95) und Multi Strategy (2,82). Die größte Anzahl (fünf) von „maximalen Sharpe Ratios" innerhalb einer der 13 betrachteten Strategien weist der Index von Eurekahedge auf. Die einzige Strategie, bei der negative Sharpe Ratios existieren, ist Short Selling, wobei nur die Datenbanken von Altvest und HFR hier über einen positiven Wert verfügen. Generell besitzen aber die Mehrzahl der Hedgefondsstrategien eine höhere Sharpe Ratio als die traditionellen Indizes, wie z.B. S&P 500 oder

die Schiefe der Renditeverteilung in die Portfolioselektion mit einzubeziehen. Wang und Xia (2002), Prakash, Chang und Pactwa (2003), Sun und Yan (2003) untersuchen den Nutzen der PGP-Methode für die Portfolioselektion. Davies, Kat und Lu (2004), Anson, Ho und Silberstein (2005) wenden die PGP-Methode erstmals bei Hedgefonds an. Berényi (2005) verwendet die PGP-Methode, um eine Auswahl von Mittelwert-Varianz-Schiefe-Kurtosis-effizienten Dachhedgefonds zu bestimmen. Johanning, Proelss, Rosenbusch und Schweizer (2006) führen reale Investorenpräferenzen in den PGP-Rahmen ein und bilden optimale Dachhedgefondsportfolios auf Basis einzelner Hedgefondsstrategien.

193 Vgl. Sharpe (1966), S. 123.

194 Vgl. Fischer (2001), S. 271.

der Lehman Brothers Government Bond Index. Allerdings fallen die Sharpe Ratios in „Krisenzeiten" deutlich schlechter aus als in normalen Jahren.

Aufgrund der verschiedenen alternativen, risikolosen Zinssätze ist es schwierig, in der Literatur vergleichbare Aussagen über die Sharpe Ratios zu finden. Amin und Kat (2003b) verwenden beispielsweise den variablen Drei-Monats US-Dollar Libor als risikolosen Zinssatz und weisen so nur für die Strategie Market Neutral eine Sharpe Ratio über eins auf. Alle anderen von ihnen untersuchten Strategien besitzen Sharpe Ratios zwischen Null und Eins.[195] Eine negative Sharpe Ratio bei der Strategie Short Selling konnte auch von Jaeger (2004) in den Datenbanken von CS und HFR ermittelt werden. Brooks und Kat (2002) beobachten über alle von ihnen beobachteten Datenbanken hinweg hohe Sharpe Ratios (größer eins) für die Market Neutral, Convertible Arbitrage und Merger Arbitrage Strategien. Am schlechtesten schnitt in dieser Untersuchung die Emerging Markets Strategie ab (Sharpe Ratios zwischen -0,07 und 1,27). Hierbei ist zu erwähnen, dass sowohl bei Jaeger (2004) als auch bei Brooks und Kat (2002) keine Angaben über die Art und Höhe der verwendeten risikolosen Zinssätze zu finden sind. Einen risikolosen Zinssatz von 5 Prozent verwenden Agarwal und Naik (2000a) und kommen zu dem Ergebnis, dass Market Neutral die höchste und Long/Short Equity die geringste Sharpe Ratio aufweisen.[196] Ebenfalls eine negative Sharpe Ratio von Short Selling identifizierten Malkiel und Saha (2005) sowie Schneeweis und Martin (2001) für die TASS und respektive die EACM-Datenbank.

	Min	Max	Med	MW	Dif
Composite	1,04	2,38	1,47	1,50	1,35
Convertible Arbitrage	0,94	2,78	1,23	1,44	1,84
Distressed Securities	2,34	3,18	2,83	2,78	0,84
Event Driven	1,44	2,15	1,65	1,70	0,70
Emerging Markets	1,20	1,93	1,65	1,61	0,72
Fixed Income	1,38	5,54	2,75	3,00	4,16
Fund-of-Funds	0,95	1,60	1,23	1,28	0,65
Global Macro	0,53	3,45	1,39	1,50	2,92
Long/Short Equity	0,25	1,55	0,83	0,90	1,30
Merger Arbitrage	0,48	1,09	0,71	0,72	0,61
Market Neutral	0,92	2,86	2,28	1,98	1,95
Multi Strategy	0,77	3,59	2,24	2,12	2,82
Short Selling	-0,39	1,36	-0,01	0,11	1,75

Beobachtungszeitraum: Januar 2001 bis Dezember 2005.

Tab. 15: Analyse der Sharpe Ratio (2%) von Hedgefondsindizes

195 Die Short Selling-Strategieindizes wurden nicht untersucht.

196 Short Selling war mit einem Sharpe Ratio von 0,01 die zweitschlechteste Strategie. Sie betrachten allerdings die HFR-Datenbank zwischen 1994 und 1998, so dass es zu Unterschieden mit den hier veröffentlichten Ergebnissen kommen kann. Vgl. Agarwal und Naik (2000a), S. 21.

Capocci und Hübner (2004) kommen zu dem Ergebnis, dass über die Stichprobenperiode von 1984 bis 2000 die durchschnittliche Sharpe Ratio aller Hedgefonds (0,16) geringer ausfällt als jene des S&P 500 Aktienindex (0,32), aber höher liegt als die Sharpe Ratio des MSCI Weltmarktindex (0,10). Die Studien von Liang (1999) und Ackermann, McEnally und Ravenscraft (1999) hingegen dokumentieren, dass die durchschnittlichen Sharpe Ratios von Hedgefonds geringer ausfallen als die von US-amerikanischen Marktindizes, aber höher sind als die von Investmentfonds. Für die Aktienmarkthausse in den 1990er Jahren weisen Liang (2001) sowie Edwards und Gaon (2003) allerdings höhere Sharpe Ratios als gängige Marktindizes auf.

Die Tatsache, dass durch die Verwendung von Monatsrenditen die Volatilität positiv verzerrt ist (denn je größer die Zeitintervalle zwischen den Beobachtungen, desto niedriger ist die spezifische Standardabweichung), stellt einen Nachteil für die Aussagekraft der Sharpe Ratio dar.[197] Da Hedgefonds in der Regel nur monatlich an die Datenbanken berichten, fällt die Volatilität somit geringer aus. Eine „Entglättung" könnte hierbei zu abweichenden Ergebnissen, d.h. zu einer für Hedgefonds schlechteren Sharpe Ratio, führen (De-Smoothing).[198] Des Weiteren stellt die Bewertung von illiquiden Positionen in den Portfolios von Hedgefonds ein zusätzliches Problem dar. Denn diese senken die Volatilität und erhöhen implizit die Sharpe Ratio. Ein Kritikpunkt an der Sharpe Ratio ist, dass neben negativen „Ausreißern" auch positive die Performance schmälern, da sie eine höhere Standardabweichung bewirken. Will man in der Analyse allein das Verlustrisiko bemessen, so muss man sich den Kennzahlen mit asymmetrischen Risikomaßen zuwenden. Bei der Anwendung auf Hedgefonds besteht bei der Sharpe Ratio das Problem, dass sie die höheren Momente der Verteilung nicht miteinbezieht, was der Annahme von Normalverteilung unterstellt.[199] Dies ist, wie in Abschnitt 3.4 dargestellt, bei Hedgefonds nicht gerechtfertigt. Die Gefahr ist folglich, dass das Risiko unterschätzt wird. Zu beachten ist auch, dass das Risikomaß σ_p das systematische und das unsystematische Risiko erfasst. Da das unsystematische Risiko bei einer Portfoliobildung diversifiziert werden kann, ist die Sharpe Ratio theoretisch nur für die Analyse einer eigenständigen Anlage geeignet. Für die Analyse eines Fonds bezüglich der Aufnahme in ein Portfolio ist das unsystematische Risiko irrelevant. In diesem Fall bietet sich prinzipiell die Verwendung der Treynor Ratio an. Bei diesem Maß wird die Überschussrendite anstelle der Standardabweichung mit dem Betafaktor[200] des Portfolios relativiert und somit allein das systematische Risiko erfasst. Die Treynor Ratio berechnet sich nach folgender Formel:[201]

---

197 Vgl. Spurgin (2001), S. 43.

198 Trotz oder gerade wegen dieser positiven Verzerrungen, wird die Sharpe Ratio von den Datenbankanbietern und Produktanbietern verwendet. Vgl. Brooks und Kat (2002), S 40.

199 Nach Kat (2004) existiert ein Trade-off zwischen Schiefe und Sharpe Ratio: Hohe Sharpe Ratios müssen mit schlechten Werten bei Schiefe und Wölbung bezahlt werden. Vgl. Kat (2004), S. 102.

200 Der Betafaktor stellt die Kennzahl für das mit einer Investitions- oder Finanzierungsmaßnahme übernommene systematische Risiko (auch Marktrisiko genannt) dar.

201 Vgl. Treynor (1965), S. 74.

$$T_p = \frac{\overline{R_p} - R_f}{\beta_p} \tag{10}$$

mit

T_p : Treynor Ratio des untersuchten Portfolios p,

$\overline{R_p}$: Mittelwert der Rendite des Portfolios p,

R_f : Rendite der risikolosen Anlage,

R_b : Rendite der Benchmark,

$\beta_p = \frac{Cov(R_p, R_b)}{\sigma_b^{\ 2}}$: Betafaktor des Portfolios p.

Die Treynor Ratio entspricht analog zur Sharpe Ratio der Steigung der Wertpapierlinie.[202] Die Herausforderung bei der Verwendung der Treynor Ratio ist die Suche nach einer geeigneten Benchmark oder einem Marktindex, gegen den die Überschussrendite regressiert wird. Die bei der Regression ermittelten Betas hängen stark von der Wahl dieses Indexes ab und reagieren überaus sensibel auf eine Veränderung der Bewertungsquellen. Bei der Anwendung auf Hedgefonds ergibt sich das Problem, dass das Beta per se ein wenig geeignetes Risikomaß für diese Anlageklasse ist. Zwar unterliegen Hedgefonds wie traditionelle Anlageklassen einem systematischem Risiko, doch durch den Einsatz von Derivaten, das Eingehen von Long- und Shortpositionen und die Aufnahme von Fremdkapital ergibt sich eine optionsartige Renditestruktur, die sich von der traditioneller Investmentfonds mit einer „Buy and Hold"-Strategie stark unterscheidet.[203] Eine Regressionsanalyse bemisst nun allein den linearen Zusammenhang. Da die Beziehung bei Hedgefonds auch nicht linear sein kann, wird das systematische Risiko unterschätzt.[204]

3.5.2 Modifizierte Sharpe Ratios

3.5.2.1 Sortino Ratio

Die Sortino Ratio stellt eine weitere Abwandlung der Sharpe Ratio dar. Dabei wird als Risikomaß anstelle der Standardabweichung die Downside Deviation (DD) verwendet. Bei dieser werden nur die Abweichungen unterhalb einer bestimmten Schwelle $R_{\min}$ berücksichtigt. Für das Performancemaß gilt:[205]

---

202 Vgl. Amenc und Le Sourd (2003), S. 108.

203 Vgl. Fung und Hsieh (2004a), S. 19.

204 Die Treynor Ratio bleibt daher in erster Linie für Marketingzwecke eines Hedgefonds interessant: Ein niedriges Beta ist für institutionelle Investoren von Bedeutung, da für sie eine niedrige Korrelation zu der allgemeinen Marktentwicklung ein primärer Investitionsgrund ist.

205 Vgl. Sortino und Price (1994), S. 61.

$$Sor_p = \frac{\overline{R_p} - R_{\min}}{DD_{R_{\min}}} \tag{11}$$

mit

Sor_p : Sortino Ratio des untersuchten Portfolios p,

$\overline{R_p}$: Mittelwert der Rendite des Portfolios p,

$R_{\min}$: Gewinnschwelle,[206]

$DD_{R_{\min}} = \sqrt{\frac{1}{T} * \sum_{t=1}^{T} \left(\max(0, R_{\min} - R_t^p)\right)^2}$,

R_t^p : Fondsrendite in Periode t.

R_{min} ist die subjektive Gewinnschwelle eines Investors. Erträge unterhalb dieser Schwelle (z.B. risikoloser Zinssatz) empfindet der Investor als Verlust, Werte darüber als Gewinn. Bei der Verwendung der Sortino Ratio wendet man sich vom klassischen Mittelwert-Varianz-Universum ab und dem Mittelwert-Downside-Deviation-Framework zu. Durch diese Fokussierung auf die linke Seite des Erwartungswertes berücksichtigt die Sortino Ratio die Schiefe der Renditeverteilung und eignet sich daher gut für die Anwendung auf Hedgefonds.[207] Die höchsten Sortino Ratios weisen die Strategien Fixed Income Arbitrage (128,05), Global Macro (13,59) und Multi Strategy (12,53) auf (siehe Tabelle 16). Die Strategie Short Selling verfügt über die schlechteste Sortino Ratio (-0,53) und fällt ebenso wie die Sharpe Ratio mit Ausnahme von Altvest bei allen Datenbankanbietern negativ aus. Besonders hoch sind die Differenzen bei den Strategien Fixed Income Arbitrage (125,84), Global Macro (12,65) und Multi Strategy (11,29). Die geringste Heterogenität ließ sich bei der Strategie Merger Arbitrage feststellen. Über die Sortino Ratio gibt es in der Literatur wenige empirische Untersuchungen. Black (2004) untersuchte verschiedene Subindizes der CS-Datenbank und gelangt zu nahezu identischen Ergebnissen bezüglich der Reihenfolge der Sortino Ratios. Die Studie von Füss, Rehkugler und Disch (2005a) deutet darauf hin, dass unter Verwendung der Sortino Ratio der CS Hedgefondsindex die klassischen Aktien- und Rentenindizes deutlich dominiert.

Zusätzlich zu den bereits bei der Sharpe Ratio genannten Nachteilen stellt insbesondere die nahezu willkürliche Wahl eines Mindest- bzw. Grenzzinssatzes ein Problem dar. Wird dieser zu niedrig angenommen, führt dies dazu, dass das Risiko unterschätzt wird und vice versa. Bei der Analyse eines Fonds mittels der Sortino Ratio ist daher die Berechnung der Kennzahl

---

206 Auch Minimum Acceptable Return (MAR) oder Threshold genannt.

207 Dementsprechend müsste bei normalverteilten Renditen und gleicher Mindestverzinsung die Sharpe Ratio halb so groß sein wie die Sortino Ratio.

über ein Intervall und nicht nur über einen einzelnen Wert R_{min} sinnvoll, da dies Aufschluss über die Sensitivität des Maßes zu R_{min} gibt.[208]

	Min	Max	Med	MW	Dif
Composite	1,72	5,89	2,73	2,97	4,17
Convertible Arbitrage	1,44	7,56	2,09	2,79	6,12
Distressed Securities	4,36	11,62	8,41	7,98	7,25
Event Driven	2,44	3,98	2,82	3,02	1,55
Emerging Markets	2,00	3,64	2,98	2,97	1,63
Fixed Income	2,20	128,05	7,13	21,73	125,84
Fund-of-Funds	1,55	3,09	2,38	2,36	1,54
Global Macro	0,94	13,59	2,84	3,88	12,65
Long/Short Equity	0,36	2,98	1,39	1,55	2,62
Merger Arbitrage	0,62	1,82	1,03	1,05	1,20
Market Neutral	1,41	11,94	4,72	4,97	10,52
Multi Strategy	1,24	12,53	5,42	5,70	11,29
Short Selling	-0,53	2,42	-0,01	0,26	2,95

Beobachtungszeitraum: Januar 2001 bis Dezember 2005.

Tab. 16: Analyse der Sortino Ratios (2%) von Hedgefondsindizes

3.5.2.2 Calmar Ratio

Bei der Calmar Ratio findet der Maximum Drawdown (MD) als Risikomaß Verwendung. Unter Maximum Drawdown versteht man den maximalen Wertverlust vom Hochpunkt im Beobachtungszeitraum. Man kann ihn als jenen Verlust interpretieren, den ein Investor maximal überstehen können muss, bis wieder eine positive Rendite erreicht wird. Die Calmar Ratio entspricht eher den Ansprüchen eines risikoaversen Investors, da sie als Risikomaß aufgrund eines länger als drei Jahren zurückliegenden Betrachtungshorizont auch höhere Kursverluste berücksichtigt und somit stärker ein Worst-Case-Szenario widerspiegelt. Diese konservative Sichtweise lässt allerdings die in der Zwischenzeit erzielten Lernkurveneffekte und die Sophistizierung der Handels- und Risikosysteme außer Acht. Für die Berechnung gilt folgende Formel:[209]

$$Cal_p = \frac{\overline{R_p}}{MD} \tag{12}$$

mit

Cal_p : Calmar Ratio des untersuchten Portfolios p,

$\overline{R_p}$: Mittelwert der Rendite des Portfolios p,

---

208 Vgl. Amenc, Malaise, Martellini und Vaissié (2004), S. 22.

209 Vgl. Magdon-Ismail und Atiya (2004), S. 99.

$$\mathrm{MD} = \left[\mathrm{Min}\left(\frac{NAV_{t+1}}{NAV_t} \right) - 1 \right] * 100,$$

NAV_t : Nettoinventarwert des untersuchten Fonds in Periode t.

Die Ausprägungen der Calmar Ratios sind ähnlich zu den Ergebnissen der Sortino Ratios, die ebenfalls das Verlustrisiko über die Gesamtlaufzeit betrachten.

	Min	Max	Med	MW	Dif
Composite	1,10	5,41	2,08	2,58	4,31
Convertible Arbitrage	0,74	5,78	0,84	1,71	5,04
Distressed Securities	1,64	5,02	3,43	3,40	3,38
Event Driven	1,14	2,00	1,62	1,59	0,86
Emerging Markets	0,99	2,89	1,87	1,96	1,90
Fixed Income	1,49	29,10	5,54	8,24	27,61
Fund-of-Funds	1,11	3,44	2,34	2,31	2,33
Global Macro	0,62	11,06	2,25	2,80	10,44
Long/Short Equity	0,24	1,94	0,97	1,08	1,70
Merger Arbitrage	0,65	2,10	1,33	1,32	1,45
Market Neutral	1,54	13,02	4,13	5,04	11,48
Multi Strategy	0,56	11,53	4,13	4,90	10,97
Short Selling	-0,09	1,67	0,07	0,27	1,76

Beobachtungszeitraum: Januar 2001 bis Dezember 2005.

Tab. 17: Analyse der Calmar Ratios von Hedgefondsindizes

Die Strategien Fixed Income Arbitrage (8,24), Equity Market Neutral (5,04) und Multi Strategy (4,90) besitzen die höchsten Calmar Ratios (siehe Tabelle 17). Die Strategie Short Selling verfügt über die schlechteste Calmar Ratio (0,27), fällt aber im Gegensatz zu Sharpe Ratio und Sortino Ratio nicht negativ aus. Große Unterschiede zwischen den einzelnen Datenbanken hinsichtlich der Calmar Ratios existieren bei den Strategien Fixed Income (27,61), Market Neutral (11,48), Multi Strategy (10,97) und Global Macro (10,44), die geringsten bei den Strategien Event Driven (0,86) und Merger Arbitrage (1,45).

3.5.2.3 Sterling Ratio

Bei der Sterling Ratio fließt analog zur Calmar Ratio ebenfalls der Maximum Drawdown in die Berechnung mit ein. Bei der Sterling Ratio wird allerdings ein um 10% höherer Maximum Drawdown unterstellt, um dem betrachteten Investment ein höheres Risiko zuzuweisen als dies historisch der Fall war:[210]

---

210 Vgl. Amenc, Malaise, Martellini und Vaissié (2004), S. 21 oder Heidorn, Hoppe und Kaiser (2006b), S. 566.

$$Ster_p = \frac{\overline{R_p}}{MD - 10\%} \tag{13}$$

mit

$Ster_p$: Sterling Ratio des untersuchten Portfolios p,

$\overline{R_p}$: Mittelwert der Rendite des Portfolios p,

$$\text{MD} = \left[\text{Min}\left(\frac{NAV_{t+1}}{NAV_t} \right) - 1 \right] * 100,$$

NAV_t : Nettoinventarwert des untersuchten Fonds in Periode t.

Der Fokus dieser Kennzahl richtet sich auf den Zeitraum der letzten drei Jahre und somit bleiben die davor erzielten Renditen und Risiken unberücksichtigt. Hierdurch werden negative Entwicklungen, wie beispielsweise die schon angesprochene Krise im Herbst 1998, in deren Verlauf etliche Hedgefondsindizes hohe Verluste erlitten, ausgeklammert. In Tabelle 18 wird ersichtlich, dass die besten risikoadjustierten Ergebnisse von anderen als den bisherigen Strategien geliefert werden. Die höchsten Sterling Ratios wurden mit den Strategien Distressed Securities (0,40) und Emerging Markets (0,33) erreicht.

Die Strategie Short Selling bleibt auch bei der isolierten Betrachtung der letzten drei Jahre mit einer negativen durchschnittlichen Sterling Ratio von -0,01 die schlechteste Strategie. Zwischen den einzelnen Datenbankanbietern besteht auch bei der Sterling Ratio eine hohe Heterogenität. Insbesondere bei den Strategien Short Selling (0,23), Fund-of-Funds (0,24) und Equity Market Neutral (0,24) existieren hohe Unterschiede hinsichtlich der Sterling Ratios zwischen den einzelnen Datenbanken. Die Strategien Distressed Securities (0,06) und Event Driven (0,08) weisen die geringste Heterogenität auf. Bei Eling und Schuhmacher (2005) sind für den Zeitraum von Januar 1994 bis Dezember 2003 die Sterling Ratios der Strategien Market Neutral, Distressed Securities, Merger Arbitrage und Convertible Arbitrage auf Basis der Indizes von CS am höchsten.[211] Hinsichtlich der Anwendung im Hedgefondsuniversum gibt es für die Calmar sowie die Sterling Ratio wenig Bedenken, da hier keine Annahme über die Verteilung der untersuchten Renditezeitreihe getroffen wird.[212]

---

211 Vgl. Eling und Schuhmacher (2005), S. 41-43.

212 Bei der Berechnung der Durchschnittsrendite sind einerseits die Vernachlässigung der risikofrei zu erzielenden Kapitalanlage und andererseits die willkürliche Reduzierung des bereits durch die Durchschnittsbildung verringerten maximalen Drawdowns um zehn Prozent kritisch anzumerken, was ebenfalls zu einer positiven Verzerrung der Kennzahl führt.

	Min	Max	Med	MW	Dif
Composite	0,17	0,28	0,24	0,24	0,11
Convertible Arbitrage	0,04	0,15	0,06	0,08	0,11
Distressed Securities	0,36	0,42	0,40	0,40	0,06
Event Driven	0,26	0,34	0,29	0,29	0,08
Emerging Markets	0,27	0,40	0,33	0,33	0,12
Fixed Income	0,00	0,23	0,16	0,15	0,23
Fund-of-Funds	0,00	0,24	0,18	0,17	0,24
Global Macro	0,12	0,26	0,19	0,19	0,14
Long/Short Equity	0,15	0,28	0,21	0,21	0,13
Merger Arbitrage	0,10	0,15	0,13	0,13	0,05
Market Neutral	0,08	0,32	0,15	0,16	0,24
Multi Strategy	0,17	0,32	0,21	0,22	0,16
Short Selling	-0,07	0,23	-0,05	-0,01	0,30

Beobachtungszeitraum: Januar 2001 bis Dezember 2005.

Tab. 18: Analyse der Sterling Ratios von Hedgefondsindizes

3.6 Omega

Das Omega-Maß nach Keating und Shadwick (2002) ist eine moderne Kennzahl, die insbesondere in Hinblick auf die Bedürfnisse der Hedgefondsindustrie entwickelt wurde. Entsprechend den Anforderungen bezieht es die höheren Momente einer Verteilung mit ein. Das Maß ist eine Funktion der individuellen, erwarteten Gewinnschwelle R_{min} eines Investors und verlangt nach keinen Annahmen über die Verteilung. Bei der Omega Ratio wird ein Mindestrendite R_{min} festgelegt, die die Renditeverteilung in zwei Teile unterteilt. Hierbei gelten Renditen unterhalb dieser Mindestrendite als Verluste und Renditen oberhalb als Gewinne. Omega definiert das Verhältnis der Gewinne zu Verlusten, wobei sowohl Gewinne als auch Verluste mit ihrer Eintrittswahrscheinlichkeit gewichtet sind. Für Omega gilt:[213]

$$\Omega(R_{\min}) = \frac{I_2(R_{\min})}{I_1(R_{\min})} \tag{14}$$

mit

$\Omega(R_{\min})$: Omega-Maß, relativ zu R_{min},

$I_1(R_{\min}) = \int_a^{R_{\min}} F(x)dx$,

$I_2(R_{\min}) = \int_{R_{\min}}^{b} (1 - F(x))dx$,

213 Vgl. Keating und Shadwick (2002), S. 61.

R_{min}: Gewinnschwelle,

a, b : Unter- und Obergrenze der Renditeverteilung.

F(x) entspricht der Verteilungsfunktion der Rendite des Fonds. Das Omega entspricht daher dem Verhältnis der wahrscheinlichkeitsgewichteten Gewinne zu den wahrscheinlichkeits-gewichteten Verlusten bezogen auf einen Threshold R_{min}. Es bemisst die Qualität eines Investments mit dem Kriterium, zumindest eine Rendite R_{min} zu generieren. Das Omega-Maß ist demnach der Quotient zweier kumulierter Verteilungsfunktionen und gibt an, wie hoch für eine vorgegebene Zielrendite die Überschusschancen pro Einheit Shortfallrisiko sind.[214] Das Omega-Maß bildet auf diese Weise auch die höheren Momente der zugrunde liegenden Renditeverteilung ab. Grundsätzlich ist, unabhängig von der Höhe der Mindestrendite, dem Investment mit höherem Omega der Vortritt zu geben, da hier das eingegangene Risiko höher entlohnt wird.[215]

	Min	Max	Med	MW	Dif
Composite	2,00	4,71	2,66	2,84	2,70
Convertible Arbitrage	1,95	6,84	2,42	2,96	4,88
Distressed Securities	4,95	9,68	7,52	7,25	4,73
Event Driven	2,76	4,39	3,12	3,30	1,63
Emerging Markets	2,34	3,43	2,87	2,88	1,09
Fixed Income	2,55	170,41	7,26	27,00	167,85
Fund-of-Funds	2,03	3,00	2,50	2,48	0,97
Global Macro	1,51	11,32	2,68	3,53	9,81
Long/Short Equity	1,22	2,75	1,78	1,92	1,53
Merger Arbitrage	1,46	2,34	1,71	1,75	0,87
Market Neutral	1,90	9,56	4,79	4,79	7,66
Multi Strategy	2,95	11,92	10,00	9,03	8,96
Short Selling	0,00	2,53	1,02	0,85	2,53

Beobachtungszeitraum: Januar 2001 bis Dezember 2005.

Tab. 19: Analyse der Omega-Maße (2%) von Hedgefondsindizes

Zur Beurteilung eines Investments bietet es sich an, das Omega-Maß über ein Intervall von R_{min} zu berechnen, um auch die Sensitivität des Maßes zur Wahl der R_{min} erfassen zu können.[216] Die resultierende Omega-Funktion ist monoton fallend.[217] Sie nimmt den Wert eins dort an, wo R_{min} gleich $E(R_p)$ ist. Jenes Portfolio, welches eine flachere Kurve aufweist, ist zudem das riskantere.[218] Wie von Keating und Shadwick (2002) beschrieben, ist die Omega-Funktion äquivalent zur Renditeverteilung. Zu beachten ist auch die Eigenschaft der Funktion

214 Vgl. Bessler, Drobetz und Henn (2005), S. 38.
215 Vgl. Bacmann und Scholz (2003), S. 27.
216 Vgl. Albrecht und Klett (2004), S. 8.
217 Vgl. Gawron und Scholz (2006), S. 296 sowie Cascon, Keating und Shadwick (2003), S. 2.
218 Vgl. Favre-Bulle und Pache (2003), S. 16.

im Bereich Omega kleiner als eins. Hier bewirkt eine größere Volatilität eine höhere Performance, was auf Anwender meist irrational wirkt. Für Investoren ist diese Eigenschaft aber für gewöhnlich belanglos, da ihre Gewinnschwelle in den meisten Fällen unterhalb des Erwartungswertes eines Fonds liegt.[219]

Die Strategien Fixed Income Arbitrage (7,26), Multi Strategy (10,00), Distressed Securities (7,52) und Market Neutral (4,79) sind hinsichtlich einer Untersuchung nach dem Median der Omega (siehe Tabelle 19) am vorteilhaftesten. Ebenso wie bei den bisher betrachteten Ratios bestehen die größten Differenzen bei den Strategien Fixed Income Arbitrage (167,85), Global Macro (9,81), Multi Strategy (8,96) und Equity Market Neutral (7,66). Während die maximalen Omega-Maße sich relativ häufig bei dem Indexanbieter Eurekahedge konzentrieren, stammt die Mehrzahl der minimalen Werte von der Hennessee-Datenbank.[220] Ein Vergleich der Ergebnisse von Omega- und der Sharpe Ratio-Kalkulationen lässt bei einigen Strategieindizes signifikante Divergenzen zwischen den beiden Kennzahlen und somit auch zwischen deren Beurteilungen sowie Schlussfolgerungen bezüglich einer Investmententscheidung erkennen. Der Grund für diese Unterschiede liegt in der Existenz von Schiefe und Wölbung.

3.7 Value at Risk

Im Kontext der Portfolioselektion wurde bereits von Markowitz (1952) die Verwendung der Standardabweichung zur Risikomessung von Wertpapieren vorgeschlagen[221] und ist seither eine in der Investmentpraxis anerkannte Risikomaßzahl. Darüber hinaus sind Investoren auch an der Wahrscheinlichkeit und möglichen Ausprägung des ungünstigsten Anlageergebnisses interessiert.[222] Value at Risk ist eine Kennzahl, welche diese Risikovorstellung über einen bestimmten Zeithorizont berücksichtigt und das Downside-Risiko einer Anlage, also den maximalen Verlust, der nur mit einer niedrigen vorspezifizierten Wahrscheinlichkeit überschritten wird, angibt.[223] Die Quantifizierung des Value at Risk (VaR) kann sowohl über die empirische Renditeverteilung als auch ausgehend von der theoretischen Verteilungsannahme erfolgen. Der VaR ist ein nominelles Maß für das potenzielle Verlustrisiko, das ein Investor trägt. Es stellt jenen Verlust dar, den der untersuchte Fonds mit einer Wahrscheinlichkeit von *(1-α)* nicht überschreitet. Analytisch berechnet man den VaR wie folgt:

$$VaR_{(1-\alpha)} = \left(E(R_p) - z_c * \sigma_p\right) * W_p \qquad (15)$$

mit

[219] Vgl. Schneeweiss, Kazemi und Gupta (2004), S. 13.
[220] Auch Pérez (2004) und Eling und Schuhmacher (2005) vergleichen die Omega verschiedener Indizes der CS Datenbank und gelangen zu einer ähnlichen Reihenfolge der einzelnen Strategien wie diese Arbeit.
[221] Vgl. Markowitz (1952), S. 91.
[222] Vgl. Blum, Dacorogna und Jaeger (2003), S. 2.
[223] Vgl. Jorion (2003), S. 246.

$E(R_p)$: Erwartungswert der Portfoliorendite,

σ_p : Standardabweichung der Rendite des Portfolios p,

z_c : Quantil der Normalverteilung bei der Wahrscheinlichkeit α,

W_p : Wert des Portfolios p.

Ist der Erwartungswert gleich Null oder sehr gering, entspricht der VaR de facto einem Vielfachen der Standardabweichung. Eine Portfoliooptimierung würde dasselbe Ergebnis bringen wie bei Verwendung der Sharpe Ratio.[224] Wenn die Renditen einer Normalverteilung folgen, entspricht der VaR der Durchschnittsrendite abzüglich eines Vielfachen der Volatilität (z.B. für ein Konfidenzniveau von 99 Prozent, entpricht der VaR der Durchschnittsrendite abzüglich seiner 2,33-fachen Standardabweichung).[225] Für Hedgefonds ist diese Berechnungsmethode ungenügend, weil sie wiederum von einer Normalverteilung ausgeht. Einen pragmatischen Ansatz, die Berechnung an die spezifischen Charakteristika der Renditeverteilung anzupassen, bildet die Zuhilfenahme der Cornish-Fisher-Erweiterung.[226] Diese adjustiert z_c gemäß den höheren Momenten der Verteilung:

$$z_{cf} = z_c + \frac{1}{6} * (z_c^2 - 1) * Sr + \frac{1}{24} * (z_c^3 - 3z_c) * Kr - \frac{1}{36} * (2z_c^3 - 5z_c) * Sr^2 \qquad (16)$$

mit:

z_{cf} : Mittels Cornish-Fisher-Erweiterung angepasstes Quantil,

z_c : Quantil der Normalverteilung,

Sr : die Schiefe der Renditeverteilung des untersuchten Fonds,

Kr : die Überschusswölbung des untersuchten Fonds.

Als Risikomaß ergibt sich folglich:

$$VaR_{1-\alpha}^{cf} = \left(E(R_p) - z_{cf} * \sigma_p\right) * W_p . \qquad (17)$$

Neben der analytischen Berechnung besteht auch die Möglichkeit den VaR historisch oder durch Simulation zu ermitteln. Bei einer historischen Herleitung des VaR wird die tatsächliche Renditezeitreihe zu Hilfe genommen und nach Höhe der Rendite sortiert. Der VaR(0,99) ist dann der Wert des investierten Vermögens mal jenem Renditewert, bei dem es nur 1 Prozent an Beobachtungen mit geringerer Rendite gibt. Allerdings wird eine hohe Anzahl an Datenpunkten benötigt um signifikante Ergebnisse zu erhalten. Bei Hedgefonds, bei denen eine

224 Vgl. Arzac und Bawa (1977), S. 280.
225 Vgl. Lhabitant (2007), S. 443.
226 Vgl. Cornish und Fisher (1937), S. 318.

monatliche Berechnung üblich ist, tritt diese Problematik verstärkt zu Tage.[227] Somit eignet sich für Hedgefonds insbesondere die Verwendung des Cornish Fisher-VaR. Durch die Berücksichtigung der höheren Momente erfüllt dieser ausgezeichnet die an eine Maßzahl für Hedgefonds gestellten Anforderungen.

Die Betrachtung der VaR-Werte in Tabelle 20 zeigt das heterogene Downside-Risiko der einzelnen Hedgefondsstrategien auf. Mit Ausnahme der Strategie Short Selling (-10,04 Prozent) des Datenbankanbieters CS weisen die einzelnen Indexstrategien bessere Downside-Risikoeigenschaften (VaR(0,99)) gegenüber dem S&P 500 (-10,01 Prozent) auf. Die Strategie Fixed Income Arbitrage zeigt dabei das geringste maximale Verlustpotenzial gegenüber den Hedgefondsstrategien und der Anlageklasse Aktien auf. Ihr maximaler Verlust, der in 99 Prozent aller Fälle nicht überschritten wird, beträgt, unter der Annahme normalverteilter Renditen, -1,36 Prozent des investierten Kapitals. Diese günstige Risikoposition wird mit geringer Abweichung auch durch den Schiefe- und Überschusswölbung-adjustierten VaR(0,99) CF ausgewiesen (-1,55 Prozent).

	VaR (0,99)					**VaR (0,99) CF**				
	Min	*Max*	*Med*	*MW*	*Dif*	*Min*	*Max*	*Med*	*MW*	*Dif*
Composite	-1,25%	-2,84%	-3,16%	-2,23%	1,59	-1,94%	-3,77%	-3,37%	-3,09%	1,83
Convertible Arbitrage	-0,74%	-2,35%	-2,45%	-1,75%	1,61	-1,50%	-3,63%	-3,00%	-2,81%	2,14
Distressed Securities	-1,54%	-2,10%	-2,99%	-1,84%	0,56	-2,43%	-5,19%	-2,87%	-3,14%	2,76
Event Driven	-1,88%	-3,17%	-3,21%	-2,41%	1,29	-3,16%	-5,19%	-4,02%	-4,07%	2,03
Emerging Markets	-2,86%	-6,37%	-5,27%	-4,40%	3,50	-4,02%	-9,04%	-5,78%	-6,23%	5,02
Fixed Income	-0,05%	-1,36%	-1,25%	-0,72%	1,30	-0,54%	-2,37%	-1,39%	-1,55%	1,83
Fund-of-Funds	-1,36%	-2,72%	-2,18%	-1,81%	1,36	-2,09%	-3,26%	-2,27%	-2,45%	1,17
Global Macro	-1,20%	-3,14%	-3,04%	-2,29%	1,94	-2,05%	-3,68%	-2,74%	-2,78%	1,64
Long/Short Equity	-1,85%	-4,39%	-3,71%	-3,20%	2,54	-2,37%	-5,15%	-3,90%	-3,98%	2,79
Merger Arbitrage	-1,12%	-1,95%	-2,01%	-1,63%	0,83	-1,82%	-3,05%	-2,73%	-2,64%	1,23
Market Neutral	-0,46%	-2,18%	-1,53%	-1,04%	1,71	-0,94%	-3,55%	-1,62%	-1,77%	2,61
Multi Strategy	-1,07%	-3,81%	-1,90%	-1,69%	2,74	-1,83%	-5,14%	-1,91%	-2,59%	3,31
Short Selling	-3,00%	-10,04%	-9,58%	-8,57%	7,04	-4,55%	-10,37%	-8,88%	-8,63%	5,82

Beobachtungszeitraum: Januar 2001 bis Dezember 2005.

Tab. 20: Analyse des Value at Risk von Hedgefondsindizes

Der Effekt der Cornish-Fisher-Expansion beruht darauf, dass der adjustierte VaR bei signifikant negativer Schiefe und Überschusswölbung im Vergleich zum VaR unter Normalverteilung steigt und umgekehrt bei positiver Schiefe und Überschusswölbung sinkt. Nach Adjustierung des VaR weisen alle Hedgefondsstrategien eine günstigere Risikoposition gegenüber

[227] Eine weitere Alternative bildet ein Value at Risk basierend auf der Monte-Carlo-Simulation oder auf Basis von GARCH-Modellen. Die Kritikpunkte an dieser Berechnung des VaR beziehen sich zum einen auf den hohen Rechenaufwand, der damit verbunden ist. Bezüglich der Anwendung auf Hedgefonds besteht zudem das Problem, dass sich die Risikofaktoren durch die optionsartige Renditestruktur nur schwer ermitteln lassen. Dadurch erhöht sich der Aufwand, um eine akkurate Simulation durchzuführen, erheblich. Vgl. Füss, Kaiser und Adams (2007).

dem S&P 500 auf. Der Grund hierfür liegt in der Berücksichtigung der positiven rechtsschiefen Renditeverteilung bei der Strategie Short Selling.[228]

3.8 Autokorrelation

Die detaillierte Beurteilung der im Rahmen der Persistenzanalyse erzielten Ergebnisse führt zu der Frage nach der Validität der verwendeten Monatsrenditen. Die zuvor verwendeten Kennzahlen wurden als gegeben und richtig erfasst gesehen und zwei aufeinander folgende positive Gewinne wurden als Nachhaltigkeitsbeweis interpretiert. Eine Untersuchung der Autokorrelation einer Betrachtungsreihe zielt zwar in eine ähnliche Richtung, basiert aber auf einer differierenden Erklärung. Da Hedgefonds das ihnen zur Verwaltung übertragene Kapital uneingeschränkt in jedes Finanzprodukt unabhängig ihrer Liquidität allokieren können, müssen sie teilweise bei der Bewertung insbesondere der infungiblen Fondsvermögensbestandteile auf Grund fehlender Marktpreise auf alternative Preisfeststellungsmethoden zurückgreifen.[229] Hierdurch kann es einerseits zu Fehlspezifikationen innerhalb der Modelle und daraus folgend zu positiv verzerrten Renditen kommen, andererseits kommt es zu einer Autokorrelation der veröffentlichten Monatsgewinne. Als eine normierte Form der Autokovarianzfunktion lässt sich die Autokorrelation erster Ordnung AC wie folgt berechnen:

$$AC = \frac{\sum_{t=2}^{T} (R_t - \overline{R}) * (R_{t-1} - \overline{R})}{\sum_{t=1}^{T} (R_t - \overline{R})^2} \qquad (18)$$

mit

R_t : Rendite im Monat t ($t = 1, ..., T$),

$\overline{R}$: Durchschnittliche Monatsrendite.

Hierbei ist die Autokorrelation als ein Gradmesser für die Abhängigkeit zwischen Beobachtungen einer Zeitreihe zu verstehen. Wird eine positive Autokorrelation ermittelt, lässt dies die Schlussfolgerung zu, dass mit hoher Wahrscheinlichkeit auf eine positive Rendite wieder eine positive folgt.[230] Eine negative Autokorrelation deutet demgegenüber auf die Wahrscheinlichkeit für einen Performancewechsel von positiv zu negativ hin.[231] Das Vorliegen von

---

228 Jedoch sollte dieses Ergebnis, auch wenn der unter Normalverteilungsannahme berechnete VaR nur minimal abweicht, mit Vorsicht betrachtet werden. Denn die Renditeverteilung weist im Vergleich zur Normalverteilung eine signifikant höhere Wahrscheinlichkeit negativer Renditerealisationen auf.

229 Hierbei nutzen sie entweder eigene Bewertungsmodelle, deren Parameter sie zumindestens bedingt variieren können, oder verwenden den zuletzt am Markt erzielten Preis. Letztere Möglichkeit kann als Basis für eine Extrapolation genutzt werden. Vgl. Kat (2002), S. 110.

230 Dieses deutet im Vergleich zur Persistenz auf ein prozentuales Übergewicht der Gewinner-Gewinner (GG) und somit Nachhaltigkeit hin.

231 Die statistische Signifikanz der Autokorrelation lässt sich mit Hilfe der Ljung-Box Teststatistik, die einer Chi-Quadrat-Verteilung folgt, überprüfen. Vgl. Ljung und Box (1978).

Autokorrelation verkörpert, aus statistischer Sicht, eine Verzerrung der Risikoparameter wie zum Beispiel der Standardabweichung. Die Bereinigung der Autokorrelation bzw. eine Berücksichtigung dieser Verzerrung kann unter anderem durch die Verwendung der Quartalsrenditen als Basis der Standardabweichungskalkulation erzielt werden.[232] Untersuchungen, die diese Verzerrungen berücksichtigen, konnten nachweisen, dass Autokorrelationen bei Hedgefonds in signifikantem Ausmaß existieren und die Standardabweichung im Anschluss an die Bereinigung massiv ansteigt. Zu einem ähnlichen Ergebnis kommen Kat und Lu (2005) mit ihrem Ansatz der Entglättung der Renditen.[233]

Bei den Strategien Convertible Arbitrage und Distressed Securities fällt die Autokorrelation besonders hoch aus (siehe Tabelle 21).[234] Bei den Strategien Global Macro, Short Selling und Multi Strategy kommen hingegen nur niedrige Autokorrelationen oder sogar negative Autokorrelationen vor. Zu ähnlichen Ergebnissen kommen auch Kat (2004), Eling (2006a) und Pérez (2004).

	Min	**Max**	**Med**	**MW**	**Dif**
Composite	0,10	0,26	0,20	0,19	0,17
Convertible Arbitrage	0,29	0,54	0,47	0,46	0,25
Distressed Securities	0,32	0,43	0,36	0,37	0,11
Event Driven	0,25	0,40	0,32	0,31	0,15
Emerging Markets	0,15	0,27	0,22	0,21	0,12
Fixed Income	-0,05	0,31	0,13	0,15	0,36
Fund-of-Funds	0,07	0,25	0,21	0,19	0,18
Global Macro	-0,10	0,22	0,04	0,05	0,32
Long/Short Equity	0,17	0,32	0,21	0,22	0,14
Merger Arbitrage	0,02	0,32	0,07	0,10	0,29
Market Neutral	-0,07	0,32	0,15	0,15	0,39
Multi Strategy	0,02	0,24	0,22	0,19	0,22
Short Selling	0,00	0,19	0,16	0,12	0,19

Beobachtungszeitraum: Januar 2001 bis Dezember 2005.

Tab. 21: Analyse der Autokorrelation von Hedgefondsindizes

232 Vgl. Asness, Krail und Liew (2001), S. 11.

233 Vgl. Kat und Lu (2005), S. 192. Durch ein Entglättungsverfahren versuchten auch Brooks und Kat (2002) die Standardabweichungen und Renditen von der Autokorrelation zu bereinigen.

234 Hierzu merkt Weisman (2002) an, dass Fondsmanager durch das Halten von illiquiden Positionen die Volatilität glätten können und somit ihre Sharpe Ratio erhöhen.

4 Modellentwicklung

4.1 Grundlegende Theorien

In diesem Abschnitt werden die grundlegenden Theorien einleitend vorgestellt, welche die Bildung des eigen entwickelten Lebenszykluskonzepts für Hedgefonds nachhaltig beeinflusst haben.

4.1.1 Effizienzmarkthypothese

Die Effizienzmarkthypothese (EMH) besagt, wann immer sich Marktpreisanomalien von allgemeinen Investitionsprodukten entwickeln, entsteht für rationale Händler die Möglichkeit, mit niedrigem Risiko einen Gewinn zu generieren. Arbitrage bezeichnet das aktive Ausnutzen von Preisunterschieden gleicher Marktgegenstände in ineffizienten Märkten mit dem Ziel, einen risikolosen Ertrag zu erwirtschaften. Arbitrage stellt den simultanen Kauf und Verkauf desselben Wertpapiers an zwei unterschiedlichen Märkten zu vorteilhaft unterschiedlichen Preisen dar. Aufgrund der ausgleichenden Wirkung der Arbitrage, passen sich die Preise in den verschiedenen Märkten einander an, so dass die Arbitragemöglichkeit im Zeitablauf wieder verschwindet und sich die Preise wieder im Gleichgewicht befinden.[235]

Folgende drei Voraussetzungen müssen vorliegen, damit Arbitrage möglich ist:

- Dasselbe Wertpapier wird auf unterschiedlichen Märkten zu unterschiedlichen Preisen gehandelt (Verletzung des „Gesetz des einheitlichen Preises“),
- Zwei Finanzinstrumente mit identischen Cashflows werden nicht zum gleichen Preis gehandelt,
- Ein Produkt mit einem bekannten zukünftigen Preis wird heute nicht zum diskontierten Future-Preis verkauft.

Shleifer und Vishny (1997) kommen in ihrer Untersuchung zu der Schlussfolgerung, dass die Schlüsselkräfte, durch die die Märkte an Effizienz gewinnen, deutlich schwächer und limitierter sind als die Vertreter der Effizienzmarkthypothese annehmen.[236] Sie begründen dies im Wesentlichen damit, dass Arbitragemöglichkeiten in der Realität von vielen Faktoren begrenzt werden, wie beispielsweise Transaktionskosten, Leerverkaufbeschränkungen und kurzfristige Ausweitungen von Preisineffizienzen. In der klassischen Analyse der effizienten Märkte wird laut Fama (1965)[237] und im Rahmen des Capital Asset Pricing Modells von

---

[235] Ein die Preisunterschiede ausnutzender Investor bzw. Arbitrageur kauft das Wertpapier billiger, während er dasselbe zeitgleich an einem anderen Handelsplatz teurer verkauft. Diese Art der Arbitrage erfordert theoretisch gesehen keinen Kapitaleinsatz und beinhaltet de facto auch kein Risiko. Die häufigsten Finanzinstrumente in denen Arbitragemöglichkeiten ausgeschöpft werden sind Aktien, Anleihen, Derivate und Währungen.

[236] Vgl. Shleifer und Vishny (1997), S. 45.

[237] Vgl. Fama (1965), S. 87.

Sharpe (1964)[238], Lintner (1965)[239] und Mossin (1966)[240] angenommen, dass es eine Vielzahl an Arbitragehändlern gibt und jeder von ihnen eine verschwindend kleine Position gegen „Fehlbewertungen" in einer Mehrzahl von Märkten eingeht. Nach der EMH reflektieren die Wertpapierpreise die bereits im Markt vorhandenen Informationen. Fama (1970) unterteilt die Effizienzmarkthypothese in eine schwache, mittlere und starke Form.[241]

Die am häufigsten verwendete Art der Informationseffizienz für empirische Arbeiten ist die mittelstarke Form.[242] Diese besagt, dass Wertpapierpreise alle öffentlich zugänglichen Informationen reflektieren. Es gibt dort keine unter- oder überbewerteten Wertpapiere und deshalb sind Handelsregeln unzulänglich, in denen höhere Einnahmen erzielt werden. Wenn neue Informationen herauskommen, werden sie vollkommen und unverzüglich in den Preis integriert. Die schwache Form der Hypothese beschreibt, dass die aktuellen Kurse ausschließlich die Informationen der Vergangenheit widerspiegeln. Ferner erweiterte Fama (1991) sein Konzept der schwachen Form, um mit ihm durch Bilanzierung und makroökonomischen Variabeln zukünftige Erträge prognostizieren zu können.[243]

4.1.2 Capital Asset Pricing Modell

Das Capital Asset Pricing Model (CAPM) baut auf der Portfoliotheorie von Markowitz (1952)[244] auf und zählt zu den Kapitalmarktgleichgewichtsmodellen. Die Theorie besagt, dass Investoren durch eine geschickte Mischung risikobehafteter Wertpapiere ihr Risiko minimieren können. Dies wird erreicht durch Portfoliobildung und der damit einhergehenden Risikostreuung. Der Sinn des CAPM ist, Konkurrenzgleichgewichtspreise für Wertpapiere unter Ungewissheit herzuleiten. Vereinfacht gesagt, beschreibt das CAPM, dass sich der Erwartungswert der Rendite eines risikobehafteten Wertpapiers im Marktgleichgewicht aus risikolosen Geldmarktzinssatz zuzüglich einer Risikoprämie zusammensetzt.

---

238 Vgl. Sharpe (1964), S.425.

239 Vgl. Lintner (1965), S. 587.

240 Vgl. Mossin (1966), S. 781.

241 Vgl. Fama (1970), S. 413.

242 Bei der starken Form wird davon ausgegangen, dass die Wertpapierpreise alle verfügbaren Informationen (incl. Insiderinformationen) widerspiegeln. Seyhun (1986) bietet ausreichende Beweise dafür, dass Insider beim handeln mit Hilfe von Informationen profitieren, die noch nicht in den Marktpreisen integriert sind. Deswegen hält die starke Form der Effizienzmarkthypothese in einem Umfeld das von Informationsasymmetrien gekennzeichnet ist, nicht stand. Vgl. Seyhun (1986), S. 219.

243 Vgl. Fama (1991), S. 1607.

244 Vgl. Markowitz (1952), S. 77.

$$E(R_i) = R_f + \beta_{im}\left(E(R_m) - R_f\right) \tag{19}$$

mit

$E(R_i)$: Erwartete Rendite des Anlagegegenstands,

R_f: Risikoloser Zinssatz,

β_{im}: Sensibilität der Rendite der Anlage gegenüber der Marktrendite,

$E(R_m)$: Erwartete Rendite des Marktes,

$E(R_i)$-R_f: Marktprämie oder Risikoprämie (der Unterschied zwischen erwateten Marktrendite und der Rendite des risikolosen Zinses).

Beim CAPM wird laut Sharpe (1964)[245] und Lintner (1965)[246] ein bestimmtes Mittelwert-Varianz-Portfolio ausgewählt. Als Formalisierung des „wesentlichen" Risikos wird der gesamte Markt und der erwartete Gewinn eines Wertpapiers bezogen zu seiner normalisierten Kovarianz mit diesem Marktportfolio, dem so genannten Beta des Wertpapiers, betrachtet. Der restliche Bestandteil vom Gesamtrisiko eines bestimmten Wertpapiers, das unsystematische Risiko, benötigt keine wahre Beachtung, da es nach Markowitz (1952)[247], Tobin (1958)[248] und Samuelson (1970)[249] durch Diversifikation eliminiert werden kann. So existieren nach den Modellannahmen des CAPM rein theoretisch keine Kapitalbeschränkungen und die Händler sind effektiv und risikolos in jeder Handlung. Was hierbei aber laut Arrow (1963)[250] und Akerlof (1970)[251] nicht beachtet wird, ist, dass nicht alle Investoren einer symmetrischen Informationsverteilung unterliegen, was allerdings eine wesentliche Modellannahme der Arbitrage ist.[252]

4.1.3 Arbitrage Pricing Theorie

Ross entwickelte die Arbitrage Pricing Theory (APT) aufgrund der Schwächen des CAPM in Bezug auf das systematische Risiko und des zu engen Marktverständnisses.[253] Die Arbitrage Pricing Theory ist ein einperiodiges Modell, in dem jeder Investor daran glaubt, dass die stochastischen Eigenschaften des Gewinns durch ihre Faktorstrukturen ständige Kapitaleinnah-

---

245 Vgl. Sharpe (1964), S. 425.

246 Vgl. Lintner (1965), S. 587.

247 Vgl. Markowitz, (1952), S. 77.

248 Vgl. Tobin (1958), S. 82.

249 Vgl. Samuelson (1970), S. 537.

250 Vgl. Arrow (1963), S. 967.

251 Vgl. Akerlof (1970), S. 500.

252 Ein interessanter Punkt hierfür ist das Risiko der kurzfristigen Ausweitung von Preisineffizenen, welche für die Arbitrageure mit einem kurzen Anlagehorizont wichtig ist. Black (1986) argumentiert, dass Investoren, die keine internen Informationen bekommen können, irrational auf Gerüchte (Noise) reagieren, so als ob es „richtige" Informationen wären. De Long, Shleifer, Summers und Waldmann (1991) konnten nachweisen, dass Noise Trader als Gruppe nicht nur höhere Gewinne erzielen als rational denkende Investoren, sondern auch in der Lage sind, langfristig den Markt performancetechnisch zu übertreffen. Vgl. De Long, Shleifer, Summers und Waldmann (1991), S. 17 sowie Black (1986), S. 529-531.

253 Vgl. Ross (1976), S. 341-343.

men hervorrufen.[254] Bei der Arbitrage Pricing Theory werden nach Oertmann und Zimmermann (1998)[255] die Investitionen nicht zu einem bestimmten Marktportfolio bewertet, sondern zu einer spezifischen, multivariaten Struktur der Anlagerenditen. Sie argumentieren außerdem, dass die Festlegung eines Marktportfolios nicht notwendig ist. Andererseits müssen die bewegenden Faktoren des systematischen Risikos wie beispielsweise Realzins, Inflationsraten, allgemeines Ausfallrisiko, Geldmenge, Ölpreis, Bruttoinlandsprodukt etc. der betrachteten Anlagerenditen bekannt sein. Die beobachteten Investitionen müssen dabei keineswegs das gesamte Anlageuniversum abdecken.

$$k_s = R_f + \sum_{i=1}^{k} \left(\left(E(F_i) - R_f \right) \beta_i \right) \tag{20}$$

mit

k_s : Eigenkapitalkosten,

R_f: Rendite risikoloser Anlagen,

k : Anzahl der Einflussfaktoren,

$E(F_i)$: bezeichnet die erwartete Rendite eines Portfolios, das einzig vom i-ten Risikofaktor abhängt und unabhängig von allen anderen ist,

β_i : misst die Sensibilität der Rendite gegenüber dem *i*-ten Faktor.

Die Grundannahmen der APT unterliegen den gleichen Annahmen des CAPM. Auch hier werden ein vollkommener, sich im Gleichgewicht befindender Kapitalmarkt und risikoaverse Investoren angenommen. Weiterhin legen die Anleger Wert auf Vermögensmaximierung und weisen individuelle Erwartungen auf. Sie streben nach effizienten Informationen und haben risikolose, unbeschränkte Anlage- und Verschuldungsmöglichkeiten. Wertpapiere sind annahmegemäß beliebig teilbar und Wertpapierrenditen sind von mehreren Faktoren abhängig. Leerverkäufe sind uneingeschränkt möglich und es liegen keine Friktionen (keine Transaktionskosten, keine Steuern, keine Beschränkung) vor.

4.1.4 Lebenszyklusmodelle

Der Produktlebenszyklus nach Vernon (1966) sowie der Unternehmenslebenszyklus nach Müller (1972) basieren auf dem Lebenszykluskonzept der Naturwissenschaft.[256] Die Idee der Einteilung des menschlichen Lebens in verschiedene Phasen mittels Zykluskonzepten wurde

---

[254] Jobson und Korkie (1982) und Jobson (1982) erwähnen zudem noch die Beziehung des APT und der Mittelwerts-Varianz-Effizienz. Sie schlagen einen Wahrscheinlichkeitsquotentest der verbundenen Hypothese vor, die gegeben ist durch einen Satz Zufallsvariablen an Faktoren im Modell und dadurch ein exaktes Arbitrage Pricing ermöglicht. Vgl. Jobson und Korkie (1982), S. 433 sowie Jobson (1982), S. 1037.

[255] Vgl. Oertmann und Zimmermann (1998), S. 233.

[256] Vgl. Vernon (1966) S. 192 sowie Müller (1972), S. 199.

vor allem in den 1970er Jahren von Autoren unterschiedlicher Wissenschaftsdisziplinen[257] aufgegriffen.[258] Die Entwicklung naturbedingter Systeme kann in einzelne Phasen unterteilt werden. Diese Phasen haben meistens bestimmte Merkmale oder Kombinationen von Merkmalen, die sie voneinander abgrenzen. Die Länge dieser Phasen kann selten exakt bestimmt werden und kann daher stark variieren. Das biologische Ursprungsprinzip kann jedoch nur noch in bedingter Form zur Erklärung Anwendung finden. Hierfür gibt es laut Pfingsten (1998)[259] mehrere Gründe. Zum einen ist die Gesetzmäßigkeit der Lebenszyklusentwicklung im Biologiebereich nicht ohne Einschränkungen auf soziale Systeme übertragbar, da soziale Systeme als lernfähig gelten und diese somit Erneuerungen bewirken können. Dies verhindert meist einen vorab bestimmten Entwicklungspfad, wie er in biologischen Systemen zu beobachten ist. Zum anderen kommt es in sozialen Systemen meist nicht zu Individualentwicklungen sondern eher zu Kollektiven.

In der betriebswirtschaftlichen Literatur wurde das Lebenszykluskonzept auf mehrere Betrachtungsobjekte übertragen.Zum einen gibt es den bekannten Unternehmenslebenszyklus, zum anderen gibt es verschiedene aufgeteilte Lebenszyklen wie z.B. den Branchenlebenszyklus[260] oder den Technologielebenszyklus[261]. Nach Meining (1995) deutet vieles darauf hin, dass Produkte einen typischen Lebenszyklus durchlaufen.[262] Deswegen ist der Produktlebenszyklus einer der bekanntesten Zyklen, der die Absatzentwicklung eines Produktes anhand von charakteristischen Phasen erklärt.[263] Je nach Modell können zwischen drei bis sechs (idealtypische) Phasen existieren.[264] Nach Meffert (1974) durchläuft ein Produkt in seiner Entwicklung fünf Phasen, wobei sich die Dauer der einzelnen Zeitabschnitte je nach Produkt unterscheidet.[265]

Unternehmen sind sozioökonomische Gebilde, deren Entwicklung durch interne und externe Entscheidungen sowie von vielen Akteuren beeinflusst und tangiert wird. Aus diesem Grund kann der Unternehmenslebenszyklus auch keinem exakten Weg folgen. Wohl aber ist er in

257 Hierzu zählten z.B. Betriebswirtschaftslehre, Psychologie, Soziologie und Gerontologie.

258 Vgl. Erikson (1973), Duvall (1977), Hall (1976), Schein (1978).

259 Vgl. Pfingsten (1998), S. 23-26.

260 Der Branchenlebenszyklus bedarf trotz seiner Nähe zum Produktlebenszyklus aufgrund seiner besonderen Charakteristika einer eigenständigen Analysebetrachtung. Nach Porter (1999) lassen sich folgende vier Phasen beobachten: Einführungsphase, Wachstumsphase, Reifephase und Rückgangsphase. Da es sich hier um ein idealtypisches Modell handelt, ist das Überspringen von Phasen in der Realität möglich. Vgl. Porter (1999), S. 215.

261 Der Technologielebenszyklus basiert ebenfalls auf dem Produktlebenszyklus. Das Technologiestadium bestimmt nach Wortmann (2001) die Wettbewerbsrelevanz und die Bedeutung unternehmerischer Entscheidungen. Die Phasen des Technologiezyklus lassen sich wie folgt definieren: Schrittmacherphase (Einführungsphase), Schlüsseltechnologie (Wachstum) und Basistechnologie (Reifephase). Vgl. Wortmann (2001), S. 18.

262 Vgl. Meining (1995), S. 1393.

263 Vgl. Gup und Agrrawal (1996), S. 42.

264 Einer der Ersten, der im deutschen einen Produktlebenszyklus beschrieb, ist Meffert. Vgl. Meffert (1974), S. 92.

265 Die fünf Phasen des Produktlebenszyklus umfassen die Einführungsphase, Wachstumsphase, Reifephase, Sättigungsphase und Degenerations- bzw. Versteinerungsphase. Vgl. Meffert (1998), S. 245.

der Lage, bestimmte Muster zu erkennen, und hierauf aufbauend, die Entwicklung von Unternehmen zu erklären. Auf Basis der Unternehmenslebenszyklustheorie wurden verschiedene Modellarten entwickelt, welche die spezifische Entwicklung von Unternehmen bzw. deren Produkten erklären sollen. Zu diesen Modellen gehören Metamorphosenmodelle[266], Krisenmodelle[267], Marktentwicklungsmodelle[268], Strukturänderungsmodelle[269] und Verhaltensänderungsmodelle[270]. Allerdings ist hierbei auch darauf hinzuweisen, dass eine exakte Zuordnung der empirischen Modelle zu diesen genannten idealtypischen Modellen nicht immer möglich ist. Ein weiterer Aspekt, der nicht außer Acht gelassen werden sollte, ist, dass es zwar mehrmals zu Parallelen zwischen den Modellen kommen kann, wie beispielsweise beim Metamorphose- und Krisenmodell, diese aber trotzdem zu unterschiedlich sind, als dass sie zu einem einheitlichen und übergreifenden Modell zusammengefasst werden könnten. Außerdem wird sehr oft vergessen, dass ein Lebenszyklus durch Geschäftsauflösung oder die frühzeitige Einstellung des Produkts vorzeitig enden kann. Abschließend muss erwähnt werden, dass es bisher wenige stichhaltige empirische Studien zu diesem Themenkomplex gibt.

4.2 Hedgefondslebenszyklusmodell

Eine der zentralen Fragen in der Finanzwirtschaft ist, warum die Entlohnungsstrukturen von Finanzintermediären in der Volkswirtschaft so hoch sind, trotz des hohen Wettbewerbs und der Unsicherheit, ob deren Aktivitäten auch einen Mehrwert bedeuten. Diese Fragestellung wird noch diffiziler, da verschiedene Studien belegt haben, dass es wenige Anhaltspunkte gibt, dass Investmentfondsmanager die von ihnen zu schlagenden Benchmarks performance-

---

266 Metamorphosemodelle beschreiben den Lebenszyklus als zwingenden Ablauf bestimmter Situationen. Das Wachstum spielt hierbei eine wichtige Rolle, da es von Zeit zu Zeit zu veränderten Rahmenbedingungen führen kann, die meist durch Krisen vorhergesagt werden. Wenn diese Krisen jedoch überwunden werden, erreichen die Unternehmen dadurch die nächste Entwicklungsstufe. Vgl. Budde und Kieser (1977), S. 148 sowie Pümpin und Prange (1991), S. 45.

267 Bei Krisenmodellen wird davon ausgegangen, dass ein ständiges Wachstum bei der jeweiligen Firma vorherrschen wird. Erst beim Überschreiten einer bestimmten Messgröße oder Altersschwelle kommt es zu Entwicklungskrisen. Bei manchen Modellen ist dieser Schritt existenziell, da er den Wechsel in eine höhere Stufe erwirkt. Vgl. Lippitt und Schmidt (1967), S. 103.

268 Dieses Modell orientiert sich sehr stark am Produktlebenszyklus und ist damit in seinen Entwicklungsstufen sehr absatzmarktabhängig. Die vier Phasen dieses Modells teilen sich ein in Emergence (Einführung- oder Entstehungsphase), Growth (Wachstumsphase), Maturity (Reifephase) und Regeneration/Decline (Regenerations- bzw. Versteinerungsphase).

269 Bei Strukturänderungsmodellen werden primär Veränderungen der Organisationsstruktur und des Managementsystems erfasst. Greiner (1972) hebt hervor, dass die Entwicklung insbesondere von der eigenen Vergangenheit bestimmt wird. Demzufolge gibt es immer eine Verknüpfung zweier Entwicklungsarten. Die erste beruht darauf, dass nach einer anhaltenden Wachstumsphase (Evolution), immer eine stürmische Phase (Revolution) durchlaufen werden muss und dass jede Phase ihre eigene charakteristische Krise beinhaltet. Nach Greiner können folgende Evolutionsphasen generiert werden: Wachstum durch Kreativität (Führungskrise), Wachstum durch Anweisung (Autonomiekrise), Wachstum durch Delegation (Kontrollkrise), Wachstum durch Koordinierung (Bürokratiekrise) und Wachstum durch Zusammenarbeit (Anschlusskrise). Vgl. Greiner (1972), S. 41-44.

270 Verhaltensänderungsmodelle hinterfragen das Verhalten der Unternehmensführung. Ihr besonderes Interesse liegt in der Betrachtung des Mentalitätswandels, der bei Führungsmitgliedern in der Organisationsebene zu beachten ist. Vgl. Swayne und Tucker (1973), S. 14-16.

technisch übertreffen.[271] Dieses Problem setzt sich im Hedgefondsbereich fort, denn in Relation zu Investmentfonds, sind die Gebührenstrukturen hier deutlich höher.[272] Deshalb ist es nachvollziehbar, dass die Einflussfaktoren auf die Wertentwicklung sowie Performancepersistenz einen wesentlichen Teil der akademischen Literatur zu Hedgefonds ausmachen.

Agarwal und Naik (2000a) erkennen bei verschiedenen Hedgefondsstrategien dahingehend eine bedeutende Persistenz, dass Verlierer weiterhin zu Verlierern gehören.[273] Capocci, Corhay und Hübner (2003) können in ihren Untersuchungen eine Performancepersistenz vorwiegend bei durchschnittlichen sowie sich negativ entwickelnden Hedgefonds nachweisen. Somit stellt die schlechte Wertentwicklung den entscheidenden Faktor der Hedgefondsmortalität dar.[274] Harri und Brorsen (2002) kommen zu dem Ergebnis, dass Performancepersistenz vorwiegend bei den Hedgefondsstrategien Equity Market Neutral, Fund-of-Funds, Event Driven und Global Macro zu beobachten ist.[275] Kaum Evidenz für eine Performancepersistenz bei Hedgefonds konnte in den Untersuchungen von Brown, Goetzmann und Ibbotson (1999) sowie Kat und Menexe (2002) ermittelt werden.[276] Wie Agarwal und Naik (2000b) in ihrer Studie festgestellt haben, ist die Hedgefondsperformancepersistenz bei einer quartalsweisen Betrachtung sehr stark ausgeprägt. Bei einer jährlichen Betrachtung geht die Performancepersistenz jedoch zurück, was auf einen kurzfristigen Charakter bei einzelnen Hedgefonds weist.[277] Ferner konnte bei besonders gut performenden und besonders schlecht performenden Hedgefonds nach Edwards und Caglayan (2001b) eine Performancepersistenz identifiziert werden.[278] Nach Boyson und Cooper (2003) ist eine Performancepersistenz vorwiegend bei relativ jungen bzw. neuen Hedgefonds zu beobachten.[279] Bei ihren Analysen kommen Baquero, Horst und Verbeek (2004) zu dem Ergebnis, dass auf quartalsweiser Basis eine starke Performancepersistenz dahingehend besteht, dass 20 bis 30 Prozent der Fonds, die in einem Quartal überdurchschnittliche Ergebnisse erzielen, dieses wahrscheinlich im nächsten Quartal wiederholen werden. Dasselbe Muster fanden sie auch bei einem jährlichen Betrachtungshorizont, welcher allerdings statistisch insignifikant ist.[280]

Vor dem Hintergrund dieser empirischen Ergebnisse, macht es Sinn, die Hedgefondsindustrie durch ein Klassifikationssystem zu betrachten, welches die jeweiligen Manager entlang eines Hedgefondslebenszykluskontinuums platziert, wodurch sich die Strukturen, Einkommensströme, Motivationen und Gesellschaftsstrukturen der Hedgefonds im Zeitablauf und mit einem steigenden Anlagevolumen verändern. Die Untersuchungen von Cottier (1997), Liang

---

271 Vgl. Jensen (1968), S. 414.
272 Vgl. Lhabitant (2006c), S. 61-62.
273 Vgl. Agarwal und Naik (2000a), S. 20.
274 Vgl. Capocci, Corhay und Hübner (2005), S. 368.
275 Vgl. Harri und Brorsen (2002), S. 21.
276 Vgl. Brown, Goetzmann und Ibbotson (1999), S. 99 sowie Kat und Menexe (2002), S. 72.
277 Vgl. Agarwal und Naik (2000b), S. 98.
278 Vgl. Edwards und Caglayan (2001b), S. 1021.
279 Vgl. Boyson und Cooper (2003), S. 22.
280 Vgl. Baquero, Horst und Verbeek (2004), S. 498.

(2001), Schneeweis, Kazemi und Martin (2001), Amenc, Curtis und Martellini (2003) und Kaiser und Kisling (2006) kommen in diesem Kontext zu der Schlussfolgerung, dass bei einer statistischen Durchschnittsbetrachtung jüngere Hedgefonds ältere outperformen.[281] Howell (2001) kam zu dem Ergebnis, dass nach der Berücksichtigung einer möglichen Survivorship Bias das jüngste Dezil der Hedgefonds das älteste Dezil um jährlich 9,70 Prozent Wertentwicklung übertrifft.[282]

Es gibt eine Vielzahl an Gründen, die die statistische Outperformance von jungen Hedgefonds erklären. So ist es häufig der Fall, dass Manager in den frühen Jahren mit der Ausnutzung von innovativen Marktpreisanomalien starten, die zu diesem Zeitpunkt noch nicht in vollem Umfang von anderen Marktteilnehmern verstanden und dadurch auch nicht in den Kursen eingepreist werden. Im Normalfall kann es einige Monate bis Jahre dauern, bis sich Mitbewerber formieren. Allerdings ist davon auszugehen, dass mit dem Eintritt von neuen Mitbewerbern sich die durch das Ausnutzen der bestehenden Marktpreisanomalie möglichen Renditen reduzieren. In Einklang mit der Arbitragetheorie reifen Fehlbewertungen außerdem im Zeitablauf ab.[283] Gleichzeitig beginnen viele Hedgefonds ihre Karriere im Eigenhandel von Investmentbanken oder bei anderen Hedgefonds und sind zu Beginn häufig mit kleineren Märkten betraut. Der Handel von Wertpapieren in kleineren Märkten bedeutet häufig auch eine geringe Liquidität der gehandelten Instrumente. Diese zur Verfügung Stellung von Liquidität in einem engen Markt ist ein erfolgreicher Renditetreiber vieler verschiedener Hedgefondsstrategien. Neue Hedgefonds werden demzufolge auch vorwiegend zur Ausnutzung von Marktpreisanomalien in neuen Märkten aufgesetzt und im Zeitablauf ist davon auszugehen, dass der einsetzende Wettbewerb auch in diesen Märkten die Markteffizienz erhöht und damit die Renditen erodieren lässt. Hierbei sollte es allerdings den Pionieren der jeweiligen Strategie bzw. in den jeweiligen Märkten möglich sein, einige Monate bis Jahre überdurchschnittliche risikoadjustierte Erträge im Vergleich zur Peer Group zu erzielen.

Gleichzeitig sind Hedgefonds in ihren frühen Jahren kleiner und dadurch auch flexibler in ihren Entscheidungsprozessen. In der Praxis zeichnen sich etablierte Hedgefondsgesellschaften durch die Verwaltung einer Vielzahl an Hedgefondsstrategien mit einem großen Händlerteam, einer internen Risikomanagement-, Compliance- und Investor Relation-Abteilung sowie einem verwalteten Vermögen zwischen ein bis zwei Millarden US-Dollar aus. Hierdurch ver-

---

281 Allerdings wurde in verschiedenen akademischen Untersuchungen ebenfalls nachgewiesen, dass die Ausfallrate von Hedgefonds in den ersten drei Jahren des Geschäftsbetriebs mit Werten zwischen 30 und 50 Prozent am höchsten ist.

282 Zum Zeitpunkt dieser Studie waren Datensätze zu 3.733 Hedgefonds in der untersuchten TASS Datenbank vertreten. Die Schlussfolgerung von Cross Border Capital war, dass Investoren vorwiegend in solche Hedgefonds investieren sollten, die weniger als drei Jahre existieren.

283 Ein passendes Praxisbeispiel hierfür ist die Wertentwicklung von Convertible Arbitrage-Fonds in den Jahren 2002 und 2003, als diese Strategie noch nicht über die heutige Popularität verfügte. Mit dem verstärkten Eintritt der Marktteilnehmer in den Wandelanleihemarkt gingen in den Folgejahren die mit dieser Strategie zu erzielenden Renditen zurück. Erst als in Folge einer Krise im Februar 2005 in großem Stil Investoren ihre Gelder aus dem Wandelanleihemarkt entnahmen, erholten sich im Folgejahr auch die Wertenwicklungen der Wandelanleihe-Arbitrage-Indizes.

lieren diese Gesellschaften allerdings einen gewissen unternehmerischen Vorteil zu Lasten eines extensiven bürokratischen Apparats.[284] Einige Gesellschaften verfügen dann sogar über einen Mitarbeiterstab von mehr als 100 Mitarbeitern, während zu den Gründerzeiten noch versucht wurde, die Unternehmensstruktur sehr schlank zu halten. In den frühen Jahren werden außerdem häufig zentrale Dienstleistungsbereiche[285] ausgelagert, so dass sich die Unternehmensführung auf die zentrale Vermögensverwaltungsfunktion konzentrieren kann. In solchen kleineren und effizienteren Gesellschaftsstrukturen sind die Entscheidungswege einfacher und schneller, was insbesondere Auswirkungen auf den Handelsraum hat, da hier Marktpreisanomalien umgehend nach deren Auftreten ausgenutzt werden können. Mit steigendem Anlagevermögen der Fonds müssen auch größere Positionen gehandelt werden.[286] Hierbei verursachen der Handel von großen Positionen in weniger liquiden Märkten hohe Spesen, was wiederum einen direkten negativen Einfluss auf die Rendite hat. Dies trifft insbesondere auf die Hedgefonds zu, die spezielle Nischen in kapazitätssensitiven, wenig liquiden Märkten handeln. Mit anderen Worten existieren Transaktionen, die nur bei einem geringen Handelsvolumen profitabel sind.[287] Harri und Brorsen (2002), Agarwal, Daniel und Naik (2004), Goetzmann, Ingersoll und Ross (2003), Getmansky (2004), Ammann und Moerth (2005) sowie Fung, Hsieh, Naik und Ramadorai (2005) bestätigen in ihren Untersuchungen, dass die Erträge von Hedgefonds sinken, wenn deren Marktkapitalisierung steigt.[288] In Einklang mit dem rationalen Modell des aktiven Portfoliomanagements nach Berk und Green (2004), wonach sinkende Erträge bei schlecht performenden Fonds zu Mittelzuflüssen bei besser performenden Fonds führen und dadurch auch deren überlegene Wertentwicklungen im Zeitablauf erodieren, lässt sich eine erste Hypothese formulieren.

Hypothese 1: Die risikoadjustierten Renditen einzelner Hedgefonds sinken im Zeitablauf.

Wie in Kapitel 2.2 dargestellt, lässt sich das Universum der Hedgefonds nach ihrem Marktexposure in die Kategorien direktionale und nicht-direktionale Strategien gliedern. Nach dem Gesetz des einheitlichen Preises von Jevons (1871) ist allerdings jede Arbitragemöglichkeit zeitlich begrenzt, da nach dem Ausmachen dieser Ineffizienz andere Marktteilnehmer dieselbe Ineffizienz auszunutzen versuchen werden und diese dadurch abreifen. Da insbesondere nicht-direktionale Strategien ihren Ertrag aus Arbitragegewinnen und weniger aus Marktrichtungs-

---

284 Vgl. Gregoriou und Rouah (2002), S. 77.

285 Hierzu zählen Fondsadministration, Risikomanagement, Marketing, Compliance sowie Handel.

286 Vgl. Gregoriou und Rouah (2001), S. 64.

287 In diesem Kontext ist auch darauf hinzuweisen, dass die Vereinnahmung von hohen Liquiditätsprämien beim Handeln großer Positionen in liquiden Märkten nicht möglich ist. Im Gegensatz hierzu ist die Einnahme von hohen Liquiditätsprämien beim Handeln von kleinen Positionen in illiquiden Märkten sehr wohl möglich.

288 Generell ist davon auszugehen, dass Hedgefonds im Zeitablauf kontinuierlich neue Anlagegelder einsammeln, wenn sie es schaffen, die jeweils gesteckten Investitionsziele zu erreichen. Bei Fonds, die es nicht schaffen, ihre Anlageziele zu erfüllen, ist davon auszugehen, dass sie im Zeitablauf ihren Geschäftsbetrieb einstellen werden. So gesehen werden zur Vereinfachung kleine mit jungen und große mit alten Hedgefonds gleich gesetzt.

bewegungen erzielen, kann bei nicht-direktionalen Strategien als Gruppe ein kürzerer Lebenszyklus als bei direktionalen Strategien erwartet werden. Hierauf basiert die zweite Hypothese.

Hypothese 2: Die risikoadjustierten Renditen von nicht-direktionalen Hedgefondsstrategien erodieren schneller als die von direktionalen.

Auf der psychologischen Ebene gibt es ebenfalls Ansätze, warum Hedgefondsmanager in ihren frühen Jahren eine höhere Motivation zur Generierung überdurchschnittlicher risikoadjustierter Erträge vorweisen. Hierzu zählen zum einen das unternehmerische Gedankengerüst eines jeden Jungunternehmers sowie die Notwendigkeit der Erreichung einer gewissen Kapitaldecke, um den Break-Even-Punkt zwischen den operativen Kosten und den vereinnahmten Gebühren zu erreichen. In der Praxis ist häufig zu beobachten, dass die von einem Teamansatz und starkem Arbeitseinsatz geprägte Unternehmenskultur der frühen Jahre im Zeitablauf mit steigenden Investorengeldern verloren geht. Gleichzeitig ist die psychologische Motivation der einzelnen Personen, ein erfolgreiches Hedgefondsunternehmen auf die Beine zu stellen, nicht zu unterschätzen. Mit einem zunehmenden verwalteten Vermögen und dem hiermit verbundenen Erreichen eines gewissen Wohlstands, nehmen die Anzahl der Arbeitstage sowie Anstrengungen der involvierten Personen ab. Dieser Sättigungsgrad könnte eine Erklärung für im Zeitablauf sich abschwächende risikobereinigte Renditen sein. Gleichzeitig ist es durchaus denkbar, dass einige Hedgefonds nach dem Erreichen der kritischen Menge an verwaltetem Vermögen und unter der Voraussetzung, dass die operationellen Systeme und Prozesse durchdacht und implementiert sind und es eine Kontinuität im Investmentprozess gibt, es schaffen, nachhaltig und kontinuierlich überdurchschnittliche risikoadjustierte Wertentwicklungen zu produzieren. Allerdings dürfte die Anzahl derjeniger Fonds, die es tatsächlich schaffen, ihren eigenen „Lebenszyklus“ über den Durchschnitt ihrer Peer Group hinaus zu verlängern, relativ gering sein. Nach De Figueiredo und Budhraja (2006) ist Innovation einer der Hauptgründe, warum es einige Hedgefonds tatsächlich schaffen, sich über Jahre hinweg an der Spitze ihrer Peer Group zu behaupten.[289] Im Kontext des Hedgefondslebenszyklus ist es somit wichtig, ob die Innovationskraft einzelner Fonds oder der Industrie insgesamt weiter bestehen wird. Um diese Frage zu beantworten, werden in einem ersten Schritt die beiden wesentlichen Modelle hinsichtlich der Innovationskapazität von Industrien oder Volkswirtschaften im Zeitablauf betrachtet:

- *„Fishing-Out“-Modell*: Dieses Modell geht nach Eicher und Kim (2004) davon aus, dass alle einfachen Innovationen sehr früh mit geringem Aufwand getätigt werden. Schwerere Probleme benötigen mehr Ressourcen (Arbeitskraft und Kapital) und wer-

[289] De Figueiredo und Budhraja (2006), S. 8.

den später gelöst. Hierdurch wird jede sukzessive Verbesserung schwerer erreichbar als die vorherige.[290]

- *„Standing on Shoulders"-Modell*: Dieses Modell nach Jones (1995) besagt, dass eine Innovation stets eine andere Innovation bedingt. Hierauf aufbauend ist zu argumentieren, dass die Gegenwart nicht der Zukunft entsprechen wird, da unvorhersehbare Innovationen die Produktivität und damit das Wirtschaftswachstum steigern werden. In diesem Rahmenwerk beschleunigt sich die Innovation mit der Anzahl der Ideen und Innovationen passieren mit einer steigenden Frequenz.[291]

Unter Beachtung der Evolution der Hedgefondsindustrie erscheint das „Standing on Shoulders"-Modell, das passende zu sein. Gleichzeitig ist es durch die Tatsache, dass auch Innovationsprozesse Zeit in Anspruch nehmen, durchaus denkbar, dass Hedgefonds in ihrem Lebenszyklus mehrere Phasen mit über- und unterdurchschnittlicher Wertentwicklung aufweisen können.[292] Hierbei ist es aufgrund der höheren Schwierigkeit, neue Marktineffizienzen zu entdecken, für nicht-direktionale Strategien denkbar, dass diese weniger Wachstums- und Kontraktionsphasen durchlaufen als direktionale Strategien. Hierauf basiert die dritte Hypothese.

Hypothese 3: Hedgefonds, die direktionale Strategien verfolgen, durchlaufen mehr Wachstums- und Kontraktionsphasen als nicht-direktionale.

Eine Möglichkeit, den sinkenden Erträgen aufgrund eines zu hohen Anlagevolumens entgegen zu wirken, besteht darin, keine neuen Investorengelder mehr anzunehmen oder sogar Kapital an die Investoren zurückzugeben. Kaiser und Kisling (2006) können nachweisen, dass geschlossene Hedgefonds höhere Sharpe Ratios erzielen als offene Fonds. Generell sollte der Argumentation der Arbitragetheorie folgend, aufgrund der Endlichkeit der Marktineffizienzen, bei nicht-direktionalen Strategien der Anteil an geschlossenen Fonds höher sein als bei direktionalen. Hieraus leitet sich die vierte Hypothese ab.

Hypothese 4: Hedgefonds, die unterdurchschnittliche risikoadjustierte Renditen erzielen, nehmen häufiger neue Investorengelder an als erfolgreiche Hedgefonds.

---

[290] Caballero und Jaffe (1993) sowie Kortum (1993) finden Nachweise für „Fishing-Out-Probleme" auf der Industriebene. Dies steht im Gegensatz zur Annahme von Lai (1998), dass Entwicklungskosten im Zeitablauf exogen sinken. Eine weiterführende Diskussion zu dieser Thematik kann Eicher und Kim (2004) entnommen werden. Vgl. Eicher und Kim (2004), S. 345.

[291] Vgl. Jones (1995), S. 761.

[292] Da es nach Verwilghen (2006) im Kontext des Lebenszyklus eines Managers einen deutlichen Unterschied bedeutet, ob ein Hedgefonds in einem für seine Strategie unvorteilhaften Umfeld seinen Fonds startet, wird dieser Aspekt in Abschnitt 6.1.2 getrennt untersucht.

Cottier (1997) kann empirisch belegen, dass Hedgefonds mit höheren Performance-gebühren auch höhere risikoadjustierte Erträge erzielen.[293] Schneeweis, Kazemi und Martin (2001) weisen nach, dass es bei der Strategie Long/Short Equity Anzeichen gibt, dass es einen positiven Zusammenhang zwischen Performancegebühren und Investitionserfolgen gibt, dieser Einfluss allerdings vorwiegend bei extremen Marktbewegungen greift. Kaiser und Kisling (2006) können statistisch signifikant belegen, dass Fonds mit durchschnittlichen Performancegebühren im Vergleich zu Fonds mit über- und unterdurchschnittlichen Gebührensätzen die höchsten Sharpe Ratios erzielen. Koh, Koh und Teo (2003) weisen nach, dass Fonds mit höheren Performancegebühren niedrigere Nachkostenerträge aufweisen als Fonds mit niedrigeren Gewinnbeteiligungen. De Souza und Gokcan (2003) weisen eine positive Korrelation zwischen höheren Gewinnbeteiligungen und höheren Investitionsergebnissen nach. Für das Modell, das Amenc, Curtis und Martellini (2003) anwenden, scheint es, dass hohe Performancegebühren (größer als 20 Prozent) ein höheres Alpha generieren als Fonds mit niedrigeren Performancegebühren.[294] Die empirischen Ergebnisse von Ackermann, McEnally und Ravenscraft (1999) sowie Edwards und Caglayan (2001b) deuten ebenfalls darauf hin, dass die Performancegebühr eine wesentliche Einflussgröße für die Wertentwicklung von Hedgefonds darstellt. Eine Erklärung hierfür könnte sein, dass die besten Hedgefondsmanager auch höhere Gewinnbeteiligungen einfordern oder auch, dass eine höhere Gewinnbeteiligung für einen höheren Motivationsschub sorgt.[295] Aufgrund der Tatsache, dass konstante risikoadjustierte Überrenditen von Hedgefonds einen gewissen seltenen Charakter haben dürften, soll im Folgenden betrachtet werden, ob die Gebühren derjenigen Fonds, die tatsächlich eine konstante Outperformance gegenüber ihrer Peer Group erzielen, höher sind als die von eher durchschnittlich performenden Hedgefonds. Hieraus leitet sich die fünfte Hypothese ab.

Hypothese 5: Die Fonds, die konstante Überrenditen erzielen, veranschlagen höhere Gebühren.

Kaiser und Kisling (2006), Schneeweis, Kazemi und Martin (2001) sowie De Souza und Gokcan (2003) kommen zu der Schlussfolgerung, dass es Hinweise dazu gibt, dass längere Kapitalbindungsfristen einen positiven Einfluss auf die Wertentwicklung von Hedgefonds haben können. Kaiser und Kisling (2005) argumentieren, dass bei aktienbasierten Hedgefondsstrategien längere Kapitalbindungsfristen mit höheren risikoadjustierten Wertentwicklungen einhergehen. Aragon (2004) gelangt in seinen Untersuchungen zu dem Ergebnis, dass die jährlichen Renditen von Hedgefonds mit Kapitalbindungsfristen ca. vier Prozent hö-

---

293 Hierzu bildete er die Gruppen „0%", „10%" und „20%". Die statistische Signifikanz dieser Ergebnisse konnte allerdings nicht nachgewiesen werden.

294 Allerdings weist das implizierte Faktormodell die Unterschiede als statistisch nicht signifikant aus.

295 Ackermann, McEnally und Ravenscraft (1999) zeigen zudem, dass eine höhere Performancegebühr nicht zwingend zu einem höherem Portfoliorisiko führen muss. Der Zusammenhang zwischen Performancegebühr und Fondsrisiko wird allerdings nach Goetzmann, Ingersoll und Ross (2003) durch das aktuelle Fondsvermögen im Verhältnis zur High-Watermark beeinflusst.

her sind als diejenigen bei Hedgefonds ohne Lock-Up-Fristen. Agarwal, Daniel und Naik (2004) fanden heraus, dass im Allgemeinen Hedgefonds mit einer entsprechenden Kurshistorie deutlich weniger Kapitalzuflüsse verzeichnen, wenn sie Kapitalbindungsfristen verlangen, als Fonds mit vergleichbarem Track Record, die diese Kapitalbindungsfristen nicht verlangen. Gleichzeitig wird die Hypothese aufgestellt, dass Hedgefonds mit restriktiven Kapitalabflussmechanismen durch die Möglichkeit des Haltens auch von illiquiden Instrumenten, bessere zukünftige Renditen aufweisen sollten. Diese Resultate stehen auch im Einklang mit der Untersuchung von Liang (2001), welche belegt, dass Hedgefonds mit hohen Anlagevolumen, langen Kapitalbindungsfristen und kurzen Kurshistorien andere Hedgefonds in der Wertentwicklung übertreffen. Als Erklärungsansatz in dieser Untersuchung wird stets die Erzielung einer Illiquiditätsprämie durch die Investoren angeführt, welche bereit sind, ihr Kapital längerfristig an bestimmte Hedgefonds zu binden. Auf Basis dieser empirischen Ergebnisse kann erwartet werden, dass Hedgefondsmanager, die einen überdurchschnittlich langen Lebenszyklus aufweisen, ihren Investoren eine geringere Liquidität anbieten als solche Hedgefonds, die einen kurzen Lebenszyklus vorweisen. Entsprechend lässt sich eine sechste Hypothese formulieren:

Hypothese 6: Die Fonds, die konstante Überrenditen erzielen, bieten ihren Investoren eine geringere Liquidität.

Cottier (1997), Darst (2000), Gregoriou (2002) sowie Kaiser und Kisling (2006) stellen heraus, dass Fonds mit höheren Mindestinvestitionssummen dazu tendieren, höhere risikoadjustierte Erträge zu erzielen. Dies kann intuitiv damit erklärt werden, dass je höher die Mindestinvestitionssumme ist, desto niedriger die Anzahl der zeichnenden Investoren sein sollte, was wiederum in weniger administrativer Arbeit resultieren sollte. Gleichzeitig dürften höhere Mindestinvestitionssummen sophistizierte Investoren mit einem längeren Anlagehorizont ansprechen. So gesehen sollten diejenigen Fonds mit einem längeren Lebenszyklus auch höhere Mindestinvestitionssummen fordern. Hieraus leitet sich die siebte Hypothese ab:

Hypothese 7: Die Fonds, die konstante Überrenditen erzielen, fordern höhere Mindestinvestitionssummen.

4.3 Modellierung des Hedgefondslebenszyklus

Der erste Schritt zur Modellierung des Hedgefondslebenszyklus ist die Wahl der entsprechenden Kennzahl, auf welcher diese Analyse aufbauen sollte. Da bei der Investition in Hedgefonds der Absolute Return-Gedanke aus Investorensicht im Vordergrund steht, kommen diejenigen Kennzahlen, die sich ausschließlich auf die Downside Deviation fokussieren, wie die Sortino Ratio, Calmar Ratio und Sterling Ratio, nicht in Frage. Aufgrund der in Kapitel 3.4 dargestellten Verteilungseigenschaften von Hedgefondsrenditezeitreihen hinsichtlich der höheren Momente, könnte die Verwendung von Rate of Return, Korrelation, Sharpe Ratio oder Value at Risk zu verzerrten Ergebnissen führen. Deswegen wird zur Modellierung das zweidimensionale Omega-Maß, welches die spezifischen Verteilungseigenschaften von Hedgefonds berücksichtigt, verwendet. Schneeweis, Kazemi und Gupta (2004) zeigen, dass die Formel (14) auch wie folgt geschrieben werden kann:

$$\Omega(R_{\min}) = \frac{C(R_{\min})}{P(R_{\min})}. \tag{21}$$

Wobei $C(R_{min})$ dem Preis einer europäischen Call-Option auf das Investment und $P(R_{min})$ dem Preis einer europäischen Put-Option auf das Investment entspricht. Die Laufzeit beider Optionen beträgt eine Periode (z.B. ein Monat) und der Ausübungspreis beider Optionen ist R_{min}. So können der Zähler und der Nenner des Omega-Maßes wie folgt dargestellt werden:

$$\int_{R_{\min}}^{b} [1 - F(R_t)]\, dR_t = \int_{R_{\min}}^{b} (R_t - R_{\min}) f(R_t) dR_t = E[\max(R_t - R_{\min}, 0)], \tag{22}$$

$$\int_{a}^{R_{\min}} F(R_t)\, dR_t = \int_{a}^{R_{\min}} (R_{\min} - R_t) f(R_t) dR_t = E[\max(R_{\min} - R_t, 0)]. \tag{23}$$

Wobei $f(R_t)$ die Dichtefunktion des Einperiodenertrags ist. Die Gleichungen (22) und (23) entsprechen demnach undiskontierten Call- und Put-Preisen. Um die beiden Nettobarwerte zu berechnen, werden beide Seiten anschließend mit $exp(-R_f)$ multipliziert, wobei R_f dem risikolosen Zinssatz der Periode entspricht. Die Ergebnisse entsprechen anschließend $C(R_{min})$ und $P(R_{min})$. In Formeln ausgedrückt:

$$C(R_{\min}) = e^{-R_f} E[\max(R_t - R_{\min}, 0)], \tag{24}$$

$$P(R_{\min}) = e^{-R_f} E[\max(R_{\min} - R_t, 0)]. \tag{25}$$

Demnach lässt sich das Omega-Maß empirisch über die Patial Moments-Methode auch anhand folgender Formel berechnen:

$$\Omega(R_{\min}) = \frac{\frac{1}{T}\sum_{t=1}^{T} \max(R_t - R_{\min}, 0)}{\frac{1}{T}\sum_{t=1}^{T} \max(R_{\min} - R_t, 0)}, \tag{26}$$

mit

T: Anzahl der Beobachtungen,

$R_{\min}$: Mindestrendite,

R_t : Rendite der Einzelhedgefonds im Monat t ($t = 1, ..., T$).

Grundsätzlich ist, unabhängig von der Höhe der Mindestrendite, dem Investment mit höherem Omega-Maß der Vortritt zu geben. Denn je höher das Omega-Maß, desto besser wird das eingegangene Risiko entlohnt.[296] Um auch tatsächlich einen Lebenszyklus darzustellen, wurden die Wertentwicklungen der zugrunde liegenden Hedgefonds unabhängig von dem tatsächlichen Monat betrachtet. So wurden in einem ersten Schritt die Wertentwicklungen der Fonds der gesamten Datenbank auf Startmonat 1 gesetzt. In anderen Worten repräsentiert Monat 1 den ersten Monat aller Hedgefonds der Stichprobe, unabhängig von dem effektiven Monat im Zeitkontinuum.[297]

In dieser Untersuchung wird das von Cascon und Shadwick (2005) vorgeschlagene Verfahren, eine feste Gewinnschwelle R_{min} zu definieren und den Wert des Omega-Maßes zu dieser Gewinnschwelle als Rangwert anzunehmen, verfolgt.[298] Erträge unterhalb dieser Schwelle (z.B. risikoloser Zinssatz) empfindet der Investor als Verlust, Werte darüber als Gewinn. Da im Folgenden ein Ranking der verschiedenen Hedgefonds vorgesehen ist, wird im folgenden das Omega-Maß mit einer einzelnen Gewinnschwelle im Vergleich zur Omega-Funktion über die gesamte Bandbreite der Renditen betrachtet.[299] Bertrand und Prigent (2006) empfehlen, R_{min} bei empirischen Untersuchungen mit dem Omega-Maß zwischen 0 Prozent und einem risikofreien Zinssatz zu wählen. Da das arithmetische Mittel des risikofreien Zinssatzes, gemessen am 3-Monats-Libor in USD, für den Untersuchungszeitraum 4,07 Prozent beträgt, wird der Mittelwert zwischen 0 Prozent und dem risikofreien Zinssatz betrachtet und vereinfacht $R_{min} = 2\%$ definiert.[300]

Für die Modellierung des Hedgefondslebenszyklus ist eine statische Betrachtungsweise über den gesamten Untersuchungshorizont nicht zielführend. Deswegen wird der dynamische Verlauf des Omega-Maßes mit Hilfe der rollierenden Berechnungsmethode bestimmt.[301] Hierbei wird in einem ersten Schritt das 12-Monats-rollierende Omega-Maß für alle Hedgefonds der Datenbasis zum Zeitpunkt i mit $R_{min} = 2\%$ wie folgt berechnet:

[296] Mittelwert-Abweichung von "0" wurden nicht berücksichtigt, ebenso wie extreme Omega-Kennzahlwerte (> 50). Vgl. Bacmann und Scholz (2003), S. 28.

[297] Dieser Schritt ist zum einen notwendig, um Aussagen über den Lebenszyklus an sich, und zum anderen, um eine ausreichende Stichprobe innerhalb der Einzelstrategien zu erreichen.

[298] Vgl. Cascon und Shadwick (2005), S. 431.

[299] Vgl. Keating und Shadwick (2002), S. 12.

[300] Die Dateninformationen zum Libor enstammen Bloomberg und wurden für den Zeitraum von Juni 1996 bis Mai 2006 berechnet. Die Verwendung von Euribor war aufgrund des Fehlens von historischen Daten vor 1998 nicht möglich. Das arithmetische Mittel des 3-Monats-Euribor in Euro für den Zeitraum Dezember 1998 bis Mai 2006 beträgt 3,06 Prozent.

[301] Bei der Berechnung von rollierenden Kennzahlen wird zuerst ein Zeitfenster bestimmt und anschließend diese Kennzahl für dieses Zeitfenster berechnet. Das Zeitfenster wird anschließend um jeweils einen Monat vorwärts gerollt. So gesehen bestimmt sich bei einem gewählten Zeitfenster von 12 Monaten die berechnete Kennzahl für den Zeitpunkt 12 aus den Werten 1 bis 12 und die Berechnung für den Zeitpunkt 13 aus den Werten 2 bis 13.

$$\Omega(R_{\min})_i = \frac{\frac{1}{12}\sum_{t=i-11}^{i}\max(R_t - 2\%, 0)}{\frac{1}{12}\sum_{t=i-11}^{i}\max(2\% - R_t, 0)}. \tag{27}$$

Um allerdings die Hedgefonds der Datenbasis im Kontext ihrer Peer Group vergleichen zu können, wird eine Benchmark-Zeitreihe benötigt. Zur Bildung dieser Benchmark-Zeitreihe wird für jeden Monat der Median der 12-Monats-rollierenden Omega-Maße für alle Hedgefonds der jeweiligen Peer Group berechnet. Hierbei entspricht der Benchmark-Omega-Maß eines jeden Monats jeweils dem Median der 12-Monats-rollierenden Omega-Maße für die entsprechende Peer Group in dem jeweiligen Monat:

$$\Omega(R_{\min})_i^{BM} = \widetilde{\Omega}(R_{\min})_i^{BM}, \tag{28}$$

$$\widetilde{\Omega}(R_{\min})_i^{BM} = \begin{cases} \Omega(R_{\min})_{i,(n+1)/2} & \text{n gerade} \\ \frac{1}{2}\left(\Omega(R_{\min})_{i,(n/2)} + \Omega(R_{\min})_{i,(n/2)+1}\right) & \text{n ungerade} \end{cases}, \tag{29}$$

mit

n: die Anzahl der Beobachtungen der jeweiligen Benchmark zum Zeitpunkt i,

i: der jeweilige Zeitpunkt, zu dem das Omega-Maß gerechnet wird.

Die so bestimmte Omega-Benchmark kann als Benchmark für die einzelnen Hedgefonds der jeweiligen Strategiegruppe interpretiert werden, die ein Hedgefonds schlagen muss, um als „überdurchschnittlich" zu gelten. In der folgenden Untersuchung wird insbesondere die Differenz der Monatswerte zwischen dem Omega-Maß der einzelnen Hedgefonds und seines Benchmark-Omega $\Omega(R_{\min})^{BM}$ betrachtet und als Excess-Omega ($\varepsilon\Omega$) definiert:

$$\varepsilon\Omega(R_{\min})_{i,n} = \Omega(R_{\min})_{i,n} - \Omega(R_{\min})_i^{BM}. \tag{30}$$

5 Datenbasis

Da die Hedgefondsbranche lediglich einen wenig regulierten Zweig der internationalen Asset Management-Industrie darstellt und das Performancereporting ausschließlich auf freiwilliger Basis stattfindet, leiden die Datenbanken unter verschiedenen Verzerrungen (siehe Kapitel 2.3.2). Mit dem Wachstum der Hedgefondsindustrie ist auch die Anzahl der öffentlichen Datenbanken gestiegen, zu denen interessierte Investoren oder Akademiker unter Zahlung zwischen 2.500 USD und 8.000 USD pro Jahr Zugang erhalten können. Diese empirische Arbeit basiert auf monatlichen Datenreihen von 3.450 individuellen Hedgefonds der Absolute Return-Datenbank von Hedge Fund Intelligence (HFI). Die Entscheidung, diese Datenbank anderen Anbietern vorzuziehen, begründet sich zum einen auf der Tatsache, dass die Hedge Fund Intelligence Datenbank zur Berücksichtigung der Survivorship Bias-Problematik liquidierte Fonds[302] in ihrer Datenbank behält und diese die insbesondere für die Analyse des Lebenszyklus relevante vollständige Gebührenstruktur (Managementgebühr, Performancegebühr, High-Watermark und Hurdle Rate) enthält.[303] Die verschiedenen Datenbaken stellen Zeitreihen der monatliche diskreten Wertänderungen als Prozent für die jeweils enthaltenen Hedgefonds wie folgt zur Verfügung:

$$R_t = \frac{NAV_t}{NAV_{t-1}} - 1 \tag{31}$$

mit

R_t : Rendite zum Zeitpunkt t,

NAV_t : Nettoinventarwert des Einzelhedgefonds zum Zeitpunkt t.

Um eine homogene Datenbasis zu erhalten, welche von exogenen Schocks möglichst unbeeinflusst ist, wird in der folgenden Untersuchung ein Zeitraum von Januar 1996 bis Mai 2006 betrachtet.[304] Hierdurch ist gewährleistet, dass die große Hedgefondskrise aus dem Jahr 1998, welche durch den Beinahe-Zusammenbruch von LTCM ausgelöst wurde, bei den Ergebnissen Berücksichtigung findet.

---

302 Liquidierte Fonds sind diejenigen Fonds, die aufgrund von verschiedenen Beweggründen ihr Performancereporting an den Datenbankanbieter eingestellt haben. Dies kann verschiedene Gründe wie bspw. die Liquidierung oder die Zusammenlegung von Fonds, das Verstecken von schlechter Performance oder auch die Schließung von Fonds und die damit verlorene Marketingfunktion haben. Im Hedgefondsbereich bedeutet die Schließung eines Fonds demnach, dass der Fonds seine Kapazitätsgrenze hinsichtlich des zu verwalteten Fondsvermögens erreicht hat und deswegen nur noch von bestehenden Investoren (soft-closed) Aufstockungen akzeptiert oder aber überhaupt keine Zeichnungen (hard-closed) mehr annimmt.

303 Heidorn, Hoppe und Kaiser (2006b) haben in diesem Kontext ferner nachgewiesen, dass aufgrund der hohen Repräsentativität der verschiedenen untersuchten Datenbanken, die Wahl derselbigen keinen signifikanten Einfluss auf die Untersuchungsergebnisse haben sollte. Vgl. Heidorn, Hoppe und Kaiser (2006b), S. 559.

304 Dieses gilt allerdings nicht für die deskriptive Betrachtung der Datenbasis. Hier werden jeweils die vollständigen Datensätze ausgewertet.

5.1 Schritte zur Datenbasisbereinigung

Zur Datenbereinigung wurden folgende Schritte durchgeführt:

- Die Renditezeitreihen all jener Fonds, die in einer anderen Währung als US-Dollar denomminiert waren, wurden auf eine Dollar-währungsgesicherte Basis gebracht;
- Fonds mit einer Kurshistorie unter 12 Monaten werden nicht beachtet;
- Fonds mit einer lückenhaften Kurshistorie werden nicht berücksichtigt;
- Fonds mit mehreren aufeinanderfolgenden identischen monatlichen Wertentwicklungen werden von der Datenbasis ausgeschlossen, da dies als Indiz für ein quartalsweises oder halbjährliches Performancereporting zu werten ist;
- Bei Fonds, für die mehrere Datenreihen (z.B. Offshore/Onshore-Varianten, abweichende Basiswährungen oder Klassen mit abweichender Gebührenstruktur) vorhanden sind, wird lediglich die Variante mit der längsten Kurshistorie in der Datenbasis behalten;
- Bei den deskriptiven Variablen werden folgende Vereinheitlichungen vorgenommen:
  - *Minimum Investment:* Umrechnung der jeweiligen Angaben in USD auf Basis der Kurse vom 31. Mai 2006 (siehe Tabelle 22) und Berücksichtigung nur von Erstzeichnungs- und nicht Folgezeichnungssummen. Bei Angaben von Einheiten oder Aktien (z.B. Minimum Investment = 1 Aktie) wurden die jeweiligen Anteilspreise auf Basis verschiedener Kursinformationsdienste (z.B. Bloomberg, Pertrac) ermittelt.
  - *Liquidität:* Bei den Angaben zur Liquidität finden bei dieser Untersuchung nur die Kündigungsfrist, nicht aber die Benachrichtigungsperiode (Notice Period) Berücksichtigung, da diese sehr heterogenen Werte keine wirklichen Mehrwert bei der Peer Group-Bildung bieten. Deswegen werden im Folgenden die Liquidität-Peer Groups als täglich, wöchentlich, monatlich, quartalsweise, halbjährlich und jährlich klassifiziert.

Nach dieser Datensatzbereinigungsprozedur stehen noch Datenreihen inklusive deskriptiver Variablen zu 1.724 Hedgefonds zur Verfügung. Es ist bekannt, dass Fonds, die eine vergleichbare Handelsstrategie verfolgen, auch ähnliche Risiko- und Ertragscharakteristika aufweisen. Auf Basis der bereits in Kapitel 2.2 eingeführten Strategieklassifikation lassen sich die jeweiligen Zielfonds den entsprechenden Disziplinen zuordnen.[305] War die Klassifizierung

---

[305] Für die Analysen auf Peer Group-Ebene wurden die Hedgefonds den folgenden Sparten zugeordnet: Equity Market Neutral (Asia MN, MN & Quantitative Strategies, Japan MN), Long/Short Equity (Asia including Japan LS, European LS EUR, European LS GBP, European LS USD, Global Equity, Japan LS, Japan LS Yen, US Equity), Managed Futures / Global Macro (Currency, Foreign Exchange, Macro, Managed Futures), Convertible Arbitrage (Convertible & Equity Arbitrage, Credit Arbitrage, Convertible & Equity Arbitrage, Mixed Arbitrage, Japan Synthetic Warrants), Fixed Income Arbitrage (Asia FI, Fixed Income, FI & High Yield, Mortgage-Backed Securities), Distressed Securities (Distressed), Emerging Markets (EM Debt, EM Equity), Event Driven (ED, ED Technology) sowie die Mischkategorien Multi-Strategie (Exotic Derivatives, Multi-Strategy, Specialist, Real Estate), Fund of Funds (Index, Self-Invested Fund of Funds).

beziehungsweise die Strategiebeschreibung nicht ausreichend, so erfolgte die Zuordnung in Abhängikeit zur Korrelation zu den Edhec-Indizes. Konnte ein Fonds nicht eindeutig zugeordnet werden (Korrelation < 0,90), so wurde er der Klasse „others“ zugeordnet (14 Fonds) und ging nicht in die Ergebnisse des jeweiligen Gesamtuniversums mit ein. Die Anzahl der Zielfonds in den jeweiligen Strategiegruppen kann Tabelle 23 entnommen werden.

Anzahl an Fonds	Währung	USD
1	AUD	0,729
3	BRL	0,451
17	CAD	0,891
3	CHF	0,802
1	CZK	0,044
1	DKK	0,168
194	EUR	1,255
16	GBP	1,816
5	JPY	0,009
5	NOK	0,159
28	SEK	0,136
9	ZAR	0,138

Daten: Bloomberg.

Tab. 22: Umrechnungskurse per 31.05.2006

Tabelle 24 stellt die Evolution der Anzahl der Hedgefonds innerhalb der jeweiligen Strategiegruppen im Zeitverlauf dar. Es wird deutlich, dass die Anzahl der Hedgefonds der Datenbasis mit jedem weiteren, betrachteten Jahr zunimmt. Dies deutet mit zunehmender Betrachtungsdauer auch auf eine steigende Repräsentativität hin.

	Anzahl an Fonds	Anteil an Datensatz*
Convertible Arbitrage	176	10,21%
Distressed Securities	42	2,44%
Event Driven	123	7,13%
Emerging Markets	95	5,51%
Fixed Income	116	6,73%
Fund-of-Funds	46	2,67%
Global Macro	298	17,29%
Long/Short Equity	725	42,05%
Market Neutral	50	2,90%
Multi Strategy	53	3,07%
Total	1724	100,00%

*Bereinigt entsprechend der Vorgaben.

Tab. 23: Gesamtanzahl der Hedgefonds in den jeweiligen Strategiegruppen

Anzahl an Fonds	1996	1997	1998	1999	2000	2001	2002	2003	2004	2005	05/06
Convertible Arbitrage	22	30	44	62	73	91	116	141	160	153	176
Distressed Securities	6	7	8	11	11	18	30	34	41	41	42
Event Driven	24	27	34	46	56	70	87	101	117	119	123
Emerging Markets	12	21	27	35	42	46	55	74	90	94	95
Fixed Income	20	23	30	33	40	52	76	93	109	106	116
Fund-of-Funds	1	1	18	20	26	28	34	41	44	46	46
Global Macro	50	65	76	99	124	140	178	227	278	285	298
Long/Short Equity	80	102	141	182	243	316	418	522	644	684	725
Market Neutral	1	1	4	7	10	14	22	33	44	50	50
Multi Strategy	10	14	16	18	20	22	26	37	48	49	53
Total	226	291	398	513	645	797	1042	1303	1575	1627	1724

Tab. 24: Evolution der Anzahl der Hedgefonds innerhalb der Strategiegruppen

5.2 Deskription auf Gesamtdatenbankebene

Nachdem die verschiedenen Bereinigungs- und Aggregationsschritte durchgeführt wurden, stellt sich die Datenbasis wie in Tabelle 25 veranschaulicht dar. Der durchschnittliche Fonds der Datenbank hat demnach 296,46 Mio. USD an verwaltetem Vermögen, eine Kurshistorie von über fünf Jahren und eine Mindestinvestitionssumme von 862.670 USD. Auf der Gebührenseite beträgt der Durchschnitt der Datenbank für die Managementgebühr 1,56 Prozent p.a. und für die Performancegebühr 20 Prozent p.a.. Diese Ergebnisse sind vergleichbar mit den Industriedurchschnittswerten, die von Brown, Goetzmann und Liang (2004) für den 31. März 2001 auf Basis von 2.104 Hedgefonds ermittelt wurden.[306] Im Vergleich dieser Ergebnisse zu der Untersuchung von Ackermann, McEnally und Ravenscraft (1999), welche die Durchschnittswerte von 547 Hedgefonds per 31. Dezember 1995 ermittelten, fällt auf, dass lediglich das Fondsalter mit durchschnittlich 62,72 Monaten den heutigen Werten entspricht. Die Durchschnittswerte für Managementgebühr (1,25), Performancegebühr (13,87) und Fondsgröße (108,04 Mio. USD) sind deutlich unter den heutigen Industriedurchschnittswerten anzusiedeln.[307] Anders ausgedrückt ist der durchschnittliche Hedgefonds im Jahr 2006 teurer und größer als noch im Jahr 1995, kann aber keine längere Kurshistorie vorweisen.

	Min	Max	Dif	Stdv	Med	MW
Assets under Management (Mio. USD)	0,21	12.700,00	12.699,79	736,01	83,50	296,46
Fondsalter (Monate)	12,00	464,00	452,00	46,80	49,00	63,20
Mindestinvestment (TUSD)	0,13	64.000,00	63.999,88	2.239,19	500,00	862,67
Managementgebühr (p.a.)	0,25%	6,00%	5,75%	0,49%	1,50%	1,56%
Performancegebühr	2,00%	50,00%	48,00%	2,61%	20,00%	20,00%

Tab. 25: Deskription der Datenbasis (Größe, Alter, Mindestinvestition und Gebühren)

306 Vgl. Brown, Goetzmann, Liang (2004), S. 44.
307 Vgl. Ackermann, McEnally und Ravenscraft (1999), S. 844.

In einem nächsten Schritt wird untersucht, an welche Prinzipien die Entrichtung der Performancegebühr im Durchschnitt gekoppelt ist. So ist anhand Tabelle 26 zu erkennen, dass 86,37 Prozent der Hedgefonds der Datenbasis dem High-Watermark-Prinzip folgen. Wiederum 13,57 Prozent der Hedgefonds der Datenbasis haben das Hurdle Rate-Prinzip in ihren Fondsstatuten installiert. Die hohe Verbreitung der Hurdle Rate in der Datenbasis steht im Gegensatz zu den Ergebnissen einer Studie von Van Hedge aus dem Jahr 2000. Demnach sollen zu diesem Zeitpunkt 75 Prozent aller Hedgefonds mit einer High-Watermark, aber nur 17 Prozent mit einer Hurdle Rate gearbeitet haben.[308] Aufgrund der Investorenpräferenzen können die Ergebnisse allerdings als repräsentativ für die heutige Hedgefondsbranche bezeichnet werden.[309] Auf der Einzelstrategieebene ist zu beobachten, dass eine High-Watermark bei Hedgefonds der Strategien Distressed Securities (97,62 Prozent), Event Driven (92,68 Prozent) und Market Neutral (98,00 Prozent) fast ausnahmslos installiert ist. Die Verfolgung des Hurdle Rate-Prinzips ist insbesondere bei den Strategien Emerging Markets (21,05 Prozent), Fixed Income Arbitrage (24,14 Prozent) und Market Neutral (20,00 Prozent) in einem überdurchschnittlichen Ausmaß zu beobachten. Es lässt sich außerdem mit 15,84 Prozent ein relativ hoher Anteil an geschlossenen Fonds in der HFI-Datenbank beobachten. Dies könnte darauf hinweisen, dass Fonds, welche frisches Kapital suchen, in der Datenbasis unterrepräsentiert sein dürften (geringer Self-Reporting Bias).[310]

Als nächstes werden die Risiko- und Ertragscharakteristika der Datenbasis für die einzelnen Peer Groups (Tabelle 27) untersucht. Hierzu sind anhand der Daten der einzelnen Hedgefonds in der Datenbasis gleichgewichtete Indizes für die jeweilige Strategiegruppe gebildet worden. Um einen Anhaltspunkt für die Qualität der Datenbasis zu erhalten, wurden die ermittelten Sharpe Ratios (2%) mit den Durchschnittswerten für die entsprechenden Indexanbieter aus Kapitel 3 verglichen. Hierbei ist festzustellen, dass bei den Strategien Distressed Securities mit 4,27 (2,78), bei Global Macro mit 1,94 (1,50) und bei Market Neutral mit 2,00 (1,98) sich die Werte nicht besonders stark unterscheiden. Bei den Strategien Convertible Arbitrage mit 4,68 (1,44), Event Driven mit 3,51 (0,72), Emerging Markets mit 2,65 (1,61), Fixed Income Arbitrage mit 7,79 (3,00) und Long/Short Equity mit 3,54 (0,90) liefern die Fonds der Datenbasis allerdings deutlich höhere Sharpe Ratios (2%) als der Durchschnitt der verschiedenen Hedgefondsindizes. Ein Teil dieser Diskrepanzen ist sicherlich auf einen in der Datenbank inhärenten Survivorship Bias zurückzuführen.

---

308 Vgl. Kaiser (2004), S. 102.

309 Eine Untersuchung der Deutschen Bank hat ergeben, dass lediglich 17 Prozent der weltweiten Investoren (repräsentiert durch Dachhedgefonds, Versicherungen, Banken, Consultants, Stiftungen, Pensionskassen und Family Offices) eine Hurdle Rate verlangen, um eine Allokation in Hedgefonds zu tätigen, während 83 Prozent auf eine Hurdle Rate verzichten würden. Dieselbe Untersuchung hat allerdings auch gezeigt, dass 81 Prozent der Investoren eine High-Watermark für unverzichtbar halten. Lediglich 19 Prozent der Befragten gaben an, auch in Hedgefonds zu investieren, die keine High-Watermark haben. Vgl. Dyment und Heavey (2003), S. 9-11.

310 Haberfelner, Kaiser und Kisling (2006) beobachteten bei ihrer Untersuchung der Eurekahedge-Datenbank lediglich einen Anteil an geschlossenen Fonds von sechs Prozent. Garbaravicius und Dierick (2005) beziffern den Anteil an geschlossenen Fonds in der TASS-Datenbank für das Jahr 2005 mit neun Prozent.

	High-Watermark		**Hurdle Rate**		**Fondsstatus**		**Gescheiterte Fonds***	
	ja	*nein*	*ja*	*nein*	*offen*	*geschlossen*	*ja*	*nein*
Convertible Arbitrage	146	18	22	141	155	21	55	121
Distressed Securities	41	1	2	40	34	8	14	27
Event Driven	114	1	8	107	109	14	25	97
Emerging Markets	87	7	20	74	78	17	13	82
Fixed Income	92	9	28	73	103	12	29	87
Fund-of-Funds	14	30	7	38	18	28	4	42
Global Macro	254	26	39	238	270	28	58	240
Long/Short Equity	650	32	93	592	602	122	150	575
Market Neutral	49	1	10	40	35	15	4	45
Multi Strategy	42	5	5	42	45	8	18	35
Total	1489	130	234	1385	1449	273	370	1351

*Fonds, für die im Mai 2006 keine Renditen dokumentiert sind.

Tab. 26: Deskription der Datenbasis (High-Watermark, Hurdle Rate und Fondsstatus)

	CA	**DS**	**ED**	**EM**	**FI**	**GM**	**LS**	**MN**	**Min**	**Max**	**MW**
Mittelwert	0,63%	1,07%	0,83%	1,32%	0,68%	0,66%	0,87%	0,58%	0,58%	1,32%	0,83%
RoR	0,63%	1,07%	0,82%	1,30%	0,68%	0,66%	0,87%	0,57%	0,57%	1,30%	0,82%
RoR (ann)	7,77%	13,61%	10,34%	16,80%	8,44%	8,18%	10,93%	7,10%	7,10%	16,80%	10,40%
Stdv	0,36%	0,79%	0,69%	1,61%	0,24%	0,92%	0,73%	0,74%	0,24%	1,61%	0,76%
Volatilität	1,23%	2,74%	2,38%	5,57%	0,83%	3,19%	2,52%	2,55%	0,83%	5,57%	2,63%
Semi-Stdv	0,27%	0,51%	0,49%	1,19%	0,17%	0,61%	0,52%	0,43%	0,17%	1,19%	0,52%
Sharpe Ratio (2%)	4,68	4,24	3,51	2,65	7,79	1,94	3,54	2,00	1,94	7,79	3,79
Sharpe Ratio (4%)	3,06	3,51	2,67	2,30	5,37	1,31	2,75	1,22	1,22	5,37	2,77
Sortino Ratio (2%)	13,01	18,86	9,17	4,79	120,02	4,40	8,35	6,08	4,40	120,02	23,08
Sortino Ratio (4%)	6,63	12,58	5,95	4,00	29,18	2,60	5,80	2,93	2,60	29,18	8,71
Calmar Ratio	5,69	8,03	7,60	2,26	~	1,84	4,18	4,19	1,84	8,03	4,83
Sterling Ratio	0,14	0,39	0,20	0,31	0,17	0,13	0,26	0,20	0,13	0,39	0,23
Omega (2%)	19,56	21,48	10,58	7,89	251,69	4,52	11,61	5,72	4,52	251,69	41,63
Omega (4%)	7,97	12,86	6,51	6,40	32,99	2,89	7,75	2,87	2,87	32,99	10,03
Schiefe	-0,32	0,64	-0,11	-0,79	-0,25	0,36	-0,26	1,70	-0,79	1,70	0,12
ÜW	6,67	2,03	2,60	11,16	0,11	1,95	4,03	6,99	0,11	11,16	4,44
Jarque-Bera	224,81	28,72	34,13	634,67	1,32	21,73	82,62	302,14	1,32	634,67	166,27
MD	-1,37%	-1,69%	-1,36%	-7,43%	0,00%	-4,45%	-2,61%	-1,70%	0,00%	-7,43%	-2,58%
Durch. Positiv	0,67%	1,20%	0,97%	1,56%	0,68%	0,93%	0,97%	0,74%	0,67%	1,56%	0,97%
Durch. Negativ	-0,37%	-0,36%	-0,56%	-3,10%	~	-0,61%	-1,10%	-0,39%	-0,36%	-3,10%	-0,93%
Positiv (%)	95,83%	91,67%	90,00%	94,17%	100,00%	82,50%	95,00%	85,00%	82,50%	100,00%	91,77%
AC	0,45	0,23	0,24	-0,13	0,30	0,06	0,06	0,21	-0,13	0,45	0,18
VaR (0,99)	-0,83%	-1,84%	-1,60%	-3,74%	-0,55%	-2,14%	-1,69%	-1,71%	-0,55%	-3,74%	-1,76%
VaR (0,99) CF	-1,46%	-1,73%	-2,07%	-8,50%	-0,60%	-2,27%	-2,50%	-1,20%	-0,60%	-8,50%	-2,54%
Korr (S&P500)	0,23	0,31	0,47	0,27	0,10	0,05	0,42	-0,01	-0,01	0,47	0,23
Korr (JPM GGBI)	0,11	0,08	0,07	0,01	0,21	0,27	0,06	0,01	0,01	0,27	0,10

Beobachtungszeitraum: Januar 1996 bis Mai 2006.

Tab. 27: Performancekennzahlen der Datenbasis

Um einen Eindruck hinsichtlich der möglichen Heterogenität der Ergebnisse auf der Einzelhedgefondsebene zu erhalten, lässt sich die Gesamtbetrachtungsweise um die zusätzliche Betrachtungsebene nach Quartilen oder Dezilen anhand der Sharpe Ratio (2%) ergänzen.[311] Hierbei werden die Quartile in dieser Untersuchung jeweils absteigend sortiert. Für die Gesamtdatenbank bedeutet dies beispielsweise, dass das erste Quartil eine durchschnittliche Sharpe Ratio (2%) von 2,81, das zweite Quartil von 1,64, das dritte von 1,02 und das vierte von 0,46 aufweist. Die entsprechenden Kennziffern, aufgeteilt nach den einzelnen Strategien, sind in Tabelle 28 dargestellt. Auf beiden Betrachtungsebenen ist ein drastischer Einbruch der Sharpe Ratio (2%) zwischen der besten und der darauf folgenden Kategorie – für die Gesamtdatenbank sowie für jede einzelne Strategie – erkennbar.

	CA	DS	ED	EM	FI	GM	LS	MN	GS
Quartil (1)	2,42	3,29	2,22	2,95	3,59	1,24	2,11	2,18	2,80
Quartil (2)	1,59	2,38	1,51	1,90	1,79	0,71	1,28	1,42	1,64
Quartil (3)	1,08	1,75	1,09	1,14	1,00	0,40	0,81	0,67	1,02
Quartil (4)	0,43	1,31	0,54	0,47	0,28	-0,09	0,35	0,49	0,46
Dez (1)	3,55	3,54	3,08	3,89	6,87	1,73	2,93	3,54	3,92
Dez (2)	2,35	3,22	2,19	2,70	3,41	1,16	1,96	2,08	2,58
Dez (3)	1,96	2,99	1,79	2,36	2,45	0,94	1,55	1,72	2,06
Dez (4)	1,70	2,44	1,54	2,07	1,94	0,73	1,34	1,48	1,70
Dez (5)	1,45	2,09	1,38	1,53	1,41	0,62	1,13	1,19	1,43
Dez (6)	1,32	1,96	1,21	1,24	1,17	0,47	0,93	0,99	1,19
Dez (7)	1,03	1,66	1,04	1,05	0,86	0,38	0,77	0,89	0,98
Dez (8)	0,78	1,51	0,86	0,69	0,66	0,23	0,60	0,67	0,75
Dez (9)	0,56	1,32	0,63	0,52	0,32	0,00	0,40	0,53	0,53
Dez (10)	-0,09	0,89	0,28	0,31	-0,10	-0,42	0,03	0,20	0,11
Max	6,79	6,08	4,69	4,45	10,08	3,10	11,63	5,33	46,88
Min	-0,88	0,42	-0,69	-1,33	-2,94	-1,76	-2,25	-1,92	-2,16

Beobachtungszeitraum: Januar 1996 bis Mai 2006.

Tab. 28: Quartil- und Dezil-Darstellung der Datenbasis nach dem Sharpe Ratio (2%)

In Tabelle 29 wird die Repräsentativität der Datenbasis für das gesamte Hedgefondsuniversum getestet. Hierzu ist aus den Zeitreihen der individuellen Hedgefonds für jede Strategiegruppe ein gleichgewichteter Durchschnitt gebildet worden. Diese Durchschnitte wurden anschließend durch eine OLS-Regressionanalyse gegen die Edhec-Strategieindizes evaluiert. Hierbei misst der Regressionskoeffizient (R^2), welcher Anteil der Renditevarianz auf die Varianz der erklärenden Variablen zurückzuführen ist. Die Edhec-Indizes wurden gewählt, da Lhabitant (2004) sowie Heidorn, Hoppe und Kaiser (2006c) gezeigt haben, dass sie die größte Repräsentanz für das gesamte Hedgefondsuniversum besitzen.

---

311 Da es sich bei den Strategien „Fund-of-Funds" und „Multi-Strategy" um Mischstrategien handelt, für die es auch keinen entsprechenden Vergleichsmaßstab der Edhec-Indexfamilie gibt, so dass sich deren Repräsentativität nicht stringent nachweisen lässt, wurden im Folgenden diese Strategien von der Untersuchung ausgeschlossen.

	Korrelation	α	p-Value α	β	p-Value β	F-Statistik	R^2 der Regression
Convertible Arbitrage	**0,76**	0,0045	0,0000	0,6623	0,00000	156,33	58,42%
Distressed Securities	**0,92**	0,0016	0,0254	0,9190	0,00000	578,46	83,93%
Event Driven	**0,86**	0,0026	0,0215	1,0634	0,00000	321,05	78,40%
Emerging Markets	**0,95**	0,0026	0,1138	1,2816	0,00000	950,41	90,44%
Fixed Income	**0,83**	0,0034	0,0000	0,7785	0,00000	253,90	69,58%
Global Macro	**0,93**	0,0028	0,0003	0,9400	0,00000	671,40	85,80%
Long/Short Equity	**0,92**	0,0042	0,0000	0,9367	0,00000	638,63	85,20%
Market Neutral	0,13	0,0066	0,0035	0,3004	0,15949	2,01	1,79%

Bei den fett markierten Koeffizienten ist die Korrelation auf dem Niveau von 0,01 oder 0,05 (2-seitig) signifikant.
Beobachtungszeitraum: Januar 1996 bis Mai 2006.

Tab. 29: Regressionsanalyse: Datenbasis versus die Edhec-Indizes

Grundsätzlich zeigen die Ergebnisse, dass sämtliche Regressionen, mit Ausnahme derjenigen für die Strategiegruppe Market Neutral, statistisch signifikant sind und diese Strategien somit einen repräsentativen Charakter aufweisen. Der Wahrscheinlichkeitswert des Bestimmtheitsmaßes ist für alle Sparten bis auf Market Neutral kleiner als 0,1 Prozent. Die Korrelationen bewegen sich bei den meisten Strategien auf einem Niveau von über 0,8, die signifikanten Betas liegen zwischen 0,66 und 1,28. Die Klassen Equity Market Neutral und Convertible Arbitrage weisen mit Korrelationen von 0,13 und 0,76 die niedrigste Repräsentanz gegenüber dem gesamten Hedgefondsuniversum auf und deren Betas liegen bei 0,30 bzw. 0,66. Da die verwendete Datenbank erst Zeitreihen zu den Einzelhedgefonds ab Juni 1996 zur Verfügung stellt, werden Fonds deren Auflegungsdatum vor dem Juni 1996 liegt, nicht berücksichtigt. Hierdurch reduziert sich die Datenbasis insgesamt um 207 auf insgesamt 1.433 Hedgefonds.[312]

5.3 Statistische Eigenschaften der Einzelstrategien

Nachdem im vorstehenden Abschnitt die Repräsentativität der Datenbank untersucht wurde, werden in diesem Abschnitt die statistischen Eigenschaften der einzelnen Hedgefondsstrategien der bereinigten Datenbasis anhand der in Kapitel 2.2 eingeführten Kennzahlen dargestellt. Hierfür wurden jeweils in einem ersten Schritt die jeweiligen Peer Groups mit der Gesamtdatenbank hinsichtlich deskriptiver Variablen wie Fondsgröße, Fondsalter und Gebührenstruktur verglichen.[313] In einem zweiten Schritt erfolgt die Berechnung der in Kapitel 3 vorgestellten statistischen Kennzahlen für die jeweiligen Strategien. Hierbei werden in den Tabellen im Panel „Indizes“, jeweils die Minimum-, Maximum-, Mittelwert- und Spannweite

312 Diese 207 Fonds teilen sich auf die einzelnen Strategien wie folgt auf: Convertible Arbitrage 22, Distressed Securities 6, Event Driven 22, Emerging Markets 9, Fixed Income Arbitrage 16, Global Macro 44, Long/Short Equity 72, Market Neutral 1 und Multi-Strategy 8.

313 Aufgrund der sehr hohen Differenzen bei den deskriptiven Variablen zwischen Minima und Maxima wird im Folgenden vor allem der Median als Durchschnittswert betrachtet, da dieser weniger stark von extremen Ausprägungen beeinflusst wird.

für zehn Hedgefondsindexfamilien[314] für den Zeitraum von Januar 2001 bis einschließlich Dezember 2005 angegeben. Als Vergleich zu diesen Durchschnittswerten für Hedgefondsindizes, werden im Panel „Datenbank" die jeweiligen Minimum-, Maximum-, Mittelwert- und Differenzwerte für die Hedgefonds der jeweiligen Peer Group der Gesamtdatenbank angegeben. Zur Berechnung dieser Daten wurden die angegebenen Kennzahlen für jeden individuellen Hedgefonds der Datenbasis berechnet.[315] Das Panel „Datenbank" kann so gesehen als Indikation für den Selektionsfehler eines Investors dienen. Die Investoren, die auf Basis von Indexdaten die statistischen Eigenschaften von Hedgefondsallokationen berechnen, sollten sich dementsprechend im Klaren sein, dass diese Indexdaten lediglich ein stark geglättetes Bild von mehreren Hedgefonds in einem Portfolio sind und nicht dem Risiko einer Investition in einen individuellen Hedgefonds dieser Strategie entsprechen.

5.3.1 Direktionale Strategien

5.3.1.1 Global Macro

Auf der deskriptiven Seite weist Global Macro, wie in Tabelle 30 dargestellt, extreme Werte auf. So verfügen Fonds dieser Gattung über die niedrigsten (210.000 USD) sowie die höchsten (12,7 Mio. USD) Fondsvolumen der gesamten Datenbasis. Hinsichtlich des Fondsalters ist ebenfalls eine hohe Dispersion zu beobachten, doch gemessen am Median entspricht dieses mit etwas mehr als vier Jahren exakt dem Datenbankdurchschnitt. Der Fonds mit der höchsten Mindestinvestitionssumme der hier betrachteten Fonds fordert 15 Mio. USD und gehört der Strategie Global Macro an. Bei der Managementgebühr ist festzustellen, dass die Bandbreiten zwischen der Gesamtdatenbank und Global Macro fast identisch sind (zwischen 0,30 bis 6,00 Prozent p.a.), sich der Median mit 2,00 Prozent p.a. zum Datenbankdurchschnitt allerdings als teurer darstellt. Bei der Performancegebühr liegt der Median mit 20 Prozent im Datenbankdurchschnitt. Die Strategie Global Macro verfügt darüber hinaus über ein relativ geringes Renditeniveau mit durchschnittlich annualisierten Wertentwicklungen zwischen 8,27 Prozent auf der Indexebene und 8,91 Prozent auf der Datenbankebene (siehe Tabelle 31). Dabei fällt auf, dass die Renditezeitreihen sowohl auf der Indexebene wie auf der Einzelfondsebene stark voneinander abweichen. Dementsprechend weisen auch die weiteren Kennzahlen, wie beispielsweise Sortino Ratio und Calmar Ratio, einen heterogenen Charakter auf. Ein homogeneres Bild zeigt sich bei der Ausgestaltung der Schiefeparameter der Global Macro-Strategie. Hier weisen die Fonds sowohl auf der Indexebene (mit Ausnahme der Datenbanken von VanHedge und Altvest) als auch auf der Einzelfondsebene eine positive und somit rechtsschiefe Verteilung auf.

---

[314] Die in diesem Abschnitt betrachteten Hedgefondsindizes stammen von den folgenden Anbietern: Invest Hedge, Van Hedge, CS, HFR, CISDM, Altvest, Barclay, Eurekahedge, Hennessee sowie Edhec.

[315] Nur auf diese Art und Weise kann sichergestellt werden, dass es durch die alternative und in der Praxis dominierende Bildung eines gleichgewichteten Index für die jeweilige Strategie und die anschließende Berechnung der Kennzahlen nicht zu einer Glättung der Daten kommt.

	Min	Max	Dif	Stdv	Med	MW
Assets under Management (Mio. USD)	0,21	12.700,00	12.699,79	1.238,74	49,99	380,51
Fondsalter (Monate)	12,00	352,00	340,00	51,20	49,50	67,90
Mindestinvestment (TUSD)[316]	0,00	15.000,00	15.000,00	1593,81	500,00	909,06
Managementgebühr (p.a.)	0,30%	6,00%	5,70%	0,65%	2,00%	1,87%
Performancegebühr	5,00%	30,00%	25,00%	2,93%	20,00%	20,27%

Tab. 30: Deskription der Global Macro-Datenbasis

	Indizes				Datenbank			
	Min	*Max*	*MW*	*Dif*	*Min*	*Max*	*MW*	*Dif*
Mittelwert	0,38%	1,08%	0,67%	0,69%	-1,31%	4,48%	0,78%	5,79%
RoR	0,37%	1,07%	0,66%	0,70%	-1,41%	4,12%	0,69%	5,53%
RoR (ann)	4,59%	13,68%	8,27%	9,09%	-15,64%	62,30%	8,91%	77,95%
Stdv	0,98%	1,60%	1,27%	0,62%	0,47%	13,45%	3,82%	12,97%
Volatilität	3,39%	5,54%	4,41%	2,15%	1,64%	46,58%	13,25%	44,94%
Semi-Stdv	0,66%	1,13%	0,87%	0,47%	0,31%	10,46%	2,59%	10,15%
Sharpe Ratio (2%)	0,53	3,45	1,50	2,92	-1,68	5,39	0,55	7,08
Sharpe Ratio (4%)	0,12	2,86	1,03	2,74	-2,65	4,61	0,33	7,26
Sortino Ratio (2%)	0,94	13,59	3,88	12,65	-20,20	671,08	16,40	691,28
Sortino Ratio (4%)	0,19	9,04	2,37	8,85	-26,58	364,94	10,29	391,51
Calmar Ratio	0,62	11,06	2,80	10,44	-1,11	110,00	1,49	111,11
Sterling Ratio	0,12	0,26	0,19	0,14	-0,74	3,88	0,53	4,62
Omega (2%)	-0,10	0,22	0,05	0,32	0,28	41,68	1,93	41,40
Omega (4%)	1,51	11,32	3,53	9,81	0,13	18,98	1,58	18,86
Schiefe	-0,05	0,57	0,25	0,62	-3,54	4,17	0,18	7,71
ÜW	-0,29	1,53	0,27	1,83	-1,50	22,82	1,20	24,31
Jarque-Bera	0,17	7,20	1,82	7,03	0,01	1106,55	19,54	1106,54
MD	-1,24%	-7,38%	-4,31%	6,14%	0,00%	-63,10%	-14,19%	63,10%
Durch. Positiv	1,00%	1,49%	1,31%	0,49%	0,43%	10,70%	3,24%	10,27%
Durch. Negativ	-0,46%	-1,16%	-0,77%	0,70%	-0,10%	-12,69%	-2,72%	12,60%
Positiv (%)	58,33%	86,67%	69,67%	28,33%	28,57%	100,00%	59,67%	71,43%
AC	0,62	1,00	0,85	0,38	-2,49	3,00	0,32	5,49
VaR (0,99)	-2,27%	-3,72%	-2,96%	1,45%	-1,10%	-31,28%	-8,90%	30,18%
VaR (0,99) CF	-2,05%	-3,68%	-2,78%	1,64%	-1,05%	-77,22%	-9,42%	76,17%
Korr (S&P 500)	-0,18	0,49	0,23	0,67	-0,58	0,95	0,06	1,53
Korr (JPM GGBI)	0,03	0,49	0,22	0,45	-0,61	0,77	0,12	1,38
Korr (Edhec GM)	0,62	0,91	0,84	0,29	-0,54	0,84	0,29	1,38

Beobachtungszeitraum: Januar 2001 bis Dezember 2005.

Tab. 31: Performancekennzahlen der Global Macro-Strategie

[316] Um Verzerrungen zu vermeiden, wurden die Mindestinvestitionssummen von zwei Fonds in Höhe von 40 Mio. USD und 60 Mio. USD als Ausreißer gewertet und hier nicht betrachtet.

5.3.1.2 Long/Short Equity

Die Hedgefonds der Strategie Long/Short Equity weisen mit einem Median von 69,00 Mio. USD relativ niedrige durchschnittliche Vermögen aus (siehe Tabelle 32). Der größte Long/Short Equity-Hedgefonds der Datenbasis verfügt über ein Fondsvermögen von 6 Mrd. USD. Hinsichtlich des Fondsalters ist anzumerken, dass die Durchschnittswerte exakt dem Datenbankdurchschnitt entsprechen, aber gleichzeitig der älteste Fonds der Datenbasis dieser Strategie zugehörig ist. Gleichzeitig sind die Mindestinvestitionssummen bei Long/Short Equity-Hedgefonds mit einem Median von 250.000 USD im Vergleich zum Gesamtdatenbankdurchschnitt mit einem Median von 500.000 USD mit die niedrigsten in der Stichprobe. Bei der Managementgebühr ist festzustellen, dass sich die Bandbreite bei Long/Short Equity (zwischen 0,25 Prozent bis 3,00 Prozent p.a.) im Vergleich zum Gesamtdatenbankdurchschnitt (zwischen 0,15 Prozent bis 6,00 Prozent) als günstiger darstellt. Gleichzeitig entspricht aber der Median der Managementgebühr von Long/Short Equity-Hedgefonds mit 1,5 Prozent exakt dem Datenbankdurchschnitt. Bei der Performancegebühr liegt der Median mit 20 Prozent ebenfalls im Datenbankdurchschnitt. Gleichzeitig aber gehört der Hedgefonds der Datenbasis mit der höchsten Performancegebühr (50 Prozent) zu dieser Strategiegruppe.

	Min	Max	Dif	Stdv	Med	MW
Assets under Management (Mio. USD)	0,77	6.000,00	5.999,23	534,06	69,00	242,55
Fondsalter (Monate)	12,00	464,00	452,00	47,64	47,00	60,21
Mindestinvestment (TUSD)	0,68	15.000,00	14.999,32	1.045,10	250,00	611,77
Managementgebühr (p.a.)	0,25%	3,00%	2,75%	0,40%	1,50%	1,44%
Performancegebühr	9,00%	50,00%	41,00%	2,00%	20,00%	19,82%

Tab. 32: Deskription der Long/Short Equity-Datenbasis

Beim Vergleich der Strategie Long/Short Equity mit anderen Hedgefondsstrategien fallen insbesondere die geringen durchschnittlichen Renditen und die relativ hohen durchschnittlichen Volatilitäten der einzelnen Indexanbieter auf (siehe Tabelle 33). Ähnliches lässt sich auch bei der Datenbank erkennen, wobei sowohl die Renditen als auch die Volatilitäten höher sind. Dementsprechend unterdurchschnittlich stellen sich die Mittelwerte der Sharpe Ratios der verschiedenen Strategieindizes mit 0,90 und der Datenbasis mit 1,17 dar. Allerdings lassen sich große Unterschiede zwischen den einzelnen Datenbankanbietern beobachten. Die Verteilungseigenschaften der Indizes sind sehr ähnlich und weisen durchschnittlich eine Linksschiefe sowie platykurtische Eigenschaften aus. Die Schiefe der Renditeverteilung der Fonds aus der Datenbasis ist hingegen im Durchschnitt positiv und somit rechtsschief. Gleichzeitig lassen sich relativ hohe VaR-Werte beobachten, was ein Auftreten von Verlusten bei Long/Short Equity als sehr wahrscheinlich erscheinen lässt. Der direktionalen Natur entsprechend weist diese Strategie auf der Indexebene hier mit 0,74 eine sehr hohe durchschnittliche Korrelation zum S&P 500 auf, während diese bei den Fonds der Datenbank geringer ausfällt. Allerdings variiert diese Korrelation je nach Hedgefondsindexanbieter zwischen 0,47 und

0,85. Die durchschnittliche Korrelation zum JPM Global Government Bond Index ist auf der Indexebene mit -0,27 negativ und die Korrelation zum Edhec-Hedgefondsindex mit 0,92 sehr hoch.

	Indizes				Datenbank			
	Min	*Max*	*MW*	*Dif*	*Min*	*Max*	*MW*	*Dif*
Mittelwert	0,33%	0,88%	0,57%	0,55%	-2,25%	12,52%	1,07%	14,77%
RoR	0,31%	0,86%	0,56%	0,55%	-2,59%	12,27%	1,01%	14,86%
RoR (ann)	3,79%	10,86%	6,91%	7,07%	-27,04%	301,02%	13,53%	328,06%
Stdv	0,98%	2,03%	1,62%	1,06%	0,35%	15,48%	3,09%	15,12%
Volatilität	3,38%	7,04%	5,62%	3,66%	1,23%	53,61%	10,69%	52,38%
Semi-Stdv	0,70%	1,51%	1,20%	0,81%	0,23%	10,57%	2,11%	10,34%
Sharpe Ratio (2%)	0,25	1,55	0,90	1,30	-2,076	10,509	1,17	12,58
Sharpe Ratio (4%)	-0,03	1,20	0,53	1,23	-2,836	10,438	0,90	13,27
Sortino Ratio (2%)	0,36	2,98	1,55	2,62	-25,139	4423,664	48,97	4448,80
Sortino Ratio (4%)	-0,04	2,12	0,85	2,16	-29,262	2067,783	32,94	2097,04
Calmar Ratio	0,24	1,94	1,08	1,70	-1,072	406,193	4,51	407,27
Sterling Ratio	0,15	0,28	0,21	0,13	-0,592	30,102	0,98	30,69
Omega (2%)	0,17	0,32	0,22	0,14	0,227	733,332	4,57	733,10
Omega (4%)	1,22	2,75	1,92	1,53	0,152	340,726	3,14	340,57
Schiefe	-0,50	-0,16	-0,36	0,34	-2,14	3,06	0,08	5,20
ÜW	-0,71	0,01	-0,36	0,72	-1,99	20,51	1,11	22,50
Jarque-Bera	0,39	2,98	1,89	2,59	0,01	1077,17	13,95	1077,16
MD	-3,07%	-16,06%	-7,77%	12,99%	0,00%	-62,06%	-11,14%	62,06%
Durch. Positiv	0,89%	1,98%	1,54%	1,09%	0,50%	15,97%	2,76%	15,47%
Durch. Negativ	-0,76%	-1,73%	-1,26%	0,97%	-0,07%	-12,56%	-2,12%	12,49%
Positiv (%)	60,00%	71,67%	65,67%	11,67%	32,61%	100,00%	66,48%	67,39%
AC	0,81	1,00	0,93	0,19	-1,15	3,39	0,25	4,54
VaR (0,99)	-2,27%	-4,73%	-3,77%	2,46%	-0,82%	-36,00%	-7,18%	35,18%
VaR (0,99) CF	-2,37%	-5,15%	-3,98%	2,79%	-0,75%	-41,17%	-7,73%	40,41%
Korr (S&P 500)	0,47	0,85	0,74	0,38	-0,86	0,97	0,28	1,83
Korr (JPM GGBI)	-0,34	-0,10	-0,27	0,24	-0,62	0,82	-0,06	1,44
Korr (Edhec LS)	0,81	0,98	0,92	0,17	-0,79	0,99	0,41	1,77

Beobachtungszeitraum: Januar 2001 bis Dezember 2005.

Tab. 33: Performancekennzahlen der Long/Short Equity-Strategie

5.3.1.3 Distressed Securities

Die im Durchschnitt größten Fonds der Datenbasis sind mit einem Median von 205,10 Mio. USD diejenigen der Strategie Distressed Securities (siehe Tabelle 34). Gleichzeitig lässt sich mit über 10 Mio. USD der höchste Minimumwert bei dem Fondsvermögen in Relation zu den anderen Strategien beobachten. Ferner ist auffällig, dass der größte Fonds dieser Strategie ein Fondsvolumen von 2,2 Mrd. USD verwaltet, was im Vergleich zu den anderen Strategien als relativ gering einzustufen ist. Hinsichtlich des Fondsalters ist ebenfalls eine hohe Dispersion zu beobachten, doch gemessen am Median entspricht dies mit etwas mehr als vier Jahren beinahe exakt dem Datenbankdurchschnitt. Die durchschnittliche Mindestinvestitionssumme bei Distressed Securities-Hedgefonds ist mit 1 Mio. USD außerdem signifikant höher als der Datenbankdurchschnitt mit 500.000 USD. Darüber hinaus bewegen sich die Management- (zwischen 1 Prozent bis 2 Prozent) sowie die Performancegebühren (zwischen 10 Prozent bis 20 Prozent) in einem sehr engen Band und der Median sowie das arithmetische Mittel liefern beinahe identische Durchschnittswerte von 1,50 Prozent und respektive 20 Prozent, die außerdem dem Branchendurchschnitt entsprechen.

	Min	**Max**	**Dif**	**Stdv**	**Med**	**MW**
Assets under Management (Mio. USD)	10,10	2.200,00	2.189,90	454,84	205,10	363,81
Fondsalter (Monate)	15,00	200,00	185,00	44,06	50,00	63,69
Mindestinvestment (TUSD)	100,00	5.000,00	4.900,00	1.191,79	1.000,00	1.150,00
Managementgebühr (p.a.)	1,00%	2,00%	1,00%	0,32%	1,50%	1,49%
Performancegebühr	10,00%	20,00%	10,00%	1,54%	20,00%	19,76%

Tab. 34: Deskription der Distressed Securities-Datenbasis

Distressed Securities-Fonds weisen nach Tabelle 35 die höchsten durchschnittlichen Wertentwicklungen sowie eine sehr geringe durchschnittliche Volatilität im Vergleich zu anderen Hedgefondsstrategien der Datenbasis aus.[317] In Folge dessen sind die Sharpe Ratios sowie die Omega-Maße dieser Strategie die höchsten der Datenbasis. Gleichzeitig weisen die Indizes geringe Differenzen bei den Renditen und Volatilitäten auf, dafür bestehen aber deutliche Unterschiede beim Maximum Drawdown. So sind auf der Indexebene Werte zwischen -2,56 Prozent und -8,53 Prozent sowie auf der Einzelfondsebene zwischen 0,00 Prozent und -46,54 Prozent zu beobachten. Deswegen sind hohe Differenzen bei den Sortino und Calmar Ratios, also bei den Kennzahlen, die die Downside Deviation anstelle der Standardabweichung berücksichtigen, festzustellen. Hinsichtlich der Verteilungseigenschaften weisen alle Indizes, bis auf die von CS, Barclay und Hennessee, rechtsschiefe Verteilungen auf. Gleichzeitig sind die Indizes von HFR, Altvest und Edhec die einzigen mit platykurtischen Verteilungen. Ein ähnlich differenziertes Bild ergibt sich bei der datenbankbezogenen Betrachtung der Renditeverteilung, wobei diese im Durchschnitt einen rechtsschiefen Charakter aufweist. Die Differenzwerte zwischen Minimal- und Maximalwerte liegen eng beieinander. Es lässt sich eine mittlere Korrelation zum S&P 500 mit 0,45, fast keine Abhängigkeit zum JP Morgan Global Government Bond Index mit -0,07 sowie mit 0,93 eine sehr hohe Korrelation zum Edhec-Hedgefondsindex beobachten.

317 Hierzu muss allerdings ergänzt werden, dass die Volatilität von Investments, die zu großen Teilen in illiquide Strukturen investiert sind, in Wirklichkeit weitaus höher ausfallen können als die publizierten Wertentwicklungen suggerieren. Vgl. Hilpold und Kaiser (2005), S. 64-67.

	Indizes				Datenbank			
	Min	*Max*	*MW*	*Dif*	*Min*	*Max*	*MW*	*Dif*
Mittelwert	1,02%	1,17%	1,12%	0,16%	0,17%	2,93%	1,18%	2,75%
RoR	1,01%	1,16%	1,11%	0,16%	0,17%	2,83%	1,15%	2,66%
RoR (ann)	12,77%	14,89%	14,18%	2,11%	2,02%	39,80%	14,91%	37,78%
Stdv	1,13%	1,38%	1,27%	0,25%	0,58%	5,38%	2,02%	4,80%
Volatilität	3,92%	4,77%	4,40%	0,85%	2,00%	18,63%	6,99%	16,63%
Semi-Stdv	0,77%	1,10%	0,89%	0,33%	0,34%	3,65%	1,32%	3,32%
Sharpe Ratio (2%)	2,34	3,18	2,78	0,84	0,01	6,02	2,09	6,02
Sharpe Ratio (4%)	1,90	2,68	2,32	0,78	-0,53	5,57	1,70	6,10
Sortino Ratio (2%)	4,36	11,62	7,98	7,25	0,09	1099,58	93,65	1099,49
Sortino Ratio (4%)	3,45	8,19	5,84	4,74	-7,99	5285,96	186,57	5293,95
Calmar Ratio	1,64	5,02	3,40	3,38	0,13	126,66	8,42	126,53
Sterling Ratio	0,36	0,42	0,40	0,06	0,15	2,95	1,28	2,80
Omega (2%)	-0,14	-0,02	-0,07	0,11	1,02	131,80	8,64	130,79
Omega (4%)	0,83	1,00	0,93	0,17	0,64	688,94	21,29	688,30
Schiefe	-1,55	0,53	-0,10	2,09	-0,82	2,00	0,36	2,82
ÜW	-0,46	5,16	0,80	5,62	-0,53	8,14	1,97	8,67
Jarque-Bera	0,13	90,75	12,89	90,62	0,11	174,64	20,22	174,53
MD	-2,56%	-8,53%	-4,75%	5,97%	0,00%	-46,54%	-6,81%	46,54%
Durch. Positiv	1,30%	1,62%	1,51%	0,32%	0,58%	4,89%	1,85%	4,30%
Durch. Negativ	-0,50%	-1,33%	-0,78%	0,82%	-0,09%	-3,64%	-1,35%	3,55%
Positiv (%)	78,33%	86,67%	82,71%	8,33%	63,33%	100,00%	80,01%	36,67%
AC	0,41	0,51	0,45	0,11	-0,19	1,45	0,37	1,63
VaR (0,99)	-2,63%	-3,20%	-2,96%	0,57%	-1,35%	-12,51%	-4,70%	11,17%
VaR (0,99) CF	-2,43%	-5,19%	-3,14%	2,76%	-1,02%	-21,00%	-5,24%	19,98%
Korr (S&P 500)	0,41	0,51	0,45	0,11	-0,13	0,74	0,31	0,87
Korr (JPM GGBI)	-0,14	-0,02	-0,07	0,11	-0,49	0,19	-0,08	0,69
Korr (Edhec DS)	0,83	0,98	0,93	0,16	-0,03	0,87	0,61	0,90

Beobachtungszeitraum: Januar 2001 bis Dezember 2005.

Tab. 35: Performancekennzahlen der Distressed Securities-Strategie

5.3.1.4 Emerging Markets

Die nach Global Macro kleinsten Hedgefonds mit einem durchschnittlichen Anlagevermögen von 64,25 Mio. USD sind diejenigen, die die Strategie Emerging Markets verfolgen (siehe Tabelle 36). Gleichzeitig verfügt der größte Fonds, der in dieser Datenbank als Emerging Markets-Hedgefonds klassifiziert ist, über ein Fondsvolumen von 4,1 Mrd. USD. Hinsichtlich des Fondsalters liegt der Durchschnitt bei etwas mehr als vier Jahren. Vor dem Hintergrund der LTCM-Krise im Jahr 1998 und der im Anschluss daran entstandenen Emerging Markets-Krise ist es wenig verwunderlich, dass relativ wenig „alte“ Emerging Markets-Fonds in der Datenbank vertreten sind. Trotzdem kann der älteste Fonds in der Emerging Market Stichprobe eine Kurshistorie von mehr als 13 Jahren vorweisen. Die durchschnittliche Mindestinvestitionssumme bei Emerging Market-Hedgefonds ist mit 131.620 USD außerdem deutlich niedriger als der Datenbankdurchschnitt mit 500.000 USD. Interessant ist hierbei auch die beobachtete Dispersion. So bewegt sich die Mindestinvestitionssumme von Emerging Markets-Hedgefonds zwischen 5.000 USD und 5 Mio. USD. Die Managementgebühr von Hedgefonds dieser Strategie bewegt sich zwischen 0,40 Prozent und 2,50 Prozent. Die durchschnittliche Managementgebühr mit 1,75 Prozent stellt sich in Relation zum Gesamtdatenbankdurchschnitt mit 1,50 Prozent als teurer dar. Die Performancegebühr hingegen entspricht dem Gesamtdatenbankdurchschnitt mit einem Median von 20,00 Prozent.

	Min	Max	Dif	Stdv	Med	MW
Assets under Management (Mio. USD)	0,21	4.100,00	4.099,79	552,28	64,25	272,36
Fondsalter (Monate)	13,00	159,00	146,00	38,09	52,00	63,03
Mindestinvestment (TUSD)	5,00	5.000,00	4.995,00	687,00	131,62	463,17
Managementgebühr (p.a.)	0,40%	2,50%	2,10%	0,41%	1,75%	1,64%
Performancegebühr	5,00%	25,00%	20,00%	3,36%	20,00%	19,15%

Tab. 36: Deskription der Emerging Markets-Datenbasis

Bei der Strategie Emerging Markets existieren sehr hohe annualisierte wie monatliche Wertentwicklungen – sowohl auf der Indexebene mit einem Durchschnitt von 15,20 Prozent und respektive 1,19 Prozent wie auf der Einzelfondsebene mit 23,89 Prozent und respektive 1,71 Prozent (siehe Tabelle 37). Gleichzeitig sind die bei dieser Strategie berechneten Volatilitäten mit einem Mittelwert von 8,37 Prozent auf der Indexebene und 12,53 Prozent auf der Einzelfondsebene die höchsten der betrachteten Strategien. Dies gilt ebenfalls für die Semistandardabweichung, wodurch die Sortino Ratio dieser Strategie ebenfalls gering ausfällt. In der Kombination einer geringen durchschnittlichen Calmar Ratio und hohen Sterling Ratios, lässt sich argumentieren, dass Emerging Markets-Hedgefonds in den Jahren 2001 und 2002 in Einklang mit der Baisse an den internationalen Aktienmärkten ebenfalls hohe Verluste einfuhren. Dieser direktionale Charakter wird auch auf der Indexebene durch eine mit 0,68 als hoch einzustufende Korrelation zum S&P 500 bestätigt. Die Korrelation zum JPM Global Government Bond Index ist mit Durchschnittswerten von -0,18 auf der Indexebene und -0,01 auf der Einzelfondsebene unbedeutend. Die Korrelation zum Edhec-Hedgefondsindex fällt mit 0,97 wiederum sehr hoch aus. Deutliche Unterschiede lassen sich außerdem beim Maximum Drawdown beobachten. Auf der Indexebene liegen die Werte des Maximum Drawdowns zwischen -4,21 Prozent und -15,85 Prozent, auf der Datenbankebene zwischen 0,00 Prozent und -53,28 Prozent. Entsprechend hoch fallen die VaR-Daten der Emerging Markets-Strategie aus. Es lassen sich auf der Indexebene ausschließlich linksschiefe und platykurtische Verteilungen der Renditen beobachten, auf der Datenbankebene existiert im Durchschnitt eine rechtsschiefe und leptokurtische Verteilung. Abschließend kann festgehalten werden, dass die Strategie Emerging Markets den Investoren hohe Renditen bei entsprechend hohen Risiken bietet.

	Indizes				Datenbank			
	Min	*Max*	*MW*	*Dif*	*Min*	*Max*	*MW*	*Dif*
Mittelwert	0,97%	1,44%	1,22%	0,46%	-0,67%	8,37%	1,81%	9,04%
RoR	0,96%	1,40%	1,19%	0,44%	-0,69%	7,30%	1,71%	7,99%
RoR (ann)	12,17%	18,15%	15,20%	5,98%	-8,00%	132,79%	23,89%	140,79%
Stdv	1,65%	3,28%	2,42%	1,63%	0,53%	16,96%	3,62%	16,43%
Volatilität	5,71%	11,38%	8,37%	5,66%	1,85%	58,76%	12,53%	56,91%
Semi-Stdv	1,21%	2,48%	1,84%	1,26%	0,38%	8,18%	2,36%	7,80%
Sharpe Ratio (2%)	1,20	1,93	1,61	0,72	-1,33	5,58	1,94	6,91
Sharpe Ratio (4%)	1,03	1,63	1,36	0,61	-1,60	5,27	1,66	6,87
Sortino Ratio (2%)	2,00	3,64	2,97	1,63	-18,19	3211,72	135,69	3229,91
Sortino Ratio (4%)	1,65	2,90	2,36	1,25	-20,61	1045,20	77,84	1065,81
Calmar Ratio	0,99	2,89	1,96	1,90	-0,38	137,70	6,58	138,08
Sterling Ratio	0,27	0,40	0,33	0,12	-0,36	6,79	1,59	7,15
Omega (2%)	0,15	0,27	0,21	0,12	0,36	357,36	12,72	357,00
Omega (4%)	2,34	3,43	2,88	1,09	0,30	73,93	6,24	73,64
Schiefe	-0,69	-0,20	-0,50	0,49	-2,60	3,09	0,13	5,69
ÜW	-0,36	0,70	-0,12	1,06	-1,26	14,49	1,78	15,75
Jarque-Bera	0,60	4,84	3,07	4,23	0,04	620,45	29,12	620,42
MD	-4,21%	-15,85%	-8,76%	11,64%	0,00%	-53,28%	-9,43%	53,28%
Durch. Positiv	1,69%	3,00%	2,37%	1,31%	0,52%	15,56%	3,50%	15,04%
Durch. Negativ	-1,24%	-2,91%	-2,15%	1,67%	-0,10%	-7,26%	-2,26%	7,16%
Positiv (%)	68,33%	80,00%	74,26%	11,67%	39,39%	100,00%	74,02%	60,61%
AC	0,94	1,00	0,97	0,06	-0,39	1,18	0,28	1,95
VaR (0,99)	-3,84%	-7,64%	-5,62%	3,80%	-1,24%	-39,46%	-8,41%	38,22%
VaR (0,99) CF	-4,02%	-9,04%	-6,23%	5,02%	-1,18%	-40,80%	-8,87%	39,61%
Korr (S&P 500)	0,60	0,72	0,68	0,12	-0,45	0,74	0,32	1,19
Korr (JPM GGBI)	-0,22	-0,12	-0,18	0,11	-0,45	0,41	-0,01	0,86
Korr (Edhec EM)	0,94	0,99	0,97	0,05	-0,23	0,91	0,53	1,13

Beobachtungszeitraum: Januar 2001 bis Dezember 2005.

Tab. 37: Performancekennzahlen der Emerging Markets-Strategie

5.3.2 Nicht-direktionale Strategien

5.3.2.1 Convertible Arbitrage

Bei einer Durchschnittsbetrachtung sind Convertible Arbitrage-Hedgefonds mit einem Median von 120 Mio. USD Fondsvermögen im Vergleich zum Gesamtdurchschnitt der Stichprobe von 83,5 Mio. USD größer (siehe Tabelle 38). Der kleinste Convertible Arbitrage-Hedgefonds der Datenbasis verwaltet 580.000 USD und der größte etwas über 3 Mrd. USD. Hinsichtlich des Fondsalters sind die Hedgefonds dieser Strategie mit 55 Monaten etwas älter als der Durchschnitt der Gesamtdatenbank. Die durchschnittliche Mindestinvestitionssumme bei Convertible Arbitrage-Hedgefonds ist mit 1 Mio. USD außerdem doppelt so hoch wie der Datenbankdurchschnitt von 500.000 USD. Interessant ist hierbei auch die beobachtete Dispersion. So bewegt sich die Mindestinvestitionssumme von Convertible Arbitrage-Hedgefonds zwischen 130 USD und 10 Mio. USD. Die Managementgebühr von Hedgefonds dieser Strategie bewegt sich zwischen 0,50 Prozent und 3,00 Prozent. Die durchschnittliche Managementgebühr mit 1,50 Prozent entspricht genau dem Gesamtdatenbankdurchschnitt. Die Performancegebühr entspricht ebenfalls dem Gesamtdatenbankdurchschnitt mit einem Median von 20,00 Prozent (Bandbreite zwischen 10 Prozent und 35 Prozent).

Convertible Arbitrage zeichnet sich mit einer durchschnittlichen jährlichen Wertentwicklung von 6,54 Prozent auf der Indexebene und 7,14 Prozent auf der Einzelfondsebene als die Strategie mit dem niedrigsten Renditeniveau aus (siehe Tabelle 39). Gleichzeitig sind die Standardabweichung sowie die Volatilität dieser Strategie ebenfalls sehr niedrig. Zusätzlich ist das Sharpe Ratio (2%) mit durchschnittlich 1,44 auf der Indexebene und mit durchschnittlich 1,37 auf der Einzelfondsebene eines der schlechtesten bei den hier betrachteten Peer Groups.

	Min	Max	Dif	Stdv	Med	MW
Assets under Management (Mio. USD)	0,58	3.044,00	3.043,42	494,55	120,00	284,04
Fondsalter (Monate)	12,00	246,00	234,00	42,43	55,00	64,77
Mindestinvestment (TUSD)	0,13	10.000,00	9.999,88	1.270,71	1.000,00	955,65
Managementgebühr (p.a.)	0,50%	3,00%	2,50%	0,44%	1,50%	1,55%
Performancegebühr	10,00%	35,00%	25,00%	1,98%	20,00%	20,41%

Tab. 38: Deskription der Convertible Arbitrage-Datenbasis

Interessanterweise ist die Heterogenität der Convertible Arbitrage-Indizes sehr gering, was wiederum für eine hohe Repräsentativität der jeweiligen Benchmarks spricht. Mit Ausnahme des Convertible Arbitrage-Index von Eurekahedge weisen alle anderen betrachteten Indizes eine negative Schiefe und somit eine linksschiefe Verteilung auf. Auch auf der Datenbankebene liegt im Durchschnitt eine linksschiefe Verteilung vor. Auf der Indexebene lassen sich ausschließlich platykurtische Verteilungen der Renditen beobachten, auf der Datenbankebene existiert im Durchschnitt eine leptokurtische Verteilung. Gleichzeitig lassen sich große Unterschiede bei dem Maximum Drawdown auf Index- (zwischen -1,32 Prozent und -9,06 Prozent) und Einzelfondsebene (zwischen 0,00 Prozent und -86,15 Prozent) beobachten. In Folge erscheinen die durchschnittlichen VaR-Werte mit -1,75 Prozent und -4,23 Prozent als relativ gering. Auf Basis des Jarque-Bera-Tests bei einem Konfidenzintervall von 95 Prozent kann auf der Indexebene für die Convertible Arbitrage-Strategie die Hypothese der Existenz einer Normalverteilung für alle Indizes angenommen werden. Außerdem bestehen mit Ausnahme der Indizes von Invest Hedge und Eurekahedge (0,36 und 0,38) bei dieser Strategie keine signifikanten Korrelationen zum S&P 500. Zum JPM Global Government Bond Index ist auf der Indexebene mit einem durchschnittlichen Korrelationskoeffizienten von 0,09 kein signifikanter Zusammenhang erkennbar, wohl aber zum Edhec-Hedgefondsindex (0,93). Auf der Datenbankebene lässt sich letzterer Zusammenhang mit einer Korrelation von 0,14 nicht erkennen. Insgesamt betrachtet scheint Convertible Arbitrage eine konservative Strategie zu sein, welche auch eine überdurchschnittliche Autokorrelation aufweist.

	Indizes				Datenbank			
	Min	*Max*	*MW*	*Dif*	*Min*	*Max*	*MW*	*Dif*
Mittelwert	0,46%	0,62%	0,53%	0,15%	-0,57%	2,88%	0,61%	3,45
RoR	0,46%	0,61%	0,53%	0,15%	-1,36%	2,85%	0,56%	4,21
RoR (ann)	5,68%	7,62%	6,54%	1,93%	-15,15%	40,18%	7,14%	55,33
Stdv	0,58%	1,22%	0,98%	0,64	0,08%	27,42%	1,82%	27,33
Volatilität	2,02%	4,23%	3,40%	2,21	0,29%	94,98%	6,30%	94,68
Semi-Stdv	0,41%	0,95%	0,73%	0,54	0,04%	15,78%	1,24%	15,73
Sharpe Ratio (2%)	0,94	2,78	1,44	1,84	-1,92	25,59	1,37	27,52
Sharpe Ratio (4%)	0,47	1,79	0,81	1,32	-2,39	18,75	0,78	21,14
Sortino Ratio (2%)	1,44	7,56	2,79	6,12	-21,32	4237,08	93,83	4258,40
Sortino Ratio (4%)	0,66	3,76	1,35	3,11	-24,90	1012,75	37,75	1037,66
Calmar Ratio	0,74	5,78	1,71	5,04	-0,96	481,75	6,52	482,71
Sterling Ratio	0,04	0,15	0,08	0,11	-0,51	3,41	0,59	3,92
Omega (2%)	0,29	0,54	0,46	0,25	0,19	520,46	9,94	520,27
Omega (4%)	1,95	6,84	2,96	4,88	0,09	71,61	3,42	71,51
Schiefe	-0,86	0,00	-0,43	0,86	-3,02	3,00	-0,11	6,03
ÜW	-2,97	-0,90	-1,80	2,06	-1,63	16,86	2,07	18,49
Jarque-Bera	4,43	23,33	11,19	18,90	0,00	801,03	33,25	801,03
MD	-1,32%	-9,06%	-6,14%	-7,74	0,00%	-86,15%	-8,14%	86,15
Durch. Positiv	0,67%	1,15%	0,97%	0,48	0,25%	27,08%	1,59%	26,83
Durch. Negativ	-0,27%	-1,00%	-0,77%	0,74	-0,02%	-18,10%	-1,39%	18,08
Positiv (%)	68,33%	83,33%	75,67%	15,00	29,41%	100,00%	72,94%	70,59
AC	0,74	1,00	0,94	0,26	-2,38	4,16	0,20	6,55
VaR (0,99)	-0,74%	-2,35%	-1,75%	1,61	-0,20%	-63,78%	-4,23%	63,59
VaR (0,99) CF	-1,09%	-2,78%	-2,12%	1,69	-0,14%	-52,10%	-5,02%	51,96
Korr (S&P 500)	0,04	0,38	0,14	0,34	-0,53	0,84	0,14	1,37
Korr (JPM GGBI)	0,05	0,11	0,09	0,06	-0,64	0,67	-0,01	1,31
Korr (Edhec CA)	0,74	0,99	0,93	0,24	-0,53	0,84	0,14	1,37

Beobachtungszeitraum: Januar 2001 bis Dezember 2005.

Tab. 39: Performancekennzahlen der Convertible Arbitrage-Strategie

5.3.2.2 Event Driven

Bei Fonds der Strategiegruppe Event Driven existieren hinsichtlich des Fondsvermögens Werte zwischen 600.000 USD und 3,73 Mrd. USD. Mit einem Median von 103,50 Mio. USD verfügen Event Driven-Hedgefonds über ein relativ hohes Fondsvolumen (siehe Tabelle 40).[318] Die Bandbreite des Fondsalters erstreckt sich von 14 Monaten bis zu 269 Monaten und mit einem Median von 61 Monaten gehören die Fonds dieser Strategiegruppe zu den durchschnittlich ältesten der Stichprobe. Die Dispersion der Mindestinvestitionssumme reicht von 5.000 USD bis 10 Mio. USD und der Median der Event Driven-Stichprobe ist mit 1 Mio.

[318] Diese Ergebnisse stimmen mit denen von Moore, Lai und Oppenheimer (2006) weitgehend überein, wonach dort die durchschnittliche Portfoliogröße von Merger Arbitrage-Fonds 150 Mio. USD beträgt. Vgl. Moore, Lai und Oppenheimer (2006), S. 26.

USD außerdem signifikant höher als der Datenbankdurchschnitt von 500.000 USD. Darüber hinaus bewegen sich die Management- (zwischen 1 bis 2,18 Prozent) sowie die Performancegebühren (zwischen 15 bis 25 Prozent) in einem sehr engen Band und der Median liefert dem Branchendurchschnitt entsprechende Durchschnittswerte von 1,50 Prozent und respektive 20 Prozent.

	Min	**Max**	**Dif**	**Stdv**	**Med**	**MW**
Assets under Management (Mio. USD)	0,60	3.731,00	3.730,40	558,48	103,50	302,98
Fondsalter (Monate)	14,00	269,00	255,00	50,98	61,00	75,07
Mindestinvestment (TUSD)	5,00	10.000,00	9.995,00	1.508,58	1.000,00	1.199,78
Managementgebühr (p.a.)	1,00%	2,18%	1,18%	0,38%	1,50%	1,51%
Performancegebühr	15,00%	25,00%	10,00%	0,79%	20,00%	20,04%

Tab. 40: Deskription der Event Driven-Datenbasis

Die Strategie Event Driven verfügt darüber hinaus über ein relativ hohes Renditeniveau mit durchschnittlichen annualisierten Wertentwicklungen zwischen 10,11 Prozent auf der Indexebene und 10,67 Prozent auf der Datenbankebene (siehe Tabelle 41). Gleichzeitig sind die beobachteten Volatilitäten mit durchschnittlich 4,80 Prozent auf der Indexebene relativ gering. Bei der Betrachtung der Durchschnittswerte auf der Einzelfondsebene wird ersichtlich, dass die tatsächliche Volatilität gemessen auf Basis der Einzelfondsergebnisse mit durchschnittlich 9,18 Prozent beinahe doppelt so hoch ausfällt. Insgesamt ist zwischen den einzelnen Indexanbietern eine relativ hohe Homogenität hinsichtlich der Kennzahlen erkennbar. Im Vergleich zu den anderen Hedgefondsstrategien lassen sich moderate Sharpe Ratios und überdurchschnittliche Sortino Ratios beobachten. Die Renditeverteilungen der Indizes weisen insgesamt platykurtische und linksschiefe Eigenschaften aus. Auf der Datenbankebene liegt im Durchschnitt eine leptokurtische Verteilung vor. Auf der Indexebene existieren Maximum Drawdowns zwischen -4,75 Prozent und -9,34 Prozent (durchschnittlich -6,57 Prozent), welche durch einen durchschnittlichen Maximum Drawdown von -10,75 Prozent auf der Einzelfondsebene konterkariert werden. Mit Werten zwischen durchschnittlich 0,31 (Indexebene) und 0,41 (Datenbankebene) weist Event Driven hohe Autokorrelationswerte aus. Hinsichtlich der Korrelation zum S&P 500 sowie zum Edhec-Hedgefondsindex weist die Strategie Event Driven insbesondere auf der Indexebene mit einem Korrelationskoeffizienten von 0,66 und respektive 0,97 hohe Abhängigkeiten aus. Die Korrelation zum JP Morgan Global Government Bond Index ist mit -0,17 auf der Indexebene und -0,06 auf der Datenbankebene jeweils insignifikant.

	Indizes				Datenbank			
	Min	*Max*	*MW*	*Dif*	*Min*	*Max*	*MW*	*Dif*
Mittelwert	0,70%	0,98%	0,81%	0,28%	-0,61%	2,59%	0,88%	3,20%
RoR	0,69%	0,97%	0,81%	0,28%	-0,97%	2,30%	0,83%	3,27%
RoR (ann)	8,65%	12,30%	10,11%	3,64%	-11,09%	31,35%	10,67%	42,44%
Stdv	1,11%	1,73%	1,39%	0,63%	0,26%	11,70%	2,65%	11,44%
Volatilität	3,84%	6,01%	4,80%	2,17%	0,91%	40,53%	9,18%	39,62%
Semi-Stdv	0,86%	1,33%	1,06%	0,48%	0,20%	8,93%	1,83%	8,73%
Sharpe Ratio (2%)	1,44	2,15	1,70	0,70	-0,69	4,77	1,15	5,46
Sharpe Ratio (4%)	1,10	1,66	1,28	0,57	-2,88	4,28	0,81	7,16
Sortino Ratio (2%)	2,44	3,98	3,02	1,55	-9,56	7355,17	104,51	7364,73
Sortino Ratio (4%)	1,76	2,97	2,10	1,21	-27,65	1065,74	40,34	1093,40
Calmar Ratio	1,14	2,00	1,59	0,86	-0,18	15,65	2,17	15,83
Sterling Ratio	0,26	0,34	0,29	0,08	-0,16	2,78	0,82	2,94
Omega (2%)	2,76	4,39	3,30	1,63	0,58	648,78	8,76	648,19
Omega (4%)	2,20	3,23	2,49	1,02	0,10	76,01	3,42	75,92
Schiefe	-1,22	-0,53	-0,75	0,69	-2,59	3,47	0,00	6,05
ÜW	-2,30	-0,16	-1,76	2,14	-1,39	16,46	1,84	17,85
Jarque-Bera	9,76	18,09	14,78	8,33	0,00	797,75	34,82	797,74
MD	-4,75%	-9,34%	-6,57%	4,59%	0,00%	-77,52%	-10,75%	77,52%
Durch. Positiv	1,17%	1,66%	1,38%	0,48%	0,23%	9,22%	2,25%	8,99%
Durch. Negativ	-0,82%	-1,46%	-1,18%	0,64%	-0,12%	-9,56%	-1,89%	9,45%
Positiv (%)	66,67%	85,00%	77,41%	18,33%	46,67%	100,00%	69,56%	53,33%
AC	0,25	0,40	0,31	0,15	-1,45	3,69	0,41	5,14
VaR (0,99)	-2,58%	-4,03%	-3,23%	1,46%	-0,61%	-27,22%	-6,17%	26,60%
VaR (0,99) CF	-2,38%	-3,97%	-3,10%	1,59%	-0,74%	-34,95%	-7,15%	34,21%
Korr (S&P 500)	0,52	0,72	0,66	0,19	-0,55	0,84	0,39	1,39
Korr (JPM GGBI)	-0,25	-0,08	-0,17	0,17	-0,47	0,28	-0,06	0,75
Korr (Edhec ED)	0,95	1,00	0,97	0,05	-0,51	0,90	0,54	1,41

Beobachtungszeitraum: Januar 2001 bis Dezember 2005.

Tab. 41: Performancekennzahlen der Event Driven-Strategie

5.3.2.3 Fixed Income Arbitrage

Bei einer Durchschnittsbetrachtung sind Fixed Income Arbitrage-Hedgefonds mit einem Median von 140,08 Mio. USD Fondsvermögen im Vergleich zum Gesamtdurchschnitt der Stichprobe von 83,5 Mio. USD größer (siehe Tabelle 42). Der kleinste Fixed Income Arbitrage-Hedgefonds der Datenbasis verwaltet 990.000 USD und der größte 3,22 Mrd. USD. Hinsichtlich des Fondsalters sind die Hedgefonds dieser Strategie mit durchschnittlich über vier Jahren etwas älter als der Durchschnitt der Gesamtdatenbank. Die durchschnittliche Mindestinvestitionssumme bei Fixed Income Arbitrage-Hedgefonds ist mit 1 Mio. USD außerdem doppelt so hoch wie der Datenbankdurchschnitt von 500.000 USD. Interessant ist hierbei auch die beobachtete Dispersion. So bewegt sich die Mindestinvestitionssumme von Fixed Income Arbitrage-Hedgefonds zwischen 630 USD und 5 Mio. USD. Die Managementgebühr von

Hedgefonds dieser Strategie bewegt sich zwischen 0,25 Prozent und 3,00 Prozent. Die durchschnittliche Managementgebühr mit 1,50 Prozent entspricht genau dem Gesamtdatenbankdurchschnitt. Die Performancegebühr mit einem Median von 20,00 Prozent entspricht ebenfalls dem Gesamtdatenbankdurchschnitt. Gleichzeitig gehört der Hedgefonds der Datenbasis mit der höchsten Performancegebühr (50 Prozent) auch zu dieser Strategiegruppe.

	Min	Max	Dif	Stdv	Med	MW
Assets under Management (Mio. USD)	0,99	3.220,00	3.219,01	596,42	140,08	377,78
Fondsalter (Monate)	12,00	203,00	191,00	43,97	50,00	63,89
Mindestinvestment (TUSD)	0,63	5.000,00	4.999,37	1.453,03	1.000,00	1.213,97
Managementgebühr (p.a.)	0,25%	3,00%	2,75%	0,48%	1,50%	1,43%
Performancegebühr	2,00%	50,00%	48,00%	4,88%	20,00%	20,10%

Tab. 42: Deskription der Fixed Income Arbitrage-Datenbasis

Mit einer durchschnittlichen jährlichen Wertentwicklung von 7,46 Prozent auf der Indexebene und 8,96 Prozent auf der Datenbankebene ist Fixed Income Arbitrage eine Strategie mittleren Renditeniveaus (siehe Tabelle 43). Gleichzeitig existieren je nach dem betrachteten Index mit 6,16 Prozent erhebliche Differenzen zwischen den jährlichen Wertentwicklungen der einzelnen Indexanbieter. Zusätzlich sind sowohl die Standardabweichung, die Volatilität sowie die Semistandardabweichung auf einem sehr geringen Niveau. In Folge dessen sind die durchschnittlichen Sharpe Ratios (2%) auf Indexebene die höchsten überhaupt. Auch die durchschnittlichen Sortino Ratios und Calmar Ratios fallen im Vergleich zu den anderen Strategien sehr hoch aus.

Der Strategieindex von CISDM verfügt hierbei – aufgrund der Tatsache, dass dieser Fixed Income Arbitrage-Index seit Januar 2001 keine negative Monatsrendite ausgewiesen hat – über die höchste Sharpe Ratio (5,54) und Sortino Ratio (128,05). Aufgrund der geringen Sterling Ratio im Vergleich zur Calmar Ratio lässt sich schlussfolgern, dass die Performance von Fixed Income Arbitrage in den letzten drei Jahren im Vergleich zum langfristigen Durchschnitt schlechter ausgefallen ist. Gleichzeitig ist der Maximum Drawdown auf Indexebene mit Werten zwischen durchschnittlich -1,43 Prozent und -3,90 Prozent sowie einem Mittelwert auf Datenbankebene von -5,31 Prozent überschaubar. Der Anteil an positiven Monaten ist bei dieser Strategie mit 87,72 Prozent auf der Indexebene und 78,01 Prozent auf der Datenbankebene im Vergleich zu den anderen Hedgefondsstrategien am Höchsten. Bis auf CISDM, Eurekahedge und Hennessee weisen die untersuchten Indizes insgesamt ebenso wie im Durchschnitt die Datenbank linksschiefe Verteilungen aus. Mit Ausnahme der Renditen der Fixed Income Arbitrage-Indizes von InvestHedge, CISDM und Hennessee, die platykurtisch ausgestaltet sind, weisen die Renditen der anderen Datenbanken leptokurtische Verteilungen auf. Die durchschnittlichen Korrelationen der Fixed Income Arbitrage-Strategie zum S&P 500 sowie zum JPM Global Government Bond Index sind mit Werten von 0,18 und 0,15 auf der Indexebene und 0,05 sowie 0,05 auf der Datenbankebene gering. Die Korrelation zum

Edhec-Hedgefondsindex ist mit 0,67 auf der Indexebene und 0,24 auf der Datenbankebene unterschiedlich ausgeprägt.

	Indizes				**Datenbank**			
	Min	*Max*	*MW*	*Dif*	*Min*	*Max*	*MW*	*Dif*
Mittelwert	0,42%	0,90%	0,60%	0,48%	-1,55%	3,54%	0,71%	5,09%
RoR	0,42%	0,90%	0,60%	0,48%	-1,56%	3,52%	0,70%	5,08%
RoR (ann)	5,15%	11,32%	7,46%	6,16%	-17,18%	51,49%	8,96%	68,67%
Stdv	0,28%	0,79%	0,57%	0,51%	0,10%	5,31%	1,47%	5,21%
Volatilität	0,96%	2,73%	1,97%	1,77%	0,35%	18,38%	5,11%	18,03%
Semi-Stdv	0,19%	0,63%	0,41%	0,45%	0,06%	3,80%	1,02%	3,74%
Sharpe Ratio (2%)	1,38	5,54	3,00	4,16	-4,18	9,94	2,00	14,12
Sharpe Ratio (4%)	0,50	3,48	1,90	2,98	-4,62	7,27	1,28	11,89
Sortino Ratio (2%)	2,20	128,05	21,73	125,84	-31,40	7982,33	178,22	8013,73
Sortino Ratio (4%)	0,82	17,51	5,72	16,69	-32,62	5011,22	105,90	5043,84
Calmar Ratio	1,49	29,10	8,24	27,61	-1,45	63,36	6,24	64,81
Sterling Ratio	0,09	0,23	0,16	0,14	-1,23	5,15	0,76	6,38
Omega (2%)	-0,05	0,31	0,15	0,36	0,00	908,13	21,96	908,13
Omega (4%)	2,55	170,41	27,00	167,85	0,00	564,15	11,53	564,15
Schiefe	-1,26	0,68	-0,18	1,94	-4,54	3,25	-0,09	7,79
ÜW	-0,67	5,23	1,52	5,90	-1,54	25,81	2,03	27,35
Jarque-Bera	0,34	84,20	18,75	83,85	0,00	1871,48	39,85	1871,48
MD	0,00%	-3,90%	-1,43%	3,90%	0,00%	-28,47%	-5,31%	28,47%
Durch. Positiv	0,59%	0,98%	0,75%	0,39%	0,04%	5,31%	1,34%	5,27%
Durch. Negativ	-0,19%	-0,82%	-0,46%	0,63%	-0,08%	-5,34%	-1,30%	5,26%
Positiv (%)	73,33%	100,00%	87,72%	26,67%	12,50%	100,00%	78,01%	87,50%
AC	0,48	1,00	0,70	0,52	-4,36	3,09	0,12	7,45
VaR (0,99)	-0,64%	-1,83%	-1,32%	1,19%	-0,23%	-12,34%	-3,43%	12,11%
VaR (0,99) CF	-0,54%	-2,37%	-1,55%	1,83%	-0,16%	-13,81%	-4,13%	13,65%
Korr (S&P 500)	-0,08	0,45	0,18	0,53	-0,81	0,68	0,05	1,49
Korr (JPM GGBI)	-0,06	0,39	0,15	0,45	-0,74	0,77	0,05	1,51
Korr (Edhec FI)	0,48	0,82	0,67	0,34	-0,55	0,74	0,24	1,28

Beobachtungszeitraum: Januar 2001 bis Dezember 2005.

Tab. 43: Performancekennzahlen der Fixed Income Arbitrage-Strategie

5.3.2.4 Equity Market Neutral

Bei Fonds der Strategiegruppe Market Neutral bestehen Fondsvolumen zwischen 2,00 Mio. USD und 1,08 Mrd. USD (siehe Tabelle 44). Mit einem Median von 80,00 Mio. USD verfügen Market Neutral-Hedgefonds im Vergleich zum Gesamtdatenbankdurchschnitt von 83,50 Mio. USD über ein niedrigeres durchschnittliches Fondsvolumen. Die Bandbreite des Fondsalters erstreckt sich von zwölf Monaten bis zu 130 Monaten und mit einem Median von 40 Monaten sind Market Neutral-Hedgefonds die Fonds der Stichprobe, die die durchschnittlich kürzesten Kurshistorien vorweisen. Die Dispersion der Mindestinvestitionssumme reicht von 31.370 USD bis 2 Mio. USD. Darüber hinaus bewegen sich die Management- (zwischen

0,75 bis 3,00 Prozent) sowie die Performancegebühren (zwischen 20 bis 35 Prozent) in einem sehr engen Band und der Median liefert dem Branchendurchschnitt entsprechende Durchschnittswerte von 1,50 Prozent und respektive 20 Prozent.

	Min	Max	Differenz	Stdv	Median	MW
Assets under Management (Mio. USD)	2,00	1.077,78	1.075,78	202,64	80,00	155,32
Fondsalter (Monate)	12,00	130,00	118,00	25,81	40,00	44,30
Mindestinvestment (TUSD)	31,37	2.000,00	1.968,63	416,26	313,28	448,73
Managementgebühr (p.a.)	0,75%	3,00%	2,25%	0,46%	1,50%	1,62%
Performancegebühr	20,00%	35,00%	15,00%	2,31%	20,00%	20,50%

Tab. 44: Deskription der Equity Market Neutral-Datenbasis

	Indizes				Datenbank			
	Min	*Max*	*MW*	*Dif*	*Min*	*Max*	*MW*	*Dif*
Mittelwert	0,30%	1,04%	0,54%	0,74%	-3,68%	3,67%	0,46%	7,36%
RoR	0,30%	1,03%	0,54%	0,73%	-3,74%	2,55%	0,43%	6,29%
RoR (ann)	3,67%	13,10%	6,67%	9,43%	-36,70%	35,33%	5,58%	72,03%
Stdv	0,41%	1,38%	0,68%	0,97%	0,52%	15,20%	1,89%	14,68%
Volatilität	1,42%	4,79%	2,35%	3,37%	1,81%	52,65%	6,53%	50,85%
Semi-Stdv	0,30%	1,00%	0,49%	0,70%	0,35%	10,49%	1,32%	10,14%
Sharpe Ratio (2%)	0,92	2,86	1,98	1,95	-3,21	8,02	0,82	11,23
Sharpe Ratio (4%)	-0,18	1,90	1,04	2,08	-3,37	6,91	0,38	10,28
Sortino Ratio (2%)	1,41	11,94	4,97	10,52	-26,69	717,95	33,70	744,64
Sortino Ratio (4%)	-0,22	4,81	2,12	5,04	-27,38	368,96	14,97	396,34
Calmar Ratio	1,54	13,02	5,04	11,48	-1,56	144,77	5,62	146,34
Sterling Ratio	0,08	0,32	0,16	0,24	-2,06	1,87	0,44	3,93
Omega (2%)	0,28	1,00	0,66	0,72	0,00	48,95	2,99	48,95
Omega (4%)	-0,07	0,32	0,15	0,39	0,00	20,83	1,81	20,83
Schiefe	-0,87	0,79	-0,29	1,65	-1,97	1,94	-0,08	3,90
ÜW	0,31	2,06	0,84	1,75	-1,52	10,98	0,75	12,50
Jarque-Bera	0,52	17,44	5,46	16,92	0,01	334,47	11,63	334,46
MD	-0,56%	-2,99%	-1,65%	2,44%	0,00%	-35,40%	-7,38%	35,40%
Durch. Positiv	0,55%	1,59%	0,78%	1,04%	0,08%	13,41%	1,62%	13,33%
Durch. Negativ	-0,15%	-0,76%	-0,43%	0,61%	-0,13%	-9,30%	-1,34%	9,17%
Positiv (%)	73,33%	88,33%	80,56%	15,00%	14,29%	100,00%	63,08%	85,71%
AC	-0,29	0,22	0,04	0,51	-2,83	1,97	0,15	4,80
VaR (0,99)	-0,96%	-3,22%	-1,58%	2,26%	-1,21%	-35,36%	-4,39%	34,15%
VaR (0,99) CF	-0,94%	-3,55%	-1,77%	2,61%	-1,02%	-34,99%	-4,75%	33,97%
Korr (S&P 500)	-0,44	0,76	0,17	1,20	-0,76	0,52	-0,07	1,27
Korr (JPM GGBI)	-0,29	0,22	0,04	0,51	-0,55	0,60	0,08	1,15
Korr (Edhec MN)	0,28	0,75	0,61	0,47	-0,60	0,61	0,12	1,21

Beobachtungszeitraum: Januar 2001 bis Dezember 2005.

Tab. 45: Performancekennzahlen der Equity Market Neutral-Strategie

Die durchschnittlichen annualisierten Wertentwicklungen von Market Neutral mit 5,58 Prozent auf der Datenbankebene stellen die niedrigsten Renditen der vorgestellten Hedgefondsstrategien dar (siehe Tabelle 45). Gleichzeitig sind auf der Indexebene Differenzen von 9,43 zwischen der niedrigsten und höchsten annualisierten Rendite der untersuchten Indizes erkennbar. Trotz dieser hohen Heterogenität sind die durchschnittlichen Standardabweichungen, Volatilitäten und Semistandardabweichungen relativ gering. Gleichzeitig lassen sich hohe durchschnittliche Sharpe Ratios, Sortino Ratios, Omega-Maße und Calmar Ratios beobachten. Die Tatsache, dass die Sterling Ratios schlechter ausfallen als die Calmar Ratios, ermöglicht die Schlussfolgerung, dass in den letzten drei Jahren die Erträge von Market Neutral unterhalb ihres langfristigen Durchschnitts lagen. Mit Ausnahme der Indexfamilie von CS weisen alle Indizes linksschiefe Renditeverteilungen auf. Außerdem existieren mit -1,65 Prozent auf der Indexebene und mit -7,38 Prozent auf der Datenbankebene sehr niedrige durchschnittliche Maximum Drawdown-Werte. Bei Market Neutral stellt sich außerdem ein sehr interessantes Korrelationsmuster dar. Während Market Neutral-Indizes der Indexanbieter Van Hedge, CISDM, Altvest und insbesondere Eurekahedge signifikant positiv mit dem S&P 500 korreliert sind, ist zwischen den Market Neutral-Indizes von HFR sowie Barclay und dem S&P 500 ein signifikant negativer Zusammenhang erkennbar. Auf der Datenbankebene ist mit einem Korrelationskoeffizienten von -0,07 keine Abhängigkeit der Equity Market Neutral-Fonds zum S&P 500 erkennbar. Dasselbe gilt allerdings auch für die Korrelation der Market Neutral-Datenbasis mit dem Edhec-Hedgefondsindex.

6 Empirische Ergebnisse

In diesem Abschnitt werden die empirischen Ergebnisse auf Basis des in Kapitel 4.3 vorgestellten Modells dargestellt. Bei den Ergebnistabellen handelt es sich um aggregierte Darstellungen der Ergebnisse auf Basis der Berechnungen und Auswertungen für jeden individuellen Hedgefonds der Datenbasis anhand der monatlichen Wertentwicklung. Zur Überprüfung der Hypothesen drei bis sieben werden die Hedgefonds der jeweiligen Strategiegruppen anhand ihrer Excess-Omegas in Quartile eingeteilt. Anschließend wird auf Basis der deskriptiven Variablen der Einzelhedgefonds der Median für jede Strategie bzw. Strategiegruppe gebildet. Da allerdings der individuelle Startzeitpunkt eines Hedgefonds einen Einfluss auf dessen langfristiges Excess-Omega haben kann, unterscheiden wir hierbei zusätzlich in Fonds, die mit einem positiven (negativen) Excess-Omega beginnen, durch Kennzeichnung mit + (-). Bei der Untersuchung der einzelnen Phasen, durch die die jeweiligen Hedgefonds gehen und die in der Kumulation den jeweiligen Lebenszyklus bestimmen, wurde aufgrund der bestehenden Kündigungsmodalitäten innerhalb der Hedgefondsindustrie eine Zeitperiode von vier Monaten als Phase definiert. Dies bedeutet, dass bei der Phasenanalyse unter der Beobachtung der rollierenden 12-Monats-Excess-Omegas eine Phase als eine Zeitperiode definiert wird, bei der sich das Vorzeichen der Kennzahl für nicht mehr als vier Monate hintereinander ändert. Sollte sich das Vorzeichen für eine Zeitperiode von mindestens vier Monaten ändern, so gilt die neue Phase mit dem Monat der ersten Vorzeichensänderung als begonnen. Als positive Phasen gelten die Zeitperioden, in welchen die Excess-Omegas größer gleich Null sind. Negative Phasen sind solche mit einem Excess-Omega-Wert unter Null.

Aufgrund der in dieser Arbeit verwendeten Art der Analyse, ist es allerdings für die akkurate Interpretation der Ergebnisse im Zeitablauf wichtig, die Anzahl der Fonds im Untersuchungszeitraum zu betrachten. Abbildung 2 stellt die Entwicklung der Anzahl berichtender Fonds der gesamten Strategien der Stichprobe während des Untersuchungszeitraums grafisch dar. Eine detaillierte Analyse über die Entwicklung der Anzahl der Hedgefonds in den einzelnen Strategien erfolgt in Tabelle 46. Nach fast vier Jahren (≈ 45,5 Monaten) stehen nur noch Datenreihen zu weniger als 50 Prozent der 1.433 betrachteten Einzelhedgefonds zur Verfügung. Über die gesamte Untersuchungsperiode von Januar 1996 bis Mai 2006 (109 Monate) hinweg verfügen nur 55 Fonds oder 3,84 Prozent der Datenbasis. Vor diesem Hintergrund nimmt die Repräsentativität der Ergebnisse dieser Arbeit im Zeitablauf und insbesondere nach einem Beobachtungszeitraum von vier Jahren ab. Da das das Ziel der Arbeit eine Deskription eines Lebenszyklusmusters ist, werden die Ergebnisse allerdings nicht durch den sinkenden Anteil an Fonds in der Stichprobe im Zeitablauf beeinträchtigt. So gesehen ist von einer geringen Verzerrung der Untersuchungsergebnisse aufgrund eines in der Datenbank inhärenten Survivorship Bias auszugehen.

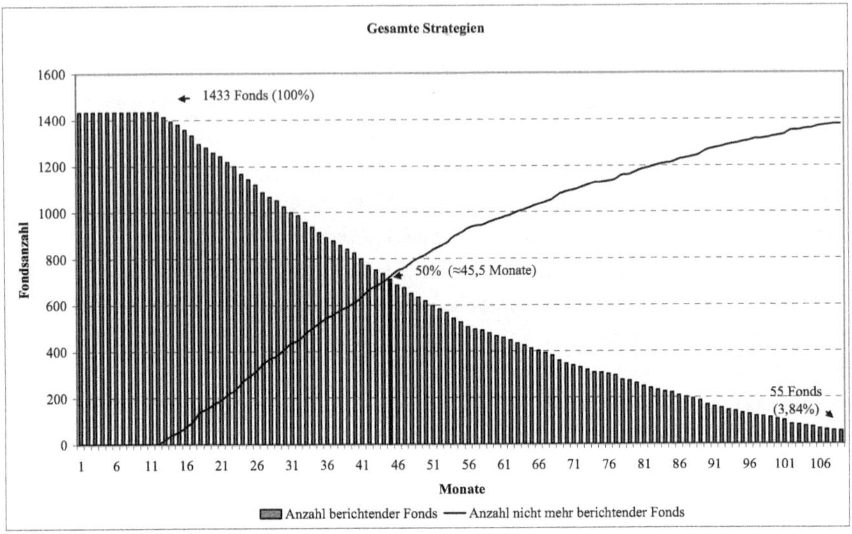

Abb. 2: Entwicklung der Fondsanzahl der gesamten Strategien

	Anzahl berichtender Fonds der Datenbasis											
	nach Monaten									nach Anteil an der Stichprobe		
	12	*24*	*36*	*48*	*60*	*72*	*84*	*96*	*108*	*75%*	*50%*	*25%*
GS	1.433	912	685	493	380	272	168	100	55	27,5	45,5	69,0
	100,00%	63,64%	47,80%	34,40%	26,52%	18,98%	11,72%	6,98%	3,84%			
DI	1029	636	479	342	270	192	121	78	42	26,5	44,0	68,5
	100,00%	61,81%	46,55%	33,24%	26,24%	18,66%	11,76%	7,58%	4,08%			
ND	404	276	206	151	110	80	47	22	13	30,0	47,0	71,0
	100,00%	68,32%	50,99%	37,38%	27,23%	19,80%	11,63%	5,45%	3,22%			
DS	36	27	19	11	5	5	2	1	0	34,0	48,0	61,5
	100,00%	75,00%	52,78%	30,56%	13,89%	13,89%	5,56%	2,78%	0,00%			
EM	86	56	43	37	32	25	18	11	8	30,5	47,0	84,5
	100,00%	65,12%	50,00%	43,02%	37,21%	29,07%	20,93%	12,79%	9,30%			
GM	254	158	115	87	79	56	33	26	15	28,5	43,5	73,5
	100,00%	62,20%	45,28%	34,25%	31,10%	22,05%	12,99%	10,24%	5,91%			
LS	653	395	302	207	154	106	68	40	19	27,5	44,5	69,0
	100,00%	60,49%	46,25%	31,70%	23,58%	16,23%	10,41%	6,13%	2,91%			
CA	154	107	79	64	47	34	19	8	3	30,5	47,5	75,5
	100,00%	69,48%	51,30%	41,56%	30,52%	22,08%	12,34%	5,19%	1,95%			
ED	101	76	61	43	33	23	13	5	5	35,0	51,0	77,0
	100,00%	75,25%	60,40%	42,57%	32,67%	22,77%	12,87%	4,95%	4,95%			
FI	100	65	48	33	23	17	12	8	5	30,0	45,5	64,0
	100,00%	65,00%	48,00%	33,00%	23,00%	17,00%	12,00%	8,00%	5,00%			
MN	49	28	18	11	7	6	3	1	0	26,5	39,5	54,5
	100,00%	57,14%	36,73%	22,45%	14,29%	12,24%	6,12%	2,04%	0,00%			

Tab. 46: Entwicklung der Fondsanzahl der Datenbasis

Im Startmonat bilden insgesamt 1.029 Hedgefonds die Stichprobe der direktionalen Strategien, bei den nicht-direktionalen Strategien 404 Fonds (Tabelle 46). Diese Zahl halbiert sich bei den direktionalen Strategien bis zum 44. Monat und bei den nicht-direktionale Strategien bis zum 47. Monat. Im letzten betrachteten Monat berichten 42 direktionale Hedgefonds an die Datenbank, während von den nicht-direktionalen Strategien nur noch 13 Fonds berichten. Somit zeigt sich, dass obwohl die Zahl der berichtenden Fonds der direktionalen Strategien schneller als bei den nicht-direktionalen Strategien sinkt, der Anteil der Fonds, die im letzten Untersuchungsmonat noch berichten, bei den direktionalen Strategien höher als bei den nicht-direktionale Strategien ausfällt. Eine detaillierte statistische Analyse der Fonds, welche über die gesamte Untersuchungsperiode berichten erfolgt in Abschnitt 6.1.7.

6.1 Modellhypothesen

6.1.1 Einfluss des Fondsalters

Bei der Betrachtung des Verlaufs des verwendeten Omega-Maßes, bestätigt sich Hypothese 1, welche besagt, dass die risikoadjustierten Renditen einzelner Hedgefonds im Zeitablauf nur teilweise sinken, wie die Abbildungen 3 bis 14 zeigen. Wird die grafische Darstellung des Omegaverlaufs um eine polynomische Trendlinie dritten Grades ergänzt, lassen sich die Entwicklungsverläufe deutlicher darstellen[319]. Die gestrichelte vertikale Linie symbolisiert den Zeitpunkt, zu welchem die Stichprobe nur noch aus 50 Prozent der Zielfonds, welche zum Beginn des Untersuchungszeitraums diese gebildet haben, bestehen. Die Ergebnisse nach diesem Zeitpunkt können durch einzelne Ausreißer – insbesondere zum Ende der Untersuchungsperiode hin – beeinträchtigt sein und sollten deswegen mit Vorsicht interpretiert werden.[320]

Auf der Gesamtdatenbankebene in Abbildung 3 weisen Hedgefonds dadurch insbesondere in den ersten zwei Jahren überdurchschnittliche Omega-Maße auf. Nach dieser Zeitspanne verharrt das Omega-Maß für die Restlaufzeit auf einem Niveau von ungefähr 1,90. Für die direktionalen Strategien in Abbildung 4 wird im Durchschnitt kein besonders ausgeprägter Lebenszyklus beobachtet. Die 12-Monats-rollierenden Omegas bewegen sich in der Beobachtungsperiode zwischen 2,25 zu Beginn, finden ihren Tiefpunkt bei 1,90 nach ungefähr fünf Jahren und erhöhen sich zum Ende wieder bis auf ein Omeganiveau von 2,20. Wie mit Hypothese 2 ausgedrückt, weisen nicht-direktionale Strategien in Abbildung 5 einen deutlich ausgeprägten Lebenszyklus aus. In den ersten drei Jahren sinkt das Omega-Maß von 3,40 auf

---

[319] Eine polynomische Trendlinie ist eine Kurve, die den Verlauf einer Renditezeitreihe abbildet, wobei sie nach der Methode der kleinsten Quadrate berechnet wird. Trends lassen sich so einfacher erkennen. Um Aussagen über die Übereinstimmung der Trendlinie mit dem tatsächlichen Verlauf zu quantifizieren, wurden die Gleichungen und Bestimmtheitsmaße (R^2) ergänzt.

[320] Die insgesamt für die Stichprobe beobachteten Anstiege der Omega-Maße zum Ende der Beobachtungsperiode könnten zum Ende hin auch durch den gewählten Untersuchungszeitraum verzerrt sein. Denn für Hedgefonds war das Umfeld der Jahre 2003 bis 2006 positiv.

2,10. Auf ungefähr diesem Niveau verharrt es für die nächsten drei Jahre um sich anschließend wieder etwas zu erholen und zum Ende der Untersuchungsperiode hin wieder zu sinken. Dadurch bestätigt sich auch die zweite Hypothese, die besagt, dass die risikoadjustierten Renditen von nicht-direktionalen Hedgefondsstrategien schneller erodieren als die von direktionalen. Eine genauere Betrachtung des Lebenszyklus auf der jeweiligen Strategieebene kann anhand der Abbildungen 7 bis 10 (für direktionale Strategien) und 13 bis 16 (für nicht-direktionale Strategien) vorgenommen werden.

Für die Strategie Global Macro in Abbildung 7 ist ein kontinuierliches, aber geringes Absinken des Omega-Maßes von 1,90 auf 1,30 über die gesamte Periode zu beobachten. Bei Long/Short Equity in Abbildung 8 hingegen ist in den ersten drei Jahren eine Erosion des Omegas von 2,25 auf 1,90 zu beobachten. Nach zwei Jahren auf diesem Niveau steigt das Omega von Long/Short Equity-Hedgefonds wieder kontinuierlich bis über das Ausgangsniveau an. Bei Distressed Securities-Hedgefonds in Abbildung 9 werden insgesamt sehr hohe Omega-Werte beobachtet. Die Trendlinie der 12-Monats-rollierenden Omegas beginnt bei 5,20 und fällt in den ersten fünf Jahren bis auf ein Niveau von 3,85 und steigt in den folgenden drei Jahren auf ein Niveau von 9,25 an. Ausgehend von einem Omega von 3,40 fällt dieses bei Emerging Market-Hedgefonds wie in Abbildung 10 dargestellt den ersten vier Jahren auf 2,45, um anschließend wieder bis auf ein Niveau von 3,50 zu steigen.

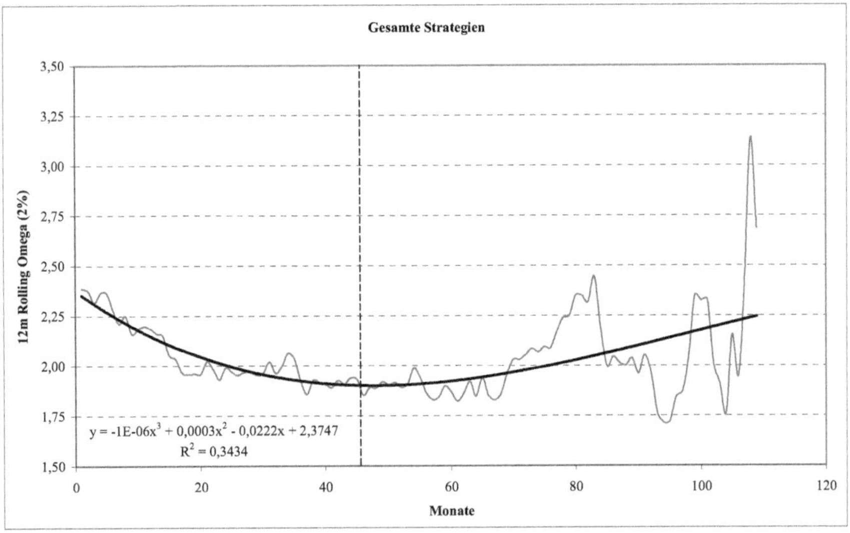

Abb. 3: 12-Monats-rollierende Omegas der Gesamtdatenbasis

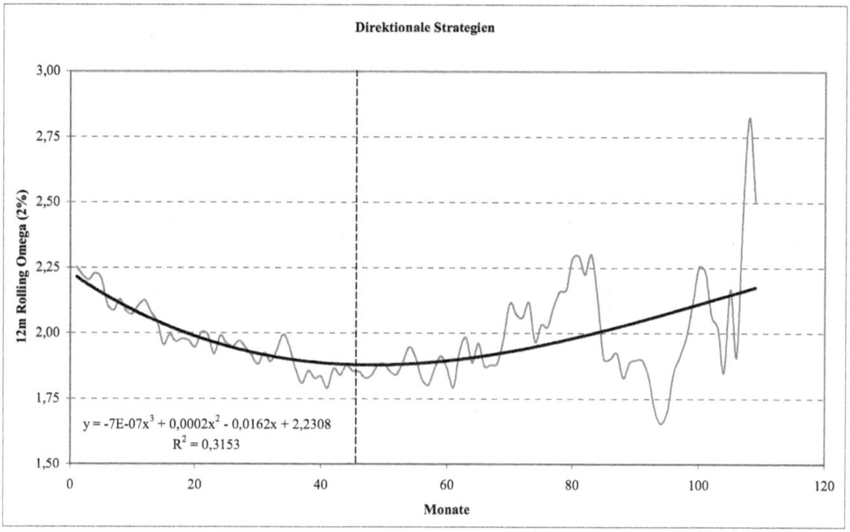

Abb. 4: 12-Monats-rollierende Omegas der direktionalen Strategien

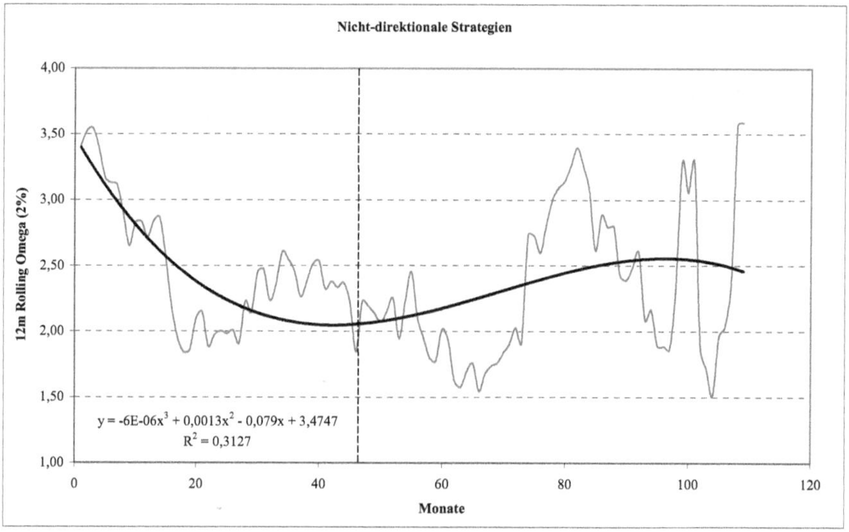

Abb. 5: 12-Monats-rollierende Omegas der nicht-direktionalen Strategien

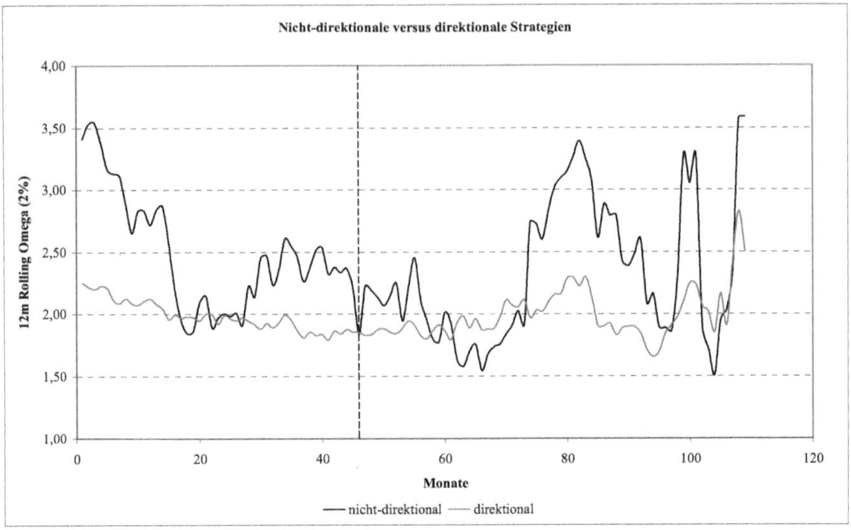

Abb. 6: 12-Monats-rollierende Omegas: direktional versus nicht-direktional

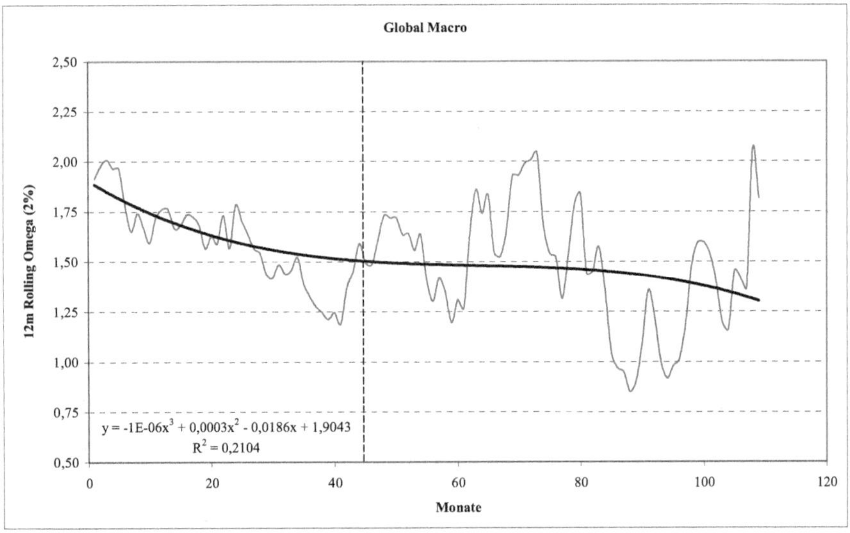

Abb. 7: 12-Monats-rollierende Omegas von Global Macro

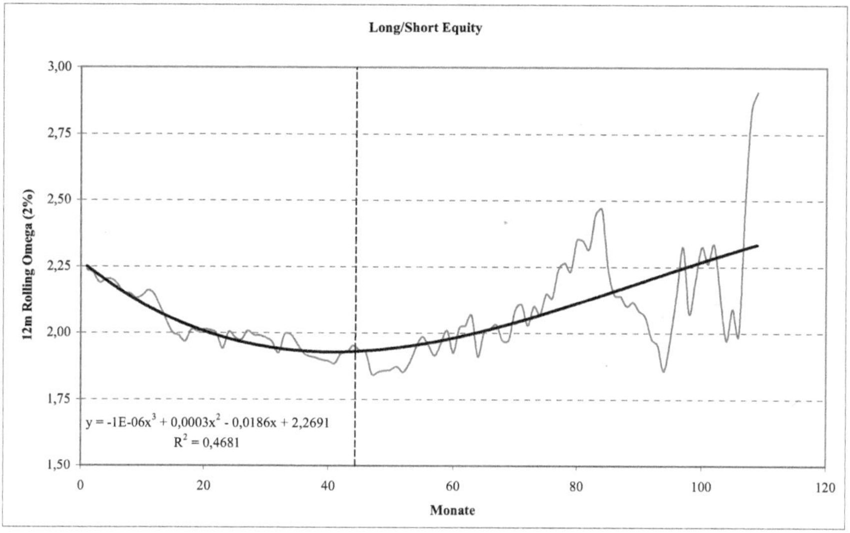

Abb. 8: 12-Monats-rollierende Omegas von Long/Short Equity

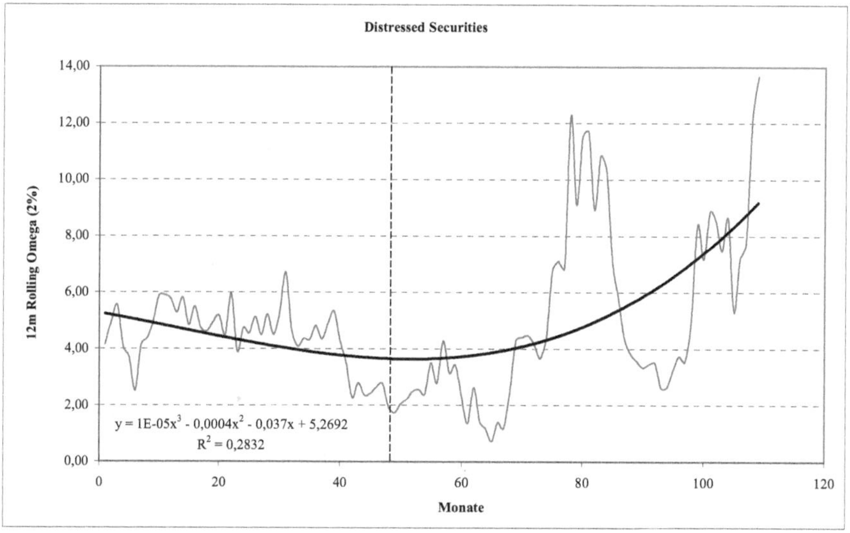

Abb. 9: 12-Monats-rollierende Omegas von Distressed Securities

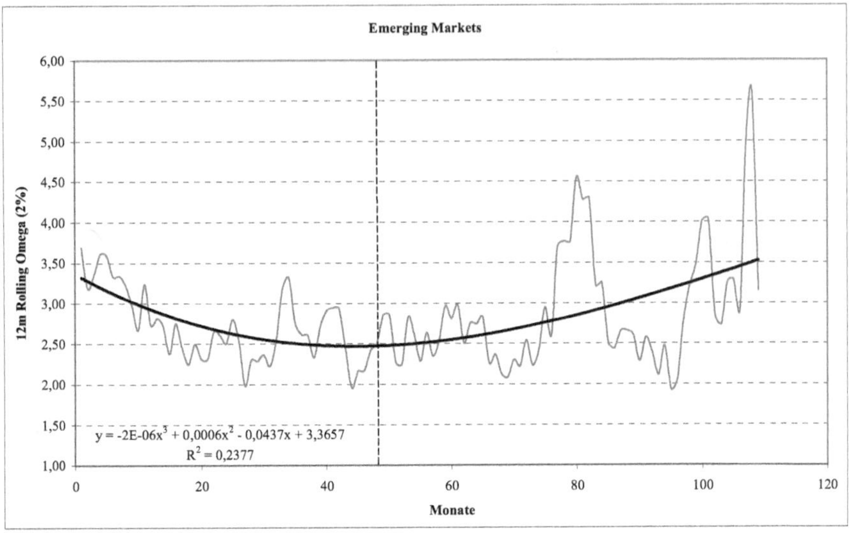

Abb. 10: 12-Monats-rollierende Omegas von Emerging Markets

Im Bereich der nicht-direktionalen Strategien entsprechen die Muster der einzelnen Strategien weitgehend dem Muster für die gesamte Strategiegruppe. Die Trendlinie der 12-Monats-rollierenden Omegas der Strategie Convertible Arbitrage in Abbildung 11 fällt von 3,50 in den ersten drei Jahren auf 2,25. Auf etwa diesem Niveau verweilen die Convertible Arbitrage-Hedgefonds für die nächsten 5 Jahre, bevor eine weitere Erosionsphase bei der Trendlinie des Omega bis auf ein Niveau von 2,00 zu beobachten ist. Für die Event Driven-Strategien in Abbildung 12 vollzieht sich die Erosion der Trendlinie des Omegas von 3,50 auf 2,20 bereits in den ersten drei Jahren. Anschließend bewegt sich das Omega für ereignisorientierte Strategien nur noch in der Bandbreite zwischen 2,15 und 3,10. Bei Fixed Income Arbitrage-Hedgefonds in Abbildung 13 vollzieht sich eine Reduktion des Omegas von 3,60 auf 1,85 ebenfalls in den ersten drei Jahren. Es folgt ein erneuter Anstieg des Omegas von 1,85 auf 2,50 für etwa fünf Jahre, bevor erneut eine starke Kontraktionsphase einsetzt, in welcher die Trendlinie des Omegas auf ein Niveau von 1,90 fällt. Für die Hedgefonds der Strategie Equity Market Neutral in Abbildung 14 ist ein Verfall der Trendlinie des 12-Monats-rollierenden Omegas von 2,75 auf 1,60 in den ersten drei Jahren zu beobachten. Anschließend setzt eine fünf Jahre dauernde kontinuierliche Erholungsphase bis auf ein Niveau von 3,15 ein.

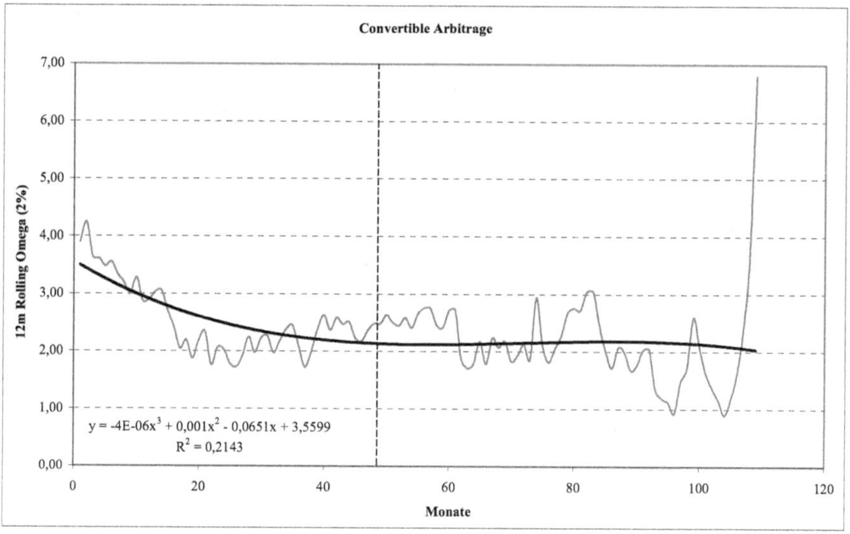

Abb. 11: 12-Monats-rollierende Omegas von Convertible Arbitrage

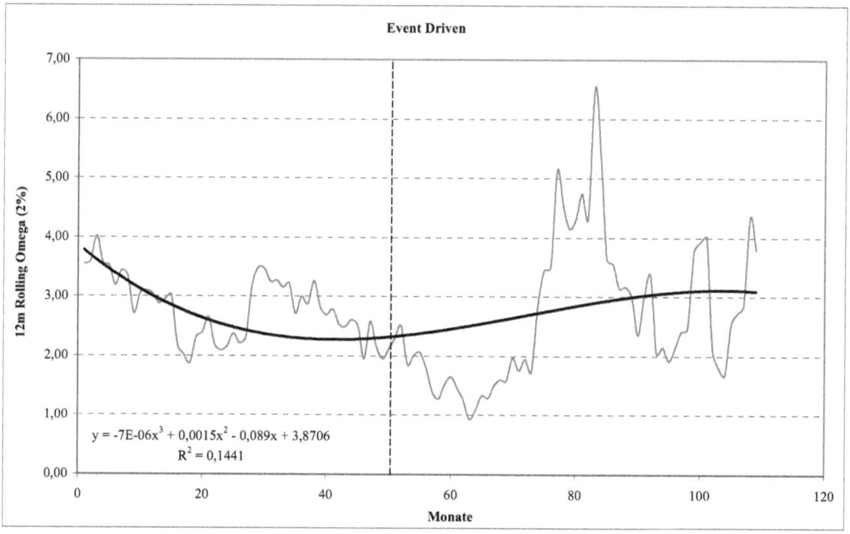

Abb. 12: 12-Monats-rollierende Omegas von Event Driven

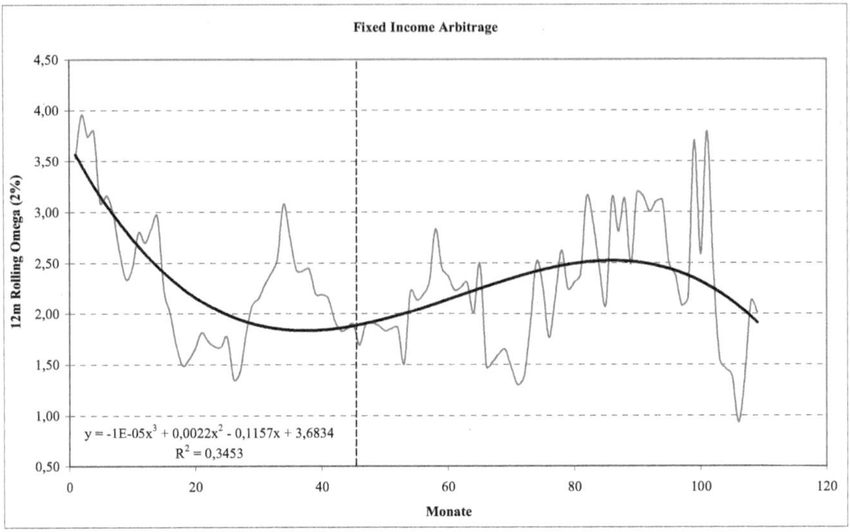

Abb. 13: 12-Monats-rollierende Omegas von Fixed Income Arbitrage

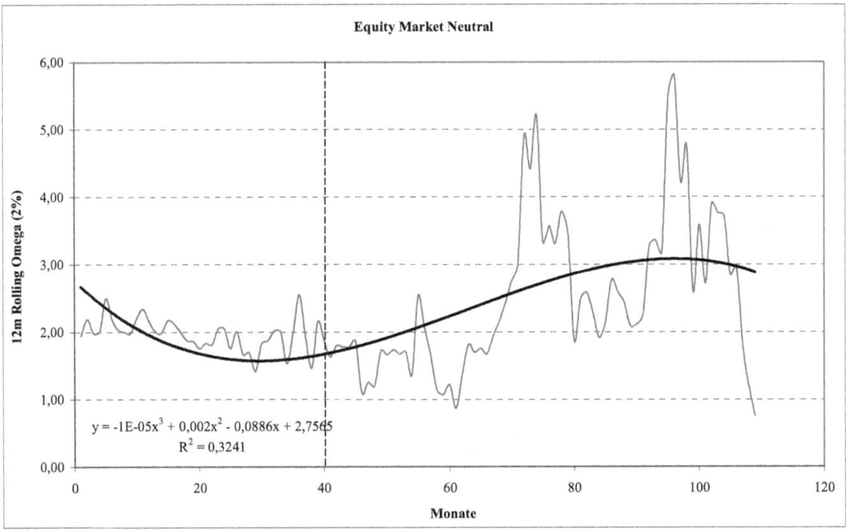

Abb. 14: 12-Monats-rollierende Omegas von Equity Market Neutral

6.1.2 Einfluss der Phase

In der Phasenanalyse ist die Differenz zwischen dem Omega-Maß und der auf Basis des Medians der Einzelhedgefondsomegas bestimmten Benchmark-Omega Untersuchungsgegenstand. Nachhaltige Veränderungen wurden an drei aufeinander folgenden Monaten festgemacht, d.h. ein Fonds muss in mindestens vier aufeinander folgenden Monaten ein positives (negatives) Excess-Omega aufweisen, bevor von einer positiven (negativen) Phase ausgegangen wird. In der Phasenbetrachtung wurden dabei einmonatige Abweichungen nicht betrachtet. Bei Abweichungen, die zwei Monate andauerten, wurden die Zeitabschnitte zwar getrennt erfasst, aber nicht in der Phasenanalyse berücksichtigt, um eine möglichst exakte Bestimmung von Phasenlänge und eine klare Trennung zwischen positiven und negativen Phasen zu erreichen.

6.1.2.1 Gesamte Strategien

Auf der Gesamtdatenbankebene lässt sich kaum eine Differenz zwischen der Anzahl der Monate bei Hedgefonds beobachten (siehe Tabelle 47). Im Median beträgt diese bei Fonds mit einem positiven Start 44 und bei Hedgefonds mit einem negativen Start 45 Monate. Dementsprechend ist auch der Median der Anzahl der Phasen bei Fonds mit einem positiven Start (2) niedriger als bei denjenigen mit einem unterdurchschnittlichen Start (3). Dies bedeutet, dass sich die Hedgefonds der Datenbasis mit einem positiven sowie negativen Start zum Ende der Untersuchungsperiode überwiegend in einer unterdurchschnittlichen Phase innerhalb ihres Lebenszyklus befinden. Eine Differenz lässt sich hinsichtlich der Excess-Omega-Mediane erkennen. So liegt der Median der Excess-Omegas mit 0,90 bei überdurchschnittlich beginnenden Hedgefonds über dem der unterdurchschnittlich beginnenden Hedgefonds (-0,36). Ebenso fällt der Anteil positiver Excess-Omegas mit 66,67 Prozent und 43,10 Prozent weit auseinander. Diese Unterschiede zeigen sich auch bei den Maximalwerten, der Standardabweichung sowie bei den negativen Durchschnittswerten zwischen positiv und negativ beginnenden Hedgefonds.

		Anzahl Fonds	Anzahl Monate (Med)	Anzahl Phasen (Med)	εΩ						
					Med	Anteil pos.	Ø positiv	Ø negativ	Min	Max	Stdv
+	Total	751	44,0	2	0,90	66,67%	8,47	-0,97	-1,98	50,00	10,39
+	Q1	187	35,0	1	11,75	94,00%	23,87	-1,13	-1,40	50,00	18,12
+	Q2	188	40,0	2	1,70	75,26%	7,57	-0,99	-2,02	50,00	10,95
+	Q3	188	48,0	3	0,39	59,38%	4,35	-0,83	-1,93	24,26	5,61
+	Q4	188	53,0	3	-0,37	39,65%	5,50	-1,06	-2,11	33,93	6,40
-	Total	682	45,0	3	-0,36	43,10%	4,55	-1,10	-2,14	22,08	4,64
-	Q1	170	52,0	2	1,06	68,70%	8,87	-1,07	-2,03	50,00	12,86
-	Q2	171	52,0	3	-0,05	50,00%	3,58	-0,95	-2,12	21,50	4,02
-	Q3	171	46,0	3	-0,59	32,69%	2,61	-0,97	-2,06	9,92	2,37
-	Q4	170	31,0	1	-1,26	15,79%	3,57	-1,43	-2,32	7,00	1,73
Total		1.433	44,0	3	0,23	55,00%	6,33	-1,04	-2,04	50,00	8,01

Tab. 47: Excess-Omegas der gesamten Strategien

Bei der Quartilsbetrachtung ist ersichtlich, dass sich bei den Fonds mit einer positiven wie negativen Startphase nachvollziehbare Muster einstellen. So ist der Median sowie der Anteil der positiven Excess-Omegas bei den Hedgefonds der Datenbasis des ersten Quartils am höchsten und im vierten Quartil am niedrigsten. Für die Hedgefonds mit einem über- wie unterdurchschnittlichen Start weisen die ersten beiden Quartile positive durchschnittliche Excess-Omegas auf. Es ist außerdem zu beobachten, dass die Hedgefonds des ersten Quartils im Median lediglich eine Phase durchlaufen. Dies bedeutet wiederum, dass Hedgefonds mit einem positiven (negativen) Start sich zum Ende des Untersuchungszeitraums in einer negativen (positiven) Phase befinden. Dies kann als Indiz dafür interpretiert werden, dass die Hedgefonds des ersten Quartils im Vergleich zu langfristig weniger erfolgreichen, weniger Phasen durchlaufen und dadurch eine höhere Kontinuität bei der Generierung von Excess-Omegas aufweisen. Allerdings weisen auch die Fonds des vierten Quartils mit einem negativen Fondsstart einen Median bei der Anzahl der Phasen von eins aus, woraus wiederum gefolgert werden kann, dass auch langfristig wenig erfolgreiche Hedgefonds nur wenige Phasen durchlaufen.

P		1									2								
		Anzahl Fonds		Länge (in Monaten)			εΩ				Anzahl Fonds		Länge (in Monaten)			εΩ			
		abs	kum (%)	Med	Min	Max	Stdv	Med	Min	Max	abs	kum (%)	Med	Min	Max	Stdv	Med	Min	Max
+	To	751	100	17	4	109	5,49	3,08	-0,09	20,62	540	71	13	4	64	0,55	-0,93	-1,73	-0,06
	Q1	187	100	27	4	109	17,3	13,79	0,15	50,00	55	29	10	4	45	0,66	-0,93	-1,90	-0,03
	Q2	188	100	20	4	70	6,28	2,43	-0,33	20,42	128	68	10	4	54	0,54	-0,99	-1,80	-0,14
	Q3	188	100	14	4	53	2,45	1,25	-0,31	7,93	169	89	12	4	47	0,46	-0,76	-1,41	-0,05
	Q4	188	100	9	4	37	2,27	1,89	0,04	6,53	188	100	20	4	64	0,58	-1,05	-1,89	-0,01
-	To	682	100	15	4	82	0,65	-1,11	-1,94	0,07	547	80	14	2	92	3,08	1,68	0,04	10,90
	Q1	170	100	9	4	33	0,56	-1,09	-1,77	-0,08	170	100	22	4	92	11,44	2,58	0,01	50,00
	Q2	171	100	13	4	44	0,68	-0,89	-1,75	0,15	166	97	15	4	56	2,61	1,48	0,00	9,92
	Q3	171	100	18	4	73	0,61	-0,86	-1,89	0,24	135	78	11	2	36	1,63	1,36	0,07	5,09
	Q4	170	100	23	5	82	0,73	-1,43	-2,23	0,33	76	44	9	4	34	2,45	1,48	0,13	7,98
To		1433	100	16	4	109	1,22	0,27	-1,25	3,33	1.087	75	13	2	92	0,86	0,02	-1,06	1,78

P		3									4								
		Anzahl Fonds		Länge (in Monaten)			εΩ				Anzahl Fonds		Länge (in Monaten)			εΩ			
		abs	kum (%)	Med	Min	Max	Stdv	Med	Min	Max	abs	kum (%)	Med	Min	Max	Stdv	Med	Min	Max
+	To	375	49	14	4	82	5,34	2,14	0,02	19,65	220	29	12	4	49	0,55	-0,89	-1,76	-0,09
	Q1	38	20	21	4	82	18,9	25,48	0,36	50,00	10	5	7	4	19	1,03	-1,25	-2,43	-0,20
	Q2	84	44	17	4	71	13,1	2,77	0,04	50,00	36	19	10	4	25	0,59	-0,80	-1,95	-0,14
	Q3	133	70	16	4	45	3,94	1,61	-0,11	13,62	87	46	11	4	31	0,50	-0,93	-1,80	-0,14
	Q4	120	63	11	4	40	2,05	1,53	0,03	6,49	87	46	15	4	49	0,52	-0,89	-1,65	-0,02
-	To	357	52	13	4	67	0,57	-0,92	-1,70	-0,03	207	30	13	4	73	2,93	1,62	0,01	9,20
	Q1	77	45	9	4	67	0,51	-0,92	-1,64	-0,13	54	31	21	5	73	6,61	2,72	0,00	28,76
	Q2	120	70	13	4	48	0,55	-0,79	-1,52	0,00	80	46	13	4	39	2,03	1,23	-0,01	6,35
	Q3	113	66	15	4	67	0,54	-0,89	-1,72	-0,02	59	34	11	4	23	2,12	1,29	0,06	6,64
	Q4	47	27	18	4	63	0,66	-1,45	-2,14	-0,02	14	8	11	4	15	3,27	2,31	0,10	10,48
To		732	51	13	4	82	0,93	0,28	-1,08	2,24	427	29	12	4	73	0,89	-0,22	-1,21	1,28

P		5									6								
		Anzahl Fonds			Länge (in Monaten)			εΩ			Anzahl Fonds			Länge (in Monaten)			εΩ		
		abs	kum (%)	Med	Min	Max	Stdv	Med	Min	Max	abs	kum (%)	Med	Min	Max	Stdv	Med	Min	Max
+	To	126	16	14	4	52	3,55	1,88	0,06	15,72	72	9	12	4	34	0,60	-0,94	-1,92	-0,02
	Q1	4	2	22	13	45	21,2	9,71	2,97	50,00	0	0	~	~	~	~	~	~	~
	Q2	23	12	20	4	47	10,7	3,15	0,07	50,00	9	4	6	4	13	0,71	-0,89	-1,65	-0,05
	Q3	48	25	14	4	52	4,58	1,88	0,06	11,91	25	13	13	4	27	0,49	-0,80	-1,90	-0,02
	Q4	51	27	12	4	38	1,39	1,40	0,04	4,89	38	20	14	4	34	0,70	-0,97	-2,06	-0,01
-	To	113	16	12	4	44	0,55	-0,95	-1,78	-0,04	64	9	14	4	35	2,74	1,80	-0,04	8,70
	Q1	19	11	6	4	31	0,45	-0,54	-1,11	0,00	15	8	15	6	35	13,98	2,28	-0,14	50,00
	Q2	51	29	10	4	36	0,56	-0,98	-1,72	-0,06	25	14	16	5	27	1,48	1,20	-0,44	4,75
	Q3	34	19	13	4	39	0,58	-0,93	-1,82	0,00	22	12	9	4	21	3,24	2,80	0,11	11,08
	Q4	9	5	30	6	44	0,70	-1,59	-2,58	-0,11	2	1	16	15	16	1,48	1,37	-0,03	5,36
To		239	16	13	4	52	0,95	0,36	-0,96	2,49	136	9	13	4	35	0,87	-0,34	-1,43	1,05

P		7									8								
		Anzahl Fonds			Länge (in Monaten)			εΩ			Anzahl Fonds			Länge (in Monaten)			εΩ		
		abs	kum (%)	Med	Min	Max	Stdv	Med	Min	Max	abs	kum (%)	Med	Min	Max	Stdv	Med	Min	Max
+	To	33	4	12	4	28	1,87	1,48	0,01	5,66	13	1	10	4	33	0,52	-0,98	-1,92	-0,07
	Q1	0	0	~	~	~	~	~	~	~	0	0	~	~	~	~	~	~	~
	Q2	4	2	20	4	28	13,5	4,68	0,31	36,27	0	0	~	~	~	~	~	~	~
	Q3	13	6	13	4	22	1,87	1,58	-0,13	5,66	5	2	4	4	6	0,53	-1,34	-1,92	-0,55
	Q4	16	8	9	4	20	1,15	1,13	0,03	3,27	8	4	15	8	33	0,41	-0,73	-1,76	0,04
-	To	28	4	7	4	33	0,70	-1,19	-2,07	-0,16	8	1	13	4	18	1,42	0,74	-0,11	5,63
	Q1	4	2	10	4	12	0,75	-1,09	-1,97	-0,09	2	1	13	12	13	11,52	2,82	-1,98	31,39
	Q2	14	8	6	4	33	0,54	-0,75	-1,62	-0,14	4	2	12	4	18	0,92	0,27	-0,27	2,64
	Q3	8	4	18	4	26	0,79	-1,46	-2,79	-0,41	2	1	13	10	15	9,30	9,14	0,23	27,16
	Q4	2	1	6	5	6	0,62	-1,85	-2,41	-0,81	0	0	~	~	~	~	~	~	~
To		61	4	10	4	33	0,92	0,23	-1,10	1,47	21	1	12	4	33	0,65	-0,64	-1,45	0,22

P		9									10								
		Anzahl Fonds			Länge (in Monaten)			εΩ			Anzahl Fonds			Länge (in Monaten)			εΩ		
		abs	kum (%)	Med	Min	Max	Stdv	Med	Min	Max	abs	kum (%)	Med	Min	Max	Stdv	Med	Min	Max
+	To	3	0	6	5	15	0,53	0,78	0,11	1,61	1	0	6	6	6	0,47	-0,86	-1,82	-0,46
	Q1	0	0	~	~	~	~	~	~	~	0	0	~	~	~	~	~	~	~
	Q2	0	0	~	~	~	~	~	~	~	0	0	~	~	~	~	~	~	~
	Q3	0	0	~	~	~	~	~	~	~	0	0	~	~	~	~	~	~	~
	Q4	3	1	6	5	15	0,53	0,78	0,11	1,61	1	0	6	6	6	0,47	-0,86	-1,82	-0,46
-	To	4	0	6	5	12	0,77	-1,26	-2,05	-0,16	0	0	~	~	~	~	~	~	~
	Q1	1	0	6	6	6	0,85	-1,27	-2,35	0,00	0	0	~	~	~	~	~	~	~
	Q2	2	1	5	5	5	0,50	-1,22	-1,67	-0,44	0	0	~	~	~	~	~	~	~
	Q3	1	0	12	12	12	1,36	-1,25	-3,77	-0,32	0	0	~	~	~	~	~	~	~
	Q4	0	0	~	~	~	~	~	~	~	0	0	~	~	~	~	~	~	~
To		7	0	6	5	15	0,69	-0,97	-1,60	0,00	1	0	6	6	6	0,47	-0,86	-1,82	-0,46

Tab. 48: Phasenanalyse der gesamten Strategien

Werden die Phasen der gesamten Strategien betrachtet, fällt auf, dass das Minimum und Maximum der Phasenanzahl über alle Strategien bei einer und zehn Phasen liegen (siehe Tabelle 48). In der ersten Phase ist die Zahl positiv beginnender Hedgefonds höher als die Zahl der

Fonds mit einer negativen Startphase. Dieses Verhältnis ändert sich nur in der zweiten und der vorletzten Phase. Die Zahl der berichtenden Fonds mit positiver Startphase hat sich bis zur dritten Phase mehr als halbiert, die der negativ beginnenden Fonds bis zur vierten Phase. Mehr als 70 Prozent der Fonds mit einer positiven Startphase im ersten Quartil berichten innerhalb des Beobachtungszeitraums nicht länger als eine Phase. Die Zahl der berichtenden negativ beginnenden Fonds des letzten Quartils verringerte sich um mehr als 55 Prozent. Hedgefonds dieser beiden Quartile sind auch die ersten, bei denen die aufgezeichneten Kurshistorien enden (Phase 6 respektive Phase 8).

6.1.2.2 Direktionale Strategien

Bei den direktionalen Strategien lässt sich eine leichte Differenz zwischen dem Median der Anzahl der Monate beobachten (siehe Tabelle 49). So beträgt dieser bei Fonds mit einem positiven Start 42 und bei Hedgefonds mit einem negativen Start 45,5 Monate. Allerdings ist auch der Median der Anzahl der Phasen bei Fonds mit einem positiven Start (2) niedriger als bei denjenigen mit einem unterdurchschnittlichen Start (3). Gleichzeitig ist der Median der Excess-Omegas bei überdurchschnittlich beginnenden direktionalen Hedgefonds mit 0,74 deutlich höher als der von Fonds mit einem negativen Start (-0,31). Der Anteil positiver Excess-Omegas liegt bei direktionalen Fonds mit einem positiven Start mit 65,00 Prozent über dem Anteil von Fonds mit einem negativen Start (44,17 Prozent). Weitere Unterschiede lassen sich hinsichtlich der Maximalwerte, der Durchschnittswerte bei den positiven Excess-Omegas sowie der Standardabweichung erkennen.

		Anzahl Fonds	**Anzahl Monate** (Med)	**Anzahl Phasen** (Med)	εΩ						
					Med	Anteil pos.	Ø positiv	Ø negativ	Min	Max	Stdv
+	Total	529	42,0	2	0,74	65,00%	6,18	-0,86	-1,96	50,00	8,31
	Q1	132	32,5	1	6,27	90,69%	18,08	-0,91	-1,94	50,00	17,22
	Q2	133	35,0	2	1,33	73,91%	4,72	-0,83	-2,00	47,58	6,82
	Q3	132	47,5	3	0,33	58,34%	3,81	-0,76	-1,91	19,55	4,51
	Q4	132	53,5	4	-0,33	39,84%	3,78	-0,97	-2,00	17,31	3,99
-	Total	500	45,5	3	-0,31	44,17%	3,56	-0,95	-2,02	16,74	3,49
	Q1	125	52,0	2	0,97	68,66%	6,61	-0,83	-1,94	50,00	10,49
	Q2	125	50,0	3	-0,02	51,28%	2,95	-0,81	-1,92	16,70	3,45
	Q3	125	46,0	3	-0,53	35,14%	2,14	-0,88	-1,97	6,74	1,81
	Q4	125	33,0	1	-1,12	15,91%	2,45	-1,28	-2,08	6,09	1,62
Total		1.029	44,0	3	0,18	54,55%	4,91	-0,90	-1,98	31,52	6,01

Tab. 49: Excess-Omegas der direktionalen Strategien

Bei der Betrachtung der einzelnen Quartile ist neben dem Median auch bei Maximalwerte und dem Anteil positiver Excess-Omegas bei direktionalen Hedgefonds des ersten Quartils am höchsten und im vierten Quartil am niedrigsten. Es ist außerdem zu beobachten, dass die direktionalen Hedgefonds mit einer positiven Startphase des ersten Quartils im Median lediglich eine Phase durchlaufen. Dies kann als Indiz dafür interpretiert werden, dass die direktionalen Hedgefonds des ersten Quartils, im Vergleich zu langfristig weniger erfolgreichen eine geringere Anzahl an Phasen durchlaufen und dadurch eine höhere Kontinuität bei der Generierung von Excess-Omegas aufweisen.

P		1									2								
		Anzahl Fonds		Länge (in Monaten)			εΩ				Anzahl Fonds		Länge (in Monaten)			εΩ			
		abs	kum (%)	Med	Min	Max	Stdv	Med	Min	Max	abs	kum (%)	Med	Min	Max	Stdv	Med	Min	Max
+	To	529	100	16	4	89	3,71	2,35	-0,17	14,14	383	72	12	0	62	0,51	-0,90	-1,59	-0,06
+	Q1	132	100	25	4	89	17,17	8,39	-0,18	50,00	41	31	8	0	45	0,73	-0,92	-1,79	-0,03
+	Q2	133	100	19	4	63	3,83	1,88	-0,33	15,23	90	68	7	0	33	0,50	-1,01	-1,69	-0,15
+	Q3	132	100	13	4	53	2,19	1,16	-0,31	6,81	120	91	12	4	39	0,43	-0,69	-1,35	-0,03
+	Q4	132	100	9	4	37	1,78	1,48	0,03	5,36	132	100	19	4	62	0,54	-0,97	-1,75	-0,03
-	To	500	100	15	4	82	0,61	-1,01	-1,78	0,14	408	82	13	0	61	2,51	1,50	0,01	8,78
-	Q1	125	100	9	4	30	0,53	-1,04	-1,62	-0,08	125	100	21	4	61	8,47	1,93	-0,24	30,64
-	Q2	125	100	12	4	44	0,64	-0,76	-1,58	0,20	122	98	14	4	56	2,15	1,32	0,00	8,06
-	Q3	125	100	17	4	73	0,60	-0,84	-1,78	0,21	103	82	11	0	34	1,53	1,28	0,05	4,98
-	Q4	125	100	24	5	82	0,65	-1,28	-2,02	0,50	58	46	10	4	34	2,10	1,47	0,13	6,72
To		1029	100	15	4	89	1,09	0,20	-1,25	2,84	791	77	13	0	62	0,85	0,28	-0,96	1,69
P		3									4								
		Anzahl Fonds		Länge (in Monaten)			εΩ				Anzahl Fonds		Länge (in Monaten)			εΩ			
		abs	kum (%)	Med	Min	Max	Stdv	Med	Min	Max	abs	kum (%)	Med	Min	Max	Stdv	Med	Min	Max
+	To	256	48	14	4	71	6,33	2,11	0,00	21,10	164	31	12	4	49	0,48	-0,83	-1,62	-0,08
+	Q1	27	20	21	4	57	16,97	42,36	1,30	50,00	7	5	7	4	14	0,91	-1,23	-2,63	-0,22
+	Q2	51	38	17	8	71	18,23	7,90	0,44	50,00	30	23	10	4	29	0,41	-0,69	-1,41	-0,17
+	Q3	96	73	16	4	45	11,65	2,74	0,04	50,00	60	45	11	4	31	0,48	-0,85	-1,71	-0,07
+	Q4	82	62	12	4	40	4,07	1,54	-0,09	13,55	67	51	15	4	49	0,50	-0,88	-1,58	-0,03
-	To	272	54	12	0	67	0,59	-0,69	-1,37	0,03	144	29	13	4	73	2,04	1,30	0,01	6,42
-	Q1	59	47	7	0	67	1,61	1,13	0,00	5,21	37	30	22	5	73	4,33	1,99	0,01	16,71
-	Q2	88	70	12	4	48	0,48	-0,77	-1,39	-0,05	59	47	13	4	39	1,48	1,18	0,00	4,63
-	Q3	84	67	13	0	67	0,51	-0,83	-1,53	-0,04	40	32	11	4	30	1,58	0,79	0,09	4,48
-	Q4	41	33	16	4	55	0,66	-1,38	-1,97	-0,01	8	6	12	4	15	4,10	1,61	-0,01	12,22
To		528	51	13	0	71	0,83	-0,14	-1,05	1,65	308	30	12	4	73	0,71	-0,30	-1,17	0,97
P		5									6								
		Anzahl Fonds		Länge (in Monaten)			εΩ				Anzahl Fonds		Länge (in Monaten)			εΩ			
		abs	kum (%)	Med	Min	Max	Stdv	Med	Min	Max	abs	kum (%)	Med	Min	Max	Stdv	Med	Min	Max
+	To	96	18	14	4	52	2,06	1,59	0,04	7,61	58	11	12	4	34	0,60	-0,90	-1,90	-0,02
+	Q1	2	2	35	23	46	10,64	20,05	7,23	50,00	0	0	~	~	~	~	~	~	~
+	Q2	21	16	18	5	47	7,08	2,00	0,11	44,60	10	8	6	4	18	0,71	-0,74	-1,64	-0,04
+	Q3	33	25	14	4	52	1,95	1,24	0,03	7,57	20	15	13	4	28	0,49	-0,86	-1,90	0,00
+	Q4	40	30	12	5	38	1,30	1,48	0,04	3,80	28	21	13	4	34	0,63	-1,00	-1,95	-0,03
-	To	84	17	12	4	39	0,55	-0,92	-1,65	-0,04	44	9	14	4	35	1,84	1,53	-0,24	5,87
-	Q1	13	10	6	4	31	0,45	-0,53	-1,11	-0,06	9	7	14	9	35	4,33	2,05	-0,45	13,95
-	Q2	41	33	11	4	36	0,53	-0,92	-1,64	-0,06	22	18	16	5	27	1,43	1,24	-0,24	4,30
-	Q3	23	18	12	4	39	0,60	-0,88	-1,64	0,08	12	10	10	4	21	4,32	1,48	-0,02	11,36
-	Q4	7	6	19	6	37	0,56	-1,14	-2,22	0,00	1	1	8	8	8	1,03	0,22	-1,49	0,98
To		180	17	13	4	52	0,92	0,39	-0,93	2,57	102	10	13	4	35	0,82	-0,49	-1,52	0,75

P		7									8								
		Anzahl Fonds		Länge (in Monaten)			εΩ				Anzahl Fonds		Länge (in Monaten)			εΩ			
		abs	kum (%)	Med	Min	Max	Stdv	Med	Min	Max	abs	kum (%)	Med	Min	Max	Stdv	Med	Min	Max
+	To	26	5	12	4	22	1,29	1,29	0,03	3,70	12	2	9	4	33	0,52	-0,86	-1,76	-0,07
+	Q1	0	0	~	~	~	~	~	~	~	0	0	~	~	~	~	~	~	~
+	Q2	4	3	15	4	19	1,86	1,73	-0,57	4,68	0	0	~	~	~	~	~	~	~
+	Q3	10	8	13	4	22	1,25	1,13	0,02	3,85	6	5	5	4	20	0,52	-1,16	-1,76	-0,40
+	Q4	12	9	9	4	20	1,16	0,68	0,03	2,95	6	5	14	8	33	0,44	-0,73	-1,76	0,17
-	To	19	4	6	4	33	0,57	-1,07	-1,64	-0,15	5	1	12	4	18	1,17	0,30	-0,19	3,38
-	Q1	3	2	8	4	12	0,71	-1,07	-1,54	-0,09	1	1	12	12	12	3,69	0,65	-0,03	12,78
-	Q2	14	11	6	4	33	0,54	-0,75	-1,62	-0,14	4	3	12	4	18	0,92	0,27	-0,27	2,64
-	Q3	2	2	4	4	4	0,63	-1,54	-2,16	-0,77	0	0	~	~	~	~	~	~	~
-	Q4	0	0	~	~	~	~	~	~	~	0	0	~	~	~	~	~	~	~
To		45	4	10	4	33	0,78	0,23	-0,98	1,31	17	2	10	4	33	0,54	-0,70	-1,45	0,11
P		9									10								
		Anzahl Fonds		Länge (in Monaten)			εΩ				Anzahl Fonds		Länge (in Monaten)			εΩ			
		abs	kum (%)	Med	Min	Max	Stdv	Med	Min	Max	abs	kum (%)	Med	Min	Max	Stdv	Med	Min	Max
+	To	2	0	6	5	6	0,31	0,45	0,13	0,96	1	0	6	6	6	0,47	-0,86	-1,82	-0,46
+	Q1	0	0	~	~	~	~	~	~	~	0	0	~	~	~	~	~	~	~
+	Q2	0	0	~	~	~	~	~	~	~	0	0	~	~	~	~	~	~	~
+	Q3	1	1	5	5	5	0,08	0,12	0,11	0,30	1	1	6	6	6	0,47	-0,86	-1,82	-0,46
+	Q4	1	1	6	6	6	0,53	0,78	0,14	1,61	0	0	~	~	~	~	~	~	~
-	To	3	1	5	5	6	0,69	-1,27	-1,75	0,00	0	0	~	~	~	~	~	~	~
-	Q1	1	1	6	6	6	0,85	-1,27	-2,35	0,00	0	0	~	~	~	~	~	~	~
-	Q2	2	2	5	5	5	0,50	-1,22	-1,67	-0,44	0	0	~	~	~	~	~	~	~
-	Q3	0	0	~	~	~	~	~	~	~	0	0	~	~	~	~	~	~	~
-	Q4	0	0	~	~	~	~	~	~	~	0	0	~	~	~	~	~	~	~
To		5	0	5	5	6	0,53	-0,97	-1,60	0,00	1	0	6	6	6	0,47	-0,86	-1,82	-0,46

Tab. 50: Phasenanalyse der direktionalen Strategien

Ebenso wie bei den gesamten Strategien liegen das Minimum und Maximum der Phasenanzahl auch bei den Fonds der direktionalen Strategien bei einer und zehn Phasen (siehe Tabelle 50). Wie schon in der Gesamtsicht festgestellt wurde, ist die Zahl positiv beginnender Hedgefonds bei den Fonds der direktionalen Strategien in der ersten Phase ebenfalls höher als die Zahl der Fonds mit einer negativen Startphase. Dieses Verhältnis ändert sich allerdings in der zweiten, dritten und vorletzten Phase, in der mehr negativ als positiv beginnende Fonds an den Datenbankanbieter berichten. Die Anzahl der berichtenden Fonds mit positiver Startphase hat sich bis zur dritten Phase mehr als halbiert, die der negativ beginnenden Fonds bis zur vierten Phase. Mehr als 68 Prozent der Fonds mit einer positiven Startphase im ersten Quartil berichten nicht länger als Phase 1, die Zahl der unterdurchschnittlich startenden Fonds des letzten Quartils verringert sich nach der ersten Phase um fast 54 Prozent.

6.1.2.2.1 Global Macro

Bei Global Macro-Hedgefonds lässt sich eine hohe Differenz innerhalb der Anzahl der Lebenszyklusmonate bei Hedgefonds beobachten (siehe Tabelle 51). Im Median beträgt dieser bei Fonds mit einem positiven Start 53,0 und bei Global Macro-Fonds mit einem negativen Start 34,5 Monate. Dementsprechend ist auch der Median der Anzahl der Phasen bei Fonds mit einem positiven Start (3) höher als bei denjenigen mit einem unterdurchschnittlichen Start (2). Auch der Median der Excess-Omegas liegt bei überdurchschnittlich beginnenden direktionalen Hedgefonds mit 0,38 über dem der Fonds mit einem negativen Start (-0,34). Ebenso weisen Fonds mit einem positiven Start mit 63,93 Prozent einen deutlich höheren Anteil positiver Excess-Omegas auf als bei Fonds mit einem negativen Start (36,36 Prozent). Des Weiteren lassen sich hinsichtlich der Maximalwerte und der Standardabweichung deutliche Unterschiede erkennen. Hingegen liegen die Minimalwerte sowie die Durchschnittswerte bei den positiven wie negativen Excess-Omegas zwischen positiv und negativ beginnenden Hedgefondslebenszyklen sehr eng beieinander. Dies deutet darauf hin, dass die Gruppe Global Macro insgesamt eine sehr homogene Strategiegruppe darstellt und sich insgesamt, unabhängig des Vorzeichens der speziellen Startphase, die durchschnittlichen Lebenszykluscharakteristika dieser Strategie einstellen werden.

		Anzahl Fonds	Anzahl Monate (Med)	Anzahl Phasen (Med)	εΩ						
					Med	Anteil pos.	Ø positiv	Ø negativ	Min	Max	Stdv
+	Total	118	53,0	3,0	0,38	63,93%	3,87	-0,62	-1,51	27,64	5,28
+	Q1	29	42,0	2,0	2,00	83,33%	9,21	-0,60	-1,30	50,00	14,69
+	Q2	30	50,5	3,0	0,70	72,77%	4,51	-0,41	-1,31	50,00	9,57
+	Q3	30	66,0	3,5	0,14	54,95%	2,61	-0,61	-1,59	12,42	2,87
+	Q4	29	51,0	4,0	-0,23	41,18%	1,32	-0,69	-1,61	4,39	1,24
-	Total	136	34,5	2,0	-0,34	36,36%	2,11	-0,73	-1,56	6,52	1,82
-	Q1	34	34,5	2,0	0,62	62,93%	4,66	-0,64	-1,53	50,00	9,10
-	Q2	34	43,0	3,0	-0,13	42,86%	2,19	-0,60	-1,52	11,76	2,34
-	Q3	34	40,5	3,0	-0,58	20,44%	1,34	-0,74	-1,52	3,97	1,18
-	Q4	34	29,5	1,0	-1,01	9,64%	0,89	-1,08	-1,67	0,92	0,69
Total		254	43,0	3,0	-0,03	49,45%	3,26	-0,67	-1,55	15,94	3,49

Tab. 51: Excess-Omegas der Strategie Global Macro

Werden die einzelnen Quartile untersucht, so ist festzustellen, dass sich bei den Fonds mit einer positiven wie negativen Startphase nachvollziehbare Muster einstellen. So ist neben dem Median auch der Anteil der positiven Excess-Omegas sowie die Durchschnittswerte von positiven Excess-Omegas bei Global Macro-Hedgefonds des ersten Quartils am höchsten und im vierten Quartil am niedrigsten. Die Global Macro-Hedgefonds mit einem überdurchschnittlichen Start weisen in den ersten drei Quartilen positive durchschnittliche Excess-Omegas auf, während Fonds mit einem negativen Start nur im ersten Quartil positive Werte annehmen. Obwohl die Mediane der Excess-Omegas des jeweils ersten Quartils bei über- wie unterdurchschnittlich beginnenden Global Macro-Fonds positiv sind, liegt der Anteil positiver

Excess-Omegas mit 83,33 Prozent und der Median der Excess-Omegas mit 2,00 bei positiv startenden Global Macro-Fonds über denen mit einem negativen Start (62,93 Prozent respektive 0,62).

Das Minimum und das Maximum der Phasenanzahl liegen bei der Strategie Global Macro bei einer und zehn Phasen (siehe Tabelle 52). In der ersten Phase ist die Zahl negativ beginnender Hedgefonds höher als die Zahl der Fonds mit einer positiven Startphase. Dieses Verhältnis ändert sich allerdings ab der dritten Phase, in der mehr positiv als negativ beginnende Hedgefonds (mit Ausnahme der vorletzten Phase) an den Datenbankanbieter berichten. Bis Phase 3 hat sich die Zahl der berichtenden Fonds mit negativer Startphase mehr als halbiert, die der positiv beginnenden Fonds bis zur vierten Phase. Mehr als 48 Prozent der Global Macro-Fonds mit positiver Startphase im ersten Quartil berichten nicht länger als eine Phase. Die Zahl berichtender Hedgefonds mit unterdurchschnittlicher Startphase des letzten Quartils verringert sich nach der ersten Phase um fast 65 Prozent. Über- wie unterdurchschnittliche Fonds der Strategie Global Macro weisen im Vergleich zu den anderen Strategien eine geringe Standardabweichung auf.

P		1									2								
		Anzahl Fonds		Länge (in Monaten)			εΩ				Anzahl Fonds		Länge (in Monaten)			εΩ			
		abs	kum (%)	Med	Min	Max	Stdv	Med	Min	Max	abs	kum (%)	Med	Min	Max	Stdv	Med	Min	Max
+	To	118	100	15	4	89	1,96	1,09	-0,20	6,30	94	80	13	4	37	0,34	-0,61	-1,19	-0,04
	Q1	29	100	24	5	89	8,31	3,35	-0,15	50,00	15	52	10	4	20	0,31	-0,74	-1,26	-0,09
	Q2	30	100	18	4	44	2,92	0,90	-0,41	10,19	22	73	9	4	23	0,32	-0,47	-0,90	-0,06
	Q3	30	100	13	4	41	1,58	0,80	-0,07	4,94	28	93	15	4	37	0,38	-0,51	-1,12	-0,01
	Q4	29	100	10	5	27	0,67	0,62	-0,18	2,00	29	100	19	6	35	0,38	-0,65	-1,33	-0,05
-	To	136	100	15	4	49	0,44	-0,73	-1,41	0,12	106	78	12	4	61	1,68	1,18	0,00	5,74
	Q1	34	100	7	4	28	0,37	-0,62	-1,07	0,01	34	100	17	4	61	2,36	1,39	-0,43	9,15
	Q2	34	100	13	4	29	0,42	-0,53	-1,11	0,33	33	97	12	4	41	1,71	1,24	0,00	4,50
	Q3	34	100	17	8	49	0,46	-0,67	-1,40	0,18	27	79	10	4	22	0,91	0,85	0,02	3,28
	Q4	34	100	24	7	41	0,46	-1,19	-1,67	-0,01	12	35	12	4	20	18,5	1,20	0,01	50,00
To		254	100	15	4	89	0,64	-0,24	-0,96	1,16	200	79	12	4	61	0,60	0,16	-0,71	1,24

P		3									4								
		Anzahl Fonds		Länge (in Monaten)			εΩ				Anzahl Fonds		Länge (in Monaten)			εΩ			
		abs	kum (%)	Med	Min	Max	Stdv	Med	Min	Max	abs	kum (%)	Med	Min	Max	Stdv	Med	Min	Max
+	To	75	64	16	4	71	2,04	1,11	-0,08	6,34	51	43	12	4	49	0,35	-0,54	-1,10	-0,06
	Q1	11	38	19	12	71	11,67	1,88	0,13	50,00	7	24	10	4	17	0,41	-0,47	-0,99	-0,21
	Q2	20	67	16	6	47	5,81	1,41	-0,05	24,76	12	40	12	5	28	0,33	-0,54	-1,04	-0,06
	Q3	24	80	17	4	45	2,26	0,90	-0,10	6,26	15	50	12	4	23	0,29	-0,47	-1,01	-0,02
	Q4	20	69	11	5	27	0,63	0,51	-0,17	1,86	17	59	15	4	49	0,45	-0,69	-1,28	-0,12
-	To	59	43	14	4	67	0,39	-0,75	-1,34	-0,04	33	24	13	4	51	1,00	0,65	0,00	2,53
	Q1	14	41	11	4	67	0,31	-0,83	-1,26	-0,10	11	32	20	5	51	4,58	0,98	-0,21	16,70
	Q2	21	62	13	5	48	0,39	-0,60	-1,21	0,00	15	44	11	5	22	0,72	0,56	0,01	2,12
	Q3	21	62	14	4	67	0,42	-0,81	-1,45	-0,04	6	18	6	4	13	0,80	0,35	-0,18	1,77
	Q4	3	9	19	16	20	0,36	-1,08	-1,66	-0,29	1	3	5	5	5	26,9	1,47	0,36	50,00
To		134	53	14	4	71	0,65	0,32	-0,61	1,98	84	33	13	4	51	0,45	-0,40	-0,93	0,39

P		5									6								
		Anzahl Fonds		Länge (in Monaten)			εΩ				Anzahl Fonds		Länge (in Monaten)			εΩ			
		abs	kum (%)	Med	Min	Max	Stdv	Med	Min	Max	abs	kum (%)	Med	Min	Max	Stdv	Med	Min	Max
+	To	36	31	14	5	52	1,28	1,08	-0,02	3,96	18	15	15	4	33	0	-1	-2	0
+	Q1	5	17	16	5	47	20,45	2,63	0,07	50,00	1	3	4	4	4	1	-1	-2	0
+	Q2	9	30	18	12	52	1,62	1,09	0,10	6,09	4	13	9	4	13	1	-1	-2	0
+	Q3	12	40	12	5	28	1,20	0,77	-0,02	3,51	8	27	18	8	28	0	-1	-1	0
+	Q4	10	34	13	5	17	0,97	0,95	-0,21	3,21	5	17	22	6	33	0	-1	-2	0
-	To	21	15	16	6	39	0,39	-0,55	-1,11	0,02	13	10	14	10	26	1	1	0	3
-	Q1	5	15	17	6	27	0,40	-0,44	-1,11	0,11	3	9	16	16	26	16	2	0	50
-	Q2	13	38	11	6	24	0,39	-0,55	-1,08	-0,08	9	26	13	10	26	1	1	0	3
-	Q3	3	9	32	13	39	0,35	-0,65	-1,41	0,45	1	3	10	10	10	0	1	0	2
-	Q4	0	0	~	~	~	~	~	~	~	0	0	~	~	~	~	~	~	~
	To	57	22	14	5	52	0,92	0,54	-0,80	3,01	31	12	14	4	33	1	0	-1	0

P		7									8								
		Anzahl Fonds		Länge (in Monaten)			εΩ				Anzahl Fonds		Länge (in Monaten)			εΩ			
		abs	kum (%)	Med	Min	Max	Stdv	Med	Min	Max	abs	kum (%)	Med	Min	Max	Stdv	Med	Min	Max
+	To	10	8	12	4	22	0,68	0,47	-0,08	1,73	6	5	9	4	20	0,33	-0,71	-1,24	-0,07
+	Q1	0	0	~	~	~	~	~	~	~	0	0	~	~	~	~	~	~	~
+	Q2	0	0	~	~	~	~	~	~	~	0	0	~	~	~	~	~	~	~
+	Q3	8	27	13	4	22	0,72	0,66	-0,30	1,82	4	13	9	4	20	0,42	-0,81	-1,52	-0,16
+	Q4	2	7	6	4	8	0,42	0,32	0,07	1,25	2	7	9	8	10	0,30	-0,71	-0,86	0,10
-	To	7	5	15	4	33	0,38	-0,56	-1,20	-0,03	3	2	8	4	16	0,67	0,30	-0,19	1,91
-	Q1	1	3	4	4	4	0,28	-0,84	-1,20	-0,55	0	0	~	~	~	~	~	~	~
-	Q2	6	18	19	4	33	0,43	-0,51	-1,19	0,04	3	9	8	4	16	0,67	0,30	-0,19	1,91
-	Q3	0	0	~	~	~	~	~	~	~	0	0	~	~	~	~	~	~	~
-	Q4	0	0	~	~	~	~	~	~	~	0	0	~	~	~	~	~	~	~
	To	17	7	12	4	33	0,49	0,16	-0,70	0,90	9	4	8	4	20	0,34	-0,64	-0,90	-0,03

P		9									10								
		Anzahl Fonds		Länge (in Monaten)			εΩ				Anzahl Fonds		Länge (in Monaten)			εΩ			
		abs	kum (%)	Med	Min	Max	Stdv	Med	Min	Max	abs	kum (%)	Med	Min	Max	Stdv	Med	Min	Max
+	To	1	1	5	5	5	0,08	0,12	0,11	0,30	1	1	6	6	6	0,47	-0,86	-1,82	-0,46
+	Q1	0	0	~	~	~	~	~	~	~	0	0	~	~	~	~	~	~	~
+	Q2	0	0	~	~	~	~	~	~	~	0	0	~	~	~	~	~	~	~
+	Q3	1	3	5	5	5	0,08	0,12	0,11	0,30	1	3	6	6	6	0,47	-0,86	-1,82	-0,46
+	Q4	0	0	~	~	~	~	~	~	~	0	0	~	~	~	~	~	~	~
-	To	1	1	5	5	5	0,31	-1,47	-1,60	-0,88	0	0	~	~	~	~	~	~	~
-	Q1	0	0	~	~	~	~	~	~	~	0	0	~	~	~	~	~	~	~
-	Q2	1	3	5	5	5	0,31	-1,47	-1,60	-0,88	0	0	~	~	~	~	~	~	~
-	Q3	0	0	~	~	~	~	~	~	~	0	0	~	~	~	~	~	~	~
-	Q4	0	0	~	~	~	~	~	~	~	0	0	~	~	~	~	~	~	~
	To	2	1	5	5	5	0,20	-0,67	-0,74	-0,29	1	0	6	6	6	0,47	-0,86	-1,82	-0,46

Tab. 52: Phasenanalyse der Strategie Global Macro

6.1.2.2.2 Long/Short Equity

Die Anzahl der Monate für Long/Short Equity-Hedgefonds mit einem über- wie unterdurchschnittlichen Fondsstart liegen mit 38 und respektive 49 Monaten deutlich auseinander (siehe

Tabelle 53). Gleichzeitig ist der Median der Anzahl der Phasen bei Fonds mit einem unterdurchschnittlichen Start (3) höher als bei denjenigen mit einem positiven Start (2). Der Median der Excess-Omegas fällt bei unterdurchschnittlich beginnenden Long/Short Equity-Fonds negativ (-0,29) aus und bei überdurchschnittlich beginnenden Long/Short Equity-Fonds positiv (0,68). Der Anteil positiver Excess-Omegas ist bei Fonds mit einem positiven Start mit 64,94 Prozent höher als der von Fonds mit einem negativen Start (43,75 Prozent). Gleichzeitig lassen sich auch hinsichtlich der Maximalwerte und der Standardabweichung Unterschiede erkennen. Hingegen liegen die Minimalwerte sowie die Durchschnittswerte der positiven wie negativen Excess-Omegas zwischen positiv und negativ beginnenden Hedgefondslebenszyklen eng beieinander.

		Anzahl Fonds	Anzahl Monate (Med)	Anzahl Phasen (Med)	εΩ						
					Med	Anteil pos.	Ø positiv	Ø negativ	Min	Max	Stdv
+	Total	339	38	2,0	0,68	64,94%	5,97	-0,89	-2,00	41,02	7,37
+	Q1	84	28	1,0	5,30	92,31%	15,30	-0,81	-1,90	50,00	15,84
+	Q2	85	26	2,0	1,30	75,00%	4,23	-0,88	-2,05	18,68	5,19
+	Q3	85	47	3,0	0,31	57,89%	3,82	-0,77	-2,00	19,46	4,14
+	Q4	85	54	3,0	-0,41	39,68%	5,18	-1,01	-2,06	31,52	6,42
-	Total	314	49	3,0	-0,29	43,75%	3,55	-0,96	-2,13	17,04	3,41
-	Q1	78	52	2,5	0,97	67,92%	5,68	-0,82	-2,00	50,00	9,74
-	Q2	79	50	3,0	0,09	51,58%	3,12	-0,86	-2,13	18,45	3,43
-	Q3	79	50	3,0	-0,50	35,80%	2,46	-0,92	-2,13	9,22	2,27
-	Q4	78	34	1,0	-1,16	14,38%	2,39	-1,29	-2,18	6,72	1,71
Total		653	43	3,0	0,23	55,00%	4,79	-0,92	-2,05	25,47	5,40

Tab. 53: Excess-Omegas der Strategie Long/Short Equity

Auf Quartilsebene ist auffällig, dass sich bei den Fonds mit einer positiven wie negativen Startphase nachvollziehbare Muster einstellen. So ist der Median sowie der Anteil der positiven Excess-Omegas bei Long/Short Equity-Hedgefonds des ersten Quartils am höchsten und im vierten Quartil am niedrigsten. Für die Long/Short Equity-Hedgefonds mit einem überdurchschnittlichen Start weisen die ersten drei Quartile positive durchschnittliche Excess-Omegas auf, bei den Fonds mit einem negativen Start nur die ersten beiden Quartile. Eine deutliche Differenz lässt sich hinsichtlich des Anteils positiver Excess-Omegas im ersten Quartil erkennen. So liegt dieser mit 92,31 Prozent bei überdurchschnittlich beginnenden Hedgefonds des ersten Quartils über dem von unterdurchschnittlich beginnenden Hedgefonds (67,92 Prozent).

Bei der Strategie Long/Short Equity liegen das Minimum und das Maximum der Phasenanzahl bei einer und neun Phasen (siehe Tabelle 54). Hinsichtlich der Fondsanzahl lassen sich zwischen über- wie unterdurchschnittlichen Long/Short Equity-Fonds Differenzen beobachten, wobei die Anzahl der positiv beginnenden Fonds mit Ausnahme der zweiten, dritten sowie letzten Phase höher ausfällt. Mehr als 77 Prozent der Fonds mit einer positiven Startphase im ersten Quartil berichten innerhalb des Beobachtungszeitraums nicht länger als eine Phase.

Die Zahl der negativ beginnenden Hedgefonds des letzten Quartils verringert sich um fast 54 Prozent nach der ersten Phase. Bis Phase 3 hat sich die Zahl der berichtenden Fonds mit positiver Startphase mehr als halbiert, die der Fonds mit negativer Startphase bis zur vierten Phase.

P		1									2								
		Anzahl Fonds		Länge (in Monaten)			εΩ				Anzahl Fonds		Länge (in Monaten)			εΩ			
		abs	kum (%)	Med	Min	Max	Stdv	Med	Min	Max	abs	kum (%)	Med	Min	Max	Stdv	Med	Min	Max
	To	339	100	15	4	79	3,49	2,43	-0,18	12,05	241	71	12	4	62	0,57	-0,97	-1,74	-0,08
	Q1	84	100	23	10	79	15,66	6,49	-0,32	50,00	19	23	10	4	18	0,60	-0,92	-1,52	-0,08
+	Q2	85	100	17	4	54	3,36	1,79	-0,37	11,24	58	68	6	4	39	0,68	-1,18	-1,99	-0,16
	Q3	85	100	12	4	53	2,15	1,17	-0,37	6,96	79	93	12	4	36	0,48	-0,76	-1,45	-0,04
	Q4	85	100	9	4	37	2,39	2,06	0,06	7,27	85	100	18	4	62	0,55	-1,02	-1,89	-0,01
	To	314	100	14	4	82	0,64	-1,11	-1,93	0,16	256	82	15	2	58	2,57	1,57	0,03	8,84
	Q1	78	100	9	4	30	0,51	-1,13	-1,77	-0,11	78	100	26	4	58	8,29	2,22	-0,23	37,50
-	Q2	79	100	13	4	44	0,69	-0,94	-1,80	0,20	77	97	16	4	56	2,61	1,52	0,00	9,23
	Q3	79	100	18	4	73	0,63	-0,97	-1,96	0,27	65	82	11	2	34	1,53	1,33	0,06	4,90
	Q4	78	100	25	5	82	0,68	-1,27	-2,07	0,69	36	46	9	4	34	1,79	1,38	0,18	6,55
To		653	100	15	4	82	1,22	0,22	-1,47	3,40	497	76	13	2	62	0,86	0,33	-1,13	2,26

P		3									4								
		Anzahl Fonds		Länge (in Monaten)			εΩ				Anzahl Fonds		Länge (in Monaten)			εΩ			
		abs	kum (%)	Med	Min	Max	Stdv	Med	Min	Max	abs	kum (%)	Med	Min	Max	Stdv	Med	Min	Max
	To	150	44	14	4	57	4,87	1,99	0,03	16,46	101	30	12	4	45	0,54	-0,99	-1,78	-0,09
	Q1	12	14	27	7	57	19,55	6,96	0,12	50,00	2	2	6	5	7	0,54	-1,25	-1,75	-0,37
+	Q2	27	32	17	11	50	9,46	2,29	0,08	31,77	16	19	6	4	29	0,48	-1,05	-1,77	-0,28
	Q3	61	72	13	4	41	3,42	1,37	-0,04	10,84	42	49	9	4	35	0,61	-1,07	-1,90	-0,13
	Q4	50	59	12	4	40	3,23	1,78	0,09	9,68	41	48	15	4	45	0,54	-0,97	-1,70	-0,02
	To	179	57	12	4	55	0,55	-0,93	-1,67	-0,07	97	31	13	4	73	2,80	1,61	0,01	8,86
	Q1	39	50	7	4	31	0,51	-0,92	-1,58	-0,14	22	28	25	10	73	4,35	1,85	0,04	17,25
-	Q2	56	71	10	4	36	0,51	-0,89	-1,49	-0,04	39	49	13	4	39	2,80	1,51	-0,11	8,84
	Q3	53	67	13	4	46	0,57	-0,83	-1,58	-0,03	30	38	12	4	30	1,85	1,54	0,11	5,90
	Q4	31	40	15	4	55	0,64	-1,43	-1,97	-0,06	6	8	11	4	15	2,04	1,21	-0,15	6,85
To		329	50	13	4	57	0,79	-0,36	-1,16	1,28	198	30	12	4	73	0,93	-0,20	-1,42	1,59

P		5									6								
		Anzahl Fonds		Länge (in Monaten)			εΩ				Anzahl Fonds		Länge (in Monaten)			εΩ			
		abs	kum (%)	Med	Min	Max	Stdv	Med	Min	Max	abs	kum (%)	Med	Min	Max	Stdv	Med	Min	Max
	To	56	17	14	4	46	2,49	1,78	0,06	9,85	39	12	11	4	34	0,73	-0,96	-1,92	-0,03
	Q1	1	1	46	46	46	9,80	8,84	-2,23	50,00	0	0	~	~	~	~	~	~	~
+	Q2	11	13	21	7	43	4,98	1,87	0,13	22,52	7	8	11	4	18	0,64	-0,72	-1,45	0,00
	Q3	20	24	16	4	38	2,24	1,51	0,03	7,94	14	16	11	4	20	0,73	-0,86	-2,06	-0,01
	Q4	24	28	12	5	19	1,93	1,84	0,10	8,05	18	21	12	4	34	0,79	-1,20	-2,12	-0,12
	To	54	17	11	4	37	0,57	-1,00	-1,82	-0,06	28	9	14	4	35	3,31	1,71	-0,36	10,23
	Q1	9	12	6	4	31	0,45	-0,57	-1,13	-0,12	6	8	15	12	35	3,35	1,82	-1,05	10,51
-	Q2	23	29	10	4	36	0,57	-1,01	-1,78	-0,06	12	15	18	5	27	3,31	1,71	-0,13	10,23
	Q3	17	22	12	4	34	0,55	-0,84	-1,76	0,06	10	13	10	4	21	4,32	1,48	-0,40	11,98
	Q4	5	6	19	6	37	0,74	-1,14	-2,25	0,62	0	0	~	~	~	~	~	~	~
To		110	17	12	4	46	0,93	0,37	-0,97	2,57	67	10	12	4	35	0,91	-0,51	-1,70	0,99

P			7									8								
			Anzahl Fonds		Länge (in Monaten)			$\varepsilon\Omega$				Anzahl Fonds		Länge (in Monaten)			$\varepsilon\Omega$			
			abs	kum (%)	Med	Min	Max	Stdv	Med	Min	Max	abs	kum (%)	Med	Min	Max	Stdv	Med	Min	Max
	+	To	16	5	11	4	20	2,83	1,75	0,03	9,13	6	2	11	4	33	0,60	-1,37	-2,00	-0,22
	+	Q1	0	0	~	~	~	~	~	~	~	0	0	~	~	~	~	~	~	~
	+	Q2	4	5	15	4	19	1,86	1,73	-0,57	4,68	0	0	~	~	~	~	~	~	~
	+	Q3	5	6	12	4	18	3,79	1,61	0,18	12,60	3	4	4	4	5	0,53	-1,68	-1,92	-0,71
	+	Q4	7	8	8	4	20	6,67	2,32	0,01	21,14	3	4	16	16	33	0,66	-0,75	-2,08	0,99
	-	To	12	4	6	4	12	0,70	-1,28	-2,19	-0,27	2	1	15	12	18	2,43	0,45	-0,40	8,08
	-	Q1	2	3	6	4	8	0,63	-0,72	-1,26	0,22	1	1	12	12	12	3,69	0,65	-0,03	12,78
	-	Q2	8	10	6	4	12	0,76	-1,29	-2,34	-0,27	1	1	18	18	18	1,17	0,24	-0,77	3,38
	-	Q3	2	3	4	4	4	0,63	-1,54	-2,16	-0,77	0	0	~	~	~	~	~	~	~
	-	Q4	0	0	~	~	~	~	~	~	~	0	0	~	~	~	~	~	~	~
To			28	4	8	4	20	1,11	0,34	-1,09	2,27	8	1	14	4	33	0,71	-1,05	-1,92	0,55
P			9									10								
			Anzahl Fonds		Länge (in Monaten)			$\varepsilon\Omega$				Anzahl Fonds		Länge (in Monaten)			$\varepsilon\Omega$			
			abs	kum (%)	Med	Min	Max	Stdv	Med	Min	Max	abs	kum (%)	Med	Min	Max	Stdv	Med	Min	Max
	+	To	1	0	6	6	6	0,53	0,78	0,14	1,61	0	0	0	0	0	0,00	0,00	0,00	0,00
	+	Q1	0	0	~	~	~	~	~	~	~	0	0	0	0	0	0,00	0,00	0,00	0,00
	+	Q2	0	0	~	~	~	~	~	~	~	0	0	0	0	0	0,00	0,00	0,00	0,00
	+	Q3	0	0	~	~	~	~	~	~	~	0	0	0	0	0	0,00	0,00	0,00	0,00
	+	Q4	1	1	6	6	6	0,53	0,78	0,14	1,61	0	0	0	0	0	0,00	0,00	0,00	0,00
	-	To	2	1	6	5	6	0,77	-1,12	-2,05	0,00	0	0	0	0	0	0,00	0,00	0,00	0,00
	-	Q1	1	1	6	6	6	0,85	-1,27	-2,35	0,00	0	0	0	0	0	0,00	0,00	0,00	0,00
	-	Q2	1	1	5	5	5	0,69	-0,97	-1,75	0,00	0	0	0	0	0	0,00	0,00	0,00	0,00
	-	Q3	0	0	~	~	~	~	~	~	~	0	0	0	0	0	0,00	0,00	0,00	0,00
	-	Q4	0	0	~	~	~	~	~	~	~	0	0	0	0	0	0,00	0,00	0,00	0,00
To			3	0	6	5	6	0,69	-0,97	-1,75	0,00	0	0	0	0	0	0,00	0,00	0,00	0,00

Tab. 54: Phasenanalyse der Strategie Long/Short Equity

6.1.2.2.3 Distressed Securities

Im Bereich der Distressed Securities lassen sich kaum Differenzen zwischen der Anzahl der Monate beobachten (siehe Tabelle 55). Im Median beträgt diese bei Fonds mit einem positiven Start 44,5 und bei Distressed Securities Fonds mit einem negativen Start 54,0 Monate. Der Median der Anzahl der Phasen liegt bei den Fonds mit einem positiven Start (3) über denen mit einem unterdurchschnittlichen Start (2). Eine deutliche Differenz lässt sich hinsichtlich der Excess-Omega-Mediane erkennen. So liegt der Median der Excess-Omegas mit 9,72 bei überdurchschnittlich beginnenden Hedgefonds über dem der unterdurchschnittlich beginnenden Hedgefonds (-0,14). Der Anteil positiver Excess-Omegas bei Fonds mit einem negativen Start liegt mit 49,45 Prozent deutlich unter dem Anteil von Fonds mit einem positiven Start (80,57 Prozent). Hingegen liegen die Minimalwerte, Maximalwerte, Standardabweichungen sowie Durchschnittswerte bei den positiven wie negativen Excess-Omegas zwischen positiv und negativ beginnenden Hedgefondslebenszyklen beieinander. Dies deutet darauf hin, dass die Gruppe Distressed Securities insgesamt eine sehr homogene Strategiegruppe darstellt und dass sich, unabhängig des Vorzeichens der speziellen Startphase, insgesamt die durchschnittlichen Lebenszykluscharakteristika dieser Strategie einstellen werden.

		Anzahl Fonds	Anzahl Monate (Med)	Anzahl Phasen (Med)	εΩ						
					Med	Anteil pos.	Ø positiv	Ø negativ	Min	Max	Stdv
+	Total	24	44,5	3,0	9,72	80,57%	23,60	-1,77	-2,91	50,00	20,01
+	Q1	6	40,0	1,0	50,00	93,33%	44,84	-1,90	0,11	50,00	20,15
+	Q2	6	45,0	1,0	17,06	94,44%	22,91	-2,52	-2,66	50,00	19,56
+	Q3	6	46,5	3,0	6,16	77,82%	21,94	-1,27	-2,88	50,00	19,80
+	Q4	6	33,0	2,5	1,32	55,20%	24,36	-1,77	-3,74	50,00	20,17
-	Total	12	54,0	2,0	-0,14	49,45%	18,77	-2,32	-4,77	50,00	17,71
-	Q1	3	55,0	2,0	6,89	64,52%	22,72	-2,75	-4,08	50,00	20,47
-	Q2	3	53,0	2,0	2,32	64,15%	18,20	-1,95	-3,62	50,00	19,39
-	Q3	3	61,0	5,0	-0,48	31,15%	15,03	-1,38	-4,98	50,00	11,48
-	Q4	3	52,0	2,0	-0,95	32,69%	17,02	-2,43	-5,26	50,00	15,40
Total		36	48,6	2,7	11,39	68,90%	24,95	-2,00	-1,49	49,26	18,39

Tab. 55: Excess-Omegas der Strategie Distressed Securities

Im Gegensatz zu den bislang betrachteten direktionalen Strategien lässt sich bei den Fonds mit einer positiven wie negativen Startphase der Strategie Distressed Securities auf der Quartilsebene mit Ausnahme des Medians kein nachvollziehbares Muster erkennen. Für die Distressed Securities-Hedgefonds mit einem überdurchschnittlichen Start weisen alle vier Quartile positive Excess-Omegas auf, wobei der Excess-Omega Median im ersten Quartil mit 50,00 bei einem Anteil von 93,33 Prozent positiven Monaten sehr hoch ausfällt. Bei den Quartilen der Distressed Securities-Hedgefonds mit einem unterdurchschnittlichen Start ist zu beobachten, dass Fonds des ersten und zweiten Quartils mit einem Excess-Omega Median von 6,89 und respektive 2,32, einem Anteil positiver Excess-Omegas von 64,52 und respektive 64,15 Prozent und einem Median der Excess-Omegas von 22,72 und respektive 18,20 für die positiven Monate überdurchschnittliche Kennzahlen aufweisen. So scheint es, für Distressed Securities-Hedgefonds möglich zu sein, sich trotz eines unterdurchschnittlichen Starts langfristig in der Peer Group zu behaupten.

Bei der Untersuchung der einzelnen Phasen bei Distressed Securities-Hedgefonds fällt zuerst die maximale Anzahl auf, welche bei über- wie unterdurchschnittlich startenden Fonds acht Phasen umfasst (siehe Tabelle 56). Bei überdurchschnittlich startenden Fonds dauert die erste Phase im Median 17 Monate bei einem Median des Excess-Omegas von 14,77 (bei einem Minimum und Maximum von 0,56 und respektive 50,00). Hierauf folgt eine im Median 12 Monate (bei einem Minimum und Maximum von vier und respektive 30 Monaten) andauernde unterdurchschnittliche Phase mit einem Medianwert beim Excess-Omega von -1,46. Die dritte Phase bei überdurchschnittlich startenden Distressed Securities-Hedgefonds dauert mit einem Median von 21 Monaten deutlich länger als die erste Performancephase und weist mit einem Median beim Excess-Omega von 30,19 auch einen höheren Wert als in der ersten Phase auf. In eine vierte Phase gelangen von den positiv startenden Hedgefonds dieser

Strategie lediglich 16,67 Prozent. Diese Fonds rekrutieren sich nur aus den oberen drei Quartilen und liefern als Gruppe einen Median von -1,51 beim Excess-Omega. Die fünfte Phase ist hinsichtlich des Excess-Omegas Median (29,94) beinahe identisch zur dritten Phase. Allerdings basieren diese Ergebnisse nur noch auf Durchschnittswerten von zwei Hedgefonds und sind daher wenig aussagekräftig.

Bei unterdurchschnittlich startenden Distressed Securities-Hedgefonds dauert die erste Phase im Median 16 Monate bei einem Median des Excess-Omegas von -2,68. Die zweite Phase dauert im Median 14 Monate und erzielt im Median ein Excess-Omega von 12,09. Die dritte Phase bei unterdurchschnittlich startenden Distressed Securities-Hedgefonds dauert mit einem Median von 15 Monaten ähnlich lang und weist mit einem Median beim Excess-Omega von -0,92 einen höheren Wert als in der ersten Phase auf. Wird die zweite Phase bei unterdurchschnittlich startenden Fonds mit der ersten Phase bei überdurchschnittlich startenden Fonds sowie Phase 1 und 3 bei unterdurchschnittlich startenden Fonds mit den Phasen 2 und 4 bei überdurchschnittlich startenden Fonds verglichen, stellen sich nach dieser Vorzeichenbereinigung weitgehend identische Medianwerte heraus. Dies kann als Anzeichen dafür gewertet werden, dass im Durchschnitt in den ersten Jahren des Betriebs eines Distressed Securities-Hedgefonds die Dauer und die Excess-Omegas in Kontraktions- und Wachstumsphasen vergleichbar mit denen der Peer Group sind.

In eine vierte Phase gelangen von den negativ startenden Hedgefonds dieser Strategie 33,33 Prozent. Diese Fonds rekrutieren sich aus den unteren drei Quartilen, liefern aber als Gruppe mit einem Median von 4,91 beim Excess-Omega ein deutlich geringeres Ergebnis als in der zweiten Phase.

P		1									2								
		Anzahl Fonds		Länge (in Monaten)			εΩ				Anzahl Fonds		Länge (in Monaten)			εΩ			
		abs	kum (%)	Med	Min	Max	Stdv	Med	Min	Max	abs	kum (%)	Med	Min	Max	Stdv	Med	Min	Max
+	To	339	100	15	4	79	3,49	2,43	-0,18	12,05	241	71	12	4	62	0,57	-0,97	-1,74	-0,08
	Q1	84	100	23	10	79	15,66	6,49	-0,32	50,00	19	23	10	4	18	0,60	-0,92	-1,52	-0,08
	Q2	85	100	17	4	54	3,36	1,79	-0,37	11,24	58	68	6	4	39	0,68	-1,18	-1,99	-0,16
	Q3	85	100	12	4	53	2,15	1,17	-0,37	6,96	79	93	12	4	36	0,48	-0,76	-1,45	-0,04
	Q4	85	100	9	4	37	2,39	2,06	0,06	7,27	85	100	18	4	62	0,55	-1,02	-1,89	-0,01
-	To	314	100	14	4	82	0,64	-1,11	-1,93	0,16	256	82	15	2	58	2,57	1,57	0,03	8,84
	Q1	78	100	9	4	30	0,51	-1,13	-1,77	-0,11	78	100	26	4	58	8,29	2,22	-0,23	37,50
	Q2	79	100	13	4	44	0,69	-0,94	-1,80	0,20	77	97	16	4	56	2,61	1,52	0,00	9,23
	Q3	79	100	18	4	73	0,63	-0,97	-1,96	0,27	65	82	11	2	34	1,53	1,33	0,06	4,90
	Q4	78	100	25	5	82	0,68	-1,27	-2,07	0,69	36	46	9	4	34	1,79	1,38	0,18	6,55
To		653	100	15	4	82	1,22	0,22	-1,47	3,40	497	76	13	2	62	0,86	0,33	-1,13	2,26

P		3									4								
		Anzahl Fonds		Länge (in Monaten)			εΩ				Anzahl Fonds		Länge (in Monaten)			εΩ			
		abs	kum (%)	Med	Min	Max	Stdv	Med	Min	Max	abs	kum (%)	Med	Min	Max	Stdv	Med	Min	Max
+	To	150	44	14	4	57	4,87	1,99	0,03	16,46	101	30	12	4	45	0,54	-0,99	-1,78	-0,09
	Q1	12	14	27	7	57	19,55	6,96	0,12	50,00	2	2	6	5	7	0,54	-1,25	-1,75	-0,37
	Q2	27	32	17	11	50	9,46	2,29	0,08	31,77	16	19	6	4	29	0,48	-1,05	-1,77	-0,28
	Q3	61	72	13	4	41	3,42	1,37	-0,04	10,84	42	49	9	4	35	0,61	-1,07	-1,90	-0,13
	Q4	50	59	12	4	40	3,23	1,78	0,09	9,68	41	48	15	4	45	0,54	-0,97	-1,70	-0,02
-	To	179	57	12	4	55	0,55	-0,93	-1,67	-0,07	97	31	13	4	73	2,80	1,61	0,01	8,86
	Q1	39	50	7	4	31	0,51	-0,92	-1,58	-0,14	22	28	25	10	73	4,35	1,85	0,04	17,25
	Q2	56	71	10	4	36	0,51	-0,89	-1,49	-0,04	39	49	13	4	39	2,80	1,51	-0,11	8,84
	Q3	53	67	13	4	46	0,57	-0,83	-1,58	-0,03	30	38	12	4	30	1,85	1,54	0,11	5,90
	Q4	31	40	15	4	55	0,64	-1,43	-1,97	-0,06	6	8	11	4	15	2,04	1,21	-0,15	6,85
To		329	50	13	4	57	0,79	-0,36	-1,16	1,28	198	30	12	4	73	0,93	-0,20	-1,42	1,59
P		5									6								
		Anzahl Fonds		Länge (in Monaten)			εΩ				Anzahl Fonds		Länge (in Monaten)			εΩ			
		abs	kum (%)	Med	Min	Max	Stdv	Med	Min	Max	abs	kum (%)	Med	Min	Max	Stdv	Med	Min	Max
+	To	56	17	14	4	46	2,49	1,78	0,06	9,85	39	12	11	4	34	0,73	-0,96	-1,92	-0,03
	Q1	1	1	46	46	46	9,80	8,84	-2,23	50,00	0	0	~	~	~	~	~	~	~
	Q2	11	13	21	7	43	4,98	1,87	0,13	22,52	7	8	11	4	18	0,64	-0,72	-1,45	0,00
	Q3	20	24	16	4	38	2,24	1,51	0,03	7,94	14	16	11	4	20	0,73	-0,86	-2,06	-0,01
	Q4	24	28	12	5	19	1,93	1,84	0,10	8,05	18	21	12	4	34	0,79	-1,20	-2,12	-0,12
-	To	54	17	11	4	37	0,57	-1,00	-1,82	-0,06	28	9	14	4	35	3,31	1,71	-0,36	10,23
	Q1	9	12	6	4	31	0,45	-0,57	-1,13	-0,12	6	8	15	12	35	3,35	1,82	-1,05	10,51
	Q2	23	29	10	4	36	0,57	-1,01	-1,78	-0,06	12	15	18	5	27	3,31	1,71	-0,13	10,23
	Q3	17	22	12	4	34	0,55	-0,84	-1,76	0,06	10	13	10	4	21	4,32	1,48	-0,40	11,98
	Q4	5	6	19	6	37	0,74	-1,14	-2,25	0,62	0	0	~	~	~	~	~	~	~
To		110	17	12	4	46	0,93	0,37	-0,97	2,57	67	10	12	4	35	0,91	-0,51	-1,70	0,99
P		7									8								
		Anzahl Fonds		Länge (in Monaten)			εΩ				Anzahl Fonds		Länge (in Monaten)			εΩ			
		abs	kum (%)	Med	Min	Max	Stdv	Med	Min	Max	abs	kum (%)	Med	Min	Max	Stdv	Med	Min	Max
+	To	16	5	11	4	20	2,83	1,75	0,03	9,13	6	2	11	4	33	0,60	-1,37	-2,00	-0,22
	Q1	0	0	~	~	~	~	~	~	~	0	0	~	~	~	~	~	~	~
	Q2	4	5	15	4	19	1,86	1,73	-0,57	4,68	0	0	~	~	~	~	~	~	~
	Q3	5	6	12	4	18	3,79	1,61	0,18	12,60	3	4	4	4	5	0,53	-1,68	-1,92	-0,71
	Q4	7	8	8	4	20	6,67	2,32	0,01	21,14	3	4	16	16	33	0,66	-0,75	-2,08	0,99
-	To	12	4	6	4	12	0,70	-1,28	-2,19	-0,27	2	1	15	12	18	2,43	0,45	-0,40	8,08
	Q1	2	3	6	4	8	0,63	-0,72	-1,26	0,22	1	1	12	12	12	3,69	0,65	-0,03	12,78
	Q2	8	10	6	4	12	0,76	-1,29	-2,34	-0,27	1	1	18	18	18	1,17	0,24	-0,77	3,38
	Q3	2	3	4	4	4	0,63	-1,54	-2,16	-0,77	0	0	~	~	~	~	~	~	~
	Q4	0	0	~	~	~	~	~	~	~	0	0	~	~	~	~	~	~	~
To		28	4	8	4	20	1,11	0,34	-1,09	2,27	8	1	14	4	33	0,71	-1,05	-1,92	0,55

Tab. 56: Phasenanalyse der Strategie Distressed Securities

6.1.2.2.4 Emerging Markets

Bei Emerging Markets-Hedgefonds, die einen positiven und negativen Fondsstart absolviert haben (siehe Tabelle 57), lässt sich eine Differenz von 19,5 Monaten zwischen der Anzahl der beobachteten Monate erkennen. Im Median beträgt dieser bei Fonds mit einem positiven Start 41,0 und bei Emerging Markets-Fonds mit einem negativen Start 60,5 Monate. Gleichzeitig ist der Median der Anzahl der Phasen bei Fonds mit einem positiven Start (2,0) geringer als der bei unterdurchschnittlich beginnenden Fonds (3,5). Der Median der Excess-Omegas ist bei überdurchschnittlich beginnenden Emerging Markets-Fonds mit 2,50 positiv und bei unterdurchschnittlich beginnenden Fonds mit -0,39 leicht negativ, was die Schlussfolgerung zulässt, dass es mehr Emerging Markets-Fonds gibt, die überdurchschnittliche Ergebnisse liefern, als solche, die unterdurchschnittliche Excess-Omegas erzielen. Gleichzeitig ist der Anteil positiver Excess-Omegas mit 76,63 Prozent bei Fonds mit einem positiven Start deutlich höher als der Anteil bei Fonds mit einem negativen Start (41,26 Prozent). Darüber hinaus liegen die Standardabweichungen und die Durchschnittswerte positiver Excess-Omegas zwischen positiv und negativ beginnenden Hedgefondslebenszyklen auseinander. Hingegen existieren geringe Abweichungen zwischen Minimal- und Maximalwerten sowie bei Durchschnittswerten von negativen Excess-Omegas. Insgesamt stellt die Gruppe Emerging Markets eine eher heterogene Strategiegruppe dar. Eine Erklärung für die beobachtete Heterogenität dieser Strategie dürfte in den verschiedenen spezifischen Regionalexposures der Hedgefonds liegen.

		Anzahl Fonds	**Anzahl Monate** (Med)	**Anzahl Phasen** (Med)	**εΩ**						
					Med	Anteil pos.	Ø positiv	Ø negativ	Min	Max	Stdv
+	Total	48,0	41,0	2,0	2,50	76,63%	12,04	-1,27	-2,52	50,00	13,04
	Q1	12,0	33,5	1,0	16,93	95,87%	25,87	-1,90	-2,10	50,00	17,38
	Q2	12,0	48,0	2,0	3,81	83,22%	11,19	-1,11	-2,26	50,00	14,54
	Q3	12,0	39,5	2,0	1,46	70,08%	7,47	-1,25	-2,68	50,00	11,05
	Q4	12,0	41,5	3,5	-0,34	40,96%	5,93	-1,30	-2,90	24,80	4,08
-	Total	38,0	60,5	3,5	-0,39	41,26%	5,95	-1,44	-3,03	50,00	5,96
	Q1	9,0	79,0	4,0	1,45	66,67%	14,27	-1,26	-2,66	50,00	17,06
	Q2	10,0	38,5	3,5	-0,13	45,35%	3,27	-1,29	-2,77	38,68	4,91
	Q3	10,0	88,5	4,5	-0,65	37,02%	4,13	-1,49	-3,18	17,27	4,55
	Q4	9,0	33,0	2,0	-1,29	15,38%	7,24	-1,47	-3,09	5,53	1,61
Total		86,0	45,0	3,0	0,71	60,90%	8,74	-1,37	-2,72	50,00	11,04

Tab. 57: Excess-Omegas der Strategie Emerging Markets

Bei der Quartilsbetrachtung stellen sich bei den Fonds mit einer positiven wie negativen Startphase nachvollziehbare Muster ein. So ist der Median und der Anteil der positiven Excess-Omegas bei Emerging Markets-Hedgefonds des ersten Quartils am höchsten und im vierten Quartil am niedrigsten. Bei den Emerging Markets-Hedgefonds mit einem überdurchschnittlichen Start weisen die ersten drei Quartile positive durchschnittliche Excess-Omegas auf, bei Fonds mit einem negativen Start nur das erste Quartil. Die Werte für Emerging Markets-Hedgefonds mit einem positiven Start übertreffen betragsmäßig die respektiven Werte für Fonds mit einem negativen Start in allen vier Quartilen. Eine deutliche Differenz lässt sich hinsichtlich des Anteils positiver Excess-Omegas im ersten Quartil erkennen. So liegt dieser mit 95,87 Prozent bei überdurchschnittlich beginnenden Hedgefonds des ersten Quartils über dem von unterdurchschnittlich beginnenden Hedgefonds (66,67 Prozent). So scheint es im gesamten Strategiekontext für solche Fonds, die einen unterdurchschnittlichen Start hinlegen, schwerer zu sein, sich in der Peer Group Emerging Markets zu behaupten.

P		1									2								
		Anzahl Fonds		Länge (in Monaten)			εΩ				Anzahl Fonds		Länge (in Monaten)			εΩ			
		abs	kum (%)	Med	Min	Max	Stdv	Med	Min	Max	abs	kum (%)	Med	Min	Max	Stdv	Med	Min	Max
+	To	48	100	24	4	79	13,35	6,02	-0,13	50,00	33	69	10	4	45	0,64	-1,43	-2,33	-0,16
+	Q1	12	100	34	14	79	17,38	18,42	-0,43	50,00	2	17	8	4	12	0,58	-2,12	-2,91	-1,28
+	Q2	12	100	26	5	76	13,77	4,94	-0,24	50,00	8	67	8	4	45	1,00	-0,92	-2,19	-0,03
+	Q3	12	100	27	9	64	11,98	3,73	-0,46	50,00	11	92	6	4	19	0,61	-1,37	-2,17	-0,39
+	Q4	12	100	7	4	14	2,61	4,45	-0,02	7,13	12	100	17	7	39	0,59	-1,52	-2,45	-0,25
-	To	38	100	15	4	66	0,79	-1,87	-2,89	-0,08	34	89	12	4	82	3,22	2,63	0,10	11,04
-	Q1	9	100	10	4	26	0,73	-1,94	-2,63	-0,11	9	100	21	8	82	16,1	3,22	0,10	50,00
-	Q2	10	100	13	6	24	0,81	-1,55	-2,77	0,00	10	100	11	5	17	4,35	0,97	0,18	15,99
-	Q3	10	100	13	7	66	0,80	-1,80	-3,01	-0,52	10	100	12	5	34	3,11	2,69	0,01	10,55
-	Q4	9	100	20	13	37	0,87	-1,93	-3,09	0,42	5	56	4	4	13	1,98	1,51	0,11	4,80
To		86	100	18	4	79	2,18	1,38	-1,85	6,42	67	78	12	4	82	1,06	0,20	-0,77	1,99
P		3									4								
		Anzahl Fonds		Länge (in Monaten)			εΩ				Anzahl Fonds		Länge (in Monaten)			εΩ			
		abs	kum (%)	Med	Min	Max	Stdv	Med	Min	Max	abs	kum (%)	Med	Min	Max	Stdv	Med	Min	Max
+	To	18	38	14	6	35	2,11	1,71	-0,47	7,24	14	29	12	4	39	0,73	-1,05	-2,47	-0,05
+	Q1	0	0	~	~	~	~	~	~	~	0	0	~	~	~	~	~	~	~
+	Q2	4	33	11	6	18	0,95	1,64	0,10	3,26	4	33	6	4	12	1,07	-0,96	-2,34	-0,19
+	Q3	5	42	18	8	35	6,36	1,70	-0,57	20,22	4	33	12	4	19	0,98	-1,38	-2,69	-0,04
+	Q4	9	75	13	6	24	2,45	2,26	-0,58	7,38	6	50	25	6	39	0,70	-0,99	-2,30	0,26
-	To	29	76	12	4	57	0,70	-1,02	-2,27	0,00	19	50	13	6	55	8,28	2,12	0,04	38,14
-	Q1	8	89	8	5	57	0,52	-0,59	-1,27	-0,05	6	67	23	6	55	16,6	3,15	0,20	50,00
-	Q2	7	70	12	4	34	0,76	-1,02	-2,31	0,19	5	50	13	10	37	1,28	0,61	-0,18	4,39
-	Q3	10	100	12	6	43	0,70	-1,11	-2,39	-0,07	5	50	12	11	14	6,66	2,12	0,09	16,83
-	Q4	4	44	34	11	41	0,92	-0,98	-2,65	1,65	3	33	12	7	13	17,9	4,22	0,03	50,00
To		47	55	12	4	57	0,87	-0,45	-1,58	1,28	33	38	13	4	55	1,40	0,42	-0,43	3,80
P		5									6								
		Anzahl Fonds		Länge (in Monaten)			εΩ				Anzahl Fonds		Länge (in Monaten)			εΩ			
		abs	kum (%)	Med	Min	Max	Stdv	Med	Min	Max	abs	kum (%)	Med	Min	Max	Stdv	Med	Min	Max
+	To	5	10	10	4	29	1,31	3,79	0,12	50,00	4	8	9	5	20	0,88	-1,12	-2,96	-0,05
+	Q1	0	0	~	~	~	~	~	~	~	0	0	~	~	~	~	~	~	~
+	Q2	0	0	~	~	~	~	~	~	~	0	0	~	~	~	~	~	~	~
+	Q3	2	17	17	4	29	11,42	26,89	25,15	50,00	1	8	13	13	13	0,98	-1,63	-3,86	-0,98
+	Q4	3	25	10	9	14	1,31	1,82	-0,10	3,97	3	25	5	5	20	0,79	-0,75	-2,94	-0,03
-	To	13	34	12	5	37	0,72	-1,11	-2,60	-0,11	7	18	15	5	17	2,26	3,73	0,06	9,24
-	Q1	1	11	6	6	6	0,33	-0,63	-0,95	-0,19	1	11	11	11	11	24,3	10,18	0,70	50,00
-	Q2	4	40	5	5	12	0,93	-1,37	-2,89	-0,34	1	10	15	15	15	2,13	3,73	1,10	9,24
-	Q3	5	50	12	6	35	0,72	-0,92	-2,10	0,00	5	50	16	5	17	2,26	1,63	0,03	6,67
-	Q4	3	33	34	30	37	0,70	-1,14	-3,69	0,00	0	0	~	~	~	~	~	~	~
To		18	21	11	4	37	0,75	-0,93	-2,03	0,00	11	13	15	5	20	1,40	0,65	-0,14	5,45

P		7									8								
		Anzahl Fonds		Länge (in Monaten)			εΩ				Anzahl Fonds		Länge (in Monaten)			εΩ			
		abs	kum (%)	Med	Min	Max	Stdv	Med	Min	Max	abs	kum (%)	Med	Min	Max	Stdv	Med	Min	Max
+	To	2	4	7	4	10	12,67	25,70	0,67	26,65	1	2	14	14	14	0,48	-1,29	-2,38	-0,42
+	Q1	0	0	~	~	~	~	~	~	~	0	0	~	~	~	~	~	~	~
+	Q2	0	0	~	~	~	~	~	~	~	0	0	~	~	~	~	~	~	~
+	Q3	1	8	4	4	4	24,52	50,00	0,96	50,00	0	0	~	~	~	~	~	~	~
+	Q4	1	8	10	10	10	0,82	1,40	0,37	3,29	1	8	14	14	14	0,48	-1,29	-2,38	-0,42
-	To	3	8	6	4	19	0,95	-1,30	-3,19	-0,67	1	3	10	10	10	1,11	1,61	0,25	4,31
-	Q1	0	0	~	~	~	~	~	~	~	0	0	~	~	~	~	~	~	~
-	Q2	1	10	4	4	4	0,18	-1,01	-1,07	-0,67	1	10	10	10	10	1,11	1,61	0,25	4,31
-	Q3	2	20	13	6	19	1,11	-1,90	-3,48	0,33	0	0	~	~	~	~	~	~	~
-	Q4	0	0	~	~	~	~	~	~	~	0	0	~	~	~	~	~	~	~
To		5	6	6	4	19	0,95	-1,01	-1,07	1,47	2	2	12	10	14	0,80	0,16	-1,06	1,95

P		9									10								
		Anzahl Fonds		Länge (in Monaten)			εΩ				Anzahl Fonds		Länge (in Monaten)			εΩ			
		abs	kum (%)	Med	Min	Max	Stdv	Med	Min	Max	abs	kum (%)	Med	Min	Max	Stdv	Med	Min	Max
+	To	1	2	15	15	15	3,19	2,96	-1,60	8,55	0	0	0	0	0	0,00	0,00	0,00	0,00
+	Q1	0	0	~	~	~	~	~	~	~	0	0	0	0	0	0,00	0,00	0,00	0,00
+	Q2	0	0	~	~	~	~	~	~	~	0	0	0	0	0	0,00	0,00	0,00	0,00
+	Q3	0	0	~	~	~	~	~	~	~	0	0	0	0	0	0,00	0,00	0,00	0,00
+	Q4	1	8	15	15	15	3,19	2,96	-1,60	8,55	0	0	0	0	0	0,00	0,00	0,00	0,00
-	To	1	3	12	12	12	1,36	-1,25	-3,77	-0,32	0	0	0	0	0	0,00	0,00	0,00	0,00
-	Q1	0	0	~	~	~	~	~	~	~	0	0	0	0	0	0,00	0,00	0,00	0,00
-	Q2	1	10	12	12	12	1,36	-1,25	-3,77	-0,32	0	0	0	0	0	0,00	0,00	0,00	0,00
-	Q3	0	0	~	~	~	~	~	~	~	0	0	0	0	0	0,00	0,00	0,00	0,00
-	Q4	0	0	~	~	~	~	~	~	~	0	0	0	0	0	0,00	0,00	0,00	0,00
To		2	2	14	12	15	2,27	0,85	-2,68	4,12	0	0	0	0	0	0,00	0,00	0,00	0,00

Tab. 58: Phasenanalyse der Strategie Emerging Markets

Das Minimum und das Maximum der Phasenanzahl liegen bei der Strategie Emerging Markets bei einer und neun Phasen (siehe Tabelle 58). In der ersten Phase ist die Zahl positiv beginnender Hedgefonds höher als die Zahl der Fonds mit einer negativen Startphase. Dieses Verhältnis ändert sich ab der zweiten Phase. Die Zahl der berichtenden Fonds mit negativer Startphase hat sich bis zur vierten Phase halbiert, die der positiv beginnenden Fonds bis zur dritten Phase. Somit wird diese Stichprobe der Strategie Emerging Markets – entgegen des sich in der ersten Phase abzeichnenden Trends – auch bei fortgeschrittener Phasenanzahl von den negativ beginnenden Hedgefonds bestimmt. Hinsichtlich der Quartilsbetrachtung fällt vor allem die hohe Anzahl an Fonds mit einer positiven Startphase, die ausschließlich positive Excess-Omegas erzielen und innerhalb des Beobachtungszeitraums nicht länger als eine Phase berichten, auf. So hat sich die Zahl dieser Fonds nach der ersten Phase um mehr als 83 Prozent reduziert, während sich die Zahl der unterdurchschnittlich startenden Fonds des letzten Quartils nach der ersten Phase um etwas mehr als 44 Prozent verringerte. Allerdings weist das erste Quartil der überdurchschnittlich startenden Emerging Markets-Fonds in der ersten Phase mit Minimum- und Maximumwerten von vier und 79 Monaten sehr hohe Differenzen hinsichtlich der Phasenlänge auf.

6.1.2.3 Nicht-direktionale Strategien

Bei den nicht-direktionalen Strategien lässt sich eine Differenz zwischen dem Median der Anzahl der Monate beobachten (siehe Tabelle 59). So beträgt dieser bei Fonds mit einem positiven Start 49,0 und bei Hedgefonds mit einem negativen Start 42,5 Monate. Gleichzeitig fällt der Median der Anzahl der Phasen bei Fonds mit einem positiven Start (3) höher als der von Fonds mit einem unterdurchschnittlichen Start (2). Darüber hinaus liegt der Median der Excess-Omegas bei überdurchschnittlich beginnenden nicht-direktionalen Hedgefonds mit 1,69 über dem der unterdurchschnittlich beginnenden nicht-direktionalen Hedgefonds (-0,50), was die Schlussfolgerung zulässt, dass es mehr nicht-direktionale Hedgefonds gibt, die überdurchschnittliche Ergebnisse liefern, als solche, die unterdurchschnittliche Excess-Omegas erzielen. Der Anteil positiver Excess-Omegas liegt bei nicht-direktionalen Fonds mit einem positiven Start mit 69,50 Prozent über dem Anteil von Fonds mit einem negativen Start (40,00 Prozent). Darüber hinaus lässt sich hinsichtlich der Standardabweichung sowie der Durchschnittswerte der positiven Excess-Omegas zwischen positiv und negativ beginnenden nicht-direktionalen Hedgefonds eine weitere Differenz erkennen. Die Minimalwerte, Maximalwerte, sowie die Durchschnittswerte von den negativen Excess-Omegas liegen hingegen eng beieinander.

		Anzahl Fonds	Anzahl Monate (Med)	Anzahl Phasen (Med)	εΩ						
					Med	Anteil pos.	Ø positiv	Ø negativ	Min	Max	Stdv
+	Total	222	49,0	3	1,69	69,50%	15,42	-1,12	-2,06	50,00	13,86
	Q1	55	45,0	1	50,00	100,00%	36,81	-0,96	2,10	50,00	17,28
	Q2	56	47,0	3	3,65	76,17%	15,42	-1,00	-2,01	50,00	17,91
	Q3	56	54,0	3	0,75	61,39%	7,63	-1,09	-2,22	50,00	10,92
	Q4	55	53,0	3	-0,52	39,34%	10,35	-1,21	-2,49	50,00	11,49
-	Total	182	42,5	2	-0,50	40,00%	8,36	-1,41	-2,78	50,00	8,68
	Q1	45	53,0	2	1,98	68,97%	15,66	-1,30	-2,78	50,00	16,96
	Q2	46	53,0	3	-0,17	46,79%	5,61	-1,27	-2,62	50,00	7,66
	Q3	46	44,0	3	-0,84	26,64%	3,16	-1,20	-2,73	13,63	3,08
	Q4	45	26,0	1	-1,72	14,29%	7,18	-1,84	-3,08	7,58	2,31
Total		404	46,5	3	0,32	55,50%	12,02	-1,26	-2,42	50,00	11,89

Tab. 59: Excess-Omegas der nicht-direktionalen Strategien

Bei der Betrachtung der einzelnen Quartile ist neben dem Median auch der Anteil der positiven Excess-Omegas bei nicht-direktionalen Hedgefonds des ersten Quartils am höchsten und im vierten Quartil am niedrigsten. Es ist außerdem zu beobachten, dass die nicht-direktionalen Hedgefonds des ersten Quartils mit einem positiven Start im Median lediglich eine Phasen durchlaufen. Dies deutet darauf hin, dass nicht-direktionale Hedgefonds mit einem positiven Start, im Vergleich zu langfristig weniger erfolgreichen, weniger Phasen durchlaufen und somit eine höhere Kontinuität bei der Generierung von Excess-Omegas aufweisen. Allerdings weisen auch die Fonds des vierten Quartils mit einem negativen Fondsstart einen Median bei der Anzahl der Phasen von eins aus, woraus gefolgert werden kann, dass auch langfristig wenig erfolgreiche Hedgefonds nur wenige Phasen durchlaufen.

P		1									2								
		Anzahl Fonds		Länge (in Monaten)			εΩ				Anzahl Fonds		Länge (in Monaten)			εΩ			
		abs	kum (%)	Med	Min	Max	Stdv	Med	Min	Max	abs	kum (%)	Med	Min	Max	Stdv	Med	Min	Max
	To	222	100	19	4	109	10,7	6,22	0,07	50,00	157	71	14	4	64	0,62	-1,06	-1,96	-0,04
	Q1	55	100	32	6	109	14,5	50,00	2,45	50,00	12	22	13	7	39	0,62	-0,91	-1,85	-0,13
+	Q2	56	100	24	4	70	17,4	6,12	0,07	50,00	41	73	12	4	27	0,55	-0,86	-1,80	-0,11
	Q3	56	100	13	4	62	2,41	1,67	-0,35	7,61	49	88	13	4	54	0,55	-0,89	-1,73	-0,04
	Q4	55	100	10	4	34	8,76	3,61	0,05	26,97	55	100	26	4	64	0,64	-1,24	-2,38	0,05
	To	182	100	15	4	57	0,80	-1,49	-2,70	-0,01	139	76	15	4	92	8,88	2,76	0,11	27,46
	Q1	45	100	8	4	33	0,83	-1,39	-2,33	-0,06	45	100	25	5	92	16,8	4,12	0,18	50,00
-	Q2	46	100	14	4	40	0,81	-1,34	-2,46	-0,03	44	96	16	4	47	5,92	2,31	0,11	19,08
	Q3	46	100	19	4	51	0,91	-1,13	-2,71	0,43	32	70	11	4	36	1,47	1,39	0,14	4,91
	Q4	45	100	22	6	57	0,73	-1,91	-3,00	-0,09	18	40	7	4	32	18,2	4,56	0,08	50,00
To		404	100	17	4	109	1,64	0,63	-1,28	5,64	296	73	15	4	92	0,92	-0,30	-1,26	1,93

P		3									4								
		Anzahl Fonds		Länge (in Monaten)			εΩ				Anzahl Fonds		Länge (in Monaten)			εΩ			
		abs	kum (%)	Med	Min	Max	Stdv	Med	Min	Max	abs	kum (%)	Med	Min	Max	Stdv	Med	Min	Max
	To	119	54	14	4	82	13,2	3,21	0,06	50,00	50	23	13	4	44	0,65	-1,24	-2,31	-0,15
	Q1	9	16	24	11	82	19,5	31,69	0,50	50,00	1	2	5	5	5	0,94	-2,05	-2,67	-0,28
+	Q2	33	59	16	4	54	14,1	3,82	0,01	50,00	8	14	19	4	22	0,60	-1,11	-2,06	-0,15
	Q3	40	71	15	4	46	8,97	2,74	-0,04	40,35	21	38	10	4	31	0,67	-1,10	-2,38	-0,25
	Q4	37	67	10	4	39	4,88	2,25	0,07	50,00	20	36	15	6	44	0,65	-1,35	-2,51	-0,03
	To	85	47	18	4	63	0,64	-1,01	-2,14	0,00	54	30	13	4	39	7,70	2,66	0,00	28,29
	Q1	18	40	13	4	35	0,66	-1,00	-1,96	-0,12	15	33	13	7	39	15,4	5,03	0,00	50,00
-	Q2	32	70	17	4	48	0,65	-0,94	-2,09	0,21	21	46	14	4	39	9,76	2,56	0,00	37,23
	Q3	29	63	21	4	63	0,60	-1,05	-2,19	0,00	16	35	12	4	22	4,36	1,49	-0,05	13,37
	Q4	6	13	24	12	41	0,72	-1,59	-2,49	0,05	2	4	5	4	6	11,4	5,45	0,17	26,04
To		204	50	15	4	82	1,89	1,11	-0,98	6,50	104	26	13	4	44	1,57	0,32	-1,36	2,33

P		5									6								
		Anzahl Fonds		Länge (in Monaten)			εΩ				Anzahl Fonds		Länge (in Monaten)			εΩ			
		abs	kum (%)	Med	Min	Max	Stdv	Med	Min	Max	abs	kum (%)	Med	Min	Max	Stdv	Med	Min	Max
	To	28	13	14	4	44	17,1	4,92	0,10	50,00	11	5	15	6	33	0,49	-1,05	-2,26	0,00
	Q1	0	0	~	~	~	~	~	~	~	0	0	~	~	~	~	~	~	~
+	Q2	7	13	14	8	44	20,1	9,70	0,00	50,00	1	2	6	6	6	0,32	-1,05	-1,21	-0,33
	Q3	12	21	15	4	34	17,1	7,75	0,24	50,00	3	5	12	12	26	0,48	-1,14	-1,99	-0,34
	Q4	9	16	10	5	20	6,39	2,00	0,10	20,58	7	13	18	8	33	0,79	-0,92	-2,48	0,10
	To	22	12	11	4	44	0,55	-1,14	-1,92	-0,03	14	8	11	5	29	3,70	2,71	0,11	13,31
	Q1	5	11	9	4	11	0,46	-0,61	-1,22	0,00	5	11	22	6	29	16,6	2,96	0,20	50,00
-	Q2	10	22	8	4	19	0,66	-1,14	-1,99	-0,08	4	9	10	5	22	6,59	2,24	-0,79	21,54
	Q3	6	13	13	5	25	0,55	-1,56	-2,23	-0,19	5	11	7	6	15	2,81	2,41	0,12	8,16
	Q4	1	2	44	44	44	0,79	-1,78	-3,80	-0,69	0	0	~	~	~	~	~	~	~
To		50	12	13	4	44	2,08	0,64	-1,01	7,91	25	6	14	5	33	2,66	1,06	-1,42	6,43

P		7									8								
		Anzahl Fonds		Länge (in Monaten)			εΩ				Anzahl Fonds		Länge (in Monaten)			εΩ			
		abs	kum (%)	Med	Min	Max	Stdv	Med	Min	Max	abs	kum (%)	Med	Min	Max	Stdv	Med	Min	Max
+	To	5	2	20	8	28	16,5	2,35	-0,24	50,00	0	0	~	~	~	~	~	~	~
+	Q1	0	0	~	~	~	~	~	~	~	0	0	~	~	~	~	~	~	~
+	Q2	1	2	28	28	28	22,9	2,35	-0,35	50,00	0	0	~	~	~	~	~	~	~
+	Q3	2	4	16	12	20	9,61	12,56	2,94	28,14	0	0	~	~	~	~	~	~	~
+	Q4	2	4	15	8	22	12,5	2,69	-0,18	28,46	0	0	~	~	~	~	~	~	~
-	To	5	3	17	5	26	0,83	-1,26	-3,14	-0,16	1	1	13	13	13	19,3	4,99	-3,93	50,00
-	Q1	1	2	12	12	12	1,18	-1,11	-3,90	-0,09	1	2	13	13	13	19,3	4,99	-3,93	50,00
-	Q2	1	2	17	17	17	0,83	-2,11	-3,14	-0,16	0	0	~	~	~	~	~	~	~
-	Q3	3	7	19	5	26	0,74	-1,26	-2,44	-0,67	0	0	~	~	~	~	~	~	~
-	Q4	0	0	~	~	~	~	~	~	~	0	0	~	~	~	~	~	~	~
To		10	2	18	5	28	2,45	0,19	-2,03	6,60	1	0	13	13	13	19,3	4,99	-3,93	50,00

Tab. 60: Phasenanalyse der nicht-direktionalen Strategien

Im Vergleich zu den direktionalen Strategien fallen die nicht-direktionalen Strategien mit Minimum- und Maximumwerten von einer und acht Phasen deutlich geringer aus (siehe Tabelle 60). Allerdings weisen Fonds dieser Strategien mit Phasenlängen von vier bis 109 Monaten sehr hohe Differenzen auf. Die Anzahl positiv beginnender Hedgefonds ist in der ersten Phase höher als die Zahl der Fonds mit einer negativen Startphase. Dieses Verhältnis ändert sich ab der vierten Phase. Die Zahl der berichtenden Fonds mit einer positiven Startphase hat sich bis zur vierten Phase mehr als halbiert, die der negativ beginnenden Fonds bis zur dritten Phase. Auch bei den nicht-direktionalen Strategien reduziert sich die Anzahl der berichtenden Fonds im ersten und letzten Quartil. Mehr als 78 Prozent der Fonds mit einer positiven Startphase im ersten Quartil berichten in dieser Untersuchung nicht länger als eine Phase. Die Zahl der berichtenden unterdurchschnittlich startenden nicht-direktionalen Fonds des letzten Quartils verringert sich um 60 Prozent.

6.1.2.3.1 Convertible Arbitrage

Für Convertible Arbitrage lässt sich eine hohe Differenz hinsichtlich der Anzahl der beobachteten Monate bei Hedgefonds dieser Strategie, welche insgesamt mit positiven 12-Monats-rollierenden Excess-Omegas ihren Betrieb aufnehmen (siehe Tabelle 61), erkennen. Im Median beträgt diese bei Fonds mit einem positiven Start 54 und bei Convertible Arbitrage-Fonds mit einem negativen Start 40 Monate. Dementsprechend ist auch der Median der Anzahl der Phasen bei Fonds mit einem positiven Start (3) höher als bei denjenigen mit einem unterdurchschnittlichen Start (2). Auch der Median der Excess-Omegas liegt bei überdurchschnittlich beginnenden direktionalen Hedgefonds mit 1,71 über dem der Fonds mit einem negativen Start (-0,72). Dieses lässt die Schlussfolgerung zu, dass es mehr Convertible Arbitrage-Fonds gibt, die überdurchschnittliche Ergebnisse liefern, als solche, die unterdurchschnittliche Excess-Omegas erzielen. Erwartungsgemäß ist der Anteil positiver Excess-Omegas mit 66,67 Prozent bei Fonds mit einem positiven Start höher als der Anteil von 41,38 Prozent bei Fonds mit einem negativen Start. Allerdings liegen die Minimalwerte, Maximalwerte, die Standardabweichung sowie die Durchschnittswerte bei den positiven wie negativen Excess-Omegas zwischen positiv und negativ beginnenden Hedgefondslebenszyklen sehr eng beieinander. Dies deutet darauf hin, dass die Gruppe Convertible Arbitrage insgesamt eine sehr homogene Strategiegruppe darstellt.

		Anzahl Fonds	**Anzahl Monate** (Med)	**Anzahl Phasen** (Med)	**εΩ**						
					Med	Anteil pos.	Ø positiv	Ø negativ	Min	Max	Stdv
+	Total	89	54,0	3	1,71	66,67%	17,22	-1,15	-2,14	50,00	15,42
	Q1	22	55,0	1	38,05	100,00%	33,59	-1,08	1,88	50,00	17,84
	Q2	23	61,0	3	3,30	73,33%	16,71	-0,99	-2,06	50,00	19,28
	Q3	22	60,5	3	0,79	57,85%	9,92	-1,13	-2,31	50,00	12,09
	Q4	22	53,0	3	-0,81	35,95%	10,94	-1,36	-2,46	50,00	11,01
-	Total	65	40,0	2	-0,72	41,38%	14,52	-1,63	-2,80	50,00	13,39
	Q1	16	44,0	2	3,52	67,30%	17,87	-1,41	-2,87	50,00	18,38
	Q2	17	48,0	2	0,00	47,67%	12,61	-1,30	-2,63	50,00	13,98
	Q3	16	53,5	3	-1,06	30,72%	5,45	-1,48	-2,65	50,00	6,66
	Q4	16	25,0	1	-2,00	14,55%	22,29	-2,08	-3,10	50,00	10,75
Total		154	47,0	3	0,60	56,39%	16,06	-1,34	-2,45	50,00	14,58

Tab. 61: Excess-Omegas der Strategie Convertible Arbitrage

Die Quartilsebene zeigt, dass der Median sowie der Anteil der positiven Excess-Omegas bei Convertible Arbitrage-Hedgefonds des ersten Quartils am höchsten und im vierten Quartil am niedrigsten sind. Bei den Quartilen der Convertible Arbitrage-Hedgefonds mit einem unterdurchschnittlichen Handelsstart ist zu beobachten, dass lediglich Fonds des ersten Quartils mit einem Excess-Omega Median von 3,52, einem Anteil positiver Excess-Omegas von 67,30 Prozent und einem Median der Excess-Omegas von 17,87 für die positiven Monate überdurchshnittliche Kennzahlen aufweisen. So scheint es im gesamten Strategiekontext für solche Fonds, die einen unterdurchschnittlichen Start hinlegen, schwerer zu sein, sich in der Peer Group zu behaupten.

Die Phasenanzahl von Convertible Arbitrage-Hedgefonds variiert zwischen einer und sieben Phasen (siehe Tabelle 62). Die Zahl positiv beginnender Hedgefonds ist zu Beginn (in der ersten Phase) höher als die Zahl der Fonds mit einer negativen Startphase. Dieses Verhältnis ändert sich nur in der vorletzten Phase. Die Zahl der berichtenden Hedgefonds mit negativer Startphase hat sich bis Phase 3 mehr als halbiert, die der positiv beginnenden Fonds bis zur vierten Phase. Auch bei Convertible Arbitrage-Hedgefonds fällt bei einer Quartilsbetrachtung die hohe Anzahl an Fonds mit einer positiven Startphase, die nicht länger als eine Phase in dieser Untersuchung berichten und somit ausschließlich oberhalb der Benchmark-Omegas lagen, auf. So verringert sich die Zahl dieser Fonds nach der ersten Phase um mehr als 68 Prozent. Allerdings weist das erste Quartil der überdurchschnittlich startenden Fonds in der ersten Phase mit Minimum- und Maximumwerten von vier und 96 Monaten sehr hohe Differenzen hinsichtlich der Phasenlänge auf. Die Zahl der negativ beginnenden Hedgefonds des letzten Quartils verringert sich nach der ersten Phase um 62,5 Prozent. Mit Ausnahme der dritten bzw. vierten Phase weisen Convertible Arbitrage-Hedgefonds mit einer positiven Startphase eine höhere positive Performance auf.

P		1									2								
		Anzahl Fonds		Länge (in Monaten)			εΩ				Anzahl Fonds		Länge (in Monaten)			εΩ			
		abs	kum (%)	Med	Min	Max	Stdv	Med	Min	Max	abs	kum (%)	Med	Min	Max	Stdv	Med	Min	Max
+	To	89	100	20	4	96	15,0	8,22	0,15	50,00	67	75	14	4	56	0,57	-1,07	-1,95	-0,07
+	Q1	22	100	43	13	96	16,3	50,00	1,88	50,00	7	32	10	6	23	0,59	-1,27	-1,96	-0,23
+	Q2	23	100	29	4	70	18,3	6,83	0,09	50,00	18	78	12	4	27	0,51	-0,84	-1,46	-0,08
+	Q3	22	100	13	5	53	6,55	2,16	-0,37	17,52	21	95	12	4	31	0,47	-0,88	-1,51	-0,07
+	Q4	22	100	10	4	26	10,3	5,21	0,16	31,89	21	95	26	10	56	0,64	-1,29	-2,42	0,02
-	To	65	100	14	4	41	0,83	-1,74	-2,80	0,01	52	80	13	4	61	14,4	4,47	0,21	50,00
-	Q1	16	100	9	4	33	0,93	-1,40	-2,87	-0,04	16	100	26	5	61	15,4	12,02	0,14	50,00
-	Q2	17	100	13	5	40	0,73	-1,52	-2,63	-0,14	16	94	15	7	28	14,4	4,40	0,17	50,00
-	Q3	16	100	17	5	37	0,92	-1,47	-2,65	0,29	14	88	9	5	20	1,90	1,73	0,43	5,55
-	Q4	16	100	22	7	41	0,76	-2,12	-3,10	-0,44	6	38	7	4	8	19,0	6,28	1,13	50,00
To		154	100	18	4	96	4,07	1,77	-0,72	14,04	119	77	13	4	61	0,74	-0,42	-1,10	1,30

P		3									4								
		Anzahl Fonds		Länge (in Monaten)			εΩ				Anzahl Fonds		Länge (in Monaten)			εΩ			
		abs	kum (%)	Med	Min	Max	Stdv	Med	Min	Max	abs	kum (%)	Med	Min	Max	Stdv	Med	Min	Max
+	To	54	61	13	4	45	14,0	3,97	0,18	50,00	23	26	18	4	31	0,62	-1,25	-2,23	-0,20
+	Q1	6	27	17	11	34	17,0	16,37	0,18	50,00	1	5	5	5	5	0,94	-2,05	-2,67	-0,28
+	Q2	17	74	14	4	45	12,8	3,90	0,19	50,00	6	26	19	4	22	0,62	-1,27	-2,10	-0,11
+	Q3	19	86	13	4	32	13,1	4,03	0,18	50,00	9	41	12	4	31	0,61	-1,10	-2,23	-0,25
+	Q4	12	55	7	4	25	15,3	4,55	0,14	46,18	7	32	9	4	26	0,59	-1,25	-2,23	-0,07
-	To	27	42	22	4	63	0,59	-1,19	-2,11	0,00	21	32	13	4	39	19,2	5,11	0,13	50,00
-	Q1	7	44	10	4	29	0,65	-1,01	-1,75	-0,29	6	38	16	13	27	19,6	5,71	0,24	50,00
-	Q2	8	47	24	5	45	0,56	-1,09	-1,84	0,15	8	47	18	5	39	17,2	6,58	-0,38	50,00
-	Q3	11	69	22	5	63	0,66	-1,26	-2,23	0,02	7	44	10	4	15	4,26	1,16	0,15	13,40
-	Q4	1	6	41	41	41	0,61	-1,68	-2,75	0,00	0	0	~	~	~	~	~	~	~
To		81	53	14	4	63	4,36	2,09	-0,25	21,13	44	29	14	4	39	1,22	-0,28	-1,17	3,09

P		5									6								
		Anzahl Fonds		Länge (in Monaten)			εΩ				Anzahl Fonds		Länge (in Monaten)			εΩ			
		abs	kum (%)	Med	Min	Max	Stdv	Med	Min	Max	abs	kum (%)	Med	Min	Max	Stdv	Med	Min	Max
+	To	15	17	14	8	34	14,5	3,07	0,10	50,00	6	7	16	6	33	0,47	-1,11	-2,11	-0,33
+	Q1	0	0	~	~	~	~	~	~	~	0	0	~	~	~	~	~	~	~
+	Q2	5	22	13	8	24	21,9	9,72	0,07	50,00	1	4	6	6	6	0,32	-1,05	-1,21	-0,33
+	Q3	6	27	15	12	34	10,9	2,96	0,15	37,51	3	14	12	12	26	0,48	-1,14	-1,99	-0,34
+	Q4	4	18	12	9	16	6,33	2,45	0,08	18,54	2	9	27	20	33	4,64	-1,25	-2,36	24,71
-	To	8	12	13	4	19	0,57	-1,33	-2,09	-0,14	6	9	14	6	22	4,01	2,12	-0,95	12,96
-	Q1	1	6	4	4	4	0,18	-0,16	-0,41	0,00	1	6	15	15	15	25,3	1,91	-0,32	50,00
-	Q2	3	18	19	7	19	0,76	-1,23	-2,16	0,00	2	12	18	13	22	6,59	2,24	-1,60	21,54
-	Q3	4	25	13	5	13	0,49	-1,56	-2,23	-0,43	3	19	7	6	15	2,66	2,33	0,09	5,28
-	Q4	0	0	~	~	~	~	~	~	~	0	0	~	~	~	~	~	~	~
To		23	15	13	4	34	5,26	2,00	-0,28	15,03	12	8	14	6	33	2,06	0,10	-1,60	5,06

P		7									8								
		Anzahl Fonds		Länge (in Monaten)			εΩ				Anzahl Fonds		Länge (in Monaten)			εΩ			
		abs	kum (%)	Med	Min	Max	Stdv	Med	Min	Max	abs	kum (%)	Med	Min	Max	Stdv	Med	Min	Max
+	To	3	3	20	12	28	16,5	2,35	-0,35	50,00	0	0	0	0	0	0,00	0,00	0,00	0,00
	Q1	0	0	~	~	~	~	~	~	~	0	0	0	0	0	0,00	0,00	0,00	0,00
	Q2	1	4	28	28	28	22,9	2,35	-0,35	50,00	0	0	0	0	0	0,00	0,00	0,00	0,00
	Q3	2	9	16	12	20	9,61	12,56	2,94	28,14	0	0	0	0	0	0,00	0,00	0,00	0,00
	Q4	0	0	~	~	~	~	~	~	~	0	0	0	0	0	0,00	0,00	0,00	0,00
-	To	2	3	16	5	26	5,18	-1,23	-2,03	24,59	0	0	0	0	0	0,00	0,00	0,00	0,00
	Q1	0	0	~	~	~	~	~	~	~	0	0	0	0	0	0,00	0,00	0,00	0,00
	Q2	0	0	~	~	~	~	~	~	~	0	0	0	0	0	0,00	0,00	0,00	0,00
	Q3	2	13	16	5	26	5,18	-1,23	-2,03	24,59	0	0	0	0	0	0,00	0,00	0,00	0,00
	Q4	0	0	~	~	~	~	~	~	~	0	0	0	0	0	0,00	0,00	0,00	0,00
To		5	3	20	5	28	10,0	1,48	-1,62	50,00	0	0	0	0	0	0,00	0,00	0,00	0,00

Tab. 62: Phasenanalyse der Strategie Convertible Arbitrage

6.1.2.3.2 Event Driven

Im Bereich der Event Driven-Hedgefonds lässt sich hinsichtlich der Anzahl der beobachteten Monate kaum eine Differenz beobachten. Im Median beträgt diese bei Hedgefonds mit einem positiven Start 50 und bei Hedgefonds mit einem negativen Start 51 Monate (siehe Tabelle 63). Gleichzeitig ist der Median der Anzahl der Phasen bei Fonds mit einem positiven Start (3) identisch mit dem von negativ startenden (3). Der Median der Excess-Omegas bei überdurchschnittlich beginnenden Event Driven-Fonds ist mit 1,24 positiv und bei unterdurchschnittlich beginnenden Fonds mit -0,26 leicht negativ. Der Anteil positiver Excess-Omegas ist mit 69,12 Prozent bei Fonds mit einem positiven gegenüber Fonds mit einem negativen Start höher (43,41 Prozent). Gleichzeitig liegen die Maximalwerte, die Standardabweichung sowie die Durchschnittswerte bei den positiven Excess-Omegas deutlich auseinander. Hingegen existieren geringe Unterschiede hinsichtlich der Minimalwerte sowie der Durchschnittswerte von negativen Excess-Omegas zwischen positiv und negativ beginnenden Hedgefondslebenszyklen. Dies deutet darauf hin, dass die Gruppe Event Driven insgesamt eine eher homogene Strategiegruppe darstellt und dass sich, unabhängig des Vorzeichens der speziellen Startphase, die durchschnittlichen Lebenszykluscharakteristika dieser Strategie einstellen werden.

Bei der Quartilsbetrachtung stellen sich auch bei den Event Driven-Fonds mit einer positiven wie negativen Startphase nachvollziehbare Muster ein. So sind der Median und der Anteil der positiven Excess-Omegas bei Event Driven-Hedgefonds des ersten Quartils am höchsten und im vierten Quartil am niedrigsten. Bei den Event Driven-Hedgefonds mit einem überdurchschnittlichen Start weisen die ersten drei Quartile positive durchschnittliche Excess-Omegas auf, bei Fonds mit einem negativen Start nur das erste Quartil. Die Werte für Event Driven-Hedgefonds mit einem positiven Start übertreffen betragsmäßig die respektiven Werte in allen vier Quartilen.

		Anzahl Fonds	Anzahl Monate (Med)	Anzahl Phasen (Med)	εΩ						
					Med	Anteil pos.	Ø positiv	Ø negativ	Min	Max	Stdv
+	Total	49	50,0	3	1,24	69,12%	10,12	-1,37	-2,65	50,00	12,08
	Q1	12	41,0	1	6,25	94,00%	23,73	-1,34	-2,30	50,00	21,04
	Q2	13	60,0	3	2,00	75,00%	9,53	-1,27	-2,21	50,00	13,36
	Q3	12	64,5	4	0,31	60,06%	6,98	-1,30	-2,89	50,00	10,08
	Q4	12	77,5	3	-0,50	41,86%	9,14	-1,45	-3,09	50,00	10,55
-	Total	52	51,0	3	-0,26	43,41%	4,87	-1,45	-2,95	28,84	6,88
	Q1	13	71,0	4	1,05	65,45%	10,81	-1,42	-2,94	50,00	15,72
	Q2	13	50,0	3	-0,11	47,62%	3,08	-1,44	-2,91	12,13	3,28
	Q3	13	49,0	3	-0,57	38,00%	4,70	-1,27	-2,86	50,00	7,67
	Q4	13	41,0	2	-1,14	26,47%	4,01	-1,74	-3,18	7,58	1,75
Total		101	51,0	3	0,04	51,65%	7,77	-1,42	-2,78	50,00	8,61

Tab. 63: Excess-Omegas der Strategie Event Driven

P		1									2								
		Anzahl Fonds		Länge (in Monaten)			εΩ				Anzahl Fonds		Länge (in Monaten)			εΩ			
		abs	kum (%)	Med	Min	Max	Stdv	Med	Min	Max	abs	kum (%)	Med	Min	Max	Stdv	Med	Min	Max
+	To	49	100	17	4	109	7,24	4,11	-0,11	23,07	38	78	15	4	64	0,71	-1,38	-2,36	-0,16
	Q1	12	100	29	14	109	20,6	11,39	-0,12	50,00	4	33	8	4	26	0,84	-1,03	-2,43	-0,07
	Q2	13	100	23	5	38	6,90	3,25	-0,11	21,33	10	77	11	4	27	0,63	-1,25	-1,92	-0,08
	Q3	12	100	9	4	28	3,58	1,44	-0,16	10,73	12	100	11	4	31	0,65	-1,28	-2,24	-0,26
	Q4	12	100	16	4	29	6,36	3,99	-0,16	21,26	12	100	30	12	64	0,77	-1,57	-2,76	0,17
-	To	52	100	15	4	51	0,95	-1,62	-2,77	-0,02	43	83	15	4	45	7,19	2,28	0,11	19,24
	Q1	13	100	10	5	30	0,83	-1,16	-2,33	-0,02	13	100	28	5	45	11,3	3,10	0,18	50,00
	Q2	13	100	15	4	33	0,98	-1,63	-2,60	0,33	13	100	14	10	40	3,49	2,13	-0,40	12,13
	Q3	13	100	14	5	27	1,02	-1,75	-2,86	-0,10	10	77	15	4	36	12,5	2,92	0,11	50,00
	Q4	13	100	20	9	51	0,95	-1,91	-2,94	-0,13	7	54	12	9	32	4,77	1,32	0,17	13,76
To		101	100	15	4	109	1,33	-0,21	-2,02	3,69	81	80	15	4	64	1,11	0,22	-1,59	2,32

P		3									4								
		Anzahl Fonds		Länge (in Monaten)			εΩ				Anzahl Fonds		Länge (in Monaten)			εΩ			
		abs	kum (%)	Med	Min	Max	Stdv	Med	Min	Max	abs	kum (%)	Med	Min	Max	Stdv	Med	Min	Max
+	To	30	61	15	4	47	7,67	2,61	-0,05	34,76	15	31	13	4	30	0,66	-1,58	-2,78	-0,15
	Q1	2	17	6	4	7	2,54	1,91	-1,17	5,66	1	8	5	5	5	0,29	-0,49	-0,85	-0,15
	Q2	8	62	42	7	47	17,8	3,43	-0,76	50,00	1	8	20	20	20	0,42	-0,96	-1,77	-0,15
	Q3	11	92	14	6	46	2,11	1,79	-0,01	6,69	8	67	11	4	14	0,66	-1,85	-2,89	-0,35
	Q4	9	75	13	4	23	14,0	3,78	0,06	50,00	5	42	28	15	30	1,37	-1,55	-4,73	0,05
-	To	32	62	16	4	35	0,70	-1,26	-2,20	-0,02	21	40	12	4	21	4,47	2,69	-0,93	13,34
	Q1	10	77	12	4	35	0,69	-1,09	-2,13	-0,09	8	62	13	7	20	8,60	3,62	0,04	28,29
	Q2	7	54	13	4	21	0,94	-0,82	-2,31	0,00	5	38	14	4	21	5,26	2,56	-1,52	16,14
	Q3	9	69	21	6	27	0,64	-1,13	-2,12	0,23	6	46	12	7	16	2,17	1,47	-1,34	7,49
	Q4	6	46	16	4	29	1,04	-1,91	-2,83	-0,21	2	15	11	7	14	2,85	2,07	-1,23	7,68
To		62	61	15	4	47	1,48	-0,05	-1,98	2,83	36	36	13	4	30	1,72	0,52	-1,63	2,33

P	5									6								
	Anzahl Fonds		Länge (in Monaten)			εΩ				Anzahl Fonds		Länge (in Monaten)			εΩ			
	abs	kum (%)	Med	Min	Max	Stdv	Med	Min	Max	abs	kum (%)	Med	Min	Max	Stdv	Med	Min	Max
+ To	8	16	13	5	44	13,9	8,13	0,03	35,29	4	8	16	8	27	1,01	-0,75	-2,69	0,09
+ Q1	1	8	30	30	30	20,1	7,44	0,00	50,00	0	0	~	~	~	~	~	~	~
+ Q2	1	8	44	44	44	19,5	3,15	-1,22	50,00	0	0	~	~	~	~	~	~	~
+ Q3	4	33	9	5	20	7,38	9,10	-0,70	19,50	2	17	21	14	27	5,05	-0,43	-2,06	25,07
+ Q4	2	17	13	12	13	12,3	16,90	0,22	28,89	2	17	13	8	18	1,01	-1,06	-2,85	-0,01
- To	8	15	8	4	25	0,62	-0,99	-2,04	0,00	5	10	22	6	29	3,74	3,15	0,24	13,69
- Q1	5	38	9	5	11	0,47	-0,79	-1,57	0,00	4	31	23	6	29	10,2	3,06	0,22	31,84
- Q2	1	8	4	4	4	0,76	-1,70	-2,51	-0,68	0	0	~	~	~	~	~	~	~
- Q3	2	15	15	4	25	0,95	-1,62	-3,66	-0,14	1	8	9	9	9	3,67	4,86	1,07	12,92
- Q4	0	0	~	~	~	~	~	~	~	0	0	~	~	~	~	~	~	~
To	16	16	10	4	44	1,28	-0,03	-1,28	0,53	9	9	18	6	29	3,67	2,46	-0,99	12,92

P	7									8								
	Anzahl Fonds		Länge (in Monaten)			εΩ				Anzahl Fonds		Länge (in Monaten)			εΩ			
	abs	kum (%)	Med	Min	Max	Stdv	Med	Min	Max	abs	kum (%)	Med	Min	Max	Stdv	Med	Min	Max
+ To	2	4	15	8	22	12,5	2,69	-0,18	28,46	0	0	~	~	~	~	~	~	~
+ Q1	0	0	~	~	~	~	~	~	~	0	0	~	~	~	~	~	~	~
+ Q2	0	0	~	~	~	~	~	~	~	0	0	~	~	~	~	~	~	~
+ Q3	1	8	22	22	22	22,9	3,90	-0,24	50,00	0	0	~	~	~	~	~	~	~
+ Q4	1	8	8	8	8	2,25	1,48	-0,11	6,92	0	0	~	~	~	~	~	~	~
- To	1	2	12	12	12	1,18	-1,11	-3,90	-0,09	1	2	13	13	13	19,3	4,99	-3,93	50,00
- Q1	1	8	12	12	12	1,18	-1,11	-3,90	-0,09	1	8	13	13	13	19,3	4,99	-3,93	50,00
- Q2	0	0	~	~	~	~	~	~	~	0	0	~	~	~	~	~	~	~
- Q3	0	0	~	~	~	~	~	~	~	0	0	~	~	~	~	~	~	~
- Q4	0	0	~	~	~	~	~	~	~	0	0	~	~	~	~	~	~	~
To	3	3	12	8	22	2,25	1,48	-0,24	6,92	1	1	13	13	13	19,3	4,99	-3,93	50,00

Tab. 64: Phasenanalyse der Strategie Event Driven

Das Minimum und das Maximum der Phasenanzahl liegen bei der Strategie Event Driven bei einer und acht Phasen (siehe Tabelle 64). In der ersten Phase ist die Zahl der negativ beginnenden Hedgefonds höher als die Zahl der Fonds mit einer positiven Startphase. Dieses Verhältnis ändert sich ab der fünften Phase. Bis Phase 4 hat sich die Zahl der berichtenden Fonds mit sowohl positiver wie negativer Startphase mehr als halbiert, wobei die Anzahl der negativ beginnenden Fonds höher ausfällt. Mehr als 66 Prozent der Fonds mit einer positiven Startphase im ersten Quartil werden nicht länger als Phase 1 erfasst. Die Zahl der unterdurchschnittlich startenden Fonds des letzten Quartils verringert sich nach der ersten Phase um etwas mehr als 46 Prozent.

6.1.2.3.3 Fixed Income Arbitrage

Bei der Strategie Fixed Income Arbitrage lässt sich hinsichtlich der Anzahl der beobachteten Monate zwischen Hedgefonds, die von Anfang an ein positives Excess-Omega erzielt haben, und solchen, die einen negativen Fondsstart absolviert haben (siehe Tabelle 65), eine Differenz von vier Monaten beobachten. Im Median beträgt diese bei Fonds mit einem positiven Start 45 und bei Fixed Income Arbitrage-Fonds mit einem negativen Start 41 Monate. Gleichzeitig ist der Median der Anzahl der Phasen bei Fonds mit einem positiven Start (2) identisch mit demjenigen mit einem unterdurchschnittlichen Start (2). Darüber hinaus ist der Median der Excess-Omegas bei überdurchschnittlich beginnenden Fixed Income Arbitrage-Fonds mit 6,78 positiv und bei unterdurchschnittlich beginnenden Fonds mit -0,52 negativ. Der Anteil positiver Excess-Omegas ist mit 81,43 Prozent bei Fonds mit einem positiven Start deutlich höher als der Anteil von 32,72 Prozent bei Fonds mit einem negativen Start. Gleichzeitig weisen die Maximalwerte, Standardabweichung sowie Durchschnittswerte bei den positiven Excess-Omegas zwischen positiv und negativ beginnenden Hedgefondslebenszyklen deutlich voneinander abweichende Werte aus. Lediglich die Minimalwerte und die Durchschnittswerte der Excess-Omegas von positiv und negativ startenden Fixed Income Arbitrage-Hedgefonds liegen eng beieinander. Dies deutet darauf hin, dass die Gruppe Fixed Income Arbitrage insgesamt eine eher heterogene Strategiegruppe darstellt und dass ein positives Vorzeichen der speziellen Startphase ein Zeichen späteren Erfolges und eines längeren Lebenszyklus darstellen kann.

Auf Ebene der Quartile stellen sich bei den Fonds mit einer positiven wie negativen Startphase nachvollziehbare Muster ein. So liegt der Anteil der positiven Excess-Omegas bei Fixed Income Arbitrage-Hedgefonds mit einem positiven Fondsstart des ersten Quartils bei 100 Prozent am höchsten und im vierten Quartil mit 39,81 Prozent am niedrigsten. Bei Fonds mit einem negativen Fondsstart liegt der Anteil der positiven Monate im ersten Quartil mit 79,88 Prozent am höchsten, im vierten Quartil performen nur 3,15 Prozent überdurchschnittlich. Die ersten beiden Quartile mit einem positiven Fondsstart weisen deutlich positive Medianwerte beim Excess-Omega auf. Bei Fonds mit einem unterdurchschnittlichen Fondsstart weisen mit Ausnahme des ersten Quartils alle Quartile hinsichlich des Medians der Excess-Omegas negative Werte aus. Dadurch scheint es für negativ startende Fixed Income Arbitrage-Hedgefonds nicht möglich zu sein, sich langfristig in der Peer Group zu behaupten.

		Anzahl Fonds	**Anzahl Monate** (Med)	**Anzahl Phasen** (Med)	**εΩ**						
					Med	Anteil pos.	Ø positiv	Ø negativ	Min	Max	Stdv
+	Total	58	45,0	2	6,78	81,43%	27,48	-0,91	-1,65	50,00	17,20
	Q1	14	45,5	1	50,00	100,00%	43,45	-1,30	5,97	50,00	12,93
	Q2	15	40,0	1	25,77	100,00%	30,72	-0,25	0,47	50,00	19,79
	Q3	15	53,0	3	2,07	71,43%	12,00	-0,69	-1,97	50,00	17,12
	Q4	14	50,0	3	-0,34	39,81%	12,75	-1,01	-2,49	50,00	12,30
-	Total	42	41,0	2	-0,52	32,72%	5,86	-1,32	-2,98	30,45	5,15
	Q1	10	50,0	2	3,09	79,88%	20,18	-1,28	-2,68	50,00	20,29
	Q2	11	62,0	3	-0,22	46,15%	5,46	-1,25	-2,48	50,00	9,12
	Q3	11	41,0	1	-0,80	18,18%	1,82	-1,05	-2,71	5,92	1,73
	Q4	10	20,0	1	-1,78	3,15%	2,83	-1,79	-3,35	0,40	0,86
Total		100	45,0	2	0,93	61,12%	19,48	-1,09	-2,20	50,00	12,93

Tab. 65: Excess-Omegas der Strategie Fixed Income Arbitrage

Die Phasenanzahl von Hedgefonds der Strategie Fixed Income Arbitrage variiert zwischen einer und sieben Phasen (siehe Tabelle 66). Die Zahl positiv beginnender Hedgefonds ist zu Beginn (in der ersten Phase) höher als die Zahl der Fonds mit einer negativen Startphase. Dieses Verhältnis ändert sich in der vierten Phase. Somit wird diese Stichprobe der Strategie Fixed Income Arbitrage bei fortgeschrittener Phasenanzahl von den negativ beginnenden Hedgefonds bestimmt. Die Zahl der berichtenden Fonds mit negativer Startphase hat sich ebenso wie die der positiv beginnenden Fonds bis zur dritten Phase mehr als halbiert. Auch bei Fixed Income Arbitrage-Hedgefonds fällt bei einer Quartilsbetrachtung die hohe Anzahl an Fonds mit einer positiven Startphase, die nicht länger als eine Phase innerhalb des Untersuchungszeitraums berichten, auf. So verringert sich die Zahl dieser Fonds nach der ersten Phase um 78 Prozent. Allerdings weist das erste Quartil der überdurchschnittlich startenden Fonds in der ersten Phase mit einem Maximum von 89 Monaten eine lange Phasenlänge auf. Die Zahl der negativ beginnenden Hedgefonds des letzten Quartils verringert sich nach der ersten Phase um mehr als 60 Prozent.

P		**1**									**2**								
		Anzahl Fonds		**Länge (in Monaten)**			**εΩ**				**Anzahl Fonds**		**Länge (in Monaten)**			**εΩ**			
		abs	kum (%)	Med	Min	Max	Stdv	Med	Min	Max	abs	kum (%)	Med	Min	Max	Stdv	Med	Min	Max
+	To	58	100	20	4	89	12,4	21,09	0,41	50,00	33	57	14	4	54	0,66	-0,82	-1,81	-0,02
	Q1	14	100	31	9	89	11,9	50,00	5,97	50,00	3	21	12	11	13	0,34	-0,84	-1,81	-0,41
	Q2	15	100	30	6	64	18,0	23,02	0,50	50,00	3	20	17	8	39	0,80	-0,49	-1,90	0,34
	Q3	15	100	20	4	62	12,9	3,89	0,04	50,00	13	87	13	8	54	0,72	-0,60	-1,80	-0,07
	Q4	14	100	10	6	43	2,94	3,65	-0,39	9,53	14	100	25	4	42	0,64	-0,87	-1,94	0,23
-	To	42	100	13	4	57	0,75	-1,23	-2,90	-0,04	29	69	18	4	92	11,8	2,41	0,02	50,00
	Q1	10	100	8	4	22	0,79	-1,44	-2,68	-0,20	10	100	35	11	92	20,0	4,14	0,46	50,00
	Q2	11	100	12	7	31	0,83	-1,14	-2,48	-0,13	10	91	20	12	47	4,32	2,04	-0,04	16,75
	Q3	11	100	36	4	57	1,00	-0,99	-2,27	0,66	5	45	10	8	18	0,90	0,69	-0,48	2,63
	Q4	10	100	18	8	51	0,71	-1,83	-3,22	-0,60	4	40	6	4	11	14,8	13,2 2	0,03	36,83
To		100	100	19	4	89	1,59	1,07	-0,94	9,53	62	62	15	4	92	1,34	-0,16	-1,04	4,24

P		**3**									**4**								
		Anzahl Fonds		**Länge (in Monaten)**			**εΩ**				**Anzahl Fonds**		**Länge (in Monaten)**			**εΩ**			
		abs	kum (%)	Med	Min	Max	Stdv	Med	Min	Max	abs	kum (%)	Med	Min	Max	Stdv	Med	Min	Max
+	To	19	33	16	5	82	14,1	2,73	0,14	50,00	7	12	13	7	44	0,65	-0,67	-2,63	0,02
	Q1	3	21	66	41	82	20,7	50,00	0,74	50,00	0	0	~	~	~	~	~	~	~
	Q2	0	0	~	~	~	~	~	~	~	0	0	~	~	~	~	~	~	~
	Q3	8	53	15	7	54	16,2	2,71	-0,09	50,00	2	13	10	7	13	0,49	-1,07	-1,96	-0,35
	Q4	8	57	11	5	38	1,95	1,62	0,08	30,36	5	36	13	8	44	0,65	-0,60	-2,81	0,19
-	To	17	40	16	4	48	0,63	-0,89	-2,14	0,26	8	19	14	6	39	5,09	2,01	0,05	18,07
	Q1	1	10	16	16	16	0,58	-0,98	-1,64	-0,02	1	10	39	39	39	15,4	12,3 5	-2,49	50,00
	Q2	10	91	16	4	26	0,71	-0,85	-2,12	0,52	4	36	10	7	17	5,85	2,34	0,05	22,34
	Q3	5	45	32	4	48	0,60	-0,90	-2,21	0,30	2	18	17	16	18	5,09	1,74	0,01	18,07
	Q4	1	10	13	13	13	0,32	-0,19	-0,91	0,10	1	10	6	6	6	0,73	0,62	0,19	2,09
To		36	36	16	4	82	1,56	0,60	-1,28	7,34	15	15	13	6	44	1,56	0,48	-1,16	3,76

	P	5									6								
		Anzahl Fonds		Länge (in Monaten)			εΩ				Anzahl Fonds		Länge (in Monaten)			εΩ			
		abs	kum (%)	Med	Min	Max	Stdv	Med	Min	Max	abs	kum (%)	Med	Min	Max	Stdv	Med	Min	Max
+	To	4	7	17	4	20	20,6	17,28	2,06	50,00	1	2	15	15	15	0,79	-0,92	-2,70	0,10
+	Q1	0	0	~	~	~	~	~	~	~	0	0	~	~	~	~	~	~	~
+	Q2	0	0	~	~	~	~	~	~	~	0	0	~	~	~	~	~	~	~
+	Q3	2	13	17	13	20	18,7	22,68	3,28	50,00	0	0	~	~	~	~	~	~	~
+	Q4	2	14	12	4	20	24,1	15,30	1,75	50,00	1	7	15	15	15	0,79	-0,92	-2,70	0,10
-	To	5	12	12	9	44	0,55	-1,12	-1,81	-0,06	2	5	6	5	6	1,88	1,73	0,37	5,14
-	Q1	0	0	~	~	~	~	~	~	~	0	0	~	~	~	~	~	~	~
-	Q2	3	27	12	9	15	0,55	-1,12	-1,81	-0,06	1	9	5	5	5	0,96	0,19	0,00	2,11
-	Q3	1	9	11	11	11	0,51	-0,58	-1,35	0,00	1	9	6	6	6	2,81	3,28	0,74	8,16
-	Q4	1	10	44	44	44	0,79	-1,78	-3,80	-0,69	0	0	~	~	~	~	~	~	~
	To	9	9	13	4	44	17,8	-0,58	-1,35	50,00	3	3	6	5	15	0,96	0,19	0,00	2,11
	P	7									8								
		Anzahl Fonds		Länge (in Monaten)			εΩ				Anzahl Fonds		Länge (in Monaten)			εΩ			
		abs	kum (%)	Med	Min	Max	Stdv	Med	Min	Max	abs	kum (%)	Med	Min	Max	Stdv	Med	Min	Max
+	To	0	0	~	~	~	~	~	~	~	0	0	0	0	0	0,00	0,00	0,00	0,00
+	Q1	0	0	~	~	~	~	~	~	~	0	0	0	0	0	0,00	0,00	0,00	0,00
+	Q2	0	0	~	~	~	~	~	~	~	0	0	0	0	0	0,00	0,00	0,00	0,00
+	Q3	0	0	~	~	~	~	~	~	~	0	0	0	0	0	0,00	0,00	0,00	0,00
+	Q4	0	0	~	~	~	~	~	~	~	0	0	0	0	0	0,00	0,00	0,00	0,00
-	To	2	5	18	17	19	0,79	-1,83	-3,32	-0,41	0	0	0	0	0	0,00	0,00	0,00	0,00
-	Q1	0	0	~	~	~	~	~	~	~	0	0	0	0	0	0,00	0,00	0,00	0,00
-	Q2	1	9	17	17	17	0,83	-2,11	-3,14	-0,16	0	0	0	0	0	0,00	0,00	0,00	0,00
-	Q3	1	9	19	19	19	0,74	-1,54	-3,49	-0,67	0	0	0	0	0	0,00	0,00	0,00	0,00
-	Q4	0	0	~	~	~	~	~	~	~	0	0	0	0	0	0,00	0,00	0,00	0,00
	To	2	2	18	17	19	0,79	-1,83	-3,32	-0,41	0	0	0	0	0	0,00	0,00	0,00	0,00

Tab. 66: Phasenanalyse der Strategie Fixed Income Arbitrage

6.1.2.3.4 Equity Market Neutral

Für Equity Market Neutral-Hedgefonds lassen sich unabhängig von einem über- oder unterdurchschnittlichen Fondsstart mit 28,5 und respektive 32,0 Monaten sehr ähnliche Werte hinsichtlich der durchschnittlichen Anzahl an Monaten (siehe Tabelle 67) beobachten. Allerdings fällt der Median der Anzahl der Phasen bei Fonds mit einem positiven Start (3) und dem von unterdurchschnittlich startenden Fonds (2) auseinander. Gleichzeitig ist der Median der Excess-Omegas bei über- wie unterdurchschnittlich beginnenden Equity Market Neutral-Fonds positiv, was die Schlussfolgerung zulässt, dass es mehr Equity Market Neutral-Fonds gibt, die überdurchschnittliche Ergebnisse liefern, als solche, die unterdurchschnittliche Excess-Omegas erzielen. Auch der Anteil positiver Excess-Omegas ist mit 66,67 Prozent bei Fonds mit einem positiven Start höher als der von Fonds mit einem negativen Start (55,56 Prozent). Zusätzlich liegen die Minimalwerte, Maximalwerte, die Standardabweichung sowie die Durchschnittswerte bei den positiven wie negativen Excess-Omegas zwischen positiv und negativ beginnenden Hedgefondslebenszyklen sehr eng beieinander. Dies deutet darauf hin, dass die

Gruppe Equity Market Neutral insgesamt eine sehr homogene Strategiegruppe darstellt und dass sich, unabhängig des Vorzeichens der speziellen Startphase, insgesamt die durchschnittlichen Lebenszykluscharakteristika dieser Strategie einstellen werden.

		Anzahl Fonds	Anzahl Monate (Med)	Anzahl Phasen (Med)	εΩ						
					Med	Anteil pos.	Ø positiv	Ø negativ	Min	Max	Stdv
+	Total	26	28,5	3,0	1,36	66,67%	10,53	-1,09	-1,85	50,00	13,08
	Q1	6	6,0	1,0	11,83	82,97%	18,73	-1,76	-1,78	50,00	18,54
	Q2	7	35,0	3,0	2,15	79,07%	8,40	-1,12	-1,78	50,00	13,00
	Q3	7	27,0	3,0	0,66	61,11%	7,25	-1,00	-1,87	43,00	9,36
	Q4	6	69,0	3,0	0,00	47,83%	10,96	-0,84	-1,81	50,00	13,20
-	Total	23	32,0	2,0	0,39	55,56%	8,07	-1,05	-1,96	50,00	9,00
	Q1	5	12,0	2,0	5,37	60,00%	13,64	-1,31	-2,14	50,00	15,94
	Q2	6	28,5	2,0	0,76	62,24%	5,79	-1,00	-1,98	50,00	8,80
	Q3	6	40,5	3,5	0,07	52,35%	12,38	-0,99	-1,77	50,00	11,28
	Q4	6	35,0	2,0	-0,47	33,12%	7,33	-0,98	-1,90	29,50	8,90
Total		49	30,0	3,0	0,71	60,00%	9,54	-1,06	-1,87	50,00	11,50

Tab. 67: Excess-Omegas der Strategie Equity Market Neutral

Bei der Quartilsbetrachtung stellen sich bei den Fonds mit einer positiven wie negativen Startphase nachvollziehbare Muster ein. So sind der Median und der Anteil der positiven Excess-Omegas bei Equity Market Neutral-Hedgefonds des ersten Quartils am höchsten und im vierten Quartil am niedrigsten. Für die Hedgefonds mit einem über- wie unterdurchschnittlichen Start weisen die ersten drei Quartile positive durchschnittliche Excess-Omegas auf. Für die Quartile der Equity Market Neutral-Hedgefonds mit einem über- wie unterdurchschnittlichen Handelsstart ist festzuhalten, dass lediglich Fonds des ersten Quartils mit einem Excess-Omega Median von 11,83 respektive 5,37, einem Anteil positiver Excess-Omegas von 82,97 Prozent respektive 60,00 Prozent und einem Median der Excess-Omegas für die positiven Monate von 18,73 respektive 13,64 überdurchschnittliche Kennzahlen aufweisen.

P		1									2								
		Anzahl Fonds		Länge (in Monaten)			εΩ				Anzahl Fonds		Länge (in Monaten)			εΩ			
		abs	kum (%)	Med	Min	Max	Stdv	Med	Min	Max	abs	kum (%)	Med	Min	Max	Stdv	Med	Min	Max
+	To	26	100	16	4	41	2,46	2,25	-0,23	7,43	19	73	15	6	51	0,59	-0,85	-1,76	0,05
	Q1	6	100	16	8	41	12,4	11,08	-0,75	50,00	1	17	16	16	16	0,47	-1,02	-1,93	-0,23
	Q2	7	100	8	4	20	1,78	1,50	0,05	3,69	7	100	13	6	18	0,52	-1,12	-1,78	0,00
	Q3	7	100	19	6	37	2,52	2,62	-0,29	6,85	5	71	12	10	23	0,49	-0,85	-1,70	0,00
	Q4	6	100	21	14	34	3,47	1,92	-0,37	16,11	6	100	40	12	51	0,65	-0,67	-1,67	0,66
-	To	23	100	17	4	51	0,57	-1,17	-1,81	-0,01	15	65	14	4	50	3,23	2,97	-0,08	11,68
	Q1	5	100	22	6	28	0,64	-1,44	-2,07	-0,01	3	60	9	6	31	7,45	3,90	-1,87	17,31
	Q2	6	100	12	4	27	0,55	-1,08	-1,51	0,03	5	83	18	10	50	2,11	1,30	-1,37	7,91
	Q3	6	100	13	6	20	0,58	-1,28	-1,77	-0,14	4	67	13	4	18	3,12	2,09	0,06	10,41
	Q4	6	100	25	4	51	0,58	-0,74	-1,84	0,76	3	50	12	8	14	1,50	2,97	0,06	4,93
To		49	100	16	4	51	1,18	0,36	-1,47	3,21	34	69	15	4	51	0,68	-0,18	-1,53	1,12

P		3									4								
		Anzahl Fonds		Länge (in Monaten)			εΩ				Anzahl Fonds		Länge (in Monaten)			εΩ			
		abs	kum (%)	Med	Min	Max	Stdv	Med	Min	Max	abs	kum (%)	Med	Min	Max	Stdv	Med	Min	Max
+	To	16	62	17	4	45	7,56	1,83	-0,16	34,83	5	19	10	9	15	1,23	-0,64	-2,53	0,00
	Q1	1	17	6	6	6	22,8	32,10	0,01	50,00	0	0	~	~	~	~	~	~	~
	Q2	6	86	21	14	35	10,8	3,04	-1,31	50,00	0	0	~	~	~	~	~	~	~
	Q3	4	57	33	4	45	2,14	1,24	-0,32	7,97	3	43	10	9	12	1,23	-0,53	-2,53	0,03
	Q4	5	83	8	6	17	0,58	1,48	0,07	1,71	2	33	13	10	15	0,93	-1,87	-2,97	-0,10
-	To	9	39	15	4	48	0,49	-0,91	-1,74	0,00	4	17	12	4	23	7,06	0,75	-0,25	29,47
	Q1	0	0	~	~	~	~	~	~	~	0	0	~	~	~	~	~	~	~
	Q2	2	33	9	4	14	0,82	-1,07	-2,58	-0,28	0	0	~	~	~	~	~	~	~
	Q3	4	67	14	4	16	0,41	-0,71	-1,47	0,18	3	50	10	4	23	10,9	0,51	0,00	50,00
	Q4	3	50	22	18	48	0,47	-0,75	-1,79	0,00	1	17	14	14	14	3,22	1,86	-1,87	8,94
To		25	51	16	4	48	1,24	1,06	-0,86	3,91	9	18	10	4	23	1,47	-0,32	-1,18	0,83
P		5									6								
		Anzahl Fonds		Länge (in Monaten)			εΩ				Anzahl Fonds		Länge (in Monaten)			εΩ			
		abs	kum (%)	Med	Min	Max	Stdv	Med	Min	Max	abs	kum (%)	Med	Min	Max	Stdv	Med	Min	Max
+	To	1	4	7	7	7	26,4	1,08	0,18	50,00	0	0	~	~	~	~	~	~	~
	Q1	0	0	~	~	~	~	~	~	~	0	0	~	~	~	~	~	~	~
	Q2	0	0	~	~	~	~	~	~	~	0	0	~	~	~	~	~	~	~
	Q3	0	0	~	~	~	~	~	~	~	0	0	~	~	~	~	~	~	~
	Q4	1	17	7	7	7	26,4	1,08	0,18	50,00	0	0	~	~	~	~	~	~	~
-	To	1	4	4	4	4	0,13	-0,22	-0,39	-0,10	1	4	6	6	6	15,2	50,00	12,77	50,00
	Q1	0	0	~	~	~	~	~	~	~	0	0	~	~	~	~	~	~	~
	Q2	0	0	~	~	~	~	~	~	~	0	0	~	~	~	~	~	~	~
	Q3	1	17	4	4	4	0,13	-0,22	-0,39	-0,10	1	17	6	6	6	15,2	50,00	12,77	50,00
	Q4	0	0	~	~	~	~	~	~	~	0	0	~	~	~	~	~	~	~
To		2	4	6	4	7	13,2	0,43	-0,10	24,95	1	2	6	6	6	15,2	50,00	12,77	50,00

Tab. 68: Phasenanalyse der Strategie Equity Market Neutral

Die Phasenanzahl von Equity Market Neutral-Hedgefonds weist ein Minimum von einer Phase und ein Maximum von sechs Phasen auf (siehe Tabelle 68). Die Zahl positiv beginnender Hedgefonds ist in der ersten Phase höher als die Zahl der Fonds mit einer negativen Startphase. Die hier betrachtete Stichprobe der Strategie Equity Market Neutral wird hinsichtlich der Fondsanzahl von den positiv beginnenden Hedgefonds bestimmt. Bis Phase 3 hat sich die Zahl der berichtenden Fonds mit negativer Startphase mehr als halbiert, die der positiv beginnenden Fonds bis zur vierten Phase. Mehr als 83 Prozent der Fonds mit einer positiven Startphase im ersten Quartil fallen nach der ersten Phase aus der Untersuchung heraus. Die Zahl der negativ beginnenden Hedgefonds des letzten Quartils verringert sich bis zur zweiten Phase um 50 Prozent.

6.1.3 Einfluss des Fondsstatus

Hypothese 4, welche besagt, dass die Hedgefonds, die unterdurchschnittliche risikoadjustierte Renditen erzielen, häufiger einen offenen Fondsstatus aufweisen, bestätigt sich für die Gesamtdatenbank sowie für die Gruppe der direktionalen und der nicht-direktionalen Strategien.

Hier ist der Anteil von offenen Hedgefonds für das vierte Quartil jeweils am höchsten (siehe Tabelle 69). Bei den nicht-direktionalen Strategien hingegen sind die Fonds des zweiten Quartils diejenigen, die am häufigsten „geschlossen" sind. Insgesamt ist auch der Anteil an geschlossenen Fonds bei den direktionalen Strategien mit 15,26 Prozent etwas höher als bei nicht-direktionalen (14,11 Prozent). Bei den Strategien Global Macro, Long/Short Equity, Distressed Securities, Emerging Markets, Fixed Income Arbitrage und Equity Market Neutral sind die Fonds des vierten Quartils auch diejenigen mit dem größten Anteil an offenen Fonds. Außerdem ist zu beobachten, dass sich der Anteil der offenen Fonds insgesamt in einem sehr engen Band bewegt.

	GS	DI	ND	GM	LS	DS	EM	CA	FI	ED	MN
Q1	78,21%	76,26%	82,18%	88,89%	74,85%	55,56%	85,71%	76,32%	88,00%	80,00%	66,67%
Q2	81,06%	82,56%	76,24%	90,63%	79,88%	88,89%	68,18%	76,92%	84,00%	88,46%	46,15%
Q3	87,99%	87,55%	91,09%	87,50%	87,12%	77,78%	86,36%	**100,0%**	84,00%	**96,00%**	75,00%
Q4	**93,02%**	**92,61%**	**94,06%**	**96,83%**	**90,18%**	**88,89%**	**100,0%**	97,37%	**92,00%**	92,00%	**100,0%**
Total	85,07%	84,74%	85,89%	90,94%	83,00%	77,78%	84,88%	87,66%	87,00%	89,11%	71,43%

Tab. 69: Quartilsdarstellung der Datenbasis nach dem Fondsstatus (offen)

6.1.4 Einfluss der Gebührenstruktur

Hypothese 5 besagt, dass die Fonds, die konstante Überrenditen erzielen, auch höhere Gebühren veranschlagen. Hypothese 5 bestätigt sich bei der Managementgebühr wie in Tabelle 70 dargestellt für die gesamte Datenbasis sowie für die Strategiegruppe der nicht-direktionalen Strategien. Bei den direktionalen Strategien stellen sich allerdings die Hedgefonds des dritten Quartils mit 1,58 Prozent p.a. als die mit der höchsten durchschnittlichen Managementgebühr dar, doch weichen die Werte der anderen Quartile nur unbedeutend hiervon ab. Bei den Strategien Long/Short Equity, Distressed Securities, Convertible Arbitrage und Event Driven fordern die Fonds des ersten Quartils von ihren Investoren auch die höchsten Managementgebühren. Es ist außerdem zu beobachten, dass Fixed Income Arbitrage-Fonds des vierten Quartils innerhalb dieser Strategie die durchschnittlich höchsten Managementgebühren veranschlagen.

	GS	DI	ND	GM	LS	DS	EM	CA	FI	ED	MN
Q1	**1,58%**	1,57%	**1,63%**	1,77%	**1,52%**	**1,56%**	1,28%	**1,72%**	1,52%	**1,60%**	1,54%
Q2	1,57%	1,56%	1,56%	1,89%	1,44%	1,50%	**1,79%**	1,56%	1,48%	1,54%	**1,73%**
Q3	1,54%	**1,58%**	1,43%	**1,93%**	1,42%	1,56%	1,69%	1,41%	1,31%	1,50%	1,48%
Q4	1,55%	1,57%	1,53%	1,69%	1,49%	1,50%	1,57%	1,61%	**1,56%**	1,43%	1,71%
Total	1,56%	1,57%	1,54%	1,82%	1,47%	1,53%	1,58%	1,57%	1,47%	1,52%	1,61%

Tab. 70: Quartilsdarstellung der Datenbasis nach der Managementgebühr

Demgegenüber bestätigt sich Hypothese 5 bei der Betrachtung der Performancegebühr in Tabelle 71 ausschließlich für die direktionalen Strategien, denn die Hedgefonds des ersten Quartils sind mit durchschnittlich 20,11 Prozent p.a. auch diejenigen mit der höchsten, durchschnittlichen Gewinnbeteiligung. Bei den nicht-direktionalen Strategien hingegen veranschlagen die Fonds des vierten Quartils die höchsten durchschnittlichen Performancegebühren. Bei den Strategien Global Macro, Long/Short Equity, Distressed Securities und Event Driven fordern die Fonds des ersten Quartils von ihren Investoren auch die höchsten Performancegebühren. Es ist außerdem zu beobachten, dass Convertible Arbitrage-Fonds des vierten Quartils innerhalb dieser Strategie die durchschnittlich höchsten Performancegebühren veranschlagen. Allerdings ist festzuhalten, dass sich die durchschnittlichen Performancegebühren mit Werten zwischen 18,89 und 20,81 Prozent p.a. in einem sehr engen Band bewegen.

	GS	DI	ND	GM	LS	DS	EM	CA	FI	ED	MN
Q1	20,03%	**20,11%**	19,92%	**20,48%**	**20,09%**	**20,00%**	19,52%	20,00%	19,67%	**20,00%**	20,42%
Q2	**20,06%**	19,98%	20,40%	20,20%	19,94%	20,00%	**19,88%**	20,53%	20,20%	20,00%	20,00%
Q3	19,93%	19,77%	20,22%	20,27%	19,69%	20,00%	18,33%	20,53%	**20,74%**	20,00%	**21,25%**
Q4	19,94%	19,69%	**20,47%**	19,76%	19,43%	18,89%	19,00%	**20,81%**	19,57%	20,00%	20,42%
Total	19,99%	19,89%	20,25%	20,18%	19,78%	19,72%	19,19%	20,46%	20,04%	20,00%	20,51%

Tab. 71: Quartilsdarstellung der Datenbasis nach der Performancegebühr

6.1.5 Einfluss der Liquidität

Hypothese 6 besagt, dass die Fonds, die konstante Überrenditen erzielen, ihren Investoren eine niedrigere Liquidität bieten. Hierfür wurden die einzelnen Quartile in Tabelle 72 so dargestellt, dass die einzelnen Prozentzahlen den Anteil der Fonds der Stichprobe wiedergeben, die eine Kündigungsfrist von mehr als einem Monat vorsehen. Hypothese 6 bestätigt sich für die gesamte Datenbasis sowie für die Strategiegruppe der direktionalen Strategien. Bei den nicht-direktionalen Strategien stellen sich allerdings die Hedgefonds des zweiten Quartils mit 41,58 Prozent als die mit der niedrigsten Liquidität dar. Bei den Strategien Global Macro, Distressed Securities und Event Driven bieten die Fonds des ersten Quartils ihren Investoren die niedrigste Liquidität. Es ist außerdem zu beobachten, dass alle Equity Market Neutral-Fonds der Datenbasis eine monatliche Liquidität ausweisen.

	GS	DI	ND	GM	LS	DS	EM	CA	FI	ED	MN
Q1	**32,96%**	**29,96%**	35,64%	**15,87%**	27,61%	**100,0%**	38,10%	26,32%	36,00%	**68,00%**	0,00%
Q2	28,41%	26,36%	**41,58%**	10,94%	26,22%	77,78%	**40,91%**	**56,41%**	40,00%	38,46%	0,00%
Q3	31,01%	27,63%	36,63%	15,63%	**31,29%**	100,0%	31,82%	25,64%	**44,00%**	56,00%	0,00%
Q4	25,70%	24,12%	29,70%	11,11%	28,22%	77,78%	19,05%	28,95%	32,00%	52,00%	0,00%
Total	29,52%	27,02%	35,89%	13,39%	28,33%	88,89%	32,56%	34,42%	38,00%	53,47%	0,00%

Tab. 72: Quartilsdarstellung der Datenbasis nach der Kündigungsfrist (>1 Monat)

Bei der Betrachtung der Existenz einer Lock-Up-Periode in Tabelle 73 bestätigt sich Hypothese 6 ebenfalls für die Gesamtdatenbank sowie die direktionalen Strategien. Hier ist der Anteil an Hedgefonds mit 32,96 Prozent und respektive 29,96 Prozent, die eine Lock-Up-Periode aufweisen für das erste Quartil am höchsten. Bei den nicht-direktionalen Strategien hingegen fordern die Fonds des zweiten Quartils am häufigsten Lock-Up-Perioden. Insgesamt ist auch der Anteil an Fonds mit Kapitalbindungsfristen bei nicht-direktionalen Strategien mit 35,89 Prozent deutlich höher als bei direktionalen (27,02 Prozent). Bei den Strategien Global Macro, Distressed Securities und Event Driven fordern die Fonds des ersten Quartils von ihren Investoren am häufigsten Lock-Up-Perioden. Außerdem ist zu beobachten, dass sich der Anteil der Fonds, die Kapitalbindungsfristen ausweisen, in den einzelnen Strategien in einem sehr engen Band bewegt, zwischen den Strategien allerdings deutlich voneinander abweichen.

	GS	DI	ND	GM	LS	DS	EM	CA	FI	ED	MN
Q1	**25,42%**	**23,35%**	28,71%	**11,11%**	23,93%	66,67%	19,05%	**28,95%**	**36,00%**	36,00%	0,00%
Q2	21,73%	20,54%	**23,76%**	4,69%	24,39%	**77,78%**	9,09%	17,95%	24,00%	38,46%	0,00%
Q3	19,55%	19,84%	19,80%	7,81%	**25,77%**	33,33%	**22,73%**	0,00%	24,00%	**52,00%**	0,00%
Q4	14,80%	15,18%	15,84%	6,35%	19,02%	33,33%	9,52%	18,42%	16,00%	28,00%	0,00%
Total	20,38%	19,73%	22,03%	7,48%	23,28%	52,78%	15,12%	16,23%	25,00%	38,61%	0,00%

Tab. 73: Quartilsdarstellung nach der Existenz einer Lock-Up-Periode

6.1.6 Einfluss der Mindestinvestitionssumme

Hypothese 7 besagt, dass die Fonds, die konstante Überrenditen erzielen, auch höhere Mindestinvestitionssummen von ihren Investoren verlangen. Hypothese 7 bestätigt sich, wie in Tabelle 74 dargestellt, ausschließlich für die nicht-direktionalen Strategien der Datenbasis. Bei der Betrachtung der Gesamtdatenbasis sowie der direktionalen Strategien stellen sich die Hedgefonds des zweiten Quartils als diejenigen mit der höchsten durchschnittlichen Mindestinvestitionssumme dar. Insgesamt ist auch die durchschnittliche Mindestinvestitionssumme bei nicht-direktionalen Strategien mit 971.710 USD deutlich höher als bei direktionalen Strategien (763.200 USD). Bei den Strategien Long/Short Equity, Fixed Income Arbitrage und Event Driven fordern die Fonds des ersten Quartils von ihren Investoren auch die höchsten Mindestinvestitionssummen. Es ist dagegen zu beobachten, dass Emerging Markets-Fonds des vierten Quartils innerhalb dieser Strategie die durchschnittlich höchsten Mindestinvestitionssummen verlangen.

	GS	DS	ND	GM	LS	DS	EM	CA	FI	ED	MN
Q1	825,73	653,99	**1.181,17**	690,69	**622,11**	888,89	544,26	847,95	**1.587,50**	**1.710,97**	528,22
Q2	**1.007,88**	**1.082,60**	1.009,63	**2.692,13**	577,33	**1.733,33**	376,78	906,21	1.307,00	745,94	358,76
Q3	709,73	644,66	978,08	867,25	541,63	1.527,78	375,77	**1.263,32**	897,59	1.185,97	**600,28**
Q4	743,59	669,73	726,01	838,28	590,17	761,11	**656,38**	744,13	753,06	803,74	312,11
Total	821,44	763,20	971,71	1.252,40	583,06	1.227,78	483,68	941,67	1.132,34	1.111,66	447,63

Tab. 74: Quartilsdarstellung nach der Mindestinvestitionssumme (in TUSD)

6.1.7 Fonds mit Zeitreihen über den gesamten Untersuchungszeitraum

In diesem Abschnitt werden diejenigen Fonds genauer untersucht, welche über eine vollständige Kurshistorie über den gesamten Untersuchungszeitraum verfügen. Diese 55 Hedgefonds gehören, wie in Tabelle 75 dargestellt, den Strategien Convertible Arbitrage (5,45 Prozent), Event Driven (9,09 Prozent), Emerging Market (14,55 Prozent), Fixed Income (9,09 Prozent),

Global Macro (27,27 Prozent) und Long/Short Equity (34,55 Prozent) an. Für Fonds der Strategien Distressed Securities und Equity Market Neutral existieren keine Fonds mit einer vollständigen Kurshistorie über den gesamten Untersuchungszeitraum.

	Anzahl	%
Convertible Arbitrage	3	5,45%
Distressed Securities	0	0,00%
Event Driven	5	9,09%
Emerging Market	8	14,55%
Fixed Income	5	9,09%
Global Macro	15	27,27%
Long/Short Equity	19	34,55%
Equity Market Neutral	0	0,00%
Total	55	100,00%

Tab. 75: Anzahl der Fonds der Teilstichprobe

Werden die Hedgefonds vor dem Hintergrund ihres Startmonats sowie ihrer Mediane der Excess-Omegas betrachtet, so zeigt sich, dass bei gesamten, direktionalen und nicht-direktionalen Strategien die Mehrzahl der Fonds (67,27 Prozent, 64,29 Prozent und 76,92 Prozent) einen positiven ersten Monat aufweisen. Interessant ist, dass bei den direktionalen und gesamten Strategien mehr als die Hälfte (54,55 Prozent und 61,9 Prozent) der Fonds mit kompletten Kurshistorien über die gesamte Untersuchungsperiode, jeweils den dritten und vierten Quartilen zuzurechnen sind (siehe Tabelle 76).

Fonds der direktionalen und gesamten Strategien, die über die gesamte Untersuchungsperiode berichten, weisen interessanterweise über den gesamten Betrachtungszeitraum durchschnittlich negative Excess-Omega-Werte und mit ca. 47 Prozent einen nur geringen Anteil von positiven Excess-Omega-Monaten auf. Die nicht-direktionalen Fonds hingegen übertreffen wie in Tabelle 77 dargestellt, mit einem positiven Excess-Omega von 1,07 und einem Anteil an positiven Excess-Omegas von 55,05 Prozent die Benchmark.

		GS	DI	ND
+	Q1	6	3	3
	Q2	13	9	4
	Q3	14	12	2
	Q4	4	3	1
	Total (+)	37	27	10
-	Q1	2	1	1
	Q2	4	4	0
	Q3	10	8	2
	Q4	2	2	0
	Total (-)	18	15	3

Tab. 76: Quartilsdarstellung der Teilstichprobe

	Anzahl Fonds	Anzahl Monate (Med)	Anzahl Phasen (Med)	εΩ						
				Med	Anteil pos.	Ø positiv	Ø negativ	Min	Max	Stabw
Gesamte Strategien	55	109	6,00	-0,04	47,71%	3,97	-0,94	-2,14	36,44	5,20
Dir. Strategien	42	109	6,00	-0,08	47,25%	3,36	-0,94	-2,12	21,16	4,04
Nicht-dir. Strategien	13	109	5,00	1,07	55,05%	12,48	-1,05	-2,63	50,00	15,28

Tab. 77: Excess-Omegas der Teilstichprobe

	AUM (Mio. USD)			**Managementgebühr**			**Performancegebühr**		
	GS	DI	ND	GS	DI	ND	GS	DI	ND
Med	153,45	135,35	153,45	1,50%	1,50%	1,50%	20,00%	20,00%	20,00%
MW	427,56	350,45	684,57	1,52%	1,51%	1,53%	20,19%	20,00%	20,83%
Stdv	669,68	483,75	1075,15	0,63%	0,68%	0,42%	1,39%	1,13%	1,95%
Min	0,77	0,77	23,00	0,50%	0,50%	1,00%	15,00%	15,00%	20,00%
Max	3731,00	1725,00	3731,00	4,00%	4,00%	2,00%	25,00%	25,00%	25,00%
Dif	3730,23	1724,23	3708,00	3,50	3,50	1,00	10,00	10,00	5,00
	Mindestinvestitionssumme (TUSD)			**Rücklösungsfrist (Tage)**			**Lock-Up-Periode (Monate)**		
	GS	DI	ND	GS	DI	ND	GS	DI	ND
Med	1000,00	500,00	1000,00	30,00	30,00	90,00	0,00	0,00	6,00
MW	1078,73	904,61	1614,46	61,98	57,50	78,10	3,80	2,71	7,20
Stdv	1413,85	1162,07	1965,03	57,04	58,86	49,22	6,11	4,86	8,39
Min	15,67	15,67	100,00	1,00	30,00	1,00	0,00	0,00	0,00
Max	5000,00	5000,00	5000,00	360,00	360,00	180,00	24,00	12,00	24,00
Dif	4984,33	4984,33	4900,00	359,00	330,00	179,00	24,00	12,00	24,00
	Hurdle Rate			**High-Watermark**			**Fondsstatus (offen)**		
	GS	DI	ND	GS	DI	ND	GS	DI	ND
Yes	9,09%	7,14%	15,38%	89,09%	90,48%	84,62%	94,55%	92,86%	100,00%
No	80,00%	85,71%	61,54%	1,82%	2,38%	0,00%	5,45%	7,14%	0,00%
n/a	10,91%	7,14%	23,08%	9,09%	7,14%	15,38%	0,00%	0,00%	0,00%
Total	100,00%	100,00%	100,00%	100,00%	100,00%	100,00%	100,00%	100,00%	100,00%

Tab. 78: Deskription der Teilstichprobe

Hierbei verfügen die 13 Fonds der nicht-direktionalen Strategien mit einem Mittelwert von 684,57 Millionen USD über die deutlich höheren verwalteten Fondsvolumen, Management- und Performancegebühren. Die Fonds der nicht-direktionalen Strategien verfügen dabei mit 15,38 Prozent deutlich häufiger über eine Hurdle Rate. Auch die Mindestinvestitionssummen liegen bei den Fonds der nicht-direktionalen Strategien im Durchschnitt deutlich oberhalb der Werte, die von den gesamten Fonds verlangt werden. Die 42 Fonds der direktionalen Strategien weisen im Vergleich zu den nicht-direktionalen und gesamten Strategien durchschnittlich geringere Rücklösungsfristen und Lock-Up-Perioden auf.

	GS	DI	ND
Mittelwert	1,14%	1,17%	0,79%
RoR	1,00%	1,05%	0,77%
RoR (ann)	12,73%	13,36%	9,67%
Stdv	4,15%	4,82%	2,51%
Volatilität	14,39%	16,71%	8,69%
Semi-Stdv	2,93%	3,30%	1,67%
Sharpe Ratio (2%)	0,69	0,65	1,08
Sharpe Ratio (4%)	0,56	0,54	0,80
Sortino Ratio (2%)	15,54	14,40	20,07
Sortino Ratio (4%)	11,83	10,97	14,61
Calmar Ratio	0,52	0,49	0,82
Omega (2%)	1,87	1,76	2,57
Omega (4%)	1,73	1,64	1,99
Schiefe	0,28	0,31	-0,45
Wölbung	2,64	2,73	2,62
ÜW	-0,36	-0,27	-0,38
Jarque-Bera	35,47	36,08	32,87
MD	-24,37%	-28,36%	-18,67%
Durch. Positiv	3,53%	3,80%	1,88%
Durch. Negativ	-2,81%	-3,29%	-1,99%
Positiv (%)	61,67%	61,01%	72,27%
AC	0,15	0,06	0,11
VaR (0,99)	-9,66%	-11,22%	-5,83%
VaR (0,99) CF	-7,69%	-7,88%	-6,71%
Korr (S&P 500)	0,24	0,21	0,32
Korr (JPM GGBI)	-0,03	-0,04	-0,03
Korr (Edhec COM)	0,57	0,57	0,55

Tab. 79: Performancekennzahlen der Teilstichprobe

Werden die Renditezeitreihen der Hedgefonds mit vollständigen Zeitreihen über die gesamte Untersuchungsperiode betrachtet, so lassen sich auch hier Unterschiede erkennen. Während die Fonds der direktionalen und gesamten Strategien höhere Renditen generieren, weisen Fonds der nicht-direktionalen Strategien eine geringere Standardabweichung aus. Insgesamt liegen die risikoadjustierten Performancemaße bei den nicht-direktionalen Fonds über den Fonds der direktionalen und gesamten Strategien. Unterschiede lassen sich wie in Tabelle 79 dargestellt auch bei der Schiefe erkennen. Während die Fonds der direktionalen und gesamten Strategien rechtsschiefe Renditeverteilungen aufweisen, verfügen die nicht-direktionalen Fonds über linksschiefe Renditeverteilungen. Die Betrachtung des grafischen Verlaufs der 12-Monats-rollierenden Omegas in den Abbildungen 15 bis 17 zeigt, dass bei allen Strategien die Omega-Werte im Laufe der betrachteten Periode sinken. Die Fonds der direktionalen und gesamten Strategien weisen eine weniger starke Abnahme, als die nicht-direktionalen Fonds auf. Dies unterstütztbestätigt erneut die Hypothesen 1 und 2. Die Fonds der nicht-direktionalen Strategien zeigen dabei mit einem Maximum von 3,55 und Minimum von 2,05 höhere Schwankungen bei den Omega-Werten als die direktionalen und die Fonds insgesamt. So bestätigen sich ebenfalls für die gewählte Teilstichprobe auf Basis der 55 Hedgefonds, für die vollständige Kurshistorien über den Untersuchungszeitraum vorlagen, insgesamt dieselben Ergebnisse und Muster, die bereits für die Gesamtdatenbank beobachtet wurden, was wiederum als Indiz für die Robustheit der erzielten Ergebnisse gewertet werden kann.

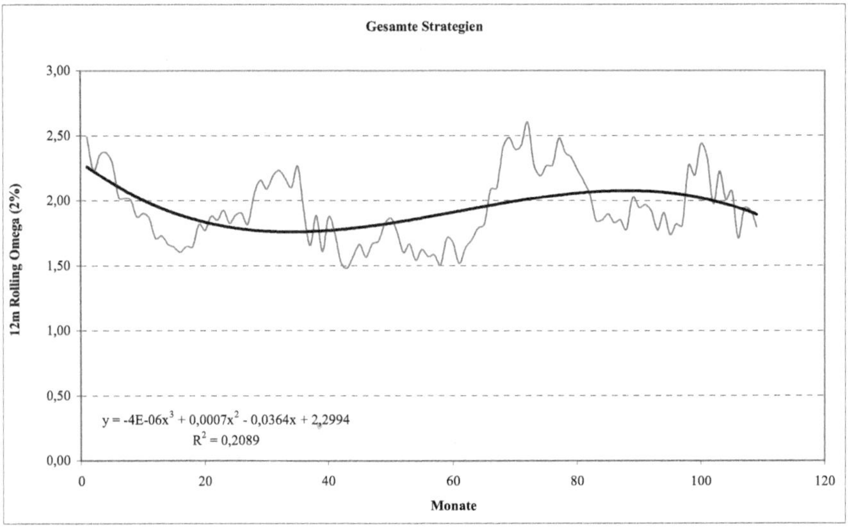

Abb. 15: 12-Monats-rollierende Omegas der Teilstichprobe (GS)

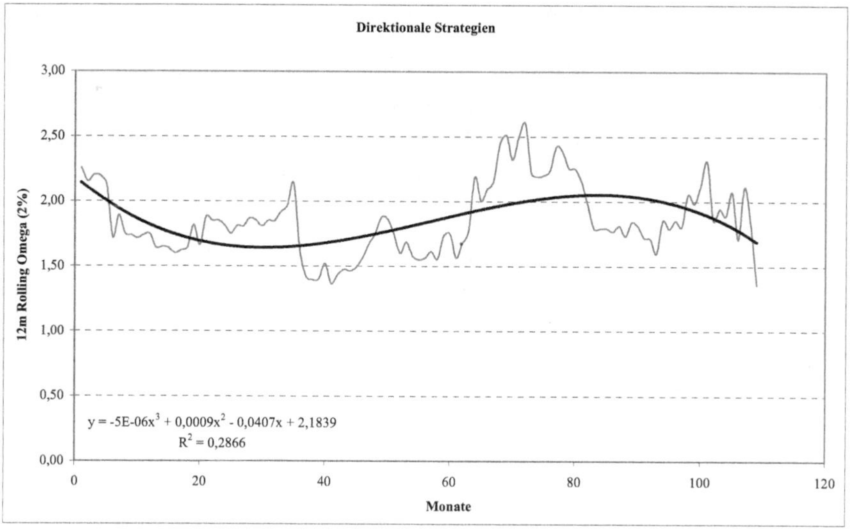

Abb. 16: 12-Monats-rollierende Omegas der Teilstichprobe (DI)

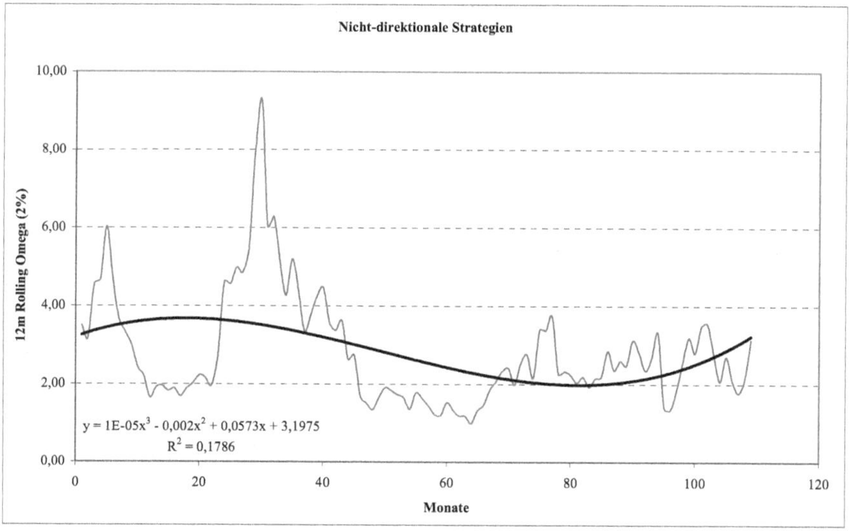

Abb. 17: 12-Monats-rollierende Omegas der Teilstichprobe (ND)

6.2 Statistische Überprüfung der Modellhypothesen

6.2.1 Zusammenhang zwischen Excess-Omega und Modellvariablen

Spearmans Rho (ρ) oder der Rangkorrelationskoeffizient ist ein Zusammenhangsmaß für ordinalskalierte Variablen. Zur Berechnung des Spearman's Rho werden den Ausprägungen der betrachteten Variablen Rangplätze zugeordnet und deren Korrelation bestimmt. Der Korrelationskoeffizient nach Spearman ρ zweier Variablen X und Y berechnet sich wie folgt:[321]

$$\rho = 1 - \frac{6\sum d^2}{n(n^2 - 1)} \tag{32}$$

mit

n: Anzahl der Ausprägungen,

d: Differenz zwischen den Rängen.

Wird die Korrelation hinsichtlich des Signifikanzniveaus getestet, können zwischen einseitigen und zweiseitigen Signifikanzen unterschieden werden. Bei einer einseitigen Signifikanz ist die Richtung des funktionalen Zusammenhangs bekannt, während im Fall einer zweiseitigen Signifikanz keine Ursache-Wirkungsaussage gemacht werden kann. Betrachtet wurden die Variablen Managementgebühr, Performancegebühr und Mindestinvestitionssumme sowie der Median der Excess-Omegas. Hierzu wurden die Variablen Managementgebühr, Performancegebühr und Mindestinvestitionssumme einzeln sowie zusammen (in beschriebener Reihenfolge) einer Rangskala zugeordnet und mit der Überrendite, hier dem Median der Excess-Omegas verglichen. In einem nächsten Schritt wurden Rücklösungsfrist, Lock-Up-Periode und das Alter betrachtet.

Die Ergebnisse bestätigen Hypothese 5 nur teilweise. So lässt sich für die nicht-direktionalen Strategien hinsichtlich der Managementgebühr (0,10) und der Mindestinvestitionssumme (0,12), insbesondere bei den Strategien Event Driven respektive Fixed Income, ein leicht positiv statistisch signifikanter Zusammenhang erkennen. Auch in der Gesamtbetrachtung dieser drei Variablen bestätigt sich für die nicht-direktionalen Strategien, insbesondere die Strategie Event Driven, ein leicht positiv statistisch signifikanter Zusammenhang (0,11) zu dem Median der Excess-Omegas. Bei den direktionalen Strategien sowie den gesamten Strategien lassen sich keine statistisch signifikanten Zusammenhänge für diese drei Variablen identifizieren.

Zwischen der Ausgestaltung der Rücklösungsfrist (Anzahl der Tage) und dem Median der Excess-Omegas lassen sich sowohl bei den nicht-direktionalen als auch bei den direktionalen sowie gesamten Strategien keine statistisch signifikanten Zusammenhänge erkennen. Hin-

---

[321] Litchfield und Wilcoxon (1955), S. 299.

gegen bestehen hinsichtlich der Anzahl der Lock-Up-Monate und dem Median der Excess-Omegas bei den nicht-direktionalen, direktionalen sowie gesamten Strategien leicht positive statistisch signifikante Zusammenhänge. Hierbei weist insbesondere die direktionale Strategie Distressed Securities mit 0,35 eine signifikante Korrelation auf.

		GS	DI	ND	GM	LS	DS	EM	CA	FI	ED	MN
Management-gebühr	Korrelationskoeffizient	0,04	0,00	**0.10***	0,05	0,05	0,07	-0,12	0,08	0,04	**0.22***	0,00
	Signifikanz (2-seitig)	0,13	0,94	0,04	0,41	0,19	0,68	0,25	0,31	0,70	0,03	1,00
	Anzahl	1.426	1.024	402	252	651	36	85	154	99	100	49
Performance-gebühr	Korrelationskoeffizient	0,01	0,03	-0,02	0,03	0,04	0,27	0,07	-0,08	0,08	-0,03	-0,01
	Signifikanz (2-seitig)	0,74	0,34	0,76	0,61	0,31	0,11	0,51	0,30	0,41	0,77	0,93
	Anzahl	1.422	1.025	397	253	651	36	85	152	97	99	49
Min Invest-ment	Korrelationskoeffizient	0,01	-0,01	**0.12***	-0,10	0,02	0,13	0,04	0,04	**0.32****	0,02	0,10
	Signifikanz (2-seitig)	0,85	0,70	0,02	0,11	0,70	0,47	0,69	0,61	0,00	0,86	0,49
	Anzahl	1.382	996	386	245	628	36	85	146	96	95	47
Gesamt (Mangeb, Pergeb & Mininv)	Korrelationskoeffizient	0,04	0,01	**0.11***	0,01	0,06	0,05	-0,11	0,06	0,08	**0.22***	0,09
	Signifikanz (2-seitig)	0,10	0,86	0,02	0,86	0,11	0,77	0,33	0,43	0,45	0,03	0,56
	Anzahl	1.433	1.029	404	253	651	36	86	154	99	100	49
Rücklösungs-frist (Tage)	Korrelationskoeffizient	0,05	0,04	0,06	-0,02	0,01	0,24	0,07	0,08	-0,03	0,15	0,02
	Signifikanz (2-seitig)	0,08	0,18	0,20	0,78	0,80	0,16	0,54	0,32	0,76	0,14	0,91
	Anzahl	1.428	1.026	402	253	651	36	86	154	99	100	49
Lock-Up-Periode (Monate)	Korrelationskoeffizient	**0,09****	**0,08***	**0,13***	0,04	0,04	**0,35***	0,03	0,13	0,19	0,01	n.a.
	Signifikanz (2-seitig)	0,00	0,02	0,01	0,51	0,36	0,04	0,76	0,12	0,07	0,94	.n.a.
	Anzahl	1.428	1.026	402	253	651	36	86	154	99	100	49
Alter (Mo-nate)	Korrelationskoeffizient	0,01	-0,04	**0,15****	**0,16***	**-0,12****	0,10	0,01	**0,25****	**0,20***	-0,01	0,08
	Signifikanz (2-seitig)	0,59	0,25	0,00	0,01	0,00	0,56	0,96	0,00	0,05	0,93	0,60
	Anzahl	1.428	1.026	402	253	651	36	86	154	99	100	49

* Die Korrelation ist auf dem 0,05 Niveau signifikant (zweiseitig).

** Die Korrelation ist auf dem 0,01 Niveau signifikant (zweiseitig).

Tab. 80: Spearman Rho mit den Median Excess-Omegas

Das Alter, welches hier der Anzahl der Monate entspricht, an denen der Fonds – innerhalb des Zeitraums Januar 1996 bis Mai 2006 – an die Datenbank berichtet, korreliert nur teilweise mit dem Median der Excess-Omegas und weist dabei ein differenziertes Bild auf. So besteht bei den gesamten und direktionalen Strategien insgesamt kein statistisch signifikanter Zusammenhang zu den Excess-Omegas, obwohl die Strategien Global Macro und Long/Short Equity mit 0,16 respektive -0,12 signifikante Korrelationen aufweisen. Bei den nicht-direktionalen Strategien lässt sich hingegen mit einer signifikanten Korrelation von 0,15 ein leicht positiv statistisch signifikanter Zusammenhang, insbesondere bei den Strategien Convertible Arbitrage und Fixed Income Arbitrage erkennen.

6.2.2 Statistische Signifikanz der Modellvariablen

Der (Student'sche) *t*-Test prüft, ob zwei Stichproben aus derselben Grundgesamtheit stammen. Im Folgenden wird der *t*-Test verwendet, um festzustellen inwieweit die Differenz zwischen zwei normalverteilten Gruppen als statistisch signifikant bezeichnet werden kann. Der *t*-Test berechnet sich wie folgt:[322]

$$t = \frac{\overline{X_1} - \overline{X_2}}{\sigma} \qquad (33)$$

mit

$\overline{X_1}$: Mittelwert der Stichprobe 1,

$\overline{X_2}$: Mittelwert der Stichprobe 2,

σ : Standardabweichung der Gesamtheit.

Hierzu wurden die Fonds hinsichtlich der Mediane der Excess-Omegas in Fonds mit positiven Excess-Omegas und Fonds mit negativen Excess-Omegas gruppiert. Die Anzahl der Fonds in den jeweiligen Stichproben ist in Tabelle 81 veranschaulicht.

	GS	DI	ND	GM	LS	DS	EM	CA	FI	ED	MN
+	676	508	168	111	332	22	43	58	40	49	21
-	757	521	236	143	321	14	43	96	60	52	28
Total	1.433	1.029	404	254	653	36	86	154	100	101	49

Tab. 81: Anzahl der Fonds in den jeweiligen Stichproben

Ausgehend von dieser Aufteilung wurden dann die Ausprägungen verschiedener Fondsmerkmale, wie Managementgebühr, Performancegebühr und Mindestinvestitionssumme betrachtet und hinsichtlich statistisch signifikanter Unterschiede untersucht. Als statistisch signifikant wurden p-Werte bis zu einem Niveau von 0,1 bewertet und in Tabelle 82 jeweils fett markiert. Im Unterschied zur Quartilsdarstellung bestätigt sich bei der Unterscheidung zwischen Fonds mit positiven Excess-Omegas und Fonds mit negativen Excess-Omegas die Hypothese 5 ausschließlich für die Strategiegruppe Emerging Markets. Bei der Betrachtung der Performancegebühr weist ausschließlich die direktionale Strategiegruppe bei Fonds mit positiven Excess-Omegas mit durchschnittlich 20,02 Prozent auch eine höhere Performancegebühr auf. Die Differenz der Performancegebühr zwischen Hedgefonds mit positiven Excess-Omegas und Hedgefonds mit negativen Excess-Omegas der direktionalen Strategiegruppe sowie der Strategien Global Macro, Long/Short Equity sowie Convertible Arbitrage sind hierbei statistisch signifikant.

Hinsichtlich der Lock-Up-Periode und der Kündigungsfrist weisen die Fonds mit positiven Excess-Omegas der direktionalen, nicht-direktionalen als auch der gesamten Strategien hö-

[322] Vgl. Bodie, Kane und Marcus (2002), S. 974.

here Merkmalsausprägungen auf. Ausnahmen hinsichtlich der Lock-Up-Periode stellen auf Einzelstrategieebene die Fonds der Strategien Emerging Markets sowie Global Macro dar. Bei der Strategie Equity Market Neutral existiert weder für die positiven noch negativen Excess-Omega-Fonds eine Lock-Up-Periode oder eine höhere als einmonatige Rücklösungsfrist. Ein statistisch signifikanter Zusammenhang zwischen höheren Lock-Up-Perioden und höheren Excess-Omegas besteht bei den Strategiegruppen Gesamt und Nicht-direktional sowie bei den Strategien Distressed Securities, Convertible Arbitrage und Fixed Income Arbitrage. Zwischen längeren Kündigungsfrsisten und höheren Excess-Omegas ist ein statistisch signifikanter Zusammenhang bei allen drei Strategiegruppen sowie den Fonds der Strategie Convertible Arbitrage zu beobachten. Hedgefonds der Strategiegruppe Nicht-direktional sowie der Strategien Distressed Securities, Event Driven und Fixed Income Arbitrage lassen außerdem einen statistisch signifikaten Zusammenhang zwischen einer höheren Mindestinvestitionssumme und höheren Excess-Omegas erkennen.

Ein weiterer statistisch signifikanter Unterschied lässt sich zwischen positiven und negativen Excess-Omega-Fonds hinsichtlich des Fondsstatus erkennen. Hier sind die Fonds mit positiven Excess-Omegas, mit Ausnahme der Strategien Fixed Income Arbitrage und Equity Market Neutral, bei allen Strategien häufiger „geschlossen" als bei Fonds mit negativen Excess-Omegas. Hedgefonds der Strategiegruppen Direktional und Nicht-direktional sowie der Strategien Long/Short Equity, Emerging Markets und Convertible Arbitrage weisen einen statistisch signifikanten Zusammenhang zwischen einem höheren Fondsalter und höheren Excess-Omegas auf. Statistische Signifikanz lässt sich auch zwischen positiven und negativen Excess-Omega-Fonds hinsichtlich des durchschnittlich verwalteten Vermögens nachweisen. Mit Ausnahme der Strategien Distressed Securities und Equity Market Neutral fallen bei allen Strategien die verwalteten Vermögen bei den Hedgefonds mit positiven Excess-Omegas höher aus. Die Differenzen zwischen positiven und negativen Excess-Omega-Fonds sind bei allen drei Strategiegruppen sowie den Strategien Global Macro, Long/Short Equity, Convertible Arbitrage, Event Driven und Fixed Income Arbitrage statistisch signifikant.

Bei der Betrachtung der High-Watermark verfügen die Fonds mit positiven Excess-Omegas häufiger über eine High-Watermark als Fonds mit negativen Excess-Omegas. Einen statistisch signifikanten Zusammenhang zwischen einem häufigeren Auftreten einer High-Watermark und höheren Excess-Omegas lässt sich ausschließlich für die nicht-direktionalen Strategien nachweisen. Statistische Signifikanz hinsichtlich einer häufigeren Existenz einer Hurdle Rate und höheren Excess-Omegas lässt sich nur für die Strategien Long/Short Equity, Emerging Markets und Equity Market Neutral nachweisen.

		GS	DI	ND	GM	LS	DS	EM	CA	ED	FI	MN
Management -gebühr	+	1,56%	1,56%	1,56%	1,82%	1,48%	1,54%	1,51%	1,60%	1,55%	1,48%	1,59%
	-	1,56%	1,57%	1,52%	1,82%	1,45%	1,50%	1,69%	1,53%	1,49%	1,46%	1,64%
	Total	1,56%	1,57%	1,54%	1,82%	1,47%	1,53%	1,58%	1,57%	1,52%	1,47%	1,61%
	Dif	0,00	-0,01	0,04	0,00	0,04	0,04	-0,17	0,07	0,1	0,02	-0,05
	t-test	0,934	0,732	0,371	0,957	0,264	0,779	**0,087**	0,348	0,374	0,854	0,704
Performance-gebühr	+	20,06%	20,02%	20,15%	20,56%	19,97%	20,0%	19,15%	20,2%	20,00%	19,98%	20,60%
	-	19,90%	19,71%	20,39%	19,82%	19,53%	18,9%	19,24%	20,9%	20,00%	20,14%	20,42%
	Total	19,99%	19,89%	20,25%	20,18%	19,78%	19,72%	19,19%	20,46%	20,00%	20,04%	20,51%
	Dif	0,16	0,31	-0,24	0,74	0,44	1,11	-0,09	-0,65	0,00	-0,16	0,18
	t-test	0,230	**0,044**	0,359	**0,051**	**0,029**	0,347	0,905	**0,071**	1,000	0,860	0,785
Lock-Up-Periode (ja)	+	22,37%	20,76%	26,29%	6,61%	23,28%	62,96%	13,73%	20,21%	42,31%	32,79%	0,00%
	-	17,79%	18,40%	16,28%	8,27%	23,27%	22,22%	17,14%	10,00%	34,69%	10,00%	0,00%
	Total	20,38%	19,73%	22,03%	7,48%	23,28%	52,78%	15,12%	16,23%	38,61%	25,00%	0,00%
	Dif	4,58	2,36	10,01	-1,66	0,01	40,74	-3,42	10,21	7,6	22,79	0,00
	t-test	**0,018**	0,235	**0,013**	0,849	0,950	**0,026**	0,623	**0,092**	0,436	**0,008**	~
Kündigungs-frist (> 1 Monat)	+	32,14%	29,07%	39,66%	14,05%	28,84%	92,59%	33,33%	42,55%	53,85%	39,34%	0,00%
	-	26,12%	24,39%	30,81%	12,78%	27,64%	77,78%	31,43%	21,67%	53,06%	28,00%	0,00%
	Total	29,52%	27,02%	35,89%	13,39%	28,33%	88,89%	32,56%	34,42%	53,47%	38,00%	0,00%
	Dif	6,02	4,68	8,84	1,27	1,20	14,81	1,90	20,89	0,8	11,34	0,00
	t-test	**0,008**	**0,063**	**0,061**	0,589	0,765	0,364	0,807	**0,014**	0,585	0,534	~
Mindest-investitions-summe (TUSD)	+	839,90	737,37	1121,66	1087,90	601,06	1392,59	467,17	925,37	1488,35	1375,74	491,55
	-	797,31	796,94	772,97	1406,55	558,02	733,33	508,46	967,11	734,97	754,42	401,81
	Total	821,44	763,20	971,71	1252,40	583,06	1227,78	483,68	941,67	1111,66	1132,34	447,63
	Dif	42,58	-59,57	348,68	-318,65	43,05	659,26	-41,29	-41,74	753,38	621,32	89,73
	t-test	0,748	0,736	**0,006**	0,610	0,589	**0,037**	0,812	0,861	**0,012**	**0,016**	0,467
Fondsstatus (offen)	+	79,85%	79,07%	81,90%	87,60%	77,51%	74,07%	76,47%	81,91%	82,69%	85,25%	72,00%
	-	91,83%	92,02%	91,28%	93,98%	90,55%	88,89%	97,14%	96,67%	95,92%	70,00%	70,83%
	Total	85,07%	84,74%	85,89%	90,94%	83,00%	77,78%	84,88%	87,66%	89,11%	87,00%	71,43%
	Dif	-11,98	-12,95	-9,38	-6,38	-13,03	-14,81	-20,67	-14,75	-13,2	15,25	1,17
	t-test	**0,000**	**0,000**	**0,003**	**0,082**	**0,000**	0,305	**0,003**	**0,002**	**0,031**	0,285	0,930
Alter (Monate)	+	45,00	43,50	48,00	48,00	41,00	46,00	42,00	52,50	54,00	45,00	31,00
	-	44,00	44,00	44,00	40,00	44,00	52,00	59,00	43,50	50,00	41,00	41,00
	Total	44,00	44,00	46,50	43,00	43,00	46,50	45,00	52,85	51,00	45,00	39,00
	Dif	1,0	-0,5	4,0	8,00	0,00	-6,00	-17,00	9,0	4,0	4,00	-10,00
	t-test	0,446	**0,038**	**0,024**	0,381	**0,014**	0,519	**0,093**	**0,041**	0,341	0,485	0,698
Verw. Vermögen (Mio. USD)	+	117,62	100,00	152,00	55,55	109,58	170,41	103,17	141,90	473,75	439,33	78,37
	-	39,85	34,05	61,97	27,50	35,45	250,00	58,04	61,93	83,28	171,18	102,68
	Total	70,50	57,84	111,96	36,09	61,01	247,00	64,00	113,56	90,50	137,78	91,34
	Dif	77,77	65,95	90,04	28,05	-3,00	-79,59	45,13	79,97	390,48	268,15	-24,31
	t-test	**0,000**	**0,000**	**0,000**	0,163	**0,000**	0,610	0,129	**0,009**	**0,001**	**0,004**	0,680
High-Watermark	+	89,86%	90,66%	87,93%	85,12%	92,06%	96,30%	90,20%	87,23%	90,38%	80,33%	100,0%
	-	88,30%	88,91%	86,63%	85,71%	89,82%	100,0%	91,43%	76,67%	100,0%	62,00%	95,83%
	Total	89,18%	89,89%	87,38%	85,43%	91,12%	97,22%	90,70%	83,12%	95,05%	80,00%	97,96%
	Dif	1,56	1,74	1,30	-0,59	2,25	-3,70	-1,23	10,57	-9,6	18,33	4,17
	t-test	0,132	0,655	**0,043**	0,686	0,936	0,327	0,506	**0,038**	0,322	0,230	0,328
Hurdle Rate	+	13,97%	14,36%	12,93%	17,36%	11,90%	7,41%	29,41%	12,77%	7,69%	19,67%	8,00%
	-	15,22%	13,75%	19,19%	10,53%	16,00%	0,00%	11,43%	15,00%	8,16%	24,00%	33,33%
	Total	14,52%	14,09%	15,59%	13,78%	13,63%	5,56%	22,09%	13,64%	7,92%	24,00%	20,41%
	Dif	-1,26	0,61	-6,26	6,83	-4,10	7,41	17,98	-2,23	-0,5	-4,33	-25,33
	t-test	0,550	0,831	0,151	0,101	0,120	0,161	**0,042**	0,734	0,976	0,342	**0,031**

Fett markierte Werte deuten auf statistische Signifikanz hin (p-Wert bis zu einem Niveau von 0,1).

Tab. 82: *t*-Test-Ergebnisse für die verschiedenen Einflussgrößen

Zusätzlich werden die Hedgefonds der Datenbasis nach den beiden Strategiegruppen Direktional und Nicht-direktional gegliedert und betrachtet. Ausgehend von dieser Aufteilung werden die Anzahl der Phasen sowie das Fondsalter betrachtet und hinsichtlich statistisch signifikanter Unterschiede untersucht. Für die Gesamtdatenbank lassen sich so mehr Wachstums- und Kontraktionsphasen bei den direktionalen Strategien als bei den nicht-direktionalen Strategien erkennen und es bestätigt sich, wie in Tabelle 83 dargestellt, Hypothese 3. Die Differenz zwischen beiden Strategien ist hierbei statistisch signifikant. Hingegen liegt das Fondsalter bei den nicht-direktionalen Strategien leicht über dem der direktionalen Strategien, wobei aber die Differenz zwischen beiden Strategien nicht statistisch signifikant ist.

Gesamtdatenbank	**Mittelwert**	
	Phasenanzahl	*Fondsalter (Monate)*
Direktionale Strategien	2,96	49,67
Nicht-direktionale Strategien	2,71	51,62
Differenz	0,26	-1,95
p-Wert	**0,01**	0,22

Fett markierte Werte deuten auf statistische Signifikanz hin (p-Wert bis zu einem Niveau von 0,1).

Tab. 83: *t*-Test-Ergebnisse für die Einflussgrößen Phasenanzahl und Fondsalter

7 Zusammenfassung und Schlussbetrachtung

7.1 Zusammenfassung

Zielsetzung dieser Arbeit ist die theoretische Modellierung und der empirische Nachweis eines Lebenszyklus bei Hedgefonds. Für den empirischen Teil wird eine Datenbank mit deskriptiven Variablen und Zeitreihen zu über 1.433 Hedgefonds verwendet, welche zuvor einem Bereinigungsprozess unterzogen und anschließend auf Repräsentativität überprüft wird. Im Vergleich zu anderen empirischen Analysen zu Hedgefondsrenditezeitreihen wird in dieser Studie erstmals eine Betrachtungsweise gewählt, bei der jeder Hedgefonds zeitpunktunabhängig analysiert wird, um einen Lebenszyklus nachweisen zu können.[323]

Die erste Hypothese des Hedgefondslebenszyklusmodells besagt, dass sich die risikoadjustierten Renditen einzelner Hedgefonds im Zeitablauf verringern, was anhand des Omega-Maß erstmals für die Gesamtdatenbank sowie die direktionalen und nicht-direktionalen Strategiegruppen nachgewiesen wird. Für die Strategiegruppen Gesamt und Direktional stellt sich der Lebenszyklus wie folgt dar: in den ersten drei Jahren sinkt der Median der erzielten Omega-Maße kontinuierlich und verharrt im weiteren Verlauf auf diesem Niveau. Gegen Ende des Untersuchungszeitraums steigt das Omeganiveau wieder an, was allerdings durch die gesunkene Anzahl an Hedgefonds in der Stichprobe als wenig aussagekräftig zu werten ist. Bei nicht-direktionalen Strategien ist der Lebenszyklus wie erwartet besonders ausgeprägt: in den ersten drei Jahren werden deutlich höhere Omegas erzielt als bei den direktionalen Strategien. Anschließend erfolgt auch bei den nicht-direktionalen Strategien eine leichte Erholung bevor das Omega-Niveau zum Ende der Beobachtungsperiode hin wieder abfällt. So kann der Lebenszyklus eines durchschnittlichen Hedgefonds aufgeteilt werden in eine Innovationsphase, eine Reifephase und eine Rückgangsphase. Auch Hypothese 2, die formuliert, dass die risikoadjustierten Renditen von nicht-direktionalen Hedgefondsstrategien schneller erodieren als die von direktionalen, kann bestätigt werden.

Hypothese 3, welche besagt, dass Hedgefonds, die direktionale Strategien verfolgen, mehr Wachstums- und Kontraktionsphasen als nicht-direktionale durchlaufen, kann ebenfalls bestätigt werden. Die Anzahl der Phasen bei nicht-direktionalen Strategien liegt zwischen 1 und 8 Phasen (im Median 3 bei positiv startenden und 2 bei negativ startenden Hedgefonds) und bei direktionalen zwischen 1 und 10 Phasen (im Median 2 bei positiv startenden und 3 bei negativ startenden Hedgefonds). Sowohl bei den direktionalen wie auch bei den nicht-direktionalen Strategien ist außerdem die Anzahl positiv beginnender Hedgefonds in der ersten Phase höher als die Zahl der Fonds mit einer negativen Startphase. 50 Prozent der direktionalen und nicht-direktionalen Hedgefonds durchlaufen lediglich drei Phasen. Bei direktionalen und nicht-direktionalen Strategien reduziert sich die Anzahl der berichtenden Fonds insbesondere

323 Hierbei wurde jeder Fonds in seinem Startmonat, mit anderen Fonds in ihrem Startmonat und jeder Fonds in seinem zweiten Monat mit einem anderen Fonds in ihrem zweiten Monat, verglichen.

im ersten und letzten Quartil. Über 68 Prozent (78 Prozent) der nicht-direktionalen (direktionalen) Hedgefonds mit einer positiven Startphase im ersten Quartil befinden sich zum Ende des Untersuchungszeitraums noch immer in einer „überdurchschnittlichen" Phase, was wiederum als Indiz für Performancepersistenz gewertet werden kann. Gleichzeitig reduziert sich die Anzahl der nicht-direktionalen (direktionalen) Hedgefonds mit einer negativen Startphase des letzten Quartils um mehr als 60 Prozent (54 Prozent) in der ersten Phase, was die Schlussfolgerung zulässt, dass negativ startende, nicht-direktionale Hedgefonds geringere „Überlebenschancen" haben. Die Ergebnisse von Hypothese 3 sind statistisch signifikant nach Maßgabe des *t*-Tests.

Nach Hypothese 4 kann davon ausgegangen werden, dass Hedgefonds, die unterdurchschnittliche Excess-Omegas erzielen, häufiger neue Investorengelder annehmen als erfolgreiche Hedgefonds, welche höchstwahrscheinlich „geschlossen" sein dürften. Hypothese 4 bestätigt sich für die Gesamtdatenbank sowie die Gruppe der direktionalen und der nicht-direktionalen Strategien. Der Anteil an offenen Hedgefonds im vierten Quartil ist jeweils am höchsten. Bei den nicht-direktionalen Strategien sind allerdings die Fonds des zweiten Quartils am häufigsten „geschlossen". Interessant ist auch zu beobachten, dass der Anteil an „geschlossenen" Fonds bei den direktionalen Strategien mit 15,26 Prozent etwas höher als bei nicht-direktionalen (14,11 Prozent) ausfällt. Die Ergebnisse von Hypothese 4 sind robust und statistisch signifikant nach Maßgabe des *t*-Tests.

Mit Hypothese 5 wird formuliert, dass die Fonds, die konstante Excess-Omegas erzielen, auch höhere Gebühren veranschlagen. Hypothese 5 bestätigt sich bei der Managementgebühr für die gesamte Datenbasis sowie für die Strategiegruppe der nicht-direktionalen Strategien und bei der Performancegebühr ausschließlich für die direktionalen Strategien. Unter Verwendung des *t*-Tests stellt sich allerdings heraus, dass lediglich die Ergebnisse für die beiden Strategiegruppen statistisch signifikant sind. Statistische Signifikanz lässt sich mit dem Spearman Rho auch nur für eine höhere Managementgebühr bei den direktionalen Strategien nachweisen. Allerdings ist auch festzuhalten, dass sich die durchschnittlichen Management- und Performancegebühren in einem sehr engen Band bewegen. In diesem Kontext kann statistisch signifkant nachgewiesen werden, dass nicht-direktionale Hedgefonds mit positiven Excess-Omegas häufiger über eine High-Watermark verfügen als Hedgefonds mit negativen Excess-Omegas. Ein statistisch signifikanter Zusammenhang zwischen einer häufigeren Existenz einer Hurdle Rate und höheren Excess-Omegas kann für die Strategien Long/Short Equity, Emerging Markets und Equity Market Neutral nachgewiesen werden.

Nach Hypothese 6 bieten die Hedgefonds, die konstante Excess-Omegas erzielen, ihren Investoren eine niedrigere Liquidität. Hypothese 6 bestätigt sich für die Variablen Kündigungsfrist und Lock-Up-Periode ausschließlich für die gesamte Datenbasis sowie für die Strategiegruppe der direktionalen Strategien. Bei den nicht-direktionalen Strategien stellen sich allerdings die Hedgefonds des zweiten Quartils als die mit der niedrigsten Liquidität und dem höchsten Anteil an Fonds mit Lock-Up-Perioden dar. Außerdem ist zu beobachten, dass der

Anteil an Fonds mit Lock-Up-Perioden bei nicht-direktionalen Strategien deutlich höher ausfällt als bei direktionalen. Gleichzeitig bewegt sich der Anteil der Hedgefonds, die Lock-Up-Fristen ausweisen, in den einzelnen Strategien in einem engen Band, weicht allerdings zwischen den Strategien deutlich voneinander ab. Die Ergebnisse zu Hypothese 6 sind nach dem *t*-Test statistisch signifikant für die Variablen Lock-Up-Periode und Kündigungsfrist.

Hypothese 7, welche besagt, dass die Hedgefonds, die konstante Excess-Omegas erzielen, auch höhere Mindestinvestitionssummen von ihren Investoren verlangen, bestätigt sich ausschließlich für die nicht-direktionalen Strategien der Datenbasis. Bei der Betrachtung der Gesamtdatenbasis sowie der direktionalen Strategien stellen sich die Hedgefonds des zweiten Quartils als diejenigen mit der höchsten durchschnittlichen Mindestinvestitionssumme dar. Generell ist auch die durchschnittliche Mindestinvestitionssumme bei nicht-direktionalen Strategien mit 971.710 USD höher als bei direktionalen Strategien (763.200 USD). Die Ergebnisse von Hypothese 7 sind nach dem *t*-Test für die nicht-direktionale Strategiegruppe sowie die Substrategien Distressed Securities, Event Driven und Fixed Income Arbitrage sowie nach dem Spearman Rho ausschließlich für die direktionalen Strategien statistisch signifikant.

7.2 Allgemeine Schlussbetrachtung

Die Relevanz der vorliegenden Untersuchung lässt sich durch das in den letzten Jahren rasant gestiegene Anlagevolumen, die Gesamtanzahl von Hedgefonds sowie der hiermit einhergehenden steigenden Marktbedeutung dieser alternativen Fonds begründen. Gleichzeitig weist die Arbeit aufgrund der hohen Anzahl an berücksichtigen Beobachtungen (bis einschließlich Mai 2006) einen hohen Grad an Aktualität auf. Die Untersuchung ist außerdem durch den Ansatz den Lebenszyklus von Hedgefonds vom ersten Monat ihrer Auflegung über die Folgejahre hinweg zu untersuchen als innovativ zu werten. Die Implikationen, die sich aus den Ergebnissen der vorliegenden Arbeit ableiten, sind weitreichend. So durchlaufen Hedgefonds in Abhängigkeit von ihrem individuellen Fondsalter verschiedene Phasen, welche bei der ausschließlichen Betrachtung von Hedgefondsindizes nicht zum Vorschein kommen.

(1) Dies bedeutet konkret, dass eine klassische „Buy-and-Hold-Strategie" von Einzelhedgefonds zu deutlich abweichenden Ergebnissen führen könnte, als dies die passiven Hedgefondsbenchmarks suggerieren. In diesem Kontext könnte eine weitere Untersuchung die Zielsetzung verfolgen, optimale Investmentstrategien in Abhängigkeit des Hedgefondslebenszyklus für das Hedgefondsportfoliomanagement zu identifizieren.

(2) Außerdem stellt sich aus dem durch Phasen bestimmten Leben eines Hedgefonds die Frage nach der generellen Qualität der im Hedgefondsbereich etablierten Benchmarks, da diese die gefundenen Lebenszyklusmuster nicht berücksichtigen. Hieran anschließend müssen die Ergebnisse bisheriger Studien zum Hedgefondsmarkt, welche ausschließlich auf Indexdaten beruhen, mit besonderer Vorsicht betrachtet werden. In diesem Zusammenhang könnte eine weitere Studie untersuchen, inwiefern es sinnvoll wäre, lebenszyklusabhängige Hedgefonds-

indizes, beispielsweise basierend auf den jeweiligen Jahrgängen der Hedgefonds, zu etablieren.

(3) Darüber hinaus konnte gezeigt werden, dass die Investitionserfolge von Hedgefondsmanagern aufgrund verschiedener Aspekte im Zeitablauf nachlassen. Dies steht im Widerspruch zu dem neoklassischen Menschenbild, welches sich insbesondere in der Ökonomie geprägt hat, nachdem ein Mensch jeden Tag erneut dieselbe Produktivität darstellt. Im Kontext des Hedgefondslebenszyklus hebt dies die Betrachtung eines Hedgefonds als Unternehmen hervor. Während bei traditionellen Investmentfonds von großen Kapitalanlagegesellschaften die jeweiligen Fondsmanager im Zeitablauf ausgetauscht werden können, ist dies bei Hedgefonds aufgrund der weitverbreiteten Personalunion von Manager und Eigentümer erschwert. Dies kann als Indiz dafür gewertet werden, dass der qualitativen Due Dilligence von Hedgefondsmanagern im Rahmen von Allokationsentscheidungen eine besondere Bedeutung beizumessen ist. Eine weiterführende Fragestellung in diesem Zusammenhang könnte überprüfen, inwieweit sich die gefundenen Ergebnisse für den Hedgefondslebenszyklus auf andere Anlageklassen (z.B. Aktien- oder Private Equity-Fonds) übertragen lassen.

Literaturverzeichnis

Achleitner, A.-K. (2002): Handbuch Investment Banking, 3. Auflage, Gabler, Wiesbaden.

Achleitner, A.-K. und C. Kaserer (2005): Private Equity Funds and Hedge Funds: A Primer, Technische Universität München, Working Paper.

Akerlof, G.A. (1970): "The Market for "Lemons": Quality Uncertainty and the Market Mechanism", *Quarterly Journal of Economics*, Vol. 84, Nr. 3, S. 488-500.

Ackermann, C. R. McEnally und D. Ravenscraft (1999): "The Performance of Hedge Funds: Risk, Return, and Incentives", *Journal of Finance*, Vol. 54, Nr. 3, S. 833-874.

Adler, U. (2004): "Funds of Hedge Funds – A Safer Way to Gain Hedge Fund Exposure", in: R. Benson (ed.), *A Wealth Manager's Guide to Structured Products*, Risk Books, London, S. 233-254.

Agarwal, V., N.D. Daniel und N.Y. Naik (2004): Flows, Performance, and Managerial Incentives in Hedge Funds, Working Paper, Georgia State University.

Agarwal, V. und N.Y. Naik (2000a): "On Taking the Alternative Route: Risks, Rewards, and Performance Persistence of Hedge Funds", *Journal of Alternative Investments*, Vol. 2, Nr. 4, S. 6-23.

Agarwal, V. und N.Y. Naik (2000b): "Generalised Style Analysis of Hedge Funds", *Journal of Asset Management*, Vol. 1, Nr. 1, S. 93-109.

Agarwal, V. und N.Y. Naik (2004): "Risks and Portfolio Decisions Involving Hedge Funds", *Review of Financial Studies*, Vol. 17, Nr. 1, S. 63-98.

Agarwal, V., W. Fung, Y. Loon und N.Y. Naik (2004): Risk and Return in Convertible Arbitrage: Evidence from the Convertible Bond Market, London Business School, Working Paper.

Aigner, K. (2002): "Hedgefonds", in: H. Kaiser und T. Vöcking (Hrsg.), *Strategische Anlageberatung – Assetklassen und Portfoliomanagement*, Gabler, Wiesbaden, S. 337-348.

Akerlof, G.A. (1970): "The Market for „Lemons“: Quality Uncertainty and the Market Mechanism", *Quarterly Journal of Economics*, Vol. 84, Nr. 3, S. 488-500.

Albrecht, P. und T. Klett (2004): Referenzpunktbezogene risikoadjustierte Performancemaße: Theoretische Grundlagen, Mannheimer Manuskript Nr. 158, Universität Mannheim.

Allen, G.C. (1991): "Performance Attribution for Global Equity Portfolios", *Journal of Portfolio Management*, Vol. 17, Nr. 3, S. 59-65.

Amenc, N., S.E. Bied und L. Martellini (2003): "Predictability in Hedge Fund Returns", *Financial Analysts Journal*, Vol. 59, Nr. 5, S. 32-46.

Amenc, N., S. Curtis und L. Martellini (2003): The Alpha and the Omega of Hedge Fund Performance Measurement, Working Paper, Edhec Business School, Lille.

Amenc, N. und V. Le Sourd (2003): Portfolio Theory and Performance Analysis, Wiley, Chichester.

Amenc, N., P. Malaise, L. Martellini und M. Vaissié (2004): Fund of Hedge Fund Reporting, Working Paper, Edhec Business School, Lille.

Amenc, N. und L. Martellini (2002): The Brave New World of Hedge Fund Indices, Working Paper, Edhec Business School, Lille.

Amin, G. und H. Kat (2003a): „Welcome to the Dark Side: Hedge Fund Attrition and Survivorship Bias over the Period 1994-2001", *Journal of Alternative Investments*, Vol. 6, Nr. 1, S. 57-73.

Amin, G. und H. Kat (2003b): "Hedge Fund Performance 1990-2000: Do The "Money Machines" Really Add Value?", *Journal of Financial and Quantitative Analysis,* Vol. 38, Nr. 2, S. 251-274.

Ammann, M. und P. Moerth (2005): "Impact of Fund Size on Hedge Fund Performance", *Journal of Asset Management*, Vol. 6, Nr. 3, S. 219-238.

Anjilvel, S.I., B.E. Boudreau, M.W. Peskin und M.S. Urias (2000): Why Hedge Funds Make Sense, Morgan Stanley Quantitative Strategies, Working Paper.

Anson, M.J.P. (2001): "Hedge Fund Incentive Fees and the Free Option", *Journal of Alternative Investments*, Vol. 4, Nr. 3, S. 43-48.

Anson, M.J.P. (2002a): Handbook of Alternative Assets, Wiley, New York.

Anson, M.J.P. (2002b): "Financial Market Dislocations and Hedge Fund Returns", *Journal of Alternative Investments*, Vol. 5, Nr. 4, S. 78-88.

Anson, M.J.P. (2006): Handbook of Alternative Assets, 2. Auflage, Wiley, Hoboken.

Anson, M.J.P., H. Ho und K. Silberstein (2005): "Hedge Fund Optimization Using Higher Order Moments of the Distribution", in: H. Dichtl, J.M. Kleeberg und C. Schlenger (Hrsg.), *Handbuch Hedge Funds*, Uhlenbruch, Bad Soden, S. 363-378.

Aragon, G.O. (2004): Share Restrictions and Asset Pricing: Evidence from the Hedge Fund Industry, Working Paper, Boston College.

Arrow, K.J. (1963): "Uncertainty and the Welfare Economics of Medical Care", *American Economic Review*, Vol. 53, Nr. 5, S. 941-973.

Arzac, E. und V. Bawa (1977): "Portfolio Choice and Equilibrium in Capital Markets With Safety-First Investors", *Journal of Financial Economics*, Vol. 14, Nr. 3, S. 277-288.

Asness, C., R. Krail und J. Liew (2001): "Do Hedge Funds Hedge?", *Journal of Portfolio Management*, Vol. 27, Nr. 3, S. 6-19.

Bacmann, J.-F. und U. Bosshard (2006): „Sharpe trifft Omega", in: M. Busack und D.G. Kaiser (Hrsg.), *Handbuch Alternative Investments Band 1*, Gabler, Wiesbaden, S. 371-389.

Bacmann, J.-F. und S. Scholz (2003): "Alternative Performance Measures for Hedge Funds", *AIMA Journal*, Nr. 57, June, S. 26-29.

Bailey, J.V. (1992): "Are manager universes acceptable performance benchmarks?", *Journal of Portfolio Management*, Vol. 18, Nr. 1, S. 9-13.

Bailey, J.V., T.M. Richards und D.E. Tierney (1990): "Benchmarks, Portfolios and the Manager/Plan Sponsor Relationship", in: F.J. Fabozzi und T.D. Fabozzi (eds.), *Current Topics in Investment Management*, Wiley, New York, S. 349-363.

Banz, R. und R. de Planta (2002): "Hedge Funds: All that glitters is not gold – Seven Questions for prospective Investors", *Financial Markets and Portfolio Management*, Vol. 16, Nr. 3. S. 316-336.

Baquero, G., J.T. Horst und M. Verbeek (2004): "Survival, Look-ahead Bias, and the Persistence in Hedge Fund Performance", *Journal of Financial and Quantitative Analysis*, Vol. 40, No. 3, S. 493-518.

Barès, P.-A., R. Gibson und S. Gyger (2002): Hedge Fund Allocation with Survival Uncertainty and Investment Constraints, Working Paper, University of Zurich.

Barry, R. (2003): Hedge funds: a walk through the Graveyard, Working Paper, Macquarie University, Sydney.

Bekier, M. (2000): Marketing of Hedge Funds – A Key Strategic Variable in Defining Possible Roles of an Emerging Investment Force, 3. Auflage, Peter Lang Verlag, Bern.

Benedetti, S.M. (2004): Hedge Fund Portfolio Selection With Higher Moments, Diploma Thesis, ETH Zürich.

Berényi, Z. (2002): Measuring Hedge Fund Risk with Multi-Moment Risk Measures, Working Paper, Üniversität München.

Berényi, Z. (2005): "Measuring Hedge Funds' Risks with Moment-based Variance-equivalent Measures", in: C. Adcock, E. Jurczenko und B. Maillet (eds.), *Multi-moment Capital Asset Pricing Models and Related Topics*, Springer, New York.

Berger, H. und K.-U. Steck (2003): „Regulierung von Hedgefonds in Deutschland", *Zeitschrift für Bankrecht und Bankwirtschaft*, Vol. 15, Nr. 3, S.178-192.

Berk, J.B. und R. Green (2004): "Mutual Fund Flows and Performance in Rational Markets", *Journal of Political Economy*, Vol. 112, Nr. 6, S. 1269-1295.

Bertrand, P. und J.L. Prigent (2006): Omega Performance Measure and Portfolio Insurance, Working Paper, University Montpellier.

Bessler, W., W. Drobetz und J. Henn (2005): „Hedge Funds: Die „Königsdisziplin" der Kapitalanlage", in: H. Dichtl, J.M. Kleeberg und C. Schlenger (Hrsg.), *Handbuch Hedge Funds*, Uhlenbruch, Bad Soden, S. 3-53.

Black, F. (1986): "Noise", *Journal of Finance*, Vol. 41, Nr. 3, S. 529-543.

Black, K.H. (2004): Managing a Hedge Fund – A Complete Guide to Trading, Business Strategies, Risk Management and Regulations, McGraw-Hill, New York.

Blum, C. (2000): „Hedge Funds eröffnen neue Anlagehorizonte", in: E. Hehn (Hrsg.), *Innovative Kapitalanlagekonzepte*, Gabler, Wiesbaden, S. 247-260.

Blum, P., M. Dacorogna und L. Jaeger (2003): "Performance and Risk Measurement Challenges for Hedge Funds: Empirical Considerations", in: L. Jaeger (ed.), *The New Generation of Risk Management in Hedge Funds and Private Equity Investments*, Euromoney, London, S. 412-433.

Bodie, Z., A. Kane und A.J. Marcus (2002): Investments, International Edition, 5. Auflage, McGraw-Hill, New York.

Borla, S. und D. Masetti (2003): Hedge Funds – A Resource for Investors, Wiley, Chichester.

Boyson, N. und M. Cooper (2003): Do Hedge Funds Exhibit Performance Persistence? A New Approach, Working Paper, Northeastern University Boston.

Brealey, R.A. und E. Kaplanis (2001): "Hedge Funds and Financial Stability – An Analysis of their Factor Exposures", *Journal of International Finance*, Vol. 4, Nr. 1, S. 161-187.

Brinson, G.P. und N. Faechler (1985): "Measuring Non-U.S. Equity Portfolio Performance“, *Journal of Portfolio Management*, Vol. 11, Nr. 3, S. 73-77.

Brinson, G.P., L.R. Hood und G.L. Beebower (1986): "Determinants of Portfolio Performance", *Financial Analysts Journal*, Vol. 42, Nr. 4, S. 39-44.

Brooks, C. und H.M. Kat (2002): "The Statistical Properties of Hedge Fund Index Returns and Their Implications for Investors", *Journal of Alternative Investments*, Vol. 5, Nr. 3, S. 26-44.

Brooks, C. und G. Persand (2003): "The Effect of Asymmetries on Stock Index Return Value at Risk Estimates", *Journal of Risk Finance*, Vol. 4, Nr. 2, S. 29-42.

Brouwer, G.d. (2001): Hedge Funds in Emerging Markets, Cambridge University Press, Cambridge.

Brown, S.J. und W.N. Goetzmann (1995): "Performance Persistence", *Journal of Finance*, Vol. 50, Nr. 2, S. 679-698.

Brown, S.J., W.N. Goetzmann und R. Ibbotson (1999): "Offshore Hedge Funds: Survival and Performance 1989-1995", *Journal of Business*, Vol. 72, Nr. 1, S. 91-117.

Brown, S.J., W.N. Goetzmann, R.G. Ibbotson und S.A. Ross (1992): "Survivorship in Performance Studies", *Review of Financial Studies*, Vol. 5, Nr. 4, S. 553-580.

Brown, S.J., W.N. Goetzmann und J. Park (2001): "Careers and Survival: Competition and Risk in the Hedge Fund and CTA Industry", *Journal of Finance*, Vol. 56, Nr. 5; S. 1869-1886.

Brown, S.J., W.N. Goetzmann und B. Liang (2004): "Fees on Fees in Funds of Funds", *Journal of Investment Management*, Vol. 2, Nr. 4, S. 39-56.

Budde, A. und A. Kieser (1977): „Auf dem Weg zu einer empirisch fundierten Theorie des Unternehmungswachstums“, *Management International Review*, Vol. 17, Nr. 1, S. 47-69.

Burstein, G. (1999): Macro Trading and Investment Strategies – Macroeconomic Arbitrage in Global Markets, Wiley, New York.

Busack, M. und D.G. Kaiser (2006): „Alternative Investment-Strategien - Definition, Klassifikation und Anlagetechniken“, in: M. Busack und D.G. Kaiser (Hrsg.), *Handbuch Alternative Investments Band 1*, Gabler, Wiesbaden, S. 3-32.

Busack, M. und S. Sohl (2006): „Analyse investierbarer Hedgefonds-Indizes“, *Absolut|report*, Nr. 35, Dezember, S. 18-31.

Caballero, R.J. und A.B. Jaffe (1993): How High Are The Giant's Shoulders: Empirical Assessment of Knowledge Spillover and Creative Destruction in a Model of Economic Growth, NBER Macroeconomic Annual.

Calamos, N. P. (2003): Convertible Arbitrage – Insights and Techniques for Successful Hedging, Wiley, Hoboken.

Caldwell, T. (1995): "Introduction: The Model of Superior Performance", in: J. Ledermann und R.A. Klein (eds.), *Hedge Funds – Investment and Portfolio Strategies for the Institutional Investor*, McGraw-Hill, New York, S. 1-18.

Capocci, D. (2003): "Convertible Arbitrage Funds in a Classical Portfolio", in: G.N. Gregoriou, V.N. Karavas und F. Rouah (eds.), *Hedge Funds: Strategies, Risk Assessment, and Returns*, Beard Books, Washington, S. 71-98.

Capocci, D. (2004): "CTA Performance, Survivorship Bias, and Dissolution Frequencies", in: G.N. Gregoriou, V.N. Karavas, F.-S. Lhabitant und F. Rouah (eds.), *Commodity Trading Advisors – Risk, Performance Analysis and Selection*, Wiley, New York, S. 49-78.

Capocci, D. (2006a): "History Bias Factor: A Definition", in: G.N. Gregoriou und D.G. Kaiser (eds.), *Hedge Funds and Managed Futures – A Handbook for Institutional Investors*, Risk Books, London, S. 49-62.

Capocci, D. (2006b): "Neutrality of Market Neutral Funds", *Global Finance Journal*, Vol. 17, Nr. 2, S. 309-333.

Capocci, D., A. Corhay und G. Hübner (2005): "Hedge Fund Performance and Persistence in Bull and Bear Markets", *European Journal of Finance*, Vol. 11, Nr. 5, S. 361-392.

Capocci, D. und G. Hübner (2004): "Analysis of Hedge Fund Performance", *Journal of Empirical Finance*, Vol. 11, Nr. 1, S. 55-89.

Carhart, M.M., J.N. Carpenter, A.W. Lynch und D.K. Musto (2002): "Mutual Fund Survivorship", *Review of Financial Studies*, Vol. 15, Nr. 5, S. 1439-1463.

Cascon, A., C. Keating und W.F. Shadwick (2003): The Omega Function, Working Paper, The Finance Development Centre, London.

Cascon, A. und W.F. Shadwick (2005): "From Omega to Alpha – A New Approach to Long/Short Equity", in: H. Dichtl, J.M. Kleeberg und C. Schlenger (Hrsg.), *Handbuch Hedge Funds*, Uhlenbruch, Bad Soden, S. 419-433.

Cerend, W.J. (1998): Fundamentals of Hedge Fund Investing – A Professional Investors Guide, McGraw-Hill, New York.

Chan, N., M. Getmansky, S.M. Haas und A.W. Lo (2005): Systemic Risk and Hedge Funds, Working Paper, MIT Sloan School of Management.

Cornish, E.A. und R.A. Fisher (1937): „Moments and Cumulants in the Specification of Distributions", *Review of the International Statistical Institute*, Vol. 5, Nr. 3, S. 307-320.

Cottier, P. (1997): Hedge Funds and Managed Futures – Performance, Risks, Strategies, and Use in Investment Portfolios, Haupt, Bern.

Cruz, M. und J. Davies (2005): „Operational Risk", in: V.R. Parker (ed.), *Managing Hedge Fund Risk*, 2. Auflage, Risk Books, London, S. 327-334.

Cvitanic, J., A. Lazrak, L. Martellini und F. Zapatero (2003): "Optimal Allocation to Hedge Funds: An Empirical Analysis", *Quantitative Finance*, Vol. 3, Nr. 1, S. 1-12.

Dachine, V. (2001): "Performance- und Stilanalyse von Hedge Fonds", in: A. Grünbichler, S. Graf und A. Gruber (Hrsg.), *Private Equity und Hedge Funds – Alternative Anlagekategorien im Überblick*, Verlag Neue Züricher Zeitung, Zürich, S. 251-284.

Darst, E.M. (2000): Performance Evaluation for Alternative Investments: The Effects of Firm Characteristics and Fund Style on the Performance of Hedge Funds, Working Paper, Harvard University.

Das, N. (2003): Development of an Analytical Framework for Hedge Fund Investment, Working Paper, Bloomsburg University.

Davies, R.J., H.M. Kat und S. Lu (2004): Fund of Hedge Funds Portfolio Selection: A Multiple-Objective Approach, Working Paper, Alternative Investment Research Centre.

De Figueiredo, R. und V. Budhraja (2006): „Hedge Funds: Built to Last?“, *Citigroup Alternative Investments Journal*, Vol. 1, Nr. 1, S. 2-13.

De Long, J.B., A. Shleifer, L.H. Summers und R.J. Waldmann (1991): “The Survival of Noise Traders in Financial Markets”, *Journal of Business*, Vol. 64, Nr. 1, S. 1-19.

De Planta, R. und R.W. Banz (2002): “Hedge Funds: All that Glitters is not Gold - Seven Questions for Prospective Investors”, *Financial Markets and Portfolio Management*, Vol. 16, Nr. 3, S. 316-336.

De Souza, C. und S. Gokcan (2003): “How Some Hedge Fund Characteristics Impact Performance”, *AIMA Journal*, Nr. 58, September, S. 11-14.

Duarte, J., F.A. Longstaff und F. Yu (2006): Risk and Return in Fixed Income Arbitrage: Nickels in Front of a steamroller?, Working Paper, University of Washington.

Dunbar, N. (2001): Inventing Money – The story of Long-Term Capital Management and the legends behind it, Wiley, Chichester.

Duvall, E.M. (1977): Marriage and Family Development, Lippincott, New York.

Dyment, J. und E. Heavey (2003): Alternative Investment Survey Results, Part 2: Inside the Mind of the Hedge Fund Investor, Deutsche Bank (Hrsg.), Equity Prime Services, März.

Edwards, F.R. und M.O. Caglayan (2001a): “Hedge Fund and Commodity Fund Investments in Bull and Bear Markets”, *Journal of Portfolio Management*, Vol. 27, Nr. 4, S. 97-108.

Edwards, F.R. und M.O. Caglayan (2001b): “Hedge Fund Performance and Manager Skill”, *Journal of Futures Markets*, Vol. 21, Nr. 11, S. 1003-1028.

Edwards, F.R. und S. Gaon (2003): “Hedge Funds: What do we Know?”, *Journal of Applied Corporate Finance*, Vol. 15, Nr. 1, S. 58-71.

Edwards, F.R. und J. Liew (1998): “Hedge Funds versus Managed Futures as Asset Classes”, *Journal of Derivatives*, Vol. 6, Nr. 4, S. 45-64.

Eicher, T.S. und S.C. Kim (2004): “Market Structure and Innovation Revisited: Endogenous Productivity, Training and Market Shares”, in: M. Boldrin, B.-L. Chen und P. Wang (eds.), *Human Capital, Trade And Public Policy In Rapidly Growing Economies*, Edward Elgar, New York.

Eling, M. (2006a): „Autocorrelation, Bias and Fat Tails – Are Hedge Funds Really Attractive Investments?“, *Derivative Use, Trading & Regulation*, Vol. 12, Nr. 1, S. 28-47.

Eling, M. (2006b): “Hedgefonds-Strategien: Systematisierung und Überblick”, *Bank Archiv*, Vol. 54, Nr. 8, S. 543-555.

Eling, M. und F. Schuhmacher (2005): „Performance-Maße für Hedgefonds-Indizes – wie geeignet ist die Sharpe-Ratio?“, *Absolut|report*, Nr. 29, Dezember, S. 36-43.

Elton, E.J., M.J. Gruber und C.R. Blake (1996): “Survivorship Bias and Mutual Fund Performance”, *Review of Financial Studies*, Vol. 9, Nr. 4, S. 1097-1120.

Erikson, E. H. (1973): Identität und Lebenszyklus, Suhrkamp, Frankfurt.

Fabozzi, F.J. (2004): “Shorting Using Futures and Options”, in: F.J. Fabozzi (ed.), Short Selling – Strategies, Risks, and Rewards, Wiley, Hoboken, S. 17-36.

Fama, E. (1965): “The Behavior of Stock-Market Prices”, *Journal of Business*, Vol. 38, Nr. 1, S. 34-105.

Fama, E. (1970): “Efficient Capital Markets: A Review of Theory and Empirical Work”, *Journal of Finance*, Vol. 25, Nr. 2, S. 383-417.

Fama, E. (1991): “Efficient Capital Markets: II”, *Journal of Finance*, Vol. 46, Nr. 5, S. 1575-1617.

Fano-Leszczynski, U. (2002): Praxishandbuch Hedge Fonds – Erfolgreich investieren, Risiko minimieren, Manz, Wien.

Favre, L. und J.-A. Galeano (2001): “The Inclusion of Hedge Funds in Swiss Pension Fund Portfolios“, *Financial Markets and Portfolio Management*, Vol. 15, Nr. 4, S. 450-472.

Favre-Bulle, A. und S. Pache (2003): The Omega Measure: Hedge Fund Portfolio Optimization, Master Thesis, Universtité de Lausanne.

Feiger, G. und P. Botteron (2004): “Should you, would you, could you invest in hedge funds?”, *Journal of Financial Transformation*, Vol. 10, April, S. 57-65.

Fischer, B.R. (2001): Performanceanalyse in der Praxis, 2. Auflage, Oldenbourg, München.

Fothergill, M. und C. Coke (2001): “Funds of Hedge Funds: An Introduction to Multi-Manager Funds”, *Journal of Alternative Investments*, Vol. 4, Nr. 2, S. 7-16.

Friedrich, M. und D.H. Bahr (2003): Hedge Funds – Die Königsklasse der Investments, Finanzbuch Verlag, München.

Füss, R. und D.G. Kaiser (2007): “The Tactical and Strategic Value of Hedge Fund Strategies: A Cointegration Approach”, erscheint in: *Financial Markets and Portfolio Management.*

Füss, R., D.G. Kaiser und Z. Adams (2007): “Value at Risk, GARCH Modelling and the Forecasting of Hedge Fund Return Volatility”, *Journal of Derivatives and Hedge Funds,* Vol. 13, Nr. 1, S. 2-25.

Füss, R., H. Rehkugler und W. Disch (2005a): „Hedge Funds als Anlagealternative: Chancen und Risiken“, *Finanz Betrieb*, Vol. 7, Nr. 1, S. 40-56.

Füss, R., H. Rehkugler und W. Disch (2005b): „Fund of Hedge Funds: Portfolioallokation und Performance“, *Bank Archiv*, Vol. 53, Nr. 4, S. 249-258.

Fung, W. und D.A. Hsieh (1997): “Empirical Characteristics of Dynamic Trading Strategies: The Case of Hedge Funds”, *Review of Financial Studies*, Vol. 10, Nr. 2, S. 275-302.

Fung, W. und D.A. Hsieh (1999): "A Primer on Hedge Funds", *Journal of Empirical Finance*, Vol. 6, Nr. 3, S. 309-331.

Fung, W. und D.A. Hsieh (2000a): "Measuring the Market Impact of Hedge Funds", *Journal of Empirical Finance*, Vol. 7, Nr. 1, S. 1-36.

Fung, W. und D.A. Hsieh (2000b): "Performance Characteristics of Hedge Funds and Commodity Funds: Natural vs. Spurious Biases", *Journal of Financial and Quantitative Analysis*, Vol. 35, Nr. 3, S. 291-307.

Fung, W. und D.A. Hsieh (2002): "Risk in Fixed Income Hedge Fund Styles", *Journal of Fixed Income*, September, Vol. 12, Nr. 1, S. 6-27.

Fung, W. und D.A. Hsieh (2004a): "Extracting Portable Alphas from Equity Long/Short Hedge Funds, *Journal of Investment Management*, Vol. 2, Nr. 4, S. 1-19.

Fung, W. und D.A. Hsieh (2004b): "Hedge Fund Benchmarks: A Risk Based Approach", *Financial Analysts Journal*, Vol. 60, Nr. 5, S. 65-80.

Fung, W., D.A. Hsieh, N.Y. Naik und T. Ramadorai (2005): Hedge Funds: Performance, Risk and Capital Formation, Working Paper, London Business School.

Gabelli, M. J. (2003): The History of Hedge Funds – The Millionaire's Club, Working Paper, New York.

Garbaravicius, T. und F. Dierick (2005): Hedge Funds and their Implications for Financial Stability, European Central Bank, Occasional Paper Series, No. 34, August.

Gawron, G. und S. Scholz (2006): „Katastrophenanleihen jenseits von Markowitz", in: M. Busack und D.G. Kaiser (Hrsg.), *Handbuch Alternative Investments Band 2*, Gabler, Wiesbaden, S. 293-304.

Géhin, W. und M. Vaissié (2004): Hedge Fund Indices: Investable, non-investable and Strategy Benchmarks, Working Paper, Edhec Business School, Lille.

Geman, H. und C. Kharoubi (2003): „Hedge Funds Revisited: Distributional Characteristics, Dependence Structure and Diversification", *Journal of Risk*, Vol. 5, Nr. 4, S. 55-73.

Getmansky, M. (2004): The Life Cycle of Hedge Funds: Fund Flows, Size and Performance, Working Paper, University of Massachusetts.

Getmansky, M., A. Lo und S.X. Mei (2004): "Sifting through the Wreckage: Lessons from recent Hedge Fund Liquidations", *Journal of Investment Management*, Vol. 2, Nr. 4, S. 6-38.

Giraud, J.-R. (2005): "Managing Hedge Funds' Operational Risks: Parts 1-3, in: E. Davis (ed.), *Operational Risk – Practical Approaches to Implementation*, Risk Books, London, S. 275-304.

Goetzmann, W.N., J.E. Ingersoll und S.A. Ross (2003): „High-Water Marks and Hedge Fund Management Contracts", *Journal of Finance*, Vol. 58, Nr. 4, S. 1685-1718.

Goodworth, T.R.J. und C.M. Jones (2004): Building a Risk Management Framework for Hedge Funds and Funds of Funds, Working Paper, University of Cambridge.

Gosnell, T.F., A.J. Keown und J.M. Pinkerton (1996): "The Intraday Speed of Stock Price Adjustment to Major Dividend Changes: Bid-ask Bounce and Order Flow Imbalances", *Journal of Banking and Finance*, Vol. 20, Nr. 2, S. 247-266.

Gradante, C.J. und E.L. Hennessee (2003): Comments of Hennessee Group LLC for the U.S. Securities and Exchange Commission Roundtable on Hedge Funds May 14-15, 2003, Working Paper, New York.

Gregoriou, G.N. (2002): "Hedge Fund Survival Lifetimes", *Journal of Asset Management*, Vol. 2, Nr. 3, S. 237-252.

Gregoriou, G.N. und F. Rouah (2001): "Do Stock Market Indices Move the Ten Largest Hedge Funds? A Cointegration Approach", *Journal of Alternative Investments*, Vol. 4, Nr. 3, S. 61-66.

Gregoriou, G.N. und F. Rouah (2002): "Large versus Small Hedge Funds: Does Size Affect Performance?", *Journal of Alternative Investments*, Vol. 5, Nr. 4, S. 75-77.

Gregoriou, G.N., F. Rouah und K. Sedzro (2002a): "On the Market Timing of Hedge Fund Managers", *Journal of Wealth Management*, Vol. 5, Nr. 1, S. 26-38.

Gregoriou, G.N., F. Rouah und K. Sedzro (2002b): "Market Timing and Security Selection: The Case of Hedge Funds", *Derivative Use, Trading & Regulation*, Vol. 8, Nr. 2, S. 140-158.

Gregoriou, G.N., F. Rouah und K. Sedzro (2003): Performance Evaluation of Hedge Funds, Beard Books, Washington.

Gregoriou, G.N. und J. Zhu (2005): Evaluating Hedge Fund and CTA Performance, Wiley, Hoboken.

Greiner, L.G. (1972): "Evolution and Revolution as Organizations Grow", *Harvard Business Review*, Vol. 50, Nr. 4, S. 37-46.

Grinblatt, M. und S. Titman (1989): "Mutual Fund Performance: An Analysis of Quaterly Portfolio Holdings", *Journal of Business*, Vol. 62, Nr. 2, S. 393-416.

Grünbichler, A., S. Graf und C. Wilde (2003): „Private Equity und Hedge Funds in der Strategischen Asset Allocation", in: H. Dichtl, J.M. Kleeberg und C. Schlenger (Hrsg.), *Handbuch Asset Allocation*, Uhlenbruch, Bad Soden, S. 571-600.

Gup, B.E. und P. Agrrawal (1996): "The product life cycle: A paradigm for understanding financial management", *Financial Practice and Education*, Vol. 6, Nr. 2, S. 41-48.

Haberfelner, F., D.G. Kaiser und K. Kisling (2006): "Managed Accounts or The Price of Liquid and Transparent Hedge Fund and CTA Investing", in: G.N. Gregoriou und D.G. Kaiser (eds.), *Hedge Funds and Managed Futures – A Handbook for Institutional Investors*, Risk Books, London, September, S. 235-258.

Haberfelner, F., D.G. Kaiser und K. Kisling (2007): „Möglichkeiten, Validität und Renditedifferenzen bei der Replikation von Hedgefonds über Managed Accounts", erscheint in: *Bank Archiv*.

Hall, D.T. (1976): Careers in Organisations, Scott Foresman & Co., Pacific Palisades.

Hansen, L. und R. Jagannathan (1991): "Implications of Security Market Data for Models of Dynamic Economies", *Journal of Political Economy*, Vol. 99, Nr. 2, S. 225-262.

Harri, A. und B.W. Brorsen (2002): Performance Persistence and the Source of Returns for Hedge Funds, Working Paper, Oklahoma State University.

Hedges, J.R. (2004): "Size vs. Performance in the Hedge Fund Industry", *Journal of Financal Transformation*, Vol. 10, April, S. 14-17.

Hedges, J.R. (2005): Hedges on Hedge Funds – How to Successfully Analyze and Select an Investment, Wiley, Hoboken.

Heidorn, T., C. Hoppe und D.G. Kaiser (2006a): „Hedgefondszertifikate in Deutschland – Marktanalyse, Strukturierungsvarianten und Eignung für Privatinvestoren", *BankArchiv*, Vol. 54, Nr. 2, S. 87-97.

Heidorn, T., C. Hoppe und D.G. Kaiser (2006b): „Implikationen der Heterogenität auf das Benchmarking mit Hedgefondsindizes", *Finanz Betrieb*, Vol. 8, Nr. 9, S. 557-571.

Heidorn, T., C. Hoppe und D.G. Kaiser (2006c): „Validität des Benchmarking von traditionellen Marktindizes mit Hedgefondsindizes", *Bank Archiv*, Vol. 54, Nr. 10, S. 710-721.

Heidorn, T., C. Hoppe und D.G. Kaiser (2006d): „Konstruktion und Verzerrungen von Hedgefonds-Indizes", in: M. Busack und D.G. Kaiser (Hrsg.), *Handbuch Alternative Investments Band 1*, Gabler, Wiesbaden, S. 573-599.

Heidorn, T., C. Hoppe und D.G. Kaiser (2006e): „Strukturierte Produkte mit einem Alternative Investment-Basiswert", in: M. Busack und D.G. Kaiser (Hrsg.), *Handbuch Alternative Investments Band 2*, Gabler, Wiesbaden, S. 775-795.

Heidorn, T., D.G. Kaiser und A. Muschiol (2007): Portfoliooptimierung mit Hedgefonds unter Berücksichtigung höherer Momente der Verteilung, *Finanz Betrieb*, Vol. 9, Nr. 6, S. 371-381.

HFR (2007): HFR Industry Report Year End 2006, Chicago.

Hilpold, C. und D.G. Kaiser (2005): Alternative Investment-Strategien – Einblick in die Anlagetechniken der Hedgefonds-Manager, Wiley, Weinheim.

Hirst, G. (2003): "Global Macro Funds", in: K.S. Phillips und R.J. Surz (eds.), *Hedge Funds – Definitive Strategies and Techniques*, Wiley, Hoboken, S. 82-93.

Hockmann, H.J. (2002): „Alternative Investments: Hedge-Fonds", in: H.J. Hockmann und F. Thießen (Hrsg.), *Investment Banking*, Schäffer-Poeschel, Stuttgart, S. 266-273.

Hookway, S. und S.A. Schoenfeld (2004): „The Expanding World of Investable Hedge Fund Indexes", in: S.A. Schoenfeld (ed.), *Active Index Investing – Maximizing Portfolio Performance and Minimizing Risk Through Global Index Strategies*, Wiley, Hoboken, S. 190-195.

Hoppe, C. (2005): Derivate auf Alternative Investments – Konstruktion und Bewertungsmöglichkeiten, Gabler Edition Wissenschaft, Wiesbaden.

Hornberg, K.W. (2006): Hedgefonds – Gute Renditen durch Risikokontrolle und Verlustvermeidung, Gabler, Wiesbaden.

Horwitz, R. (2004): Hedge Fund Risk Fundamentals – Solving the Risk Management and Transparency Challenge, Bloomberg Press, Princeton.

Howell, M. (2001): "Fund Age and Performance", *Journal of Alternative Investments*, Vol. 4, Nr. 1, S. 57-60.

Ibbotson, R.G. und P. Chen (2005): Sources of Hedge Fund Returns: Alphas, Betas, and Costs, Yale School of Management, Working Paper.

Indjic, D. und A. Heen (2003): "AIMA Survey on Hedge Fund Classification Practice", *AIMA Journal*, Nr. 58, S. 1-6.

Ineichen, A.M. (2000): In Search of Alpha – Investing in Hedge Funds, UBS Warburg, London.

Ineichen, A.M. (2002a): "Who's Long? Market-Neutral versus Long/Short Equity", *Journal of Alternative Investments*, Vol. 4, Nr. 4, S. 62-69.

Ineichen, A.M. (2002b): "Hedge Funds – A New Paradigm?", in: E. Hehn (Hrsg.), *Asset Management in Kapitalanlage- und Versicherungsgesellschaften*, Gabler, Wiesbaden, S. 239-258.

Ineichen, A.M. (2003): Absolute Returns – The Risk and Opportunites of Hedge Fund Investing, Wiley, London.

Ineichen, A.M. (2007): Asymmetric Returns – The Future of Active Asset Management, Wiley, Hoboken.

Jaeger, L. (2002): Managing Risk in Alternative Investment Strategies – Successful Investing in Hedge Funds and Managed Futures, Financial Times Prentice Hall, London.

Jaeger, L. (2004): Through the Alpha Smoke Screens: A Guide to Hedge Fund Return Sources, Euromoney Books, London.

Jaeger, L. und C. Wagner (2005): "Factor Modelling and Benchmarking of Hedge Funds: Can Passive Investments in Hedge Fund Strategies Deliver?", *Journal of Alternative Investments*, Vol. 8, Nr. 3, S. 9-36.

Jaeger, R.A. (2003): All About Hedge Funds – The Easy Way to Get Started, McGraw-Hill, New York.

Jarque, C. und A. Bera (1987): „A Test For Normality of Observations and Regression Residuals", *International Statistics Review*, Vol. 55, Nr. 1, S. 163-172.

Jenkins, I. (2003): "State of the Hedge Fund Industry", *AIMA Journal*, Nr. 56, S. 7-10.

Jensen, M.C. (1968): "The Performance of Mutual Funds in the Period 1945-1964", *Journal of Finance*, Vol. 23, Nr. 2, S. 389-416.

Jevons, W.S. (1871): The Theory of Political Economy, Macmillan & Co., London.

Jobson, J. (1982): "A Multivariate Linear Regression Test of the Arbitrage Pricing Theory", *Journal of Finance*, Vol. 37, Nr. 4, S. 1037-1042.

Jobson, J. und B. Korkie (1982): "Potential Performance and Tests of Portfolio Efficiency", *Journal of Financial Economics*, Vol.10, Nr. 4, S. 433-466.

Johanning, L., J. Proelss, A.P. Rosenbusch und D. Schweizer (2006): "Strategy Selection for Fund of Hedge Funds Using Higher Moments", in: G.N. Gregoriou und D.G. Kaiser (eds.), *Hedge Funds and Managed Futures – A Handbook for Institutional Investors*, Risk Books, London, S. 301-322..

Johansen, J. (2004): "Structured Products on Fund of Funds Underlyings", in: G.N. Gregoriou, G. Hübner, N. Papageorgiou und F. Rouah (eds.), *Hedge Funds – Insights in Performance Measurement, Risk Analysis and Portfolio Allocation*, Wiley, Hoboken, S. 569-606.

Jondeau, E. und M. Rockinger (2005): Conditional Asset Allocation under Non-Normality: How Costly is the Mean-Variance Criterion?, Working Paper, HEC Lausanne.

Jones, C.I. (1995): "R&D-Based Models of Economic Growth", *Journal of Political Economy*, Vol. 105, Nr. 4, S. 759-784.

Jorion, P. (2003): Financial Risk Manager Handbook, 2. Auflage, McGraw-Hill, New York.

Jorion, P. (2006): „Long-Term Capital Management – Ursachen und Risikomanagementlehren eines Phänomens", in: M. Busack und D.G. Kaiser (Hrsg.), *Handbuch Alternative Investments Band 1*, Gabler, Wiesbaden, S. 437-448.

Jurczenko, E., B. Maille und P. Merlin (2005): Hedge Funds Portfolio Selection with Higher-Order Moments: A Non-Parametric Mean-Variance-Skewness-Kurtosis Efficient Frontier, Working Paper, University of Paris.

Kaiser, D.G. (2003): „Volkswirtschaftliche Aspekte von Hedgefonds", *Absolut|report*, Nr. 14, Juni, S. 38-41.

Kaiser, D.G. (2004): Hedgefonds – Entmystifizierung einer Anlageklasse – Chancen, Strukturen, Risiken, Gabler, Wiesbaden.

Kaiser, D.G. (2005): „Konstruktion und Bewertung von Hedgefonds-Zertifikaten", *Vermögen & Steuern,* Ausgabe 3/2005, S. 34-37.

Kaiser, D.G. und K. Kisling (2005): „Der Einfluss von Kapitalbindungsfristen auf die Sharpe Ratio aktienbasierter Hedgefonds-Strategien", *Absolut|report*, Nr. 28, Oktober, S. 26-34.

Kaiser, D.G. und K. Kisling (2006): „Einflussfaktoren der risikoadjustierten Wertentwicklung von Hedgefonds", in: M. Busack und D.G. Kaiser (Hrsg), *Handbuch Alternative Investments Band 1*, Gabler Verlag, Wiesbaden.

Kaiser, D.G. und R.G. Schulz (2004): „Direktionalität geht auf Kosten von Alpha", *Portfolio Institutionell*, Ausgabe 4, Juli, S. 21-23.

Kao, D.-L. (2002): "Battle for Alphas: Hedge Funds versus Long-Only Portfolios", *Financial Analysts Journal*, Vol. 58, Nr. 2, S. 16-36.

Kat, H.M. (2002): "Some Facts About Hedge Funds", *World Economics*, Vol. 3, Nr. 2, S. 93-123.

Kat, H.M. (2004): "The Dangers of Mechanical Investment Decision-Making: The Case of Hedge Funds", *Journal of Investment Management*, Vol. 2, Nr. 4, S. 94-105.

Kat, H.M. und S. Lu (2005): "Some Statistical Properties of Hedge Funds Returns", in: H. Dichtl, J.M. Kleeberg und C. Schlenger (Hrsg.), *Handbuch Hedge Funds*, Uhlenbruch, Bad Soden, S. 197-210.

Kat, H.M. und F. Menexe (2003): "Persistence in Hedge Fund Performance: The True Value of a Track Record", *Journal of Alternative Investments*, Vol. 5, Nr. 1, S. 66-72.

Kaune, C.R. und M.K. Oulds (2004): „Das neue Investmentgesetz", *Zeitschrift für Bankrecht und Bankwirtschaft*", Vol. 16, Nr. 2, S. 106-114.

Kauter, C.D. (2006): "Short Selling als Handelstechnik alternativer Investmentstrategien", in: M. Busack und D.G. Kaiser (Hrsg.), *Handbuch Alternative Investments Band 1*, Gabler, Wiesbaden, S. 91-105.

Keating, C. und W. Shadwick (2002): "Omega: A Universal Performance Measure", *Journal of Performance Measurement,* Vol. 6, Nr. 2, S. 59-84.

Kirschner, S., E. Mayer und L. Kessler (2006): The Investor's Guide to Hedge Funds, Wiley, Hoboken.

Koh, F., W.T.H. Koh und M. Teo (2003): Asian Hedge Funds: Return Persistence, Style, and Fund Characteristics, Working Paper, Singapore Management University.

Kortum, S.S. (1993): "Equilibrium R&D and the Patent-R&D Ratio: U.S Evidence", *American Economic Review*, Vol. 81, Nr. 2, S. 450-457.

Krokhmal, P., S. Uryasev und G. Zrazhevsky (2002): "Risk Management for Hedge Fund Portfolios", *Journal of Alternative Investments*, Vol. 5, Nr. 1, S. 10-30.

Kundro, C. und S. Feffer (2004): "Valuation Issues and Operational Risk in Hedge Funds", *Journal of Financial Transformation*, Vol. 11, August, S. 41-47.

Lähn, M.V. (2004): Hedge Fonds, Banken und Finanzkrisen, Gabler Edition Wissenschaft, Wiesbaden.

Lai, E.L.C. (1998): "International Intellectual Property Rights Protection and the Rate of Product Innovation", *Journal of Development Economics*, Vol. 55, Nr. 1, S. 133-153.

Lai, T.-Y. (1991): "Portfolio Selection with Skewness: A Multiple-Objective Approach", *Review of Quantitative Finance and Accounting*, Vol. 1, Nr. 1, S. 293-305.

Lamm, R.M. (2006): "Blending Hedge Funds with Traditional Stock and Bond Portfolios: Investment Management in a New World", in: G.N. Gregoriou und D.G. Kaiser (eds.), *Hedge Funds and Managed Futures – A Handbook for Institutional Investors*, Risk Books, London, S. 375-395..

Lavinio, S. (1999): The Hedge Fund Handbook, McGraw-Hill, New York.

Lhabitant, F.-S. (2001): "Assessing Market Risk for Hedge Funds and Hedge Fund Portfolios", *Journal of Risk Finance*, Vol. 1, Nr. 1, S. 1-17.

Lhabitant, F.-S. (2002): Hedge Funds – Myths and Limits, Wiley, Chichester.

Lhabitant, F.-S. (2004): Hedge Funds – Quantitative Insights, Wiley, Chichester.

Lhabitant, F.-S. (2006a): "Return Attribution for Portfolios of Hedge Funds", in: G.N. Gregoriou und D.G. Kaiser (eds.), *Hedge Funds and Managed Futures – A Handbook for Institutional Investors*, Risk Books, London, S. 125-143.

Lhabitant, F.-S. (2006b): "Hedge fund indices and passive alpha: A buy-side perspective", in: G.N. Gregoriou und D.G. Kaiser (eds.), *Hedge Funds and Managed Futures – The Handbook for the Institutional Investor*, Risk Books, London, S. 31-48.

Lhabitant, F.-S. (2006c): „Gebührenstrukturen traditioneller und alternativer Asset Management-Dienstleistungen", in: M. Busack und D.G. Kaiser (Hrsg.), *Handbuch Alternative Investments Band 1*, Gabler, Wiesbaden, S. 57-72.

Lhabitant, F.-S. (2007): Handbook of Hedge Funds, Wiley, Chichester.

Liang, B. (2000): "Hedge Funds: The Living and the Dead", *Journal of Financial and Quantitative Analysis*, Vol. 35, Nr. 3, S. 309-326.

Liang, B. (2001): "Hedge Fund Performance: 1990-1999", *Financial Analyst Journal*, Vol. 57, Nr. 1, S. 11-18.

Liang, B. (2002): Hedge funds, Fund of Funds and Commodity Trading Advisors, Working Paper, Case Western Reserve University.

Liang, B. (2004): "Alternative Investments: CTAs, Hedge Funds and Fund of Funds", *Journal of Investment Management*, Vol. 2, Nr. 4, S. 76-93.

Litchfield, J.T. und F. Wilcoxon (1955): "The rank correlation method", *Analytical Chemistry*, Vol. 27, Nr. 2, S. 299-300.

Liebler, H., D. Schiereck und M. Schmid (2004): „Distressed Debt Investing", *Bank Archiv*, Vol. 52, Nr. 9, S. 649-661.

Lintner, J. (1965): "Security Prices, Risk and Maximal Gains from Diversification", *Journal of Finance*, Vol. 20, Nr. 4, S. 587-615.

Lippitt, G. und W. Schmidt (1967): "Non-Financial Crises in Organizational Development", *Harvard Business Review*, Vol. 47, Nr. 6, S. 102-112.

Ljung, G.M. und G.E.P. Box (1978): "On a Measure of Lack of Fit in Time Series Models", *Biometrika*, Vol. 65, Nr. 2, S. 297-303.

Lo, A.W. und A.C. MacKinlay (1988): "Stock Market Prices Do Not Follow Random Walks: Evidence from a Simple Specification Test", *Review of Financial Studies*, Vol. 1, Nr. 1, S. 41-66.

Lo, A.W. (2001): "Risk Management for Hedge Funds: Introduction and Overview", *Financial Analysts Journal*, Vol. 57, Nr. 6, S. 16-33.

Lowenstein, R. (2001): When Genius Failed – The Rise and Fall of Long-Term Capital Management, Fourth Estate, London.

Magdon-Ismail, M. und A.F. Atiya (2004): "Maximum Drawdown", *Risk Magazine*, Vol. 17, Nr. 10, S. 99-102.

Malkiel, B. (1995): "Returns from Investing in Equity Mutual Funds 1971 to 1991", *Journal of Finance*, Vol. 50, Nr. 2, S. 549-572.

Malkiel, B. und A. Saha (2005): "Hedge Funds: Risk and Return", *Financial Analysts Journal*, Vol. 61, Nr. 6, S. 80-88.

Markowitz, H. (1952): "Portfolio Selection", *Journal of Finance*, Vol. 7, Nr. 1, S. 77-91.

Mattoo, M. (2004): "A Primer on Structured Hedge Fund Products", in: A. Batchvarov (ed.), *Hybrid Products*, Risk Books, London, S. 201-214.

McCarthy, D. und R. Spurgin (1999): "A Review of Hedge Fund Performance Benchmarks", in: T. Schneeweis und J.F. Pescatore (eds.), *The Handbook of Alternative Investment Strategies*, Institutional Investor, New York. S. 158-171.

McCrary, S. (2002): How to Create & Manage a Hedge Fund – A Professional's Guide, Wiley, Hoboken.

McCrary, S. (2005): Hedge Fund Course, Wiley, Hoboken.

Meffert, H. (1974): „Interpretation und Aussagewert des Produktlebenszykluskonzepts", in: P. Hamann, W. Kroeber-Riel und C.W. Meyer (Hrsg.), *Neuere Ansätze der Marketing-Theorie*, Berlin, S. 85-134.

Meffert, H. (1998): Marketing: Grundlagen marktorientierter Unternehmensführung, 8. Auflage, Gabler, Wiesbaden.

Meining, W. (1995): „Lebenszyklen", in: B. Tietz (Hrsg.): *Handwörterbuch des Marketing*, 2. Auflage, Schäffer-Poeschel, Stuttgart, S. 1392-1405.

Mitchell, M. und T. Pulvino (2001): "Characteristics of Risk and Return in Risk Arbitrage", *Journal of Finance*, Vol. 56, Nr. 6, S. 2135-2175.

Moerth, P. (2005): „Konstruktion von Hedgefonds-Portfolios", in: D. Peetz (Hrsg.), *Praktiker-Handbuch Alternatives Investmentmanagement*, Schäffer-Poeschel, Stuttgart, S. 291-308.

Moix, P.-Y. und C. Schmidhuber (2003): „Fat-Tail-Risiko von Hedge Funds", *Absolut|report*, Nr. 14, Juni, S. 8-15.

Moix, P.-Y. (2004): "Style Drifts: Monitoring, Detection and Control", in: L. Jaeger (ed.), *The New Generation of Risk Management for Hedge Funds and Private Equity Investments*, Euromoney Books, London, S. 387-398.

Moix, P.-Y. (2006): „Stilverschiebungen: Beobachtung, Erkennung und Kontrolle", in: M. Busack und D.G. Kaiser (Hrsg.), *Handbuch Alternative Investments Band 1*, Gabler, Wiesbaden, S. 279-298.

Moore, K.M. (1999): Risk Arbitrage – An Investor's Guide, Wiley, New York.

Moore, K.M., G.C. Lai und H.R. Oppenheimer (2006): "The Behavior of Risk Arbitrageurs in Mergers and Acquisition", *Journal of Alternative Investments*, Vol. 9, Nr. 1, S. 19-27.

Mossin, J. (1966): "Equilibrium in a Capital Asset Market", *Econometrica*, Vol. 34, Nr. 4, S. 768-783.

Müller, D.C. (1972): "A Life Cycle Theory of the Firm", *Journal of Industrial Economics*, Vol. 20, Nr. 3, S. 199-219.

Nicholas, J.G. (1999): Investing in Hedge Funds – Strategies for the New Marketplace, Bloomberg Press, Princeton.

Nicholas, J.G. (2000): Market Neutral Investing – Long/Short Hedge Fund Strategies, Bloomberg Press, Princeton.

Nicholas, J.G. (2004): Hedge Fund of Funds Investing – An Investor's Guide, Bloomberg Press, Princeton.

Oertmann, P. und H. Zimmermann (1998): „Risk and Return: Vom CAPM zur modernen Asset Pricing Theory", in: A. Brunetti, P. Kugler, S. Schaltegger und B. Weder (Hrsg.), *Economics Today: Konsens und Kontroverse in der modernen Ökonomie*, NZZ-Verlag, S. 211-235.

Orhan, M. und T. Tekten (2006): "Hedge Funds Investing in Emerging Markets", in: G.N. Gregoriou und D.G. Kaiser (eds.), *Hedge Funds and Managed Futures – A Handbook for the Institutional Investor*, Risk Books, London, S. 259-275.

Owen, J.P. (2000): The Prudent Investor's Guide to Hedge Funds – Profiting from Uncertainty & Volatility, Wiley, New York.

Patell, J. und M. Wolfson (1984): "The Intraday Speed of Adjustment of Stock Prices to Earnings and Dividend Announcements", *Journal of Financial Economics*, Vol. 13, Nr. 2, S. 223-252.

Peker, A. (2005): Risikomanagement für Hedge Fonds, Bankakademie Verlag, Frankfurt.

Pérez, P.G. (2004): An Approach to Non-Normal Behavior of Hedge Fund Indices Using Johnson Distributions, Working Paper, ITAM, Mexiko.

Pfingsten, F. (1998): Shareholder-Value im Lebenszyklus - Methoden einer marktorientierten Unternehmensführung, Gabler, Wiesbaden.

Pflaumer, P., B. Heine und J. Hartung (1999): Statistik für Wirtschafts- und Sozialwissenschaften: Deskriptive Statistik, Oldenbourg, München.

Pichl, A. (2001): Hedge Funds – Eine praxisorientierte Einführung, Schäffer-Poeschel, Stuttgart.

Porter, M.E. (1999): Wettbewerbsstrategie: Methoden zur Analyse von Branchen und Konkurrenten, Campus, Frankfurt.

Posthuma, N. und P.J.v.d. Sluis (2004): "A Critical Examination of Historical Hedge Fund Returns", in: B. Schachter (ed.), *Intelligent Hedge Fund Investing*, Risk Books, London, S. 365-386.

Prakash, A.J., C.-H. Chang und T.E. Pactwa (2003): "Selecting a Portfolio with Skewness: Recent Evidence from US, European, and Latin American Equity Markets", *Journal of Banking and Finance*, Vol. 27, Nr. 7, S. 1375-1390.

Pümpin, C. und J. Prange (1991): Management der Unternehmensentwicklung: Phasengerechte Führung und der Umgang mit Krisen, Campus, Frankfurt.

Pütz, A. und C. Schmies (2004): „Die Umsetzung der neuen rechtlichen Rahmenbedingungen für Hedgefonds in der Praxis", *BKR - Zeitschrift für Bank- und Kapitalmarktrecht,* Vol. 4, Nr. 2, S. 51-60.

Rahl, L. (2003): Hedge Fund Risk Transparency – Unravelling the Complex and Controversial Debate, Risk Books, London.

Rahl, L. und L. Rodriguez (2003): Is „Closed" Really Better?, Working Paper, Capital Markets Risk Advisors.

Ramesh, L. und G. Yago (1999): "Hedge Funds: Systemic Risk and Public Policy", *Journal of Alternative Investments*, Vol. 2, Nr. 2, S. 69-76.

Ranaldo, A. und L. Favre (2005): "Hedge Fund Performance and Higher-Moment Market Models", *Journal of Alternative Investments*, Vol. 8, Nr. 4, S. 37-51.

Rao, R. und J.J. Szilagyi (1998): The Coming Evolution of the Hedge Fund Industry: A Case for Growth and Restructuring, Working Paper, RR Capital Management Corp./KPMG Peat Marwick LLP, New York.

Rohrer, J. (1986): "The Red-Hot World of Julian Robertson", *Institutional Investor*, May, S. 86-92.

Ross, S.A. (1976): "The Arbitrage Theory of Capital Asset Pricing", *Journal of Economic Theory*, Vol. 13, Nr. 3, S. 341-360.

Ruckstuhl, A., P. Meier, S. Lodeiro und O. Kündig (2004): Funds of Hedge Funds Indices: Properties, Purpose and Representativeness, Working Paper, Züricher Hochschule Winterthur.

Rupprechter, R. (2002): Integration von nicht-traditionellen Anlagen im Rahmen des Asset Allocation-Prozesses, Paul Haupt Verlag, Bern.

Rutkis, A. (2002): Hedge-Fonds als Alternative Investments – Stilrichtungen, Risiken, Performance, Bankakademie Verlag, Frankfurt.

Samuelson, P.A. (1970): "The Fundamental Approximation Theorem of Portfolio Analysis in terms of Means, Variances, and Higher Moments", *Review of Economic Studies*, Vol. 37, Nr. 112, S. 537-542.

Schein, E.H. (1978): Career Dynamics: Matching Individual and Organizational Needs, Addison-Wesley, Reading.

Schmollgruber, M. (2004): „Der Hedgefondsmarkt in Deutschland", in: G. Moritz (Hrsg.), *Handbuch Finanz- und Vermögensberatung*, Gabler, Wiesbaden, S. 77-92.

Schneeweis, T., H. Kazemi und R. Gupta (2004): "Omega and Performance Measurement", *Journal of Performance Measurement*, Vol. 8, Nr. 3, S. 42-54.

Schneeweis, T., H. Kazemi und G. Martin (2001): Understanding Hedge Fund Performance: Research Results and Results of Thumb for the Institutional Investor, Working Paper, University of Massachusetts.

Schneeweis, T. und G. Martin (2001): "The Benefits of Hedge Funds: Asset Allocation for the Institutional Investor", *Journal of Alternative Investments*, Vol. 4, Nr. 3, S. 7-26.

Schneeweis, T., R. Spurgin und D. McCarthy (1996): "Survivor Bias in Commodity Trading Advisors Performance", *Journal of Futures Markets*, Vol. 16, Nr. 2, S. 757-772.

Schneeweis, T., R. Spurgin und S. Waksman (2006): "Early Reporting Effects on Hedge Fund and CTA Returns", *Journal of Alternative Investments*, Vol. 9, Nr. 2, S. 30-45.

Schwindler, O.A. und A. Oehler (2006): "Style Analysis of Funds of Hedge Funds: Measurement of Asset Allocation and Style Drift", in: G.N. Gregoriou (ed.), *Funds of Hedge Funds – Performance Assessment, Diversification, and Statistical Properties*, Elsevier, Burlington, S. 145-170.

Seyhun, N. (1986): "Insiders' Profits, Costs of Trading, and Market Efficiency", *Journal of Financial Economics*, Vol. 16, Nr. 2, S. 189-212.

Sharpe, W.F. (1964): "Capital Asset Prices: A Theory of Market Equilibrium under Conditions of Risk", *Journal of Finance*, Vol. 19, Nr. 3, S. 425-442.

Sharpe, W.F. (1966): "Mutual Fund Performance", *Journal of Business*, Vol. 39, Nr. 1, S. 119-138.

Sharpe, W.F. (1992): "Asset Allocation: Management Style and Performance Measurement", *Journal of Portfolio Management*, Vol. 18, Nr. 4, S. 7-19.

Shleifer, A. und R.W. Vishny (1997): "The Limits of Arbitrage", *Journal of Finance*, Vol. 52, Nr. 1, S. 35-55.

Sievers, M. (2006): Besser investieren mit Hedgefonds – Basiswissen für Privatanleger, 2. Auflage, Finanzbuch Verlag, München.

Signer, A. (2003): Generieren Hedge Funds einen Mehrwert? – Schwierigkeiten bei der Messung, Relativierung und neuer Erklärungsansatz, Haupt, Bern.

Signer, A. und L. Favre (2002): "The Difficulties of Measuring the Benefits of Hedge Funds" *Journal of Alternative Investments*, Vol. 5, Nr. 1, S. 31-42.

Soros, G. (1994): The Alchemy of Finance, Wiley, New York.

Sortino, F. und L. Price (1994): "Performance Measurement in a Downside Risk Framework", *Journal of Investing*, Vol. 3, Nr. 3, S. 59-65.

Spurgin, R.B. (2001): "How to Game Your Sharpe Ratio", *Journal of Alternative Investments*, Vol. 4, Nr. 3, S. 38-46.

Stefanini, F. (2006): Investment Strategies of Hedge Funds, Wiley, Chichester.

Steinhardt, M. (2001): No Bull – My Life in and out of Markets, Wiley, New York.

Strachman, D. A. (2004): Julian Robertson – A Tiger in the Land of Bulls and Bears, Wiley, Hoboken.

Stutzer, P. (2005): „Statistische und finanzmathematische Grundlagen", in: D. Peetz (Hrsg.), *Praktiker-Handbuch Alternatives Investmentmanagement*, Schäffer-Poeschel, Stuttgart, S. 32-72.

Sun, Q. und Y. Yan (2003): "Skewness Persistence with Optimal Portfolio Selection", *Journal of Banking and Finance*, Vol. 27, Nr. 6, S. 1111-1121.

Swayne, C.B. und W.R. Tucker (1973): The Effective Entrepreneur, Morristown, New Jersey.

Tayi, G.K. und P.A. Leonard (1988): "Bank Balance-Sheet Management: An Alternative Multi-Objective Model", *Journal of Operational Research Society*, Vol. 39, Nr. 4, S. 401-410.

Temple, P. (2001): Hedge Funds – The Courtesans of Capitalism, Wiley, Chichester.

Thießen, F. und U. Walther (2006): „Bedeutung und Möglichkeiten des Hedging", in: M. Busack und D.G. Kaiser (Hrsg.), *Handbuch Alternative Investments Band 1*, Gabler, Wiesbaden, S. 73-90.

Tobin, J. (1958): "Liquidity Preference as Behaviour Toward Risk", *Review of Economics and Statistics*, Vol. 25, Nr. 1, S. 65-86.

Tomlinson, B. (1998): "Market-neutral Investing", in: S. Jaffer (ed.), *Alternative Investment Strategies*, Euromoney, London, S. 47-59.

Tran, V.Q. (2006): Evaluating Hedge Fund Performance, Wiley, Hoboken.

Treynor, J.L. (1965): "How to Rate Management of Investment Funds", *Harvard Business Review*, Vol. 43, Nr. 1, S. 63-75.

Van, G. (2005): Hedge Fund Demand and Capacity 2005-2015, Working Paper, The Van Companies, Nashville.

Vaissié, M. (2003): A Detailed Analysis of the Construction Methods and Management Principles of Hedge Fund Indices, Working Paper, Edhec Business School, Lille.

Vernon R. (1966): "International Investment and International Trade in the Product Cycle", *Quarterly Journal of Economics*, Vol. 2, Nr. 2, S. 190-207.

Verwilghen, N. (2006): „Lebenszyklus eines Hedge-Fund-Managers", Finanz und Wirtschaft, Vol. 78, Nr. 88, S. 8.

Viebig, J. und T. Poddig (2006): „Hedgefonds-Strategien und Asset-based Style-Faktoren", *Kredit und Kapital*, Vol. 39, Nr. 2, S. 281-316.

Wachberger, G. (2000): Alternative Investment – Die Renaissance des Schöpferischen Geistes, Erste Bank, Wien.

Wang S. und Y. Xia (2002): Portfolio Selection and Asset Pricing, Springer-Verlag, Wien.

Weber, T. (1999): Das Einmaleins der Hedge Funds, Campus, Frankfurt.

Weismann, A. (2002): "Informationless Investing and Hedge Fund Measurement Bias", *Journal of Portfolio Management*, Summer, Vol. 28, Nr. 4, S. 80-91.

Wortmann, A. (2001): Shareholder Value in mittelständischen Wachstumsunternehmen, Gabler Edition Wissenschaft, Wiesbaden.

FSC
www.fsc.org
MIX
Papier | Fördert
gute Waldnutzung
FSC® C083411

Kolibri 360 GmbH
Ferdinand-Jühlke-Straße 7
99095 Erfurt, Deutschland
produktsicherheit@kolibri360.de